公/共/传/播/文/丛/·/译/著　主编　胡百精

制造认同
PUBLIC RELATIONS
伯内斯的公共关系学教材

〔美〕爱德华·L.伯内斯（Edward L. Bernays）/ 著
胡百精　赵铿冰　杨奕 / 译

中国传媒大学 出版社
·北京·

爱德华·L. 伯内斯

献给
多丽丝·E.弗莱施曼

总　序

现代公共关系事业发轫于19世纪末20世纪初的美国工业化、城市化进程之中。此间大抵60年，包含了所谓镀金时代、进步主义时代、第一次世界大战、第一次世界大战后的黄金十年和20世纪30年代的大萧条。在社会巨变中，通过宣传和沟通来化解矛盾、达成共识、建立信任，以及推销观念、政策和产品，成为商业、政治诸领域迫切、显著和专门化的需求。巴纳姆（P.T. Barnum，1880—1891）、艾维·李（Ivy Lee，1877—1934）和伯内斯（E.L. Bernays，1891—1995）于历史变革中脱颖而出，在观念和实践层面为现代公共关系事业作出了奠基性贡献，三人同被奉为"公关之父"。

自20世纪80年代起，中国公关学界在引渡西方公关理论时就高度关切三位公关之父的思想，却只知其人，未闻其声。譬如，学界公认艾维·李在1906年发布的《原则宣言》确立了现代公关事业的核心信条和道德基准，而始终未见对宣言完整、妥帖的译介；又如，伯内斯所著《舆论的结晶》（1923）与李普曼（Walter Lippmann）的《公共舆论》（1922）堪为姊妹篇，后者在中国传播学界风行数十年，前者唯见只言片语的引述。至于巴纳姆，更因年代久远而只留下几段传说和公案。

历史母题、理论渊源和"原初价值"的缺席与含糊，导致了国内公关理论和实践一直面临着"从何而来""向何处去"的困境，学界和业界因此持续遭受合法性危机之苦。学术之贫弱和浮躁，实践之喧嚣和无序，不过是合法性危机的同病别发。同现代社会很多具有"公共性"的事业一样，公关亦应有卓越的思想者，他们须有智慧、有见识，要纯粹、厚实；也要有杰出的实干家，他们须有精明的头脑、庄重的理想和进步的意志，在实践中发明工具、开辟道路，并确立行业自身的气质和尊严。巴纳姆、艾维·李和伯内斯正是这样的人，他们既是大时代里创造性的思想者，也是公关事务中引领性的实干家。

这套"公共传播文丛·译著"包括《每一分钟诞生一位顾客》《取悦公众：公关之父艾维·李和美国公关发展史》《舆论的结晶》和《宣传》四本反映巴纳姆、艾维·李和伯内斯公关思想的著作。《每一分钟诞生一位顾客》呈现了巴纳姆提出的有关成功宣传和商业制胜的"黄金法则"，按照这些法则，他把镀金时代前后的宣传观念、资源和策略运用到了极致，缔造了自己的商业帝国。尽管巴纳姆并未提出"公共关系"这个概念，但他的确是最早自觉、专业、系统地利用公关手段获利的人。在公关领域，他的思想火花至今依旧燃烧，他设计的剧目不断重演。

《取悦公众：公关之父艾维·李和美国公关发展史》记述、研究了艾维·李的一生和他的公关思想。艾维·李从普林斯顿大学毕业的时候，正值美国进步主义运动的高潮，媒体"扒粪"和大众抗争风起云涌。这场运动旨在解决财富激增背后的经济垄断、阶层分化、贪腐盛行、环境破坏、道德沦丧和信仰凋零等问题，促进公平正义，重新整合社会，实现物质和精神的对等繁荣。艾维·李认识到企业、公共机构和它们的公众之间鸿沟深堑，他愿意充当居间者、协调者的角色，沟通各方，弥合裂痕。在"人民登基为王"的时代，他倡导企业和公共机构讲真话，奉行"凡有利于公众的才有利于组织"的互惠原则。他相信一旦公众知晓足够多的事实和真相，就会作出理性、进步的判断，企业和公共机构也将因此获得同情、理解和真正的自由。

《舆论的结晶》和《宣传》是伯内斯的经典之作。伯内斯认为公共关系的价值在于通过告知和说服，整合公众态度和行为，协调社会关系，形塑社会认同。告知即让各方意见在观点的市场相遇，真理存乎意见交换之中，是"各种欲望斗争和妥协的产物"；说服即建立组织与公众关系之间的"双行道"，强调相互理解和彼此调整，"以说服和建议来取代暴力威胁和恐吓"；整合与协调即平衡不同社会主体的利益关系，而私人利益应当服从公共利益，个体的追求必须顺应"共同的善意"。如是，公关既坚持了民主观念中"自由""平等"的一面，也强调了其中"秩序""认同"的一面。伯内斯提出，这些目标要靠像他这样的"少数聪明人""舆论专家""公关顾问"来实现，因为他们可从"大处思考"，引领大众，制造认同。

巴纳姆全面尝试了现代公关的各种策略和手段，诸如新闻报道、制造事件、公共演讲、游说精英等，因而在"人类伟大的馈赠者""广告之王""营销天才"等名号之外，人们把"公关行业开山鼻祖"的头衔也献给了他。艾维·李在1903年创办了世界上最早的独立、专业的公关公司，并在严格意义上确立了现代公关的信条和准则。他在一个利益关系和社会问题越来越复杂的时代，以简单、纯粹的道德钥匙开启了利益集团、新闻媒体和社会公众之间的沟通之门。伯内斯确立了现代公关的核心价值、哲学基础、思维框架和行动路径，创造了百年公关史上的辉煌案例，并于1923年在纽约大学开设了世界上最早的公关课程。如是而观，三位行业之父实至名归，他们于历史的大风大浪中积累的智慧和经验，堪为我们今日远行的资粮。

然而历史的另一张面孔是，三位先驱都曾深度卷入道德困境，这些困境也表征了现代公关事业的坎坷命运和曲折进路。人们认定巴纳姆为了推销马戏团和博物馆而愚弄、欺诳公众，有人指责他讲过一句令人发指的话——每一分钟都诞生一个笨蛋。尽管传记作者瓦伊塔尔（Joe Vitale）提出"查无实证"，但是这句来自"公共关系黑暗时期"对公众的诅咒还是被归罪于巴纳姆。艾维·李试图把他的公关观念和策略应用于国际事务之中，却因呼吁美国承认苏联政府、受雇于德国企业而被认定服务共产主义和纳粹。在他自己鼓吹的"民意的法庭"上，艾维·李被宣判为国家叛徒，最后抑郁而终，英年早逝。伯内斯的精英主义饱受批评，哈贝马斯、乔姆斯基等人认为他不但在理论上仰承了勒庞（Gustave Le Bon）、特洛特（Wilfred Trotter）、李普曼等人的衣钵——如他们一样蔑视大众，而且把"操纵大众思想"当作实践工具来达成商业和政治目的。有人甚至提出，奉行伯内斯的公关律令，简直是认贼作父，是行业的耻辱。

公关道德问题之严峻，不仅源于功利性传播自身的是非陷阱和善恶风险，而且在于其对社会道德不可避免的捆绑和滥用、对公共领域的重构和殖民。在一个多世纪的发展进路中，公关促进了真相的发布、真理的发现还是反其道而行之？是增益了善治和繁荣还是加剧了危机和罪恶？是形塑共识、认同还是施加头脑和心灵控制？是美好、和谐之共同体的引领者，还是喧嚣、争斗、狂欢、狂怒之欲望同盟的操纵者？三位公关之父回答了这些问题中的一部分，尚有一些问题有待于新的历史实践提供答案。

中国公关业自然也是答题者。如果一直闪避公关的核心价值和道德准则问题，而谋求所谓"跨越式发展"，这个行业将一直处于危脆的发展状态——越繁荣，越狼藉。公关以沟通为业，而以公关为业者更应加强自我沟通。首先是学界和业界的沟通。前者要消了虚浮，不惑于概念和观念；后者要灭了急进，不困于奔波和迷乱。其次是中国与西方的沟通。"言必称西方，行必践本土"的口号是可疑的，言者未必深读过几部西方经典，行者也难说发展了"有中国特色的"公关体系。我们需要老老实实地学习人家的良心和技艺，然后才能做得如他们一般体面；我们更需要认认真真地走好自己的每一步，有自己的立场和立意。向人学习，不是简单换上别人的衣服；己所忠诚，也不是拿特殊性和复杂性当借口。最后是历史和现实的沟通。我们要复活一些往日的灵魂和思想，这要求我们拥抱历史经验的各个方面，特别是抓取那些积极向上的东西。复活所追求的是自我确认，是头脑改进，是出发前告慰和请教先辈的精神。这套文丛的主旨也恰在此处。

本套文丛采取了集体协商、合作的翻译方式。《每一分钟诞生一位顾客》的译者有胡百精、雷嘉雯、陆慧泉、冯雯婷，胡百精和郭闻捷合写了导读《每一分钟诞生一位顾客》。《取悦公众：公关之父艾维·李和美国公关发展史》第一稿的译者是顾鹏程、周卷施，第二稿和第三稿的译者是胡百精，黄彪文校对了第一稿，胡百精和吴杨盈荟合写了导读《真相与自由：艾维·李与现代公共关系的诞生》。《舆论的结晶》第一稿的译者是董晨宇、井水玉、曲洁昊，第二稿的译者是胡百精、赵铿冰，第三稿的译者是胡百精、郭闻捷、杨奕、井水玉，吴杨盈荟校对了第二稿，胡百精和董晨宇合写了导读《伯内斯公共关系思想的研究与批判——兼论现代公共关系的哲学基础与民主悖论》；《宣传》第一稿的译者是董晨宇，第二稿和第三稿的译者是胡百精，导读撰写者与《舆论的结晶》相同。陈明子、孙沛、黄丽丽、王赫然也加入了策划、翻译、校译工作。陈明子和赵铿冰做了大量文献清理和组织协调工作，陈明子实际上扮演了这套译丛副主编的角色。每一位团队成员的贡献都不仅限于此，没有他们的信任和鼓励，我可能在三年中的任何一刻放弃这项工作。我们的工作显然不完满，期待收获所有人真诚的批评。

感谢我的师长赵启正、刘继南、涂光晋、郭庆光、倪宁、高钢、喻国明诸教授；感谢廖为建、郭惠民、程曼丽、李兴国、齐小华、纪华强、孟建、陈先红、黄懿慧、吴宜蓁、张依依等多位师长；感谢人大新闻学院的同事们；感谢我的几届研究生和所有亲爱的同学们；感谢中国传媒大学出版社司马兰老师和责任编辑姜颖昳老师。

我还要专门感谢新势整合传播机构的徐保元、顾江、王丰斌、陈俐等业界先进，他们为我提供了必要的研究支持和一批奋力向上的听众。我相信，他们的耐心、勇气和智慧将让他们更加天高地阔且一直令人尊敬。

以上每一组名字都可以列举更多，每一个名字都意味着对我的关心和宽容。

最后，我把这几本并不精致的译作献给我的母亲，在我还不懂得送给她一份礼物的时候，她就离开了这个世界。

胡百精
于人大明德新闻楼

前　言

继 1923 年《舆论的结晶》、1928 年《宣传》之后，再写一本公共关系方面的书，于我而言并不容易。这些年来，社会上已经出版了很多书籍，探讨公共关系这个话题的不同侧面。然而，其中大多数主要研究的是公共关系的技术，即"怎样做"，却忽视或逃避了该领域那些更广泛的层面。

公共关系主要基于理念，而非技术，故而上述思路描绘了一幅失真的画面。

本书并非企图囊括公共关系中迄今为止还没有被充分探讨的地方。它想做另外两件事。

第一，它力图告诉读者，现代公共关系并不是谁一拍脑袋就想出来的——它有自己的历史，它的演进源自远古时期人类对"领导力"和"整合"的需求。

第二，本书力图展示不同案例中体现出来的各种公共关系思路，它们是我从自己近35 年公共关系顾问生涯经验中提炼出来的。书中的每一个案例，都是为了让读者体会我在分析公共关系项目和得出结论的过程中所涉及的方法和思路。

本书给出了分析和解决公共关系问题所用的方法，从而使读者能够获知这些方法中蕴含的基本原则。基于这些原则，如果读者愿意，他可以针对自己的具体问题来想出应对的办法。对公共关系技术层面的描述，则并非本书意之所及。

本书分为两个部分——公共关系领域的起源和发展，以及解决具体公共关系问题的思路的案例史。我希望它们能让读者对这个行业有个崭新的、更全面的认识。

那些能看出言外之意的读者能在阅读过程中掌握必要的公共关系技巧。但有效的技巧尚需仰赖对公共关系及其服务对象之间基本互动的理解。剩下的乃是实践经验的问题，它能通过在公共关系行业里做学徒或实习来获得。

每个合格的医生都知道，要想让一个病人重新适应他原有的生活，不仅是给他一片药或切除一个脏器那么简单。为某个个体或某个机构改善其公共关系，也并不只是使用哪种工具或技巧来实现预期效果的问题。整个人或整个机构都需要更好地协调自己所处的环境，并改善与环境的关系。

在应对当代社会的公共关系问题时，没有简单的办法或易行的方案。现代公共关系源于对个体、机构、社会群体，以及它们之间的相互关系的理解。

我首先要诚挚地感谢我的妻子和伙伴，多丽丝·E. 弗莱施曼（Doris E. Fleichman），她对本书的贡献不亚于我，尽管她并未动笔；感谢我的助手霍华德·卡特勒 (Howard Cutler)，感谢他为本书的出版所提供的不可或缺的帮助；感谢安·安德森（Ann Anderson）录入手稿；还有艾米丽·哈特菲尔德（Emilie Hatfield）对原稿不辞辛劳的校对；还有，当然，感谢所有作家、历史学家、百科全书家等，他们先前的调查和研究为我提供了所需的历史数据。

本书有些章节是基于我在各类杂志发表的材料而写成的，我想感谢这些出版者，感谢他们慷慨地准许我改编这些材料。具体的致谢将出现在相关章节的开头。

爱德华·L. 伯内斯

纽约市

1952 年 3 月 17 日

目 录
CONTENTS

前 言　／001

第一部分　公共关系的发展　／001

　　第一章　今天的公共关系　／003
　　第二章　为何当下公共关系知识格外重要　／006
　　第三章　公共关系的起源　／009
　　第四章　从黑暗时代到现代　／015
　　第五章　1600—1800年间的美国公共关系　／023
　　第六章　1800—1865年：公共关系的拓展　／029
　　第七章　1865—1900年："公众该死"　／041
　　第八章　1900—1919年："公众被告知"　／053
　　第九章　1919—1929年：一个新行业的崛起　／064
　　第十章　1929—1941年：公共关系走向成熟　／080
　　第十一章　1941—1945年：整合的时代　／092
　　第十二章　理想的公关人　／101
　　第十三章　今日公共关系的范畴　／108

第二部分　公共关系实践　／123

　　第十四章　制造认同　／125
　　第十五章　公共关系活动的典型行动蓝图　／133
　　第十六章　通过公众教育实现目标　／141
　　第十七章　一项典型的调查——美国人眼中的护理行业　／145

第十八章　行业公共关系——给护士们更好的待遇　／ 154

第十九章　内部刊物的真相——五千万读者不会错　／ 157

第二十章　营销与公关策略——藏在人性中的市场　／ 167

第二十一章　戏剧世界的公关——美国剧院危机及可能的解决方案　／ 173

第二十二章　直邮：人类学研究的挑战　／ 184

第二十三章　广告业在文化上落后于时代　／ 189

第二十四章　一种不同的民意调查——美国舆论预测　／ 195

第二十五章　态度调查——为我所用还是为其所设？　／ 200

第二十六章　公立教育的公共关系　／ 208

第二十七章　高等教育的公共关系　／ 217

第二十八章　舆论在经济动员中的重要作用　／ 224

第二十九章　公共关系与英美合作——美国人和英国人如何才能互相理解？　／ 231

第三十章　公共关系促进族裔和谐——夏威夷，近乎完美之州　／ 237

第三十一章　人事关系——劳资协调之路　／ 244

第三十二章　工会教育计划　／ 252

第三十三章　企业如何将美国生活方式推销给国民　／ 258

公共关系精选书单　／ 266

索引　／ 280

第一部分
公共关系的发展

引言

"公共关系"这个词,正如我将在本书第一章里指出的,包含三个领域的活动:信息、说服和整合。很多人以为公共关系是在应对某一需求时突然出现的,他们没有意识到,跟其他行业一样,这一最新的行业也是从古老的源头渐渐发展到了今天。

为了提供背景资料从而使人们得以更好地理解今天的公共关系,本书首先考察了信息、劝服和整合从古至今的发展过程,展示现代生活的各种急迫需求是如何创造了对上述三个领域专家的需求,进而促进了公共关系这个新行业的发展。在定义了今天的公共关系,并审视了它在现代世界的重要性之后,本书回顾了它的历史,尤其是公共关系活动从殖民时代到当前在美国的发展。

在第一部分的结尾,我描述了什么是理想化的公关人,并考察了现代公共关系是怎样渗透到社会的方方面面并影响当前生活的。

今天的公共关系

在本书中,"公共关系"这个词有三个含义:(1)告知公众的信息;(2)说服以改变公众态度和行为;(3)整合组织与公众彼此之间态度和行为的努力。

恰如我们纷繁生活中的每一个重要活动,公共关系的存在也有一个哲学层面的理由,一类广义宽泛的抽象,一种潜在且根本的真理。

公共关系在今天之所以至关重要,是因为现代社会科学已经发现,为了所有人的幸福,个人、群体和社会机构依据现实来作出调整是十分必要的。

当下比以往任何时候都更需要公共关系的着意发展或专业化努力。在过去几个世纪里,社会发展的速度大大加快,其进程也愈发复杂。各种社会组成力量的发展程度不均,从而造成过度的失谐和关系紧张。由于技术发展的速度超过了人类关系的发展速度,因此,人类社会难以应对这种加速的技术进步——原子弹就是一个例子。

有很多理由可以解释这种以关系协调为宗旨的新行业的兴起,例如,社会的日益复杂,媒体技术的进步,教育水平和识字率的提高,加速的交通运输与传播使观点和商品的市场皆得以扩展,社会科学的发展和人们对它的接受,以劝服与建议取代恐吓、威胁和暴力,以及投票权覆盖面的扩大等。其他原因还有围绕平均主义(equlitarism)开展的社会运动浪潮,对"个人利益和公共利益必须相符"的广泛支持,对中央政府更大程度的依赖及政府对大众支持的依赖等。

对公共关系而言,上述一切都意味着与公众相关的政策和实践必须建立在个人利益与公共利益相结合的基础上。

早在 1934 年,哈罗德·拉斯维尔(Harold Lasswell)在《社会科学百科辞典》(Encyclopedia of Social Sciences)中定义"公共关系顾问"时,就做出了这样一个界定:

> 从受雇于客户的那一刻起,公共关系顾问就不应仅是向各方发布大量油印公关稿的杂役工了。他应与该企业的决策者深度互动,这样会产生更深远的效果。任何运作

的细节（包括沟通诉求、市场政策和信贷行为）都应当受到专家的评估和指正，而专家也应该客观地为客户发现可能盈利的领域。众所周知，宣传家已经促发了重要的政策变化；但此类致力于评估公众好恶的人士的惯常努力，是否意在令商业决策者懂得全面阐释自身利益的重要性，这一点尚不得而知。

关系协调的最高境界往往处于个体利益与全社会启蒙的契合点。公共关系顾问必须确保此类启蒙成为主流。在大多数追求公共利益的事业中，一旦个体利益成为决定性因素，新闻代理人和宣传人员就会只对公众做单向传播；但随着时代的变化和社会责任理念在呼吁改革的群体压力下得到推进，公共关系的领域也相应地得到了拓展。

目前，社会尚未对不合理的、不道德的或反社会的公关顾问的行为进行法律制裁以捍卫自身，而仅仅惩罚了那些违法之人。但公关行业中的领袖之争已经定义了"公关顾问"这个词，并令其在实践中生效。公关顾问在传播、大众劝服和整合公众与机构的能力这三个职责领域中的位置，让这点显而易见。

从定义和实践上看，公关顾问是一个实践中的社会科学家，他有资格为管理层提供关于政策的意见，关于人类关系的意见，以及向公众解释客户、向客户解释公众。他的职能跟产业工程师、管理工程师或投资顾问在各自领域的职能一样。

很明显，公共关系不是严格意义上的科学。但它解决所遇问题的方法可以是科学的——形塑社会、制造认同、人学、人类关系，或其他任何我们希望给它取的名字。当然，公共关系活动有一个广为人知的目标——善意。善意是最显而易见又最抽象无形的资产，对公众和组织而言皆是如此。善意有赖于机构或个人与其相关公众的整合。

在这里，我们有必要区分一下宣传（publicity）与公共关系的区别。宣传是一条单行道，公共关系是一条双行道。现代公共关系从业者发源于20世纪初期自由放任主义（laissez-faire）的破产，发源于那个时代的"扒粪者"（the muckrakers）、公平交易法案（the Square Deal）、新自由（New Freedom）和新政（New Deal）。

如今，公共关系活动已被广为接受。但遗憾的是，与其他新领域经常遇到的情况一样，公共关系被接受并不意味着人们对它的认识是正确的。精神病学与投资顾问也有相同的遭遇。很多人利用新领域，却不考虑其真谛。在我们的社会中，寻求快速致富的非主流（marginal）人物总是企图利用新生领域里别人的好名声和公众的无知。比如在公共关系中，那些来自多种多样领域的人——从书籍销售者到关系推广行业的人——已经试图将公共关系涉及的利益变现从而快速致富。新闻代理人和出版商也自称公共关系顾问。两千年倏忽而过，尽管医生中还有庸医，律师中也还有讼棍，但这两个领域都已经能用法律来惩戒不守行规的人了。州政府执行教育和品行资格认证也已经延续了几个世纪。一些人还是行骗而非告知事实，使用不法手段而非合法手段，这是我们每个人身处的更广阔的社会的一部分。随着社会的发展，所有人都会被要求进步。

经常有人建议社会对那些自称公共关系顾问的人加以约束，就像那些针对律师和医生的规范一样。然而，即使建立具体规范也不能阻止犯罪分子谎称自己是公关顾问，或以其他名目行骗。但是自然地，建立具体的规范可以加速清除该领域里的这些反社会的越轨者。

一个令人鼓舞的因素是：在美国，每个新的行业领域都经历过公共关系目前所经历的这个发展过程。首先会产生对专家的需求，当专家成功后，其他人就会涌入。随着公众对该领域了解程度的增加，称职的从业者将供不应求。然后，行骗者也开始打着该行业的旗号，但他们达不到要求。随后公众就会对该领域内的每个人都产生不满。

接下来会有一个整顿的过程。边缘从业者会被经济法则驱除，或当他犯规太多时，被业内其他同行联合驱逐出这个行业。人们会确立规则和标准，并努力执行。舆论支持这样的活动。继而法律也会确保这些已经建立起的标准得到执行。太阳底下无新事，在我看来，这对公共关系顾问领域也同样适用。政府现在就应当介入公共关系行业，推行法规来帮助这个新兴行业，使其可以行使整合社会的高尚使命和职责，从而造福社会。

为何当下公共关系知识格外重要

公共关系是个人、组织与社会进行关系协调、达成相互理解和促进各方整合的重要工具。公众的理解和支持，是我们在高度竞争的社会体系内得以生存的基石。懂得如何与公众相处对每一个体都很重要。

我们借由双向沟通过程与世界相勾连（enmesh）。与我们有人际接触的公众——朋友、顾客和供应商——影响着我们的态度和行为；我们从未接触过的公众则通过符号——报纸、书籍、杂志、广播、电视、电影、讲台等传播媒介中的话语和图像——影响我们的态度和行为。经由这个过程，我们理解或误解周遭世界。在此过程中，我们同时也被他人理解或误解。既然我们依赖别人并渴望被理解，那么就应当用公共关系意识来引导我们的行为、态度与表达，这一点至关重要。

公共关系活动使我们这个社会中的另一重要力量——竞争——更有效率和效力。商品和观点争相吸引公众的兴趣和支持，或是强化人们现有的信仰与行动，或是转变和消解它们。《权利法案》(The Bill of Rights) 内蕴含着对"意见竞争"这一民主制度之重要组成部分的支持，因为它确保了我们的言论、出版、请愿、集会和宗教自由，这一切都鼓励了自由选择的原则。集权统治下没有竞争，政府控制造成了对观点和商品的双重垄断。

两位智者——奥利弗·温德尔·霍姆斯法官（Justice Oliver Wendell Holmes）和哥伦比亚大学社会学教授罗伯特·M. 麦基弗（Robert M. MacIver），曾雄辩地表达过上述看法：

> "当人类意识到时间已经颠覆了很多人为之奋斗的信仰时，"霍姆斯法官说，"他们也许才开始确信，大众所期待的终极之善最好通过观点的自由交换来实现，这种确信甚至可能超越他们对自身行动的根本信念。对真理最好的检验是让思想的力量在观点市场的竞争中被接受，真理是人们的意愿得以安全实现的唯一所在。"

第 一 部 分
公共关系的发展

罗伯特·M. 麦基弗曾经在他的著作——《政府之网》(the Web of Government)中说道:"意见交换法则不同于其他任何法则,因为它需要与反对意见长期共存,这样才能避免最致命的教条主义——那种自恃绝对正确而使用暴力碾碎其他信念的教条主义。在民主制度下,人依旧会对某些教条敝帚自珍,但不会毁灭他人或异见。"

在美国多种多样的旨在争夺公众支持的纷争中,公共关系是工具性因素之一。政党运用公关来吸引公众投票,工会则以公关吸引人们入会和争取管辖权(jurisdiction)。管理层之间的竞争、行业之间的竞争、公司之间的竞争及产品竞争莫不如此。农民通过公关争夺土地、市场、政府支持和顾客的钱包,农产品之间也存在竞争。多种社团、教育、体育、娱乐和教会组织在其各自领域的竞争中也依赖公关赢得人们的喜爱和支持。

我们整个社会的进步需要竞争。但是,在生存竞争中,每一个群体都不得为了自身利益而凌驾和伤害社会整体利益。一个社会必须通过政府来维系个体利益与公共利益之间的平衡。

公共关系使群体和个体更加有效地应对日趋加速的交通和通讯,以及它们所引发的愈加复杂的日常生活。世界变得更小了,人们如今彼此依存的程度更胜以往。或远或近的人们对我们的看法影响着我们的日常生活。公共关系评估舆论的潜在影响,并应对我们遭遇到的特定情况。

通过公关活动,个体或者群体能够确保公共决策是基于了解和理解做出的。公众在投票箱和商品柜台前做出重要的选择。人们的大部分信息源自大众媒体,后者是改变我们态度和行为的重要力量。上述公关知识是我们做出正确决策的前提。

公共关系能使个体和组织广泛地运用社会科学研究成果,从而与公众更好地达成相互理解,实现各方整合。利用这些知识对于我们社会的稳定和发展非常重要。作为专家,公共关系从业者要运用社会科学的研究成果,如同一名工程师运用物理学原理,或一名医生运用医学研究发现一样。

公共关系促进人们对时代的调适。人和机构往往落后于他们所处时代的舆论。"进化与革命的区别就在于变迁的速度,"芝加哥大学的查尔斯·梅里亚姆(Charles Merriam)说。目标明确的公关从业者帮助他的客户或公众适应当今的形势。

借助对社会关系运行拥有专业知识的专家的技巧和思想,公关活动助力协调人类社会出现的种种失谐。商业、产业、宗教和政府等诸多领域出现的失谐,源于我们对现实和沟通过程的误解。因价值观不同而导致的冲突,是我们竞争性社会体系的一部分。由误解、无知和冷漠而导致冲突既不必要,又浪费精力。

公共关系为我们更好地理解民主提供了利器。正是这一事实,要求我们必须将美国人民有力地团结在民主之下。

公共关系反制了多数人的暴政,帮助重构了美国"与国家同在"的多元化。主流意见通常也是从少数意见开始的,二者都很重要。《权利法案》保护每个人和每个群体的言论自由。

很久以前,约翰·S. 密尔(John S. Mill)这样描述少数意见对社会的重要性:

> 如果除了一个人之外,全人类的意见都一致,那么人类也无权压制那个人的言论;反之亦然,那个人也无权压制全人类的言论,即便他能这样做。难道一个人所持意见于他人无用便可遭到禁绝吗?难道禁言伤害一人、数人和伤害很多人有差别吗?而压制意见表达的恶果,是剥夺人类——一代人乃至千秋万代——对持异见者的了解,这甚至比剥夺对所谓持正见者的了解危害更大。

所谓多数意见,必须展开进一步分析,因为"多数"这个表象,可能会掩盖它是由不同意见构成的事实。当对某个问题的舆论调查结果显示52%支持某一方,48%支持另一方时,我们经常忽视双方意见的内在构成。

有关童工、工时、薪酬和妇女投票权的进步性法案都是有效公关活动的结果。这些活动赢得了态度消极人群或反对意见人群的支持。少数群体可以运用公关研究成果、公关战略和策略积极地为自身社会利益奋斗。

公共关系为领袖提供了发挥更大影响力的专业知识和技能。在民主制度下,领导力取决于对公众的了解和懂得如何与公众沟通。

对普通公民来说,公共关系也十分重要,因为它可以帮助我们了解自身所生活的社会。通过公共关系我们了解、评估他人的观点,考量他人的取向,说服或建议他人,改变他们的行动方向,进而因势利导,改变影响我们生活的社会现状。

对商人来说,公共关系也至关重要,因为他们需要与不同的公众打交道,包括供应商、工人、顾客、政府、社区、零售商、批发商、股东、投资者,等等。每一类公众都在企业运行中扮演一种特定角色。对任何一类公众的忽视都会影响整个关系链条,因为与公众间的精心协调和与公众的关系不仅取决于你实际做了什么,还取决于上述这些公众认为你做了什么或没做什么。

公共关系的起源

　　了解过去是把握现在和未来的基础。很多人认为,公共关系是在一夜之间突然出现的,并无历史可言。但是,同其他行业一样,公共关系确乎有其历史,存在一个逻辑清晰的发展进程。

　　学界已经对很多重要领域开展了史学视角的研究。但是,公共关系尚未得到这般审视。最近几年,确实出现了一些相关领域的历史研究,如宣传、广告、舆论,又如维也纳大学的维尔海姆·鲍尔(Wilhelm Bauer)教授于1930年出版了《世界历史中的舆论》(*Die Offentliche Meinung in der Weltgeschichte*)(尚无英文版问世),又如传播学领域的相关研究,譬如兰斯洛特·霍本(Launcelot Hogben)的《从原始人到连环画》(*From Cave Man to Comic Strip*)。但是,公共关系史研究却付之阙如。

　　据我所知,目前仅有两项与公共关系史相关的简要学术研究成果。一个是哈佛大学商学院教授格拉斯(N. S. B. Gras)写的49页的专题文章,名为《公共关系的变迁》①,主要讲述了公共关系在商业领域的发展。另一个是《舆论季刊》②(*Public Opinion Quarterly*)前任编辑、普林斯顿大学历史学副教授埃里克·古德曼(Eric Goldman)写的23页的研究论文《"双行道"——公关咨询的兴起》,这篇文章主要讲述了艾维·李(Ivy Ledbetter Lee)和我的公关活动。

　　公共关系的起源可追溯至远古时代。人类学告诉我们,早期人类社群中便存在领袖和追随者之间的关系协调问题。人们很早就认识到管理人与人之间关系的必要性。在有文字记录史之前,权力、

①最早发表于 Bulletin of the Business Historical Society, Inc.(Boston), for October, 1945.

② Boston, Bellman Publishing Company, Inc., 1948

权威和社会控制就已经出现了。社会中总有领袖及其跟随者。这些关系最早以统治者为中心，他们被赋予宗教和统治的权威，即神权统治，天赋君权和各种高于个人意见的惯习。但是，彼时的统治者已经意识到他们与公众之间的关系处理问题。

公共关系的三个要素几乎跟人类社会一样古老：告知、说服、联结人与人之间的关系。当然，达到这些目的的方法和路径随着社会发展而变迁。在当今这样一个科技发达的社会，报纸、杂志、电影、广播和电视等成为观点传播的主要渠道。

告知是民主社会的需要。说服体现了社会的多样性和流动性，现代个体心理学和社会心理学则为说服提供了理论基础。至于不同社会组织之间的关系整合，我们目前生活在一个比以往任何时候都推崇社会责任的文化环境中，整合因而成为一个愈来愈繁复的过程。

起初，人类通过信号进行交流，接着用口语交流，后来使用文字交流。文字出现后，人们采用多种机械化手段来传播事实、思想和意义。无论何时何地出现，媒介的发明都会被用来表达、塑造意见。

在原始社会，统治者通过暴力、恐吓和说服的手段控制其追随者。当这些手段效果不佳时，他们便寻求神秘之物的帮助：图腾、戒律和对超自然力量的崇拜确保了统治权威的合法性和效力。我们的祖先借由神秘之物来理解和控制世界，它们既是控制自然的手段，也是操纵社会的工具。

当时，所有试图影响或控制舆论的努力都受到一定条件的限制，即古人尚未获得自我身份意识。对自我人格的确认后来才出现在人类发展史中。在人类历史的最早阶段，人对外界的反应都是群体性的。每一个个体都认为自己属于所在部落或社群的一部分，他基本上仅作为群体的一部分而存在，即使领袖也概莫能外。

随着文字的发明和书面记载历史的开始，说服的方式也得到了改造。

尽管苏美尔、巴比伦、亚述和波斯都是君主专制的，但舆论仍在国家生活中占据一席之地。这些古帝国的政府投入了大量金钱和极大智慧来建立统治者的名望和重要地位。这些古文明留给我们的文化艺术遗产，详细公开地记载了许多关于君主在战争、征略和开疆辟土中表现何其英勇的故事。我们对古埃及、苏美尔、巴比伦、亚述和波斯统治者的基本了解，皆源自他们留存下来的用以尽力塑造舆论的文学艺术成果。他们的个人和政治宣传在五千年后依然耀眼。

古代东方的神权国家发明了一个具有公共关系性质的概念——君权神授。古埃及的法老、巴比伦的君主和波斯的万王之王都被尊奉为神，这样他们就可以借助宗教信仰的力量巩固自己的权力。金字塔、方尖塔、檐壁和雕像皆宣扬了那些统治者的神圣。

在古埃及，祭司是舆论和说服的专家。但是，也有一些流传至今的诗歌显示，当时有零星的平民在挽歌中抨击官员的武断行为。这些诗歌表明，当时公众中有一部分人能够明确表达自己对领袖行为的看法。因此，我们可以假设，无论是领袖还是追随者，已有一部分人意识到了公共关系的存在。

大部分古埃及文学艺术通过雕像、庙宇、金字塔、五方塔、坟墓、莎纸草和圣歌等形式或载体，向公众描述国王、祭司、贵族、抄书吏等领导者的伟大和重要地位。木乃伊正是以其不朽来延续伟大的符号。后来，亚历山大大帝把神圣的概念从东方引进古希腊。他是第一个自称为神的西方人。最终，古罗马的皇帝们也通过神首符号神化自己的政治权威。上述做法流传至今。

在古以色列，统治者承认自己的世俗属性，但先知却以上帝之名寻求舆论支持。当时塑造公共思想的主要手段是口语和文字。正如《圣经》所言，文字拥有"法定"正确的效力，我们至今依然可以感受到它的权威。古以色列的先知有着敏锐的公共关系意识，他们以上帝和大众之间的桥梁自居，以劝诫箴言为公关手段影响舆论。他们在集市和神庙门外宣扬上帝要求人们行善，并表达上帝之爱。先知既是宗教言论塑造者，也是政治言论塑造者，他们在外敌入侵、流亡和重建家园中召唤人们的良知。在先知耶利米（Jeremiah）时期，他不仅通过演讲激发舆论，还借助广为流通的手抄书来动员群体。

古希腊文明在发展中产生了强烈的世俗化和个人主义倾向。在古希腊，社会是民主的，个体有自我意识。意见表达是公共生活中的关键要素。人与人之间、族群与族群之间、领导者与追随者之间的互动关系得以强化，这是双向沟通的过程。

奥运会、酒神节和其他仪式都鼓励意见交换，发扬国家精神，提振国家团结。最宏大的宣传主题便是希腊的团结，以此团结增强希腊人对抗蛮族的凝聚力。《伊利亚特》和《奥德赛》都表达了这种精神。刻在石板上的梭伦法典也发挥了相应作用。阿里斯托芬的戏剧也承载着类似的使命——增强希腊人在对抗蛮族过程中的团结。货币经济和贸易交换进一步促进了这些目标的实现。自由贸易有助于自由竞争以及观点和想法的交流。

雅典的自由市场也成为邻里之间意见交流的场所。当公民聚集在那里做生意或交换对国家事务的看法时，辩论成为影响意见的首要媒介。古希腊的诗人们也是当时的宣传家。他们创造了"国家勇气"这样的概念。欧里庇得斯和埃斯库罗斯挑起了人们对波斯人的仇恨。①

---

① 欧里庇得斯（Euripides，公元前485年—公元前406年）和埃斯库罗斯（Aeschylus，约公元前52年—公元前456年）均为古希腊著名的剧作家、诗人，共享"悲剧之父"的美誉。欧里庇得斯的作品主要以雅典和斯巴达内战为背景；埃斯库罗斯的独立悲剧《波斯人》则取材于希波战争；诗人在其中赞扬了雅典的民主而抨击了波斯的独裁。——译者注

古希腊的城邦——无论民主抑或独裁——都越来越关切舆论的诉求。领袖们日益意识到公共关系的存在和作用。与以往的东方统治者不同，古希腊的统治者或领袖不再沉迷于专制者的权威，而开始关注公众及其观点。

希腊人拥有强烈的公民意识。他们创造的每一种艺术都在不同时期被用来作为达成政治或社会目标的说服工具。伯里克利和德摩斯梯尼用演讲的方式反抗外国侵略者。苏格拉底通过哲学对话倡导基于智识的美好生活。埃斯库罗斯（Aeschylus）、索福克勒斯（Sophocles）和欧里庇得斯（Euripides）用戏剧，修昔底德（Thucydides）和希罗多德（Herodotus）用历史来唤醒人们在危难时刻的国家意识。雕塑和绘画被用来影响意见，希腊的凯旋门成为胜利的纪念。在某种程度上，它们都是说服的工具，用来确保人们对某种理念的遵从。

同样地，罗马人也有舆论和公共关系的概念，并发明了一些词语来表达他们对这些问题的理解，如 Rumores（谣言），voc populi（人民的声音），res publicae（公共事务，我们现在所使用的"共和"一词即来源于此）。这些概念的出现及承载它们的各种符号，都被纳入了今日的一个著名缩写中，SPQR，即"元老院及罗马人民"。

跟古希腊一样，辩论也是古罗马影响人们态度的主要媒介。正如我们从流传至今的伟大的西塞罗演说中所知，古罗马议会或公共论坛上的演讲经常能够决定很多重要的议题。①西塞罗的弟弟昆图斯（Quintus）还曾写过一篇有关宣传的论述。

撰写历史也是一种公共关系手段。恺撒（Julius Caesar）曾写过关于他发动高卢战争的评论，主要目的就是增加他在罗马的政治资本。大量的历史故事都在称颂古罗马是世界霸主。罗马时代的古希腊历史学家——哈利卡纳苏斯的狄奥尼修斯告诉我们，正是无数作家创造了罗马的历史。当时记载恺撒训谕的军事报告只卖六个塞斯特斯（sesterles）②，比今天的一本书还便宜。

庙宇、雕像和绘画也被用来宣扬罗马帝国。维吉尔（Virgil）写作《埃涅阿斯纪》的目的很纯粹，那就是讴歌奥古斯都（Augustus）大帝。颂扬罗马帝国统治

---

① 马库斯·图留斯·西塞罗（Marcus Tullius Cicero，公元前106年1月3日—公元前43年12月7日），古罗马著名政治家、演说家、雄辩家、法学家和哲学家。他曾留下《论演说家》和《论雄辩家》，前者认为教育的最终目的是有文化修养的雄辩家，后者则探讨了一个演说家必备的学问和品格。——译者注

② 赛斯特斯：古罗马货币单位。——译者注

第一部分
公共关系的发展

世界的历史使命。

除了历史非常悠久的辩论、文学和艺术，罗马人还用小册子进行宣传，并且还有一种新的公共关系工具——日报。在印刷术发明之前几个世纪的凯撒大帝时期，手写的宣传册就在罗马流传。恺撒认识到了日报——《每日纪闻》（Acta Diurna）上的新闻对舆论塑造的重要性。《每日纪闻》在罗马发行了400年，一直持续到公元前4世纪。内容包括政令、人事，也有生日、婚嫁、死亡的告示及火灾、冰雹的记录。

以上种种公关手段经历了多个世纪的缓慢发展。从原始社会过渡到古埃及和古巴比伦早期文明，历经了几百万年；古埃及的第一位国王与凯撒大帝之间相隔4 000年。

正当罗马帝国处于政治和军事实力的鼎盛时期，基督教从巴勒斯坦流传开来。耶稣基督的教诲由布道者传播到罗马帝国的很多地方。一旦基督教会建立起来，主教们尤其是神父，像特图利安（Tertullian）、圣·奥古斯丁（St. Augustine）、圣·杰罗姆（St. Chrysostom）、圣·金口若望（St. Chrysostom）等采用了一种新的强大的修辞术来争取皈依者，同时强化了那些皈依者的信念。

随着罗马帝国的覆灭和日耳曼人征服西欧，意见的自由交流中断了数个世纪。但最终，西方世界复兴，并带来了现代舆论和现代公共关系。在众多导致这场变革的因素中，基督教遗产乃是最重要的因素之一。接受了耶稣登山宝训和科学的、革命性的进步观念的双重滋养，基督教在文艺复兴和宗教改革时期——现代社会到来后，复兴了古希腊的民主传统和古罗马的共和传统。

二十世纪二三十年代、四十年代中晚期和九十年代的伯内斯

图片来源:美国公共关系博物馆

第四章
从黑暗时代到现代

从公元475年罗马帝国衰落到18世纪启蒙运动兴起，长达13个世纪，这一段有文字记载的历史可以划分为两个阶段：一是黑暗时代，在希腊—罗马文明的废墟上，蛮族入侵者建立了一个属于他们自己的新文明，在其中相当长的一段时间内，舆论几乎不起任何作用；二是奠基现代社会的文艺复兴与宗教改革时期，该时期特别强调个体和舆论的重要性。

文艺复兴是一场世俗化运动，它强调人之理性对于认识自然和社会的正当性（rights）。宗教改革（Reformation）是一场宗教运动，它强调个体意识的正当性。若无这两次运动，我们今天所理解的公共关系将无从谈起。文艺复兴与宗教改革运动唤醒了欧洲人民，带给他们新的可能性。

文艺复兴重新唤起了人们对希腊和罗马的了解，这也影响了舆论的发展。它通过对个体心灵的解放推动了民主观念的发展。航海大发现让西方文明见识到了美洲和非洲。由印刷术的发明、交通运输和商业的发展引起的传播革命加剧了变革。更重要的是，文艺复兴解放了人类的思想，让人独立思考、开展调查、施以说服。这些变革的发生皆以讨论的自由为前提，也促进了讨论的自由。相应地，讨论的自由使民众和各种社会运动都依赖新的公众理解和公共关系。

这也是宗教改革的成果之一：以批判权威和强调个人为代表的宗教改革运动，确立了领袖与追随者间关系的重要性，也明确了不同社会群体之间关系的重要性。至此，人类已发展出了与中世纪截然不同的政治思想。

中世纪政教合一。教会塑造舆论，依靠公共关系活动实现其权力和利益。教会基本上控制了这一历史时期的整个思想体系，它通过布道、绘画、雕塑、歌曲、仪式和宗教自身的权力来传播观念，从而创造和维护大众团结。出于公共关系目的，教会还发动政治和军事行动，如十字军东征，它整合和团结了整个基督教世界对穆斯林发动战争。

然而，中世纪行会（the Medieval guilds）的兴起成为在教会之外形成意见的一个新变量。行会先是促进了小生意的发展,后来又推动了规模更大、资源更集中的企业的发展。由于商业显然需要依靠某类或多样公众的支持,因而商业活动相应地推动了人们对公共关系重要性的认知。

政治多元化的发展也引发了舆论的纷争。教皇与君主的权力之争导致了政党的形成,例如,12—15世纪意大利的教皇派(Guelphs)和保皇派(Ghibellines)。这些党派皆拥有自己的公共关系专家以获得识字人群的支持。中世纪晚期和文艺复兴早期最重要的宣传家很多是诗人。但丁的《神曲》(the Divine Comedy)在一定程度上表达了其半保皇派(semi-Ghibellines)的态度;彼特拉克(Petrarch)在其闻名于世的书信中也曾表达对科拉·迪·里恩佐(Cola di Rienzi)在罗马短期主政共和国的支持①。

① 指1374年罗马市民群众起义,反对贵族的暴虐统治,彼特拉克写信给起义首领科拉·底·里恩佐表示支持。
——译者注

在英格兰,贵族和皇室的斗争成就了公共关系发展史上至关重要的英国《大宪章》(the Magna Charta)。1215年,在英国贵族大亨们的要求下,国王约翰(John King)签署了《大宪章》,它成为美国宪法和《权利法案》的根基,为言论自由、说服和宽容不同意见奠定了基础。

一个半世纪以后,最早将圣经翻译成英文的约翰·威克利夫(John Wycliffe)领导了英格兰1381年的农民大叛乱。尽管受到当时英国教会和政府的禁止,但英文版圣经还是广为流传,成功地激发了公民作为个体的思考和见解。威克利夫的追随者们——罗拉德派(the Lollards),将英文版圣经传播到英国全境。他们同时传播了威克利夫的教义,这也成为日后宗教改革的序曲。在呼吁教会、政府和社会机构改革的过程中,罗拉德派在一切可能接触公众的地点——街上、广场上或者花园里对公众进行教化。他们不讲拉丁文,而是讲英文。尽管教会和政府的法令禁止此类活动,罗拉德派还是不遗余力地散播书籍、宣传册和大字报。这些文字材料抨击教会占有大量土地房产、过度征收十一税②、收取高额的洗礼费、婚姻费、葬礼费和祈祷费。

② "十一税"又名"十一捐",是古代以色列民族用来支持教会的一种捐献方法。据《旧约·创世记》第14章的记载,以色列人的祖先亚伯拉罕参加了五王对四王的战斗。当他胜利归来的时候,他将战争胜利所得的十分之一献给了当时的王麦基洗德,因麦基洗德不但是王,他还是专管宗教活动的祭司。后来,现代基督教就保留了征收"十一税"的传统,作为支持教会活动的一种做法。
——译者注

这些公共关系活动收效显著,每一刻都有英格兰人成为罗拉德派。罗拉德派的主张在一些流行的芭蕾舞曲和诗歌中都有所体现。乔叟(Chaucer)在《坎特伯雷故事集》中就提到了罗拉德派,郎兰(Langland)

在其伟大的诗歌《农夫皮尔斯》(*The Vision of Piers Plowman*) 中也传达了罗拉德派的观点。当马丁·路德的主张在 16 世纪传播到英格兰时，罗拉德派教义融入了宗教改革运动。

文艺复兴改变了 15 和 16 世纪的西方社会，宗教改革在 16 世纪加剧了社会变革。文艺复兴见证了由塞万提斯、米开朗基罗和达芬奇等一批大师领导的文学、绘画和雕塑艺术的繁盛，科学和哲学的传播，大学教育的发展，社会运行水平的提升，以及由擅长影响舆论的文人、学者构成的人文主义者的出现。16 世纪的宗教改革在某种程度上是欧洲政府对教会绝对权威的反抗，也是观念革命和个体意志反抗教会权威一部分。

在文艺复兴和宗教改革（二者往往因由人文主义者而交汇）中，印刷文字在舆论塑造中起到了重要作用。与维克利夫将圣经翻译成英文的作用相似，马丁·路德将圣经翻译成德语也对舆论产生了巨大影响。文艺复兴时期的思想家对舆论问题给予极大关注。

意大利的马基雅维利（Machiavelli）口中的"公众的声音"（Publica voce）其实就是罗马人所称的"民众之声"（vox populi）。他为统治者撰写的小册子《君主论》(*The Prince*) 确立了君主从言语和行为上塑造舆论的范本。一个世纪后，莎士比亚的《亨利五世》也展现了对舆论巨大作用的深入认识，书中的君主言及"舆论为我加冕"。莎士比亚也称舆论为"成功霸主"（the mistress of success）。类似的说法都体现出当时思想界对公共关系某些方面及其重要性的认可。

到了 17 世纪，人们普遍认识到舆论不仅很重要，而且可以通过特定手段使舆论朝向在某些方面做出调整。在与宗教改革者的博弈中，教会发起了反宗教改革运动。反改革运动伴随着诉诸舆论的努力，这种专门化的努力在历史上第一次被称为"宣传"（propaganda）。罗马教皇格里高利十三世（Pope Gregory XIII）建立了一个信仰宣传委员会（Committee for the Propagation of the Faith），在外国开展信仰讨论会并印刷教义手册和其他宗教作品，"宣传"一词即在此间引入。随后，罗马教皇乌尔班八世（1623—1644）建立了宣传学院（College of Propaganda）来培训神职人员。1650 年，罗马教皇克雷芒七世成立"信仰传播圣会"（the Sacred Congregation for the Propagation of the Faith）以把天主教传播到世界各地。

舆论在宗教改革的第三阶段——17 世纪英格兰的清教徒革命（Puritan Revolution）中发挥了核心作用。冲突双方都通过书籍、传单和宣传册等争取公众支持。从 1640 年至查理二世复辟，这一段时间里大约有三万份政治宣传册和报纸在英格兰发行。约翰·密尔顿（John Milton）是这场舆论战争中最伟大的参与者之一，他写的《失乐园》(*Paradise Lost*) 与政治宣传册表达了清教徒的观点。在最重要的一本宣传册里，他强调了言论自由的重要性，发出了对出版自由的历史性呼吁。紧接着，约翰·洛克（John Locke）在其哲学著作中强调人民和政权之间需要建立更加民主的关系。同一时期，法国哲学家布莱兹·帕斯卡尔（Blaise Pascal）也把舆论称为"世界的女王"。

总的来讲，17 世纪出现了很多有关塑造舆论的新名词。罗马教廷发明了"宣传"和

"宣传家",清教徒革命则提出了像"鼓吹"和"鼓吹者"这样的词语。

这一时期最重要的一个进展就是报纸的兴起。17世纪迅速发展的商业促进了简报的出现,很多商界巨贾利用它来影响舆论。第一份简报由德国商人和银行家家族——富格家族(Fuggers)于1609年在奥格斯堡(Augsburg)发行。第一份日报于1615年出现在法兰克福。1622年,第一份英语报纸诞生。第一份法语报纸《公报》(*Gazette*)于1631年在法国宰相黎赛留(Cardinal Richelieu)的资助下创办。

英格兰的清教徒革命极大地刺激了报纸的发展。1648年创立的《中间派》(*the Moderate*)就是最早的专门影响舆论的报刊之一。同年,伦敦一家报纸上出现了世界上第一则广告。

所有这些出版物都为传播观点和鼓励民众更多地参与与他们切身利益相关的决策过程提供了新途径。英格兰、法国和德国等地出现的报纸、书籍和宣传册,为公共关系活动在全新的社会、经济、政治和宗教环境下更好地发挥作用提供了愈加广阔的平台。

在17世纪的英格兰,舆论在一场针对斯图亚特专制主义的胜利中①彰显了自己的能量,也告诉了统治者与公众培育良好关系何等重要。法国国王路易十四以自己的方式开展公共关系活动。他铸造荣誉勋章,向世界各地派驻使者来提升法国的声誉。

书籍、小说、传单和报纸并非17世纪仅有的传播媒介。舆论重要性在17世纪的提升,与两个新出现的集会场所密不可分——法国的沙龙和英国的咖啡馆。

沙龙的发展速度是如此之快,以至于据说到了18世纪中叶沙龙对法国舆论的影响甚至超过了皇家法庭。而到了18世纪,伦敦已经有2 000多个咖啡馆,政治家、作家和来自各行各业的公民都在此交换思想和意见。德国既没有沙龙也没有咖啡馆,但是17世纪的语言会(language orders)和18世纪的道德和爱国社团(moral and patriotic societies)都是汇聚舆论的焦点,德国的领袖们以之发展公共关系。

另一个刺激舆论发展的影响因素是读书会、流动图书馆和二手书店的兴起。本杰明·富兰克林(Benjamin Franklin)于1732年在

---

① 或指16至17世纪英国发生的、反对斯图亚特王朝君主专制的"清教运动"。——译者注

美洲殖民地创办的收费会员制图书馆（subscription libraries）迅速传播到了欧洲。

1688年，英国政府开创了预算草案公开制度，这对舆论的发展意义重大。既然预算的执行依靠的是人民的税收，那么预算就应该提交给议会审议以获得授权，整个过程应对公众保持透明。民选代表和普罗大众对预算的讨论强化了舆论的重要性。18世纪，法国政治哲学家要求法国政府也像英国政府那样公布预算草案。为了获得公众的好感，法国政府终于在法国大革命爆发的1789年同意了该提议。

舆论在17世纪和18世纪的发展促成了新闻审查制度的废除，从而使自由的公共讨论成为可能，也使领袖们更加依赖他们与公众之间的关系协调。英格兰于1695年废除了出版许可制，法国也于1789年大革命爆发时废除了它。1791年，美国在《权利法案》中确立了言论自由、出版自由和集会自由。

很多因素促进了舆论的发展，其中包括商业的飞速发展、中产阶级的崛起、文化水平和识字率的提升。审查制度的废除反映了这些趋势，也显现了政府对舆论重要性的体认。

正是因为舆论和相关公共讨论的普泛化，18世纪又被称作启蒙时代。彼时，人类历史上开创性地使用了"舆论"（public opinion）这一重要词汇。这个词汇的诞生表明统治者越来越意识到他们需要与公众相互整合。卢梭（Rousseau）发明了一个描述舆论影响力的词——公意（volante generale 或 the general will），也体现了这一点。德国人采纳了这个词，称之为民意（volksgeist）或人民的精神（spirit of the people）。也正是在这个时期，杰里米·边沁（Jeremy Bentham）要求政府彻底公开所有的官方行为，以便"舆论的法庭"可以防止暴政。

同文艺复兴和宗教改革一样，启蒙时代（Age of Enlightenment）也是一个见证了新旧观念碰撞的伟大变革时代。在这场赢得舆论的战争中，以孟德斯鸠（Montesquieu）、伏尔泰（Voltaire）、杜尔哥（Turgot）、卢梭（Rousseau）、狄德罗（Diderot）、孔多塞（Condorcet）等为代表的思想家和宣传家广泛传播民主思想，推进了人们对公共关系的认知。这些思想家发动了批判现状的宣传。他们以理性的名义鞭挞旧的宗教、政治、经济和社会机构，并一直呼吁进行改革。据此，他们为法国大革命的爆发做好了舆论准备，相应地，法国大革命也在整个欧洲集中宣传了他们的思想。

法国大革命肇端于1789年的巴士底狱暴动（the Storming of the Bastille），结束于1815年拿破仑在滑铁卢的战败。法国大革命使"舆论"这个词风行欧美。拿破仑战争期间，英格兰首相威廉·皮特（William Pitt）称法国大革命为"武装起来的舆论"（armed opinion）。

思想的自由表达和交流，是法国大革命在《人权宣言》（Declaration of the Rights of Man）中向世人宣告的最重要的权利之一。法兰西第一共和国的宪法也印证了这一点，它用整整一章来谈论如何确保言论和出版自由。

法国大革命中最有效的武器之一便是运用公共关系。所有已知的表达和行动手段都被用来赢得舆论的支持——书籍、宣传册、报纸、舞台、讽刺文学、人们的发型、士兵的领章和帽徽。甚至衣服也成了表达观点的符号。大革命的支持者扔掉了象征旧政权的长假发和五分裤；他们露出自己本来的发型并穿起长裤，以表达对新时代的认同。这几样装扮至今仍是西方男士着装的一部分。

1792年见证了公共关系史上极具影响的一步：法国国民议会（the National Assembly）批准建立了历史上第一个宣传部。作为法国内政部（Ministry of Interior）的组成机构，它被称为"精神宣传局"（Bureau d'Esprit），享有充裕的拨款。法国因此为宣传所充斥。为赢得公众对革命的支持，该局对编辑进行补贴，并向法国各地派遣宣传家。

24 在所有从法国大革命起家的领袖中，没有一个人对公共关系艺术的理解能够超过拿破仑·波拿巴（Napoleon Bonaparte）。在入侵埃及时，他精心设计了面向士兵的演讲，旨在唤起士兵的激情和忠诚。他在金字塔下对士兵说："四千年的历史在看着你们！"他在开罗装备了一台印刷机（printing press），创办了一份报纸，取名《埃及快讯》（*The Courier of Egypt*），用来增进与民众的互动关系。

当拿破仑以第一执政官的身份，而后又以君主的身份成为法国领袖，他开始对媒体实行垄断管制。他把官方的宣传部——"精神宣传局"划转到了内政部警政署之下。自此，法国的媒体听命于治安部长（Minister of Police）约瑟夫·富榭（Joseph. Fouche）。拿破仑设立官方公报《总会通报》（*The Moniteur*），在军队中发行。为确保军队在国家大政方针上遵从君主意志，拿破仑的评论文章被要求读给军人听。这位君主还使用其他手段来影响舆论，包括公告栏、声明、游行和审查。拿破仑是自己的公共关系顾问，他利用话语和公开行动来赢得舆论。美国作家罗伯特·霍特曼（Robert B. Holtman）最近写了一本关于拿破仑宣传技巧的书——《拿破仑式的宣传》（*Napoleonic Propaganda*）。他引用拿破仑的话说："真正凶险的不是宣传，而是对宣传的垄断。"

当拿破仑以其宣传席卷欧洲时，他的敌人也开展了反宣传。在英格兰，诗人塞缪尔·泰勒·柯尔律治（Samuel Taylor Coleridge），亦即《古舟子之歌》（*The Ancient Mariner*）的作者，主编了一份反波拿巴的报纸《邮报》。在德国，《莱茵河周报》（*Rheinischer Merkur*）也开展了反对拿破仑的宣传。

当拿破仑被流放到圣赫勒拿岛，他的帝国被神圣同盟所取代。当时，英国政治家乔治·坎宁（George Canning）贴切地形容了19世纪初舆论的影响，他在概括舆论在法国大革命和拿破仑战争中的角色时说："舆论之力超越人类历史上所有可能使用过的力量。"

25 在法国大革命和19世纪初的工业革命中，现代社会主义理论得以生发，其中的宣传理论于20世纪对社会发展产生了重大影响。柏拉图曾在希腊传播过某种形式的社会主义、共产主义和集体主义理论；宗教组织在中世纪和宗教改革时期也曾传播过此类理论。但现代的社会主义观念兴起于法国大革命。随后，法国的思想家和一些英国商人试图为社会主义早期的理论建设事业赢得舆论支持。

在1848年欧洲革命爆发之初，卡尔·马克思（Karl Marx）和弗德里希·恩格斯（Friedrich Engels）成为现代社会主义思想的两大推动者。

及至19世纪中叶，为德国建国而奔忙的俾斯麦伯爵（Count Bismarck）也在最需要的时候运用了公共关系。然而他并不尊重舆论，他运用公关手段为自己的目的服务。在他的指导下，普鲁士政府建立了一个文化局，意图资助宣传活动来使人民做好对丹麦、奥地利和法国开战的准备。作为俾斯麦公关行动的助手，莫里茨·布施（Moritz Busch）负责把关德国媒体的宣传口径。

普鲁士政府出版发行了一份官方宣传通讯——《北德意志总汇报》（*Nord-deutsche Allgemeine Zeitung*）。在1870年普法战争中，莫里茨·布施随德军进入法国。在德占期间，他主持了凡尔赛《小说家》的工作，这是普鲁士在法国领地设置的官方宣传喉舌。

到了和平时期，俾斯麦在德国外交部设立了媒体局，该局加强了德国的文化宣传工作。德国政府通过补贴本国和外国记者来确保对德有利的舆论态势。

在那些年月里，宣传在法国也扮演了重要角色。拿破仑的侄子路易斯·拿破仑（Louis Napoleon）在舆论上长袖善舞。这帮助他成为法兰西第二共和国的总统，而后又成为法兰西皇帝——拿破仑三世。

至此，工业革命深刻地改变了西方世界。现代科学技术的发明和发展，新通讯手段的出现，民主观念的传播和识字率的提升——所有这些进步都使舆论和公共关系的重要性达到了前所未有的程度。

左图:伯内斯借名医之口宣传鸡蛋和培根是美式早餐的主食;
右图:伯内斯为纸杯(Dixie Cups)策划的广告

第五章
1600—1800年间的美国公共关系

从一开始,舆论和公共关系就在美国社会生活中扮演了重要角色。很多殖民者,比如早前居住在新英格兰地区的清教徒,奔赴美国乃是为了找寻宗教信仰自由。而其他殖民者往往是在大地产公司五花八门的公关手段的劝说下,来美国寻找经济机会或冒险的。大量殖民者把清教徒在宗教运动中所倡导的媒体自由的信念也带到了美洲。此外,他们还带来了报纸,并将报纸依照美国特色发展起来。

由于美国殖民者和英国当局的较量,舆论和舆论塑造在18世纪成为热门话题。英国政府试图通过审查、税收和颁发执照来控制媒体,而殖民地人民则为了自由而开展斗争。报纸和宣传册是当时殖民者与公众沟通的主要媒介。

随着殖民者与其祖国之间的矛盾极度激化,美国的公共关系专家采取了很多手段来赢得公众对独立的支持。他们通过演讲、报纸、集会、委员会、宣传册和私人通信来宣传独立事业。这在独立战争(Revolutionary War)期间达到顶峰。当美国作为一个独立国家成立后,1789年宪法和1791年的《权利法案》将言论、出版、请愿和集会自由纳入全体美国人应当享有的基本人权。

美国宪法第一修正案把意见表达自由和讨论自由确立为美国人的基本权利,从而为新闻自由和各种形式的意见塑造铺平了道路。任何人在试图影响舆论之前,必须承认他人意见的重要性;而达成上述目标的前提是意见能够被自由表达。早在1787年,托马斯·杰斐逊(Thomas Jefferson)就写道:"政府以民意为基,因此首要目标应当是维护民意表达权利;如果让我来决定,我们是要一个没有报纸的政府还是没有政府的报纸,我将毫不犹豫地选择后者。我认为每个人都应当先接收到报纸,并有能力阅读它们。"

让我们首先来回顾一下17世纪。早在1620年,弗吉尼亚公司就试图利用广告吸引移民到殖民地去。该公司在英格兰发布的大幅广告许诺,任何人如果能在1625年前为北美带来一个新移民,他将获得50英亩土地。马库斯·李·汉森(Marcus Lee Hansen)在记述美国殖民史的《大西洋迁徙：1607—1860年》(*The Atlantic Migration：1607—1860*)①一书中指出，弗吉尼亚公司的这条广告只是很多类似说服努力中的第一个，这说明了殖民公司利用了很多建议和说服的技巧来鼓励人们移民新大陆。在相当长一段时期内，从欧洲到北美的大迁徙都依赖各公司与其目标公众之间关系的有效维护。富尔默·穆德（Fulmer Mood）认为，宣传不仅被用来吸引殖民者，还被用来吸引对殖民地的投资。

殖民地内部一度并无培育公共关系的机会。整个国家人烟稀少，通讯设施稀缺，生存乃是殖民者首先要解决的问题。但打一开始，殖民者就执着于"媒体自由"理念。当威廉·潘恩（William Penn）乘坐"欢迎号"轮船驶向宾夕法尼亚时，他就随身携带着一部印刷机，以确保他可以印刷自己希望传播给人民的任何东西。1681年，作为殖民地的宾夕法尼亚第一个宣布"意见自由是一项权利"。此后，殖民地的舆论越来越倾向于要求"在自由的土地上建立自由的媒体"。

据阿尔福莱德·麦克伦·李（Alfred McClung Lee）在《美洲的日报》(*Daily Newspaper in America*)一书所载，殖民地的印刷厂就是报纸发行商。早在1638年，一台印刷机被人带到了马萨诸塞（Massachusetts）的坎布里奇（Cambridge）。在那儿，它有时也为哈佛大学印刷一些东西。它还为新英格兰地区印刷布道文章、大字报、诗歌、清教徒手册、教义问答手册和英格兰原版书籍的副本。到1715年，北美殖民地共有8家印刷厂——6家在新英格兰②，1家在纽约，1家在费城。

美国的第一份报纸《波士顿新闻通讯》(*Boston News Letter*)于1704年发行，这是一份小报，共4版两栏，每周发行一次，刊登本土和欧洲的新闻。而后就是安德鲁·布拉福德（Andrew Bradford）于1719年创办的《美利坚信使周刊》(*American Weekly Mercury*)和1721年由詹姆斯·富兰克林（James Franklin）创办的《新英格兰报》(*New England Courant*)。在1713年至1745年间，先后有22份新报纸问世。及至1765年，除新泽西州和特拉华州外的每一个殖民地都至少有一份报纸发行。

---

① 《大西洋迁徙，1607—1860：美利坚合众国长期定居的历史》，作者美国历史学家马库斯·李·汉森（Marcus Lee Hansen）。该书描述了美国从殖民时代到内战期间的移民群体的社会和经济背景，曾获得1941年普利策历史奖。——译者注

② 新英格兰是位于美国大陆东北角、濒临大西洋、毗邻加拿大的区域。新英格兰地区包括美国的六个州，由北至南分别为：缅因州、佛蒙特州、新罕布什尔州、马萨诸塞州（麻省）、罗得岛州、康涅狄格州。——译者注

第一部分 公共关系的发展

大多数时候，殖民地报纸发布的内容包括诗歌、本地作者文章和转载英国已经发表过的文章。1750年之后，殖民地报纸开始刊登更多的政治新闻、耸人听闻的事件和名人来信。在1754年，卡通形象第一次出现在报纸上，本杰明·富兰克林（Benjamin Franklin）画了一条被分切为八段的蛇，并配发标题"要么联合，要么去死"。

那些最早为美国报纸供稿的人们，往往集记者、评论家和新闻代理人于一身。阿尔福莱德·麦克伦·李指出，在18世纪上半叶，殖民地报刊有两类稿源：来自文化人的诗歌、散文和来自利益团体的宣传。"地狱之火俱乐部"（Hell-Fire Club）成员在《新英格兰报》上发表的关于宗教政治问题的宣传文稿是后者的典型代表。他还认为，该俱乐部培养了独立战争中的新闻代理人。

殖民地人民的独立精神日益高涨，势必与英国为自身利益而控制殖民地媒体的企图发生冲突。如之前所说，英国政府通过两种方式控制殖民地媒体：对报纸颁发执照和对新闻、评论及广告进行审查。意见表达自由由此成为殖民者关心的一个重要问题。在1734—1735年间，一位美利坚报人——约翰·皮特·曾格（John Peter Zenger）的被捕与受审，使这个问题变得愈加突出。

曾格的《纽约新闻周报》（*New York Weekly Journal*）为殖民者代言，批评政府中的英籍成员，他因此被指控犯诽谤罪并被捕入狱。在审判中，费城著名律师安德鲁·汉密尔顿（Andrew Hamilton）为他辩护。汉密尔顿认为，如果曾格的言论被证明是正确的，就不应该被判有罪。最后，曾格无罪获释。

这次判决对整个殖民地产生了深远影响。出于公共关系目的，曾格的故事被反复传诵，成为美利坚殖民者争取自身新闻自由的象征性事件。每当英国政府威胁殖民地言论自由的时候，美国媒体就立刻重印曾格的故事作为回应。

"曾格案"以其巨大影响为殖民地争取了两项成果：一是助推新闻自由，并确立了报纸记录和讨论政府决策和行动的权利；二是确认了在诽谤案件中，陪审团不仅要考察发表出来的事实，还要顾及发表的意图。

随后，英国政府为了控制殖民地媒体，开始对每份印行的报纸征税。自1755年起，美利坚的印刷商以一场公共关系运动来抗争报纸税，这场运动将其谴责为"对知识征税"。1765年通过的印花税法案是英国政府控制媒体的又一行径。该法案根据报纸版面的大小征收税款，广告也在其中。此外，该法案要求每份报纸都必须公开发行人姓名，以方便政府捉拿那些批评者。

殖民地印刷商坚持为媒体自由而斗争，他们煽动群众截留印花税卷，要么不出报，要么在报纸上"开天窗"或完全无视印花税法案的存在。在波士顿人萨缪尔·亚当斯（Samuel Adams）的领导下，这场斗争最终迫使印花税法案被废除。

亚当斯被称为美国独立战争中最伟大的新闻代理人。亚当斯与其助手通力合作，在

1748—1776年间宣传美利坚独立。他们利用报纸、宣传册等手段为殖民地事业发出吁求。亚当斯通过波士顿的报纸传播独立思想,其中包括《独立宣传报》(*The Independent Advertiser*)和《波士顿公报》(*The Boston Gazette*)。他发展的说服公众的技巧比美国在第一次世界大战中的公共信息委员会(Committee on Public Information)早得多。

亚当斯在8个城镇设立了通信委员会,与之保持联系,并向他们发放《波士顿公报》。为了使舆论支持独立,他利用报纸和通信委员会散布1770年的波士顿大屠杀事件和1773年12月16日发生的波士顿倾茶事件。美国独立战争中的著名信使保罗·里维尔(Paul Revere)把波士顿倾茶事件的新闻带到了各个村镇,在圣诞节前传到了费城。

沃侬·路易·帕灵顿(Verno L. Parrington)在《美国思想史》(*Main Currents in American Thought*)中谈到,塞缪尔·亚当斯在美国政治民主崛起的历史中拥有独一无二的地位:"他绝不是第一个拥护民主事业的美国人,但他是第一个建立政党机器并践行它的美国人。他生命的唯一目的就是组织群众控制政权。他是这动荡世界的一股伟力,把主权从少数贵族手中转移到民主大众手中。政权天然地、潜在地筑基于民意,但如果非民主的心理阻碍了民意发挥力量,那么主权在民的理念在组织有序的少数精英面前仍是无力的。在塞缪尔·亚当斯的努力下,美国成熟起来,开始主动摆脱那些限制民意因素;同时,他凭借对这一点的洞察和鼓动民众追求完全政治自由的技巧和韧性,成为美国历史上的杰出人物。在他的坚持下,多数人的意志实际上应成为至高无上的权力。但在他能够行使上述权力之前,他必须创造它;在创造它之前,他必须先了解大众的心理。他必须利用民众的偏见为自己的目的服务;他必须把民众的委屈不满转变化为革命之路;他必须推着觉悟缓慢的民众前行,直到迈过独立的门槛,并实现建立一个民主国家的终极宏愿。在对这一终生目标的追寻中,塞缪尔·亚当斯成为一个政治战略的大师,我们第一位伟大的民众领袖。"

阿尔福莱德·麦克伦·李在其美国报纸发展史中谈到殖民地新闻代理人的领袖时说:"塞缪尔·亚当斯是'美国独立战争之父',因为他作为一个新闻代理人所取得的成就令很多后来者黯然失色。对于媒体关系专家来说,亚当斯就是印刷和报纸领域的本杰明·哈里斯(Benjamin Harris)①和本杰明·富兰克林。在艰苦

---

① 本杰明·哈里斯,英国出版商。1673年,他的出版生涯始于为英国辉格党出版宣传册。1690年9月25日,哈里斯在波士顿出版《国内国外公共纪闻报》,为北美大陆最早印刷的报纸。

卓绝的环境下，他使用了与我们今天类似的那些手段，他可以被认为……是美国新闻代理之父。"

另一位著名的殖民地新闻代理人是约翰·狄更斯（John Dickinson），他被称为是"独立战争的大笔杆子"（Penman）。他曾是那个时代最受欢迎的作家，他站在殖民地立场上发表了为数最多、最及时的反对英国统治的著述。作为一个政治家，狄更斯写的东西大多源于实践。譬如，作为1765年反印花税会议（the Stamp Act Congress）的成员，他起草了《权利宣言》（Declaration of Rights）和《向英王请愿书》（its Petition to the King）。他还是1777年大陆会议通过的《邦联条例》（the Articles of Confederation）的起草者。《宾夕法尼亚农民来信》（The Letters of a Farmer in Pennsylvania）是他起草的最具影响的美国独立相关文件之一，连载于1766—1767年间的《宾夕法尼亚记事报》（Pennsylvania Chronicle）。在这些作品中，他抨击了英国《汤申法案》（Townshend Acts）①和政治学中的自然权利理论，用人人都懂的简单法学观点丰富了殖民者的常识。通过美国独立战争中新闻代理人的活动，全美各殖民地发行的25份报纸中有23份都刊载了这些连载的书信，而且还印行了多种版本的宣传册。

① 1767年英国国会通过了《汤申法案》，对一些进口到殖民地的日常用品课税，包括玻璃、颜料、铅、纸和茶。——译者注

1774年，来自英格兰的托马斯·潘恩（Thomas Paine）加入了美国独立运动，很快成为运动最有影响力的代言人之一。他创办了《宾夕法尼亚杂志》（Pennsylvania Magazine），并作为主编工作了一年半。1776年1月，潘恩出版了著名的宣传册《常识》，力陈美利坚应脱离英格兰并建立独立的美利坚合众国。潘恩的观点振奋了各殖民地人民。《常识》在殖民地报纸上多次刊载，宣传册的发行量更是达到12万份。华盛顿（George Washington）说《常识》"有力地改变了很多人的想法"。殖民地公开化的独立运动始于潘恩的说服大作。在独立战争期间，潘恩加入了格林将军（General Greene）的部队，作为志愿军营的助理，他的工作就是提升部队的士气。当战争情势一开始不利于殖民地人民时，他写了一篇名为《危机》（The Crisis）的文章鼓励士气。文章开篇的"这是考验人们灵魂的时刻"成为美国人民的斗争宣言。

阿尔福莱德·麦克伦·李指出，塞缪尔·亚当斯、托马斯·潘恩和其他一些人，通过宣传册和报纸为铸就1776年的独立精神发挥

了重要作用,"(他们)在独立战争中的地位,就如同日后多种冲突中编辑、记者、新闻采写协会(news-gathering associations)和专业宣传家的角色(一样重要)"。

演讲也是美国独立战争中公共关系策略的一部分。帕特里克·亨利(Patrick Henry)的《不自由,毋宁死》的演讲人尽皆知。亨利在担任殖民议会(House of Burgesses)议员时起草的《弗吉尼亚决议案》在塑造殖民地舆论上同样威力巨大。该决议的签署表明殖民地反对印花税法案,也表明殖民地有权自行立法,不受英国议会干预。

在独立战争新闻代理人的努力下,《弗吉尼亚决议案》广为传布,极大地推进了独立运动,独立战争一触即发。《决议案》首先由《马里兰公报》(Maryland Gazette)发表,随后被《新港水星》(Newport Mercury)转载,但很快就遭到了英国当局的审查和镇压。然而审查无法遏制其传播,《宾夕法尼亚公报》(Pennsylvania Gazette)和《波士顿公报》等众多殖民地报纸旋即又进行了转载。

菲利浦·戴维森(Philip Davidson)在其《宣传和美国大革命》(Propaganda and the American Revolutions)一书中对美国独立战争的领袖们所采取的公共关系技巧做了精彩描述。这次研究表明,独立战争的领袖们认识到了公共关系对建立新社会的重要性。他们利用报纸、广告、小册子、宣传册、演讲、歌曲、戏剧、集会和游行来塑造殖民地的舆论,使民众支持美国独立的主张。从公共关系的角度看,波士顿倾茶事件就是一场公开行动,旨在公开表达美利坚对英国政府的反抗态度。

美国独立战争新闻代理人发布的最著名、最有力的文件是《独立宣言》(Declaration of Independence),这是一首至今仍鼓舞着世界各地人民追求自由的赞歌。《独立宣言》的起草者托马斯·杰斐逊(Thomas Jeffeson)对这份历史性文件的公共关系意蕴做了注解:

> 因此,当我们被迫依靠武力矫正社会弊病时,寻求全世界的裁决乃是合情合理的。这是《独立宣言》的目标,它并非意在找到未曾被思索过的新原则和新想法,也不仅是想表达从未被言说之事,而是为把此事的常识置于人前,以简单而坚定的语句得到人民的认可,证明我们被迫采取的独立立场的合理性。这既不是为了原创某种原则或情感,也不是从前人作品中抄袭而来,它意在表达美国人民之所想,并让表达的方式在这种情况下合情合理。

托马斯·杰斐逊在这些文字中提炼出来的,不仅是那种引领美国成长为独立合众国的精神,也传达公共关系本身具有的公共精神和关系意识。

第六章
1800—1865年：公共关系的拓展

从19世纪初到南北战争结束，美国经历了空前的增长、发展和扩张。在长达65年间，美国西进运动狂飙突进。在扩张领土的同时，美国的工业、金融和科技领域也取得了巨大发展，铁路铺设伸张、轮船出海远航、公路遍布各地。在东海岸，工业革命带来了新型蒸汽机，工厂的出现如雨后春笋。在工业生产力发展到前所未有高度的同时，商业集团和股票交易也应运而生。

美国的领土从波士顿和纽约扩展到了里奥格兰德河（Rio Grande）和太平洋海岸。加利福尼亚发现了金矿。轻便马车、公共马车和横贯大陆的邮车在乡间公路上自由奔驰。房地产盛极一时，百货商店鳞次栉比。在南方，大型棉花种植园里有黑奴劳作；在北方，大规模工厂里的工人把棉花制造成纺织品。

在这一时期，美国也出现了伟大的文学作品。拉尔夫·瓦尔多·爱默生（Ralph Waldo Emerson）、大卫·梭罗（David Thoreau）、赫尔曼·梅尔维尔（Herman Melville）、沃尔特·惠特曼（Walt Whitman）等作家讲述了开拓者们给北美大陆带来的新生活。

在巨大的经济进步和智识发展中，1832年发明的电报和1863年出现的能够单次双面印刷四版报纸的技术让传播发生了革命性的变化。1799年，制纸机取得发明专利，让制纸自此告别手工时代。1844年，将纸浆变成纸张的一项技术发明为大规模生产新闻纸提供了原材料。

尽管选举权在社会更多群体中的扩展推动了民主的进步，但为了获得更多的水资源、码头和其他公共设施，富人和说客腐化了州立法机构。这是一个拜金的时代。美国令人惊叹的经济增长伴随着政治和社会巨变。《人权宣言》赋予每个美国人以争取舆论的权利，在此基础上，各项改革运动得以蓬勃开展，鼓吹免费普通教育（free secular education）、妇女投票权、世界和平、成立产业工人工会和禁酒运动。众多重要的议题竞相争取公众的兴趣和支持，这成为美国社会很多群体领袖需要面对的公共关系问题。美国社会也存在着各种对立和矛盾，譬如：商业蓬勃发展的东部与尚处拓荒阶段的西部、工业与农业、亚历山大·汉密尔顿倡导的传统与托马斯·杰斐逊、安德鲁·杰克逊（Andrew Jackson）倡导的传统的不同。此外，美国社会对于摩门教徒定居于犹他州的问题也争论颇多，对于他们打着"昭昭天命"（manifest destiny）的旗号开展土地兼并也颇有分歧。

但是，在所有全国性问题中，最有分量、影响最为深远的议题莫过于奴隶制。最终，这个议题导致两派——联邦不可分割与脱离联邦之间的权力纷争，直至南北战争（Civil War）终结了这个分歧。

在这65年中，美国的公共关系取得了长足进步：从殖民时代新闻代理人的技巧，蜕变为亚伯拉罕·林肯（Abraham Lincoln）倡导的为联邦利益竭尽全力且有意识地制造国内外舆论。但是，美国社会各个领域的舆论塑造的发展并不平衡，且处于不同水平。

例如，1809年当华盛顿·埃尔文（Washington Irving）准备出版《尼克伯克的纽约史》（Knickerbocker's History of New York）时，他为自己的著作做了宣传工作。在该书出版之前，他组织了推广活动。1809年10月26日，他让《纽约晚邮报》（New York Evening Post）发表了一篇题为《忧愁》的新闻，报道了其房客迪德里克·尼克伯克（Diedrich Knickerbocker）的离奇失踪。实际上，尼克伯克是埃尔文的小说《纽约历史》里一个虚构的人物。

之后的新闻不断渲染迪德里克·尼克伯克的离奇失踪。随后，一条独家大新闻爆出。哥伦比亚酒店（据说尼克伯克曾经住在该酒店，并在此失踪）的老板宣布，尼克伯克留下了一本"非常奇怪的书"。酒店老板威胁说，他打算卖掉该书来补齐尼克伯克未付的酒店账单。在这条新闻报道之后的11月28日，华盛顿·埃尔文的出版商英斯基普&布拉德福公司（Inskeep and Bradford）发布了付费广告，内容是他们即将出版《尼克伯克的纽约史》一书。这次宣传攻势持续了一个月之久，引起了人们对迪德里克·尼克伯克离奇失踪的广泛兴趣和对他安全的极大关注，为这本书的出版做了极好的铺垫。

华盛顿·埃尔文之所以能设计这样的宣传，是因为在19世纪前半段，报纸的稿件不仅来自自己的员工。1826年，时任《纽约时报》编辑威廉·柯伦·布赖恩特（William Cullen Bryant）说，报纸稿源还有"朋友、政治家、律师和商人"。与其他编辑一样，布莱恩特认为外部消息源是"非常有价值的帮助和建议"。在担任《纽约邮报》（New York Post）编辑的半个世纪中，他刊发过马丁·范·布伦（Martin Van Buren）、萨缪尔·蒂尔登（Samuel J. Tilden）等资深政治家的文章，并接待过他们的来访。

这些人之所以能够在报纸上获得免费的宣传，是因为他们拥有政治权力和声望，还因为他们能够为编辑提供重要的新闻。若无权力和声望，个人和公司要获得免费宣传主要通过以下两种途径之一：人们通常所说的"免费吹捧"（free puffs），或给编辑和记者提供"约定俗成的礼遇"（deadhead courtesies），例如免费火车票。

直到19世纪30年代之前，报纸仍然常常为商人和政治家所拥有。尽管报纸是接触公众的主要渠道，但低收入人群还是无力购买单价6美分的报纸。这极大地限制了报纸的读者群，也妨碍了舆论对报纸策略的影响，因此无法确保报纸的独立性。

但到了1830年，事情起了变化。那一年，费城出现了一份名为《美分报》（the Cent）的报纸，它是一种便士报。随后，1834年出现了《纽约太阳报》（New York Sun），这是美国第一份长期发行的便士报。报纸价格的降低极大地增加了读者数量。到了1837年，《纽约太阳报》日发行27 000份，比纽约其他11家竞争对手的发行总量还高出5 000份，其他报纸每份售价6美分。通过增加发行量，便士报得以吸引广告，广告随之继续推高发行量。这些因素导致独立报纸在美国的出现。对于那些意图影响舆论的人而言，报纸此时已成为比以往更加重要的媒介。正如亚历西斯·德·托克维尔（Alexis De Tocqueville）所说，他在1835年进行了一次历史性的访美之旅，"能够让上千人同时获悉某一观点的唯一工具就是报纸"。①

① 1835年，亚历西斯·德·托克维尔去美国游历了一圈后，回国写出了令其声名鹊起的伟大著作《论美国的民主》上卷。——译者注

1830年，全美共有800份报纸，这反映了当时美国以报纸为媒介进行意见告知和表达方面的进步。1840年，这一数字增加到1 400。其中10%是日报，其余为周报。这些报纸和我们今天所熟知的不同，当时的领袖们批评它们品味低下，充斥着谩骂与偏见，而且唯利是图。实际上，当时的报纸确实很乏味。直到19世纪90年代，报纸才开始使用更大号的标题（streamer heads），增加了图片、卡通、致失恋者的公告、戏剧、体育等内容。

很多人利用发行量日增的便士报（penny press）来宣传自己，他们当中有一位叫菲尼亚斯·T. 巴纳姆（Phineas T. Barnum）。这位伟大的演艺家（他曾经说过"每一分钟都诞生一个笨蛋"）宣称自己的马戏团新添了一个了不起的新成员，即一个名叫乔伊斯·海斯（Joice Heth）的老黑奴，说她曾在100年前给乔治·华盛顿喂过奶。

围绕乔伊斯·海斯，巴纳姆在群众和科学家当中掀起了一场狂潮。报纸用大量的新闻版面和评论专栏对她进行报道。巴纳姆不断用各种笔名给报纸投稿，以保持新闻的热度。在一些署着假名的信

件中，他谴责 P. T. 巴纳姆，也就是他自己。他说，巴纳姆是一个骗子，他的东西都是假的。在同类其他信件中，他又表扬自己说，巴纳姆不仅胸怀美德，而且还让美国民众亲见了乔治·华盛顿的奶妈乔伊斯·海斯，这是一项伟大的公益行动。巴纳姆并不在乎媒体表扬他还是攻击他，只要媒体别把他的名字拼错就行。

当乔伊斯死后，尸检结果显示她可能只有 80 岁。医生说，她不可能像巴纳姆宣称的那样有 160 岁。巴纳姆深感震惊，他公开承认自己可能被耍了！但是事已至此，纽约人已经连续多年购票参观这个据说是乔治·华盛顿奶妈的叼着烟筒的黑奴老太太，巴纳姆每周能从她身上赚到近 1 500 美元。

巴纳姆还利用类似的宣传手法来推广其他戏码，譬如一个名叫"大拇指汤姆将军"（General Tom Thumb）的侏儒；一个叫"瑞典的夜莺"的女歌手珍妮·林德（Jenny Lind）。据说巴纳姆在 1850 年跟林德签订合同，每场音乐会付给她 1 000 美元，共 150 场；以及"闭嘴，这是什么？"（Zip, the What Is It?）；一位"发现"于 1869 年的卡迪夫巨人（the Cardiff Giant），当然这也是虚构的；还有 1871 年启动的"全球超级秀"（Greatest Show on Earth）。①

① "史上最棒的表演"（Greatest Show on Earth）是巴纳姆—贝利马戏团（Barnum and Bailey Circus）（也就是今天的"玲玲马戏团"）制造出来的噱头。"玲玲马戏团"已于 2017 年 5 月在纽约长岛关闭。——译者注

在巴纳姆利用马戏团新闻代理为个人利益服务的时候，也有各种组织利用媒体为一些社会事业赢得公众支持。这些活动也获得了免费宣传，活动的倡导者有时还发行自己的报纸。譬如，1828 年美国和平协会（American Peace Society）成立，该组织强调重视战争的经济原因，呼吁裁军和战争非法化，倡导成立国际法庭制定国际法，希望成立由不同国家组成的议会来推动国际间的和谐与善意。威廉·沃特森（William Watson）代表和平协会，出版了《1834 年美国和平倡议》（*American Peace Advocate*）。

公共关系还推动了禁酒运动的发展。禁酒运动始于 1825 年由莱曼·比彻（Lyman Beecher）倡导的活动。美国禁酒促进会（American Society of Promotion of Temperance）成立于 1826 年，到 1834 年发展了 100 万会员。1830 年，以诺耶斯（Noyes）的《完美》和《纽约护身符》（*New York Amulet*）为代表，为特定公益目标大声疾呼的

杂志开始反对酗酒和不忠。1837 年，禁酒主义者发行了《美国禁酒联盟杂志》(Journal of American Temperance Union)，并在世界各地发行。

这些跟禁酒运动相关的杂志、宣传册和书籍都带有一种宗教般的口吻，充满了强烈的道德意味。禁酒运动的一些代表在全国各地建立了地方分会。

禁酒运动的演说家——无论业余的还是职业的，走遍全国宣传他们的思想，这其中还包括一些声名远播的已经成功戒酒的早期酗酒者。这场运动利用了一切可用的手段来赢得舆论，包括演说、书籍、反对"邪恶的朗姆酒"的诗集与歌曲、宣传册以及写给立法机构的请愿书。其中，最有效的手段是在美国各地同时举行大型集会。自1833 年起，这类集会每年在美国、加拿大和英格兰等地举行一次。此外，还出现了《禁酒天才》(The Genius of Temperance)、《朗姆酒销售者的镜子》(The Rum Seller's Mirror) 和《酒鬼的镜子》(The Drunkard's Looking Glass) 等宣传禁酒的杂志。谴责饮酒的布道书销量极高。艾丽·美林神父（Eli Merrill）所著的禁酒布道文销量高达200 万册。

由于对禁酒的宣传，农场主在收割季节不再向他们的雇工提供酒精饮料。巴尔的摩和俄亥俄铁路公司（Baltimore and Ohio Road）拒绝在列车上售酒。禁酒的旅馆在全国各地涌现。超过一百万人签署了不再饮用任何酒精饮料的宣言。若干个州和城市都通过了相关的禁酒法案。在 1840 年代，缅因州通过了第一个州级禁酒法案。但总的来说，全国范围的禁酒运动的效果与其投入的时间、财力和人力并不成正比。

但是，如我们之前所说，在全国各地发生的这些变革中，一个宏大的议题吸引了人们越来越多的注意力，并引发了日益激烈的争论，这就是奴隶制问题。该议题早在 1820 年代就走进了人们的视野，当时本杰明·伦迪（Benjamin Lundy）等人已经开始呼吁解放奴隶。从性质上说，这场了不起的争论起初还是地方性的。南方的演说家、作家、报纸编辑及立法者维护奴隶制，批评北方雇佣劳动力。同时，北方产业界的发言人则抨击奴隶制度。美国的这两大舆论阵营在竞选中、报纸上、布道时、宣传册上、书籍里和立法斗争中各自竭力争取民众的支持。

威廉·劳埃德·加里森（William Lloyd Garrison）发声支持废奴力量。他在 1831 年创办的《解放者报》(The Liberator) "发挥了强有力的作用"，大英百科全书记载道："它不仅见证了林肯总统的废奴宣言，而且见证了美国宪法修正案的通过，见证了奴隶制的永久废除。"

利用印刷文字和口语化表达，加里森对奴隶制的道义征讨是如此有力，以至于日后其他报纸的创办都效仿同样的原则。基于立时解放原则（doctrine of immediate emancipation）而建立的废奴协会雨后春笋般出现；废奴宣传还走进了各种政党、教会和立法集会；到

① 指美国第16任总统亚伯拉罕·林肯（Abraham Lincoln，1809—1865）。——译者注

了1861年，选举产生了一位打心眼儿里反对奴隶制的总统①。尽管他宣誓将执行宪法对美国社会体系完整性的维护，但是南方还是开始警觉起来，并脱离了联邦、建立了独立政府。

加里森的《解放者报》痛斥奴隶制为"犯罪，一种邪恶的犯罪"。其他报纸也向民众发出过类似支持废奴的声音，其中包括1834—1848年间R. G. 威廉（R. G. Williams）开办的《救星报》（*Emancipator*），J. G. 伯尼（J. G. Birney）和G. 贝利（G. Bailey）在1836—1847年开办的《慈善家报》（*Philanthropist*）。1852年，随着斯托夫人（Harriet Beecher Stowe）《汤姆叔叔的小屋》（*Uncle Tom's Cabin*）的出版，文学也成为废奴运动的利器。这部废奴小说风靡全国，唤起了那些从来没有读过书的人们的热情。

1832年，加里森组织了新英格兰废奴协会。此后，整个北方出现了大量废奴组织，很多名人加入其中。后来，所有这些协会合并成一个叫做"美国废奴主义者"的组织。该组织发起了很多争取公众支持的活动，其中之一便是派加里森前往英格兰寻求英国废奴主义者的合作。加里森带着英国废奴运动领袖威尔伯福斯（Wilberforce）、麦考利（Macaulay）和丹尼尔·奥康纳尔（Daniel O'Connell）联署的抗议信返回美国，我们从中可以嗅到一丝现代公共关系的气息。

② 安德鲁·杰克逊（Andrew Jackson，1767年3月15日—1845年6月8日）是美国第七任总统（1829—1837年）。——译者注

③ 马丁·范布伦（Martin Van Buren，1782年12月5日—1862年7月24日），美国第八任总统（1837—1841年）。——译者注

南方对废奴主义者的行动异常愤怒。暴徒焚烧了废奴文学著作。杰克逊②（Jackson）总统与范布伦③（Van Buren）总统公开反对废奴主义宣传，认为他们导致了暴动。废奴协会发现很难募集到5 000美元的年度预算，他们的办事员一周仅有8美元的经费。一些北方人甚至也对废奴主义者的宣传充满敌意。他们打扰会议、摧毁废奴主义者的办事大厅和印刷厂，甚至针对个人施暴。

但是，废奴运动的影响力持续扩大。从1835年到1860年，废除奴隶制的公共关系运动利用了一切可用的传播、倡导和行动手段。为了赢得舆论，废奴主义者①把地方废奴协会联合起来成为一个全国性组织；②批评棉花交易，抵制依靠奴隶生产的产品，并开办了只销售"自由货物"的商店；③争取成千上万的民众为谴责奴隶制请愿签名，并将这些签名转交国会，以促成针对奴隶制存废问题的

辩论；④印行成千上万篇废奴文章和演讲稿，甚至还动用了南方的邮局；⑤巧妙地将废奴议题写入教科书和一些全国畅销书中；⑥向北方立法机构施压，有利于废奴的法案得以通过；⑦组织秘密火车帮助奴隶们逃脱奴役。

约翰·昆西·亚当斯（John Quincy Adams）在日记中记载了这些发生在南北战争之前几十年的公共关系活动的成效，他写道："在我所居住的地区和州，公众对奴隶制存废问题的态度剧烈摇摆。"尽管废奴主义者仍处于少数派地位，但他们的公共关系活动颇有成效，以至于很多政治家不得不改变他们在奴隶制问题上的立场。

为应对北方的公关攻势，南方也以大规模公关活动作为回应，议员、编辑、牧师、教授和政治领袖十分活跃。在参议院中，卡洪（Calhoun）从经济和政治角度为奴隶制辩护。其他南方的众议员也宣称奴隶制是道德的，受到圣经和宪法的保护。当这些观点说服未遂，南方人便图穷匕见，将废奴主义者投入监狱甚或杀害，并禁止废奴文学的传播。

很多现代公关技巧在那时已经开始应用。每一方都有一个明确的主题、目标和策略；采用所有可能的传播手段与公众沟通；基于人与社会关系的相关理论和现实问题提出论点；为了争取美国社会不同的公众，运用被他们易于接受的说服方式。这一切不仅针对奴隶制存废问题而展开，也涵盖了南北双方所有有争论的议题——譬如关税、国内政策和国际事务。

新成立的共和党致力于传播废奴思想。"在北方所有地区，"《大英百科全书》记载，"在苏厄德（Seward）①，林肯，蔡斯（Chase）②，亨利·沃德·比彻（Henry Ward Beecher）和霍勒斯·格里利（Horace Greeley）③等领袖的带动下，所有媒体、剧院、布道场、学院以及市民辩论俱乐部皆被征募为宣传之用。"

这场论战在1860年的总统大选中达到高潮。当时民主党分裂，共和党的候选人是亚伯拉罕·林肯。从公共关系的视角来看，那一年共和党的选战十分有趣。新成立的共和党采用了我们今天所谓的

---

① 即威廉·H. 苏厄德（William Henry Seward），美国政治家，曾任美国国务卿和纽约州州长，在国务卿任内从沙俄手上买下了俄属北美，即今日的阿拉斯加州。——译者注

② 即萨蒙·波特兰·蔡斯（Salmon Portland Chase），美国政治家，历任美国参议员、俄亥俄州州长、美国财政部长、美国首席大法官。——译者注

③ 霍勒斯·格里利（Horace Greeley），美国著名报人、共和党的创建人之一。他在1841年创办《纽约论坛报》，并任主编达30年之久。——译者注

细分策略，按照不同群体的利益，采取了不同的诉求策略。在共和党的中坚力量因应形势为林肯助选时，他们保持了审慎的沉默。在反奴隶制态度强硬的地区，他们重申共和党反对扩大奴隶制的主张。在废奴态度含混的地区，他们就转而强调其他议题。卡尔·舒尔茨（Carl Schurz）成功争取到了劳工和德裔选票。在宾夕法尼亚和新泽西等钢铁工业区，共和党的演说家强调保护关税。在北方和西部，苏厄德强调"昭昭天命"和美国商业在世界各地的伟大前景，以及美国与俄国在远东地区不可避免的冲突。的确，在1860年的选战中，奴隶制议题并非人们最重要的关切所在，经济、政治和宪法议题的地位反而更加突出。

林肯当选总统后不久，南方各州脱离联邦。在随后的1861年春季，南北战争爆发。

在整个南北战争期间，对立双方都开展公关活动以赢得公众支持。语义学的运用成为双方的重要手段。双方都深谙语言能够影响人们的情绪，北方称此次冲突为"叛乱战争"（War of the Rebellion），南方则称之为"州际之战"（War between the States）。南方的领袖们讨论了他们应当如何命名退出联邦的行动，杰斐逊·戴维斯（Jefferson Davis）称之为"革命"。为了赢得国外舆论对南方的支持，他派出使节前往伦敦、巴黎和罗马。林肯也代表北方向海外派出了100多个使节，他们之中就包括了亨利·沃德·比彻，他前往大西洋彼岸去影响英格兰的舆论。

林肯是南北战争中的公共关系天才。他对公关在美国民主制度中的重要作用有着深刻的理解。战争伊始，他就宣布："在诸如此类的共同体中，公众的情感就是一切。赢得公众的情感便无往不胜，反之则一事无成。因此，那些形塑公众情感者比立法者或决策者走得更远。"

在官方影响舆论的活动之外，也存在着非官方的公共关系活动，公民个人利用书籍、报纸、布道及演讲来传播他们的观点。这些意图影响舆论的活动围绕南北战争和相关的经济、政治和社会议题展开。废奴主义者致力于促成以法律形式永远禁止奴隶制；商业领袖则呼吁州政府将土地分配给铁路公司、自耕农和大学，并着力推动从欧洲引进合同制劳工。

政府官员和政治家在南北战争中通常利用媒体向公众表达他们的观点。下面要提到的林肯战时秘书埃德温·斯坦顿（Edwin M. Stanton）写给《纽约先驱报》（*New York Herald*）出版人詹姆斯·哥顿·班尼特（James Gordon Bennett）的信件就是一个典型例子。1862年，斯坦顿写道：

"我冒昧写信给您谈谈我对时局的一些观察……为重建商贸关系，奉天之名，

第一部分
公共关系的发展

我寄望于政府的恢复行动，我认为这项工作需要通过开放由我军占领的港口来实现……我认为公众的思考应该被吸纳到此问题上来，所以斗胆向您提出这个建议。"

在这一例子中，战时秘书斯坦顿利用媒体为公关目的服务，但其方式符合殖民时期的"地狱火俱乐部"传统。斯坦顿和《纽约先驱报》之间的关系，类似马丁·范布伦（Martin Van Buren）与威廉·库伦·布莱恩特任主编的《纽约邮报》的合作。

此时，一种新的公关运作方式已经开始流行起来，这与南北战争中联邦政府的筹款活动有关。为了帮北方政府募集战争所需资金，杰·库克公司（Jay Cooke and Company）（这是当时一家占据垄断地位的银行）的一些著名银行家试验发行国债。他们的努力成果显著，财政部后来任命库克负责联邦战争债券的发售。在库克的领导下，债券销售大获成功，功绩彪炳史册。他不仅募集了战争所需经费，还探索了一系列组织运作和公关技巧。半个多世纪后，在第一次世界大战自由债券的销售中，这些技巧仍然被使用。为赢得公众对北方的信心和资金支持，库克可谓竭尽所能。

财政部传统的债券发行模式是，先将小额债券出售给银行，然后再通过银行卖给为数不多的投资者。而库克采取了一种全新的、大规模覆盖的销售模式，他盯着的是所有公众的存款。他从费城派出了一支庞大的债券销售队伍，他们有能力、进取心强，利用各种交通手段走遍了北方，通过地方小银行销售债券。为了善用新的销售方法，库克积极争取报纸评论的支持，发布付费广告，并尽可能与报纸记者保持良好关系。

在《美国思想史》一书中，帕灵顿（Vernon L. Parrington）说：

> 从某些方面来讲，库克可以被认为是第一个现代美国人。他是第一个了解大众销售心理学的人。正是他那丰沛的才智创造了企业联盟，孕育了现代美国的"驱动力"并将其付诸实践。在他那温和的牧师般的外表下，有一个现实主义者的头脑。他认为人人都能被收买，但他也知道几乎没人愿意承认这个现实；所以，他竭尽全力，以极其专业的手法掩蔽人类这贫瘠而赤裸的内心。如果要让身处穷乡僻壤的人从他的旧长筒袜中掏出钱来，那我们就必须制造一种支持战争的舆论。库克在众多广告中表达了这样的信息：前线的士兵必须得到后方人民的支持；战争属于每个忠诚的美国人，爱国主义精神要求每个人把闲钱借给身着蓝色军服的小伙子们，知恩图报的政府将连本带利高额归还。为了把闲钱变成军费，他派销售代理奔赴一个又一个社区、报纸编辑部、银行、讲坛——这成为后来各种爱国主义运动中"一分钟演讲人"（one-minute men）的先驱。他指出，这些债券销售者也是为国出力。他慷慨地资助媒体，不仅是那些大城市的日报，也包括那些不知名的乡村周报。

他雇佣了一支庞大的写手队伍组成特稿社[1]，他出资让这些新闻广泛传播。他"雇佣的朋友"遍布各地。他通过上百种巧妙的手法，表达了对出于爱国心而在债券销售中与他合作的那些人的感激——比如送一条他亲手钓到的鲑鱼，一篮自家花园种植的水果，等等。他购置了一个大葡萄园，持续把葡萄酒成箱地运往有战略意义的宣传点。反对者暗示说，他这是在腐化媒体，但大把流往前线的钞票帮他做出了回应。这些活动成本高昂，而政府在佣金发放上却十分慷慨，在扣除所有成本后，库克的公司净赚两百万美元，这还不算跟政府合作带来的声誉和免费广告带来的数百万美元的财富。[2]

由于他的成功，库克当上了白宫的顾问。从某种意义上说，库克正是一个公共关系顾问，譬如他曾建议林肯总统撤换麦克莱伦将军，理由是军事失败导致债券销售下降。

南北战争前的20几年见证了公共关系手段、理论和专业术语的发展。在《双行道》一书中，埃里克·古德曼回溯了我们今天所称的"公共关系"活动的源头。1842年，面对哥伦比亚大学的校友，纽约市圣彼得教堂的牧师休·史密斯（Hugh Smith）发表了"公众情绪理论与管理"的演讲。古德曼称：

> 史密斯坦陈新闻代理人的危害，但他还是坚持认为，无论他们因为自己的活动被谴责与否，舆论总是由人创造的。事实上，他认为影响舆论的做法是完全正当的，前提是不使用"欺骗的手段"，避免诉诸"偏见"或"激情"，不"剥夺那些不认同特定意见和实践的人们的权力"。在史密斯的演讲中，我们甚至可以领会到一些最现代的公共关系手法。他认为，我们可以借助"联想的力量"来影响舆论，而这种联想一般是通过"暗示"而非"明示"来实现。

在那段光景，甚至连《纽约时报》（New York Times）都会为了获得经济资助而对政治人物俯首帖耳。以对朋友和同志慷慨相助闻名的索罗·韦德（Thurlow Weed）[3]在1854年借钱给《纽约时报》主编H. T. 雷蒙德（H. T.

---

[1] 特稿社（syndicate）是专门向报刊提供特稿的组织机构。"辛迪加"原指资本主义垄断的一种形式。——译者注

[2] Quoted by permission of the publishers, Harcourt, Brace and Company

[3] 索罗·韦德（Thurlow Weed）（1797年11月15日——1882年11月22日），是一位纽约报人，共和党政客。——译者注

第 一 部 分
公共关系的发展

Raymond），令后者听命于自己。弗朗西斯·布朗（Francis Brown）在他的《纽约时报的雷蒙德》（*Raymond of The Times*）一书中说："财政上的关联把《纽约时报》与苏厄德—韦德系财团捆绑在一起"，而公众对此一无所知。

如前所述，便士报（Penny Press）的增长让广告成为报纸的主要财源。这种局面使广告主对新闻和评论的影响大增，并呈现出这样一种趋势：广告主不仅可以买下版面发布其产品广告，还可以在新闻和评论中夹带"免费鼓吹"（free puffs）。而且，报纸也会以新闻或评论的形式发布付费广告式的宣传。

及至1840年代晚期，一些报人开始置疑这些行径。1848年，詹姆斯·哥顿·班尼特（James Gordon Bennett）的《纽约先驱报》宣布该报将不再以评论形式发布付费广告。该报称，这一政策对所有广告主一视同仁。该报还补充说，从现在起，"不再对任何阶层、公司、协会、企业集团、利益集团或个人给予特别照顾"。尽管班尼特开启了新的模式，但其他报纸依旧为广告主提供免费鼓吹服务，并将付费广告伪装成新闻或评论。

这种做法直到今天还在流行，报纸以消息和特稿的形式为广告主免费鼓吹，它们主要出现在报纸的剧院、电影、食品、建材和汽车等版面。而1850年代，这种做法充斥所有版面。此外，当时的报纸仍然屈从于强大的经济和政治利益。

弗雷德里克·哈德森（Fredric Hudson）在他的著作《1690—1872年的美国新闻史》（*Journalism in the United States from 1690 to 1872*）中描绘了1850年代广告主和新闻代理人的角色。他写道，1854年，霍勒斯·格里利（Horace Greeley）反对当时盛行的以新闻形式呈现付费广告或为广告主提供免费宣传的做法。

"如果你想插入一篇不是服务公共利益目标的文章，"格里利说，"你应当主动付费。你不应谋取本不属于你的版面，来鼓吹自己或朋友的私人利益，还拒绝付费。"

"你是订户这个事实并没有赋予你这方面的权利。如果那份报纸物非所值，就别买它。确实，你可能经常利用编辑的权力自负将本该付费的文章塞进新闻中，但他会看不起你，把你当作一个寄生虫和小偷，这是常识。如果你希望利用任何刊物的版面来推广自己或他人的私利，请主动付费，初次并无他途。"

哈德森于1872年出版了他的著作，他在书中补充说："广告版面之外的内容不需付费。读者们都知道编辑掌握版面大权和报道时机，知道他是为了生计而做报纸，但在新闻和评论专栏里加入付费内容无异于欺骗读者。报纸通常有两种经济来源：订阅和广告。读者在阅读新闻和评论内容时不希望发现任何被编辑默许的赚钱伎俩。他们知道广告是什么，广告也以非强迫的方式影响着他们。我们希望诸如《论坛报》之类的报纸现在不再让自己的版面遭到滥用。"

这些做法绝不限于美国。1851年，法国剧作家莱昂·高兰（Leon Gozlan）受托为巴黎一家报纸写每日评论，他与一名广告代理人达成商业协议，让销售人员的名字出现在他所写的评论中，借此获得报酬。暧昧的政治宣传在欧洲也十分普遍。譬如，为了阻止德国人移民美国，萨克森地区曾在1854年发布公告称，那些跑到美国的傻瓜在一些不为人知的暴乱中被干掉了。当然，美德两边都在做这种宣传。

1816—1817年，荷兰航运公司的代表们迫切希望吸引移民顾客，他们向公众宣传说，在鹿特丹和阿姆斯特丹等地有横跨大西洋的免费交通。在1820年代，地主和移民代理人把他们的广告以旅游信息形式植入一些指南手册里。

宣传确实可以用于各种不同目的，好的、坏的和中性的，社会性的和反社会的。林肯在与道格拉斯的一场辩论中表达了他对公共关系公共性的理解，他说："臭鼬被杀的原因是它为自己所做的宣传。"

入主白宫后，林肯会在被他称为"公众日"的一天接待所有来访者。他曾把这种接待描述成他的"公众假日疗养"。他懂得这种人际沟通的公共关系意义和媒体的重要性。在南北战争中，《纽约先驱报》曾引用他的话说："我是媒体最好的朋友——没人能像我那样认识到媒体或好或坏的巨大能量。如果可以的话，我总是希望媒体能站在我这边；有太多的事情要依赖可靠的舆论。……啊，你们这些在很大程度上控制着舆论的先生们，可曾想过你们能在多大程度上减轻当权者——那些被忧愁、焦虑和责任压垮的不幸者——的重负吗？"

在战争中，下面一些因素赋予了新闻代理越来越大的新的影响力：报业的扩张；广告（附带免费鼓吹和裹挟评论）的增长；美国人发明的报纸采访体裁，替代了以往各领域权威主动发表的文章。这些变化使报人对新闻素材有了更大的控制权，并导致了舆论塑造艺术的变化。

第七章
1865—1900年:"公众该死"

1865—1900年是一个产业迅猛扩张和社会剧烈变革的时代,是个人主义和强盗资本家的竞争精神横行的时代。农民、改革家和工人们联合起来抨击现状,他们对权力滥用和财富垄断(abuses and excesses)的愤怒达到了极点。

作为残酷竞争的产物,技术和其他领域的变革以一种社会无法消化的速度发展着。这些因素促发了一种意见和行动氛围,最终在二十世纪来临后,促成了公众对西奥多·罗斯福(Theodore Roosevelt)的公平交易法案(the Square Deal)、伍德罗·威尔逊(Woodrow Wilson)的新自由主义(the New Freedom)、富兰克林·德兰诺·罗斯福(Franklin Delano Roosevelt)的新政(the New Deal)和哈里·S. 杜鲁门(Harry S. Truman)的良政(the Fair Deal)的接纳,也为"扒粪记者"(muckrakers)争取和引发社会变革创造了条件。

在1865—1900年间,经济、政治、社会和技术力量的现代化运行,为1920年代的公共关系事业奠定了基础。石油、钢铁、铁路、电力和内燃机让这一时代发生了翻天覆地的变化。边疆开发完毕,移民定居新大陆。从大规模内战中走出的国家加速奔向产业和商业扩张。科学、发明和技术彻底变革了国民经济、人民生活和所有的群体关系,甚至改变了整个美国的政治面貌。

一些独资企业和合资企业发展或为大型公司。这些公司需要数量惊人的风险投资为其提供资金。在这一时期,企业主的良心和社会责任的理念,远配不上他们对资本、特许经营权(franchise)及其他一些立法许可的野心。资本主义极具侵略性,远甚于个人主义的权力主张。劳资纷争经常演化为暴力冲突。对人和物的掠夺乃是这个时代的脚本。

美国确实产生了一种极度自满的情绪,这可从当时垄断巨鳄们的态度中看出来。"今天六千五百万美国人,"安德鲁·卡内基(Andrew Carnegie)吹嘘道,"能买下一亿四千万俄国人、奥地利人和西班牙人的财产;或在买下富饶的法国之后,还有闲钱去买丹麦、挪威、瑞士和希腊。"

盛行于此间的经济自由放任主义一直持续到世纪末。强盗资本家权势熏天,对舆论毫无顾忌，因为那时少有针对私人企业伦理的舆论。大公司的掌舵者们在建设美国，他们成为美国发展的象征。他们虽然是强盗资本家，但在被舆论逮住之前，他们也是很多人心目中的英雄。没有什么比政府和警察的保护更让商人们孜孜以求的了。他们想靠自己拓展市场，希望不受打扰地赚钱。这都是时代的潮流，大亨们操纵着企业、金融和股票，企业在秘密的黑箱中运行。

日益复杂的美国社会结构需要群体间相互协调。加速的交通和通讯使国家更紧密地联系在一起，也让舆论和公共关系成为所有群体越来越关心的事情。这一时期的尾声将迎来第一次伟大的社会变革。在扒粪运动的影响下，"公众该死"的时代让位于"公众被告知"的时代和漂白时代。

"公众该死"这个词可以把这一时期形象地标签化。当美国中央铁路公司的威廉·范德比尔特（William Vanderbilt）[①]在1879年说出这个词的时候，他没预见到公众会怎样理解它，又或者会引发怎样的愤怒。它是在寻常情境下被随口说出的，但时间模糊了这些情境。这个故事现在有好几个版本。其中一个场景是，一名记者采访范德比尔特，问他为什么取消了纽约和芝加哥之间的快速付费邮车。这位富豪回答说这条线路不赚钱。记者说，但公众觉得它很有用很方便，难道范德比尔特先生不应该服务公众吗？"公众该死！"范德比尔特直呼而出，"我为我的股东工作；如果公众想要这条线路，为什么不付钱呢？"罗杰·巴特菲尔德（Roger Butterfield）在其著作《美国往事》（*American Past*）中写过另一版本，两位记者问范德比尔特，刚刚运行的快速列车缩短了从纽约到芝加哥的时间，它是否实现了预期收益？"没有，一点都没有"，这位铁路大王生气地说，"因为宾州铁路公司的糟糕举措，我们只能被迫运行限速火车。""但你不是为了公众利益而运行它的吗？"一个记者坚持问道。"公众该死！"范德比尔特怒道。

范德比尔特的话像枚炸弹一样投向了一场经济社会的争端之中。在这场争端中，公众认为铁路大亨独裁专制，对此早已心怀不满。比如，1879年纽约立法机构赫本委员会（Hepburn Committee of the New York Legislature）发起的立法调查，曝光了铁路和炼油业之间的秘密协议。公众抱怨纽约的牛奶价格过高，据说范德比尔特在囤

[①] 指范德比尔特家族的第二代传人，威廉·亨利·范德比尔特（William Henry Vanderbilt，1821年5月8日—1885年12月8日），他是美国铁路巨头和慈善家。

积牛奶存货。所有铁路公司都受到了抨击，纽约中央铁路公司尤甚，且多数火力是朝向范德比尔特的，因为他拥有这家铁路公司87%的股票。

范德比尔特在被公众的批评和敌对铁路大亨的诡计激怒的情况下喊出了"公众该死"。他似乎亲证了铁路拥有者在公众心目中专制独裁的印象。这个词激起了普遍的愤慨，媒体和纽约立法机构对他的抨击更加猛烈了。

范德比尔特听从了律师昌西·迪普（Chauncey Depew）的意见，决定采取措施平息公众的怒火。他的行动被律师解释为："范德比尔特先生有感于立法机构和报纸对他的批评，认为个人不应拥有像纽约中央铁路公司这样大公司的主体利益，也不该把如此多的鸡蛋装进一个篮子里，他觉得所有权越分散越好，这对自己和公司都有利。"①

① Matthew Josephson, The Robber Barons 187.

范德比尔特卖掉了一部分股权并成功地平息了公众的怒火。但也许是因为公共关系行业当时尚未发育，他没有收到这方面的恰当建议，也就一直未能成功扭转因一次致命采访而在公众心中留下的印象。而这个词成了一种不甘愿与自己所依存的公众相融合的象征——一种对公关的无知。

商人总是不厌扩张。他们的足迹踏遍了北美广阔的大陆，直到舆论感受到了垄断集权的威胁，并组织起来应对这一局势。但即使到了这个时候，普通公众也没有任何兴趣去关切私人企业的私有化事务——公司资本化、财务报告和连锁协议。

埃里克·古德曼在《双行道》中解释了这一境况："一个产业的潜在利益越大，就越倾向于秘密运营。这一秘密在'公众该死'方针下达到了顶峰。"而 N. S. B. 格拉斯（N.S.B.Gras）评论道："在对待公众的态度上，19世纪美国产业已经倒退成中世纪的行会那般独裁专断。"

顽固的个人主义（Rugged Individualism）被发挥到了极致。1868年，由 J. P. 摩根（J. P. Morgan）和吉姆·菲什（Jim Fish）控制的两个敌对武装帮派为了争夺一条铁路的实际控制权，让纽约州大片地区陷入恐慌。而当企业的过分行径遭到批判或反对，企业就会贿赂法官，用侦探或军队武装来对付工人。杰伊·古尔德（Jay Gould）和范德比尔特（Commodore Vanderbilt）都在1870年代贿赂过法官。

最先通过公关活动进行反抗的是那些深受不法经济行为伤害的公众群体——工人、中西部农民和东部知识分子。1883年，约瑟夫·普利策（Joseph Pulitzer）呼吁公众："一切犯罪、欺瞒、花招、骗局和恶行皆因秘密而在。曝光它们，描述它们，攻击他们，在媒体上取笑它们，舆论迟早会将它们洗刷干净。"格兰杰党人运动（the Granger Movement）[①]、改革者、绿背党人（the Greenbackers）[②]、民粹主义者（the Populists）、劳工运动（the labor movement）和社会党（Socialist Party）都起而行动，批评企业的罪行。玛丽夫人（Mrs. Mary Lease）教育农民要"少种玉米多种仇恨"（raise less corn and more hell）。随着这些群体的发展，从政府调查到立法，旨在限制大企业扩张的社会行动勃然兴起。但大企业仍掌握主动权，而此时的高等法院依旧保守如初。

劳工大众在不断成长。1866年，第一个全国性的劳工联盟——全国劳工联合会（National Labor Union）成立了。它随后在1869年被第一个真正的全国劳工组织——劳工骑士会（Knights of Labor）所取代。在劳工骑士会之后，全美劳工联盟又在1886年成立。1868年，国会通过了联邦第一个八小时工作制法案。基督教社会主义者学派的信徒支持劳工的要求，开始挑战强盗资本家。他们的挑战乃基于社会良知、社会责任和公共利益。

政府也开始表明自己的立场。继1869年黑色星期五之后，美国又爆发了1873年大恐慌[③]，公众意识到金融操纵的可怕后果。1876年和1879年，国会对标准石油公司的调查引起了广泛的舆论关切。1870年代，有人提出限制铁路和大企业游说（lobbying）的要求。1877年，佐治亚州法院判决游说违法。该时期的罢工以大规模集会的形式出现，劳工发言人在集会上抨击资本家，呼吁把美国改造成一个劳工共和国。全国范围的铁路罢工引发了暴力、失序和破坏，几乎所有城市都陷入了瘫痪。1877年，联邦部队第一次在

[①] 格兰杰党人（the Granger）是指在南北战争后，美国中西部地区一批自发组织起来抵抗粮价和铁路货运价格歧视的农民。他们在1866年发起了"格兰杰党人运动"（the Granger Movement），运动促使美国西部各州颁布了一系列约束粮价和铁路货运价格的法案。——译者注

[②] 绿背党人（the Greenbackers）指那些反对政府以绿背纸币施行通货收缩政策的农民。南北战争时期，美国曾大量发行不可兑换的绿背纸币，在市场贬值流通。当时持币者主要是农民，战后，银行家和工业资本家却要求以金元偿债。并要求政府收缩通货，收回流通中的绿背纸币。但农民则坚持要用贬值的绿背纸币清偿债务（主要是国债）。19世纪70年代由此爆发了"绿背运动"（Greenback Campaign）。——译者注

[③] 即1873年经济危机。南北战争以后，美国通货膨胀严重、政府机关铺张浪费、信用贷款过度、铁路公司发展速度过快，上述种种导致了东部几家金融机构在1873年9月相继倒闭，引发了恐慌。——译者注

和平时期出动，以平息劳资纠纷为名，杀害了一百多名参与者。

"在战争中，"查尔斯·A. 比尔德（Charles A. Beard）说，"公众被宣传淹没。每当一次冲突以流血告终时，媒体总会报道指控和反指控，这已经成了产业冲突史上的惯例。雇主认为罢工者是挑起事端的罪魁祸首，罢工者则认为罪责在武装民兵身上，后者的证据是几乎所有的死亡都发生在工人中间。饥饿的妇孺照片唤起了公众的同情。人们为受难者提出诉讼，在集会上为他们募捐；农民从地里给他们送去成车的食物。"

1870年代的小说引发了对当时各种腐败力量的大批判，积聚了反抗的舆论。马克·吐温（Mark Twain）和查尔斯·杜德利·华纳（Charles Dudley Warner）的小说《镀金时代》（*The Gilded Age*）打响了战斗的第一枪。亨利·乔治（Henry George）提出了单一税原则（single-tax doctrine）①，并以此抨击企业扩张。

> ① 亨利·乔治提出的是"土地单一税"的主张，即应当由地主来全盘支付土地税，而不应该转嫁给农民。——译者注

到了1870年代的尾声，绿背党人和民粹主义者都在强调类似的观点。然而，在躁动不安的1880年代，尽管改革大势日趋成熟并得以强化，企业却并未受到严格限制。这些运动见证了公共关系手段在压力团体、农民、劳工和许多杰出人士的影响下获得持续发展。比如爱德华·贝拉米（Edward Bellamy）的《回首》（*Looking Backward*）出版后，有49部小说基于他的理念出版发行。

银行控制的抵押品被没收拍卖、低价农产品、高价工业品、托拉斯（trusts）、囤积居奇（corners）、兼并（combinations）、联营（pools）、股票投机和食物掺假等行为均遭到书面和口头上的猛烈批评。同时，联邦和州属军队的滥用、罢工中的法院禁令，以及企业对工会联盟的拒不承认也受到了抨击。政治腐败、企业对政府的操纵、移民和贫民引发的问题也引发了全国性的争议。社会主义者团体认为问题出在劳资之间，而大多数作家和改革者认为问题出在美国人民和财富滥用之间。

1881年，亨利·德马雷斯特·劳埃德（Henry Demarest Lloyd）在《大西洋月刊》（*the Atlantic Monthly*）上曝光了标准石油公司的罪行。1894年他把文章扩展为一本书：《财富伤害福祉》（*Wealth Against Commonwealth*）。包括罗德·布莱斯（Lord Bryce）、E. L. 戈德金（E. L. Godkin）和安德鲁·D. 怀特（Andrew D. White）在内的出版

家们曝光了企业和政府的腐败，以此警醒世人。

在 1880 年代末，这些宣传和公关活动甚至还影响了政界。克利夫兰（Cleveland）总统在 1885—1889 年任期上，承认了劳工联合会的地位并呼吁在产业冲突中实行自主裁决（voluntary arbitration）。1886 年"芝加哥干草市场暴动"①引起了舆论对工会主义的反对，也激发了自由主义者和劳工团体对现状的批评。

及至 1888 年，国会成立了一个联合委员会，目的是在产业冲突中服务劳资双方，避免影响州际贸易。同一年，纽约立法机构和联邦国会对托拉斯启动了全面调查。这些立法调查并未对企业和金融的快速增长造成实际影响，却产生了公关效果，它们加深了公众对大企业扩张的了解，并为建设性变革营造了意见气候。

1887 年，当杰伊·古尔德（Jay Gould）被问询对联合太平洋铁路公司股票的操纵时，他告诉参议院调查委员会说："我觉得向舆论低头比较好，所以我找了个机会将股票分给了投资者们。于是，这个公司不再只有三四十个股东，而是出现了六七千个股东——那都是孤儿寡母们的积蓄。"

各产业推行了多种形式的于己有利的宣传和公关举措。比如大北方公司（the Great Northern）和联合铁路公司的杰姆斯·J. 希尔（James J. Hill）为了建设西北，从东部招募了许多农民和商人。宣传工作者告诉东部州的农民，边疆的机遇虚位以待，一如当年殖民公司吸引欧洲移民前往美国。

安德鲁·卡内基（Andrew Carnegie）写了一本《民主的胜利》（*Triumphant Democracy*），四年后又写了一本《财富的福音》（*The Gospel of Wealth*），大抵算是对大企业所受批评的公关回应。他认为自然进化法则②把财富带给了那些能力出众和精力旺盛的人，同时也指出美国的产业领袖有回馈社会的义务。

时间从 19 世纪 80 年代到 19 世纪 90 年代，大企业与反对者之间的战火日益炽烈。双方都在使用公关技巧，但都对我们今天真正的公关概念一无所知。双

---

① 1884 年 10 月美国劳工联合会的前身"企业及行业工会联合会"一致同意将 1886 年 5 月 1 日作为执行 8 小时工作制的死限，并将这一天称为"8 小时工作日"。当天，工人举行了全国总罢工，芝加哥地区有近 4 万人参加集会示威。5 月 3 日，警察与工人发生冲突，数名工人被打死。消息传出后，激进的工会组织号召工人第二天到芝加哥市中心抗议。5 月 4 日大约两千多名工人来到市中心的干草市场集会。在集会接近尾声时，警察与工人发生流血冲突。这次集会也因此被称为"干草市场惨案"。——译者注

② 即社会达尔文主义，是 19 世纪的社会文化进化理论，因和达尔文生物学理论有关系而有此名。社会达尔文主义者，著名的有英国的斯宾塞和白哲特（Walter Bagehot）、美国的索姆奈（William Graham Sumner），认为影响人口变异的自然选择过程，将导致最强竞争者的生存和人口的不断改进。——译者注

方都在不择手段地拉拢公众——主要是通过媒体。

19世纪90年代，在萨缪尔·冈珀斯（Samuel Gompers）领导的美国劳工联合会（American Federation of Labor，AFL）的推动下，劳工大众进一步完善了自我组织和斗争技巧。萨缪尔走上政治舞台，支持两党中倾向劳工的政策。1890年，矿工联盟（The United Mine Workers）成立。矿工联盟深感往昔自由主义美国的很多机会仿佛已经消失，因而想要发动一场针对企业和腐败政客的声讨。这是一段不景气的岁月。威廉·詹宁斯·布莱恩（William Jennings Bryan）也正是在这一背景下发表了著名的"金十字架"（Cross of Gold）演讲①。

在这种情况下，政府代表人民扮演了一种更加积极的角色。比方说，在1890年，马萨诸塞州成为第一个通过立法要求政商游说登记的州。1892年，国会下属的一个委员会调查了霍姆斯特德（Homestead）铁矿的劳工状况和钢铁大罢工的起因，并谴责了钢铁公司。但罢工者还是失败了，工会也被赶出了矿区。尽管普尔曼公司（Pullman Company）受到了总统委员会的谴责，但罢工还是被一道禁令和联邦军队击溃。

在19世纪90年代末，德布斯（Debs）、约翰·米切尔（John Mitchell）、布莱恩（Bryan）和罗斯福（Roosevelt）等劳工领袖和政治领袖就社会正义问题展开论战。基督教社会主义者（Christian Socialists）和托斯丹·韦伯伦（Thorstein Veblen）也加入其中。很多群体都加紧了批评商业的宣传。银行家们感受到了来自各界的猛攻，于是决定建立更强大的组织护防。但随着权力日益集中，人们有了更多发起批评的理由。"不是摩根、麦金利（McKinley）和托拉斯死，就是威廉·詹宁斯·布莱恩死！"成了反对派战斗的口号。麦金利领导了对反对派的反击，"布莱恩（Bryan）袒护家庭和家族（home and family）利益"。口号与口号间针锋相对。

在19世纪90年代，企业也有自己的保卫者。来自州和全国的许多立法者以及最高法院的法官，都是企业的代言人。美国教育委员会主席（Commissioner of Education）威廉·T.哈里斯（William T. Harris）向教育界领袖推销企业的观点。他为自由放任经济学②

① 1896年7月9日，美国内布拉斯加州的前议员威廉·詹宁斯·布莱恩(William Jennings Bryan)在民主党全国代表大会上发表的一次演讲。布莱恩在演讲中谴责"金本位"制，称"不能把人类钉死在黄金十字架上"(You shall not crucify mankind upon a cross of gold)。——译者注

② 自由放任的经济理论被认为是纯粹的、经济上的自由意志主义的市场观点，主张让自由市场自行其道是更适当而更迅速的方法，将能省去任何由政府运作所造成的效率不彰。主张政府对于民间经济如价格、生产、消费、产品分发和服务等的干预越少，将能使经济运作地更好（更有效率）。

辩护，理由是它代表了个体自我实现的最大可能性。阿尔伯特·哈伯德（Elbert Hubbard）在他的《给加西亚的信》（Message to Garcia）中讴歌发财致富的行动派。霍瑞修·爱尔杰（Horatio Alger）在《衣衫褴褛的迪克》（Ragged Dick）、《运气和勇气》（Luck and Pluck）和《破烂的汤姆》（Tattered Tom）等故事生动却毫无文学价值的口水书中宣扬成功学。报童出身的托马斯·爱迪生（Thomas Edison）的成功之路也振奋了美国人。查尔斯·施瓦布（Charles Schwab）从车夫做起，安德鲁·卡内基曾是工厂学徒，约翰·洛克菲勒（Rockefeller John）曾是一名记账员，而像亨廷顿（Huntington）、安穆尔（Armour）和克拉克（Clark）都是出身于农家的穷小子，他们都被视为靠自我奋斗、自由竞争而功成名就的典范。

那些伟大的政治人物的生命历程也证实了这样一个美国信条：社会顶层总是虚位以待，称职者总有机会。亚伯拉罕·林肯和尤利西斯·S. 格兰特（Ulysses S. Grant）皆属由清贫至显贵之流。林肯的一本传记印刷了 36 版。格兰特的回忆录也是一本畅销书。这是一个充满无穷无尽希望和机遇的时代，最响亮的口号是"从小木屋到白宫"和"从布衣到富豪"。但代表着自由放任法则的最重要的人物，还是那些成功的商人。

在考量历史大势时，最有趣、最有价值的工作就是探究那些制造时势的技术和技巧。1865—1900 年代为这样的探究提供了一个富矿。这里我们主要来研究公共关系的一个方面——宣传技术和技巧的发展。正如我们所见，这一时期的媒体是有党派偏见的，是由政治或其他战线的组织把持的——如加里森的《解放者报》。广告尚未充分发展，鼓吹和广告相伴而行，新闻代理人在操纵媒体。

报纸宣传并不局限在财经新闻代理人中间。譬如在诗歌领域的 C. H. 戴（C. H. Day）在 1868 年专职为阿灵顿的一位吟游诗人做个人宣传；在 1869—1870 年，戴出任劳拉·基恩（Laura Keene）的宣传代理人，又在 1881 年受雇于亚当·佛庖（Adam Forepaugh），他构想了一个绝妙计划，在两个季度内为佛庖赢得了世界性声誉和 50 万美元的意外之财，戴本人也因此声名远播。

美国的繁荣使大众娱乐也获得长足发展。内战后，我们之前讨论过的美国最优秀的马戏团老板菲尼亚斯·T. 巴纳姆继续活跃在舞台上。1871 年，他把自己马戏团的表演称为"全球超级秀"，这是巴纳姆和贝利马戏团沿用至今的口号。巴纳姆自己就是一名杰出的新闻代理人，他还任用广告宣传员（advance man）或新闻代理人来宣传表演，其中一位就是利维·李曼（Levi Lyman）。从 1877 年起，托比·汉密尔顿（Toby Hamilton）担任巴纳姆和贝利马戏团"全球超级秀"的新闻代理人，他本人也享誉全国。

杰罗姆·艾迪（Jerome Eddy）是 1880 年代最著名的戏剧新闻代理人之一。我在 1913 年就职于克劳和厄兰格（Klaw and Erlanger）戏剧演出公司的宣传部时，他尚未完全隐退。那时，老人家坐在"公路倡导者组织"（road advance men）办公室高大的办公桌后面，已近退休之年。

铁路公司早在1870年就开始操弄宣传的把戏。那年太平洋铁路公司邀请了150名"淑女和绅士"乘坐新开通的纽约—旧金山线路。这列特别的火车设置了一个印刷室，由四名排版工人和一名报人运行。每当火车在一处停驻过夜时，电报就将本地、全国和世界新闻传送到此处。这些新闻被印刷并分发到铁路乘客手中。在下一站，报纸被邮寄给乘客在全国各地的朋友们。这一策略将太平洋铁路公司大大宣传了一把。

1892年Sapolio肥皂的制造商们将一艘十四英尺长的帆船送到西班牙，庆祝哥伦布发现美洲大陆四个世纪，这是一场极具戏剧化的促销宣传秀。

个体也越来越意识到免费报纸版面的价值。早在1873年，一位颇受欢迎的演说家、哈佛大学前校长爱德华·埃弗雷特（Edward Everett）就把自己讲稿的校对版送给早报宣传。而1876年，共和党和民主党都在当年的选举中设立媒体局来负责全国和地方的宣传运动。

19世纪70年代至80年代的宣传工作者是舆论塑造领域的先驱，但他们大多数都认为自己的工作只是为雇主在报纸上留下于己有利的一笔。他们工作在一个付费报纸的广告完全不受限制的时期，当时广告和公关的界限非常模糊。早在1876年，旅美者贾可·奥芬巴赫（Jacques Offenbach）就发现，广告在美国"就像音乐家弹奏钢琴一样操弄着人们的头脑"。

在1870年代，报界开始广泛讨论广告管理日益提升的重要性。广告主此时已大量出现并购买了很多版面；而针对报纸因为某篇报道可能损害广告主利益便"改造新闻"的做法，公众的抱怨不绝于耳。报界也对愈加泛滥的吹捧手段怨声载道。确实，在新闻和评论专栏为广告主做免费宣传的行为是如此猖獗，以至1872年一家波士顿广告公司宣称，自己的工作职责为："我们为波士顿的广告主提供的本地服务名录中包含22家郊区城镇报纸；我们价格低廉无与伦比；广告也会植入其他公司名录所列举的所有报纸；广告文案撰写；占据评论版的醒目位置；将印刷出来的第一份报纸提供给广告主。"

广告的发展毕竟尚处萌芽期，尚未经济理性地运营。广告费经常不经告知就改变，而与广告主达成的免费宣传约定不受任何道德考量的约束。在1880—1890年间，报纸广告总额从大约每年4 000万美元涨到每年9 600万美元。

杰姆斯·梅尔文·李（James Melvin Lee）在他的《美国新闻史》（*History of American Journalism*）一书中指出，1880—1890年这十年见证了报纸上各类广告的显著增长——专利药、肥皂、早餐食品、石油公司、分类广告，等等。这反过来又招致大量让报纸把广告伪装成新闻的新闻代理操作。根据李的说法，广告主们可以进行如下操作，即"以较高的价格将任何做了一点新闻伪装的广告植入报纸。有时广告主的这些付费广告被以星号或十字号标注，但更常见的情况是没有任何标志告诉读者这是篇付费报道，而非一条常规新闻。"

比如在 1898 年，俄亥俄州检察长 F. S. 莫内（F. S. Monnet）揭露了标准石油公司的广告公司——詹宁斯广告公司（Jennings Advertising Agency）的做法："将文章分发给报社并花钱使它们以新闻或评论的形式出现。"确实，詹宁斯广告公司跟报社的合同显示，"出版商同意在所商定报纸的新闻或评论版面上，发表设计成适合所商定报纸类型的内容，并且不带任何标识表明这是广告，由詹宁斯公司以每句 ＿＿ 美元的价格随时提供"。这并非孤案。

萨缪尔·霍普金斯·亚当斯（Samuel Hopkins Adams）在他的《美国大骗局》（*Great American Fraud*）一书中证实，在大型专利药制造商的广告合同里，制造商挟同报纸以帮他们对抗医院立法。

新闻代理人跟广告主的关系成了《记者》（*Journalist*）杂志尖锐评论的话题。该杂志是《编辑和出版人》（*Editor and Publisher*）的前身，是报业同仁的刊物。在 1884 年 10 月，《记者》杂志称："新闻业已经发展到这般地步，在某种程度上，所有依赖公共媒体广告的组织机构，都必然为了'操纵媒体'发表公告、免费广告而雇佣专人。"杂志进一步指出，马戏团行业有托比·汉密尔顿（Toby Hamilton），剧院行业有杰罗姆·艾迪斯（Jerome Eddys），铁路业和旅馆业有"专人负责让报纸恰当地关照交通线或旅馆"。这家杂志补充说："这在某种程度上是我们喧嚷躁动的商业生活的必然结果，如果用人得当，它每年无疑会为雇主企业省下无数金钱。"《记者》进一步提到宾州铁路公司的区域新闻代理人山姆·卡朋特（Sam Carpenter）向报业提供素材，而 P. L. 塔克（P. L. Tucker）为伊利铁路公司（Erie Railroad Company）做着类似的事。

在 1888 年年会上，美国报纸出版商协会（American Newspaper Publishers Association）公开表达了对新闻代理人不良影响的忧虑。《费城纪事报》（*Philadelphia Record*）的 J. E. 麦克马纳斯（J. E. McManus）在年会上宣读了一篇《鼓吹、新闻与广告的界限》的文章，但是消除免费宣传的切实努力直到大约 20 年后才出现。

社会科学家早在 1881 年就注意到了广告商对新闻专栏的支配力量。当年，长期与《康涅狄格州哈特福德报》（*Hartford Connecticut Courant*）合作的记者兼作家查尔斯·杜德利·华纳（Charles Dudley Warner）在社会科学协会上发表了一篇关于美国媒体发展的文章，他说：

"广告商在报纸上的权力并不比订阅者更大。他有权通过付费在报纸版面发表被编辑通过的素材，但报纸的其他部分与他无关，他对报纸评论专栏的任何内容都不比任何其他一位公众有更大的权力。给他这样的版面不是商业应有的做法，这也是一种对其他公众不公的偏向。没有什么比评论专栏沦为广告主一己之私更能快速地毁灭一份报刊的品格，公众对此早有质疑且有真凭实据，它所引发的不信任降低了报刊的价值。即使是一份宗教刊物也会在一段时间后为其所害。"

当然，这些都是有原因的。华纳补充说，报纸记者工作量过大且收入过低，因此"成功人士在经济上给予报人的关注和好处，让其日常工作变得更有光彩，减轻了其经济压力，让很多人对新闻代理人这一报酬丰厚的工作心生向往"。

尽管存在很多批评，但因为员工数量有限且平均水平较低，编辑们还是很愿意接受热情的新闻代理人提供的优质稿件，只要这些素材有点新闻价值。报纸的结构性改进和版面的快速扩张放大了报纸的体量，编辑们需要越来越多的素材来充实他们的报纸，通讯和其他特稿素材提供机构已不能完全满足这一需求，归根结底是这样一个事实：报纸本身也不过刚刚才走出被补贴的状态。

91 岁的爱德华·伯内斯

图片来源:Sean Kardon/Associated Press

第八章
1900—1919年："公众被告知"

随着20世纪的到来，美国人民开始对严重的举国流弊有了清醒认识。美国民主面临的挑战，主要是19世纪后半叶以来经济、技术和社会变化所带来的危机。毫无节制的产业扩张，偏远地区机会的减少，以及产业寡头固守片面的个人主义引发了一场舆论革命，进而推动了全社会探索革新之路。不满的工人、农民和改革者们发展了新型公共关系，并影响了政治和社会变迁。作为这场全国性改革运动的代言人，为大众期刊和报纸写作的"扒粪记者"们集中批判了被滥用的商业和其他势力。

这段时期发生的各种公共关系活动大多出于社会正义和社会保障目的，包括改善工人安全状况、治理食品掺假和关怀少年儿童等。当然，科学发明极大地促进了交通和通讯的发展，进而推动了上述这些活动的进程。电力印刷机（power press）、莱诺排铸机、打字机、电话、无线电、电报、机动卡车和汽车都加速了这一时期的社会发展。同样重要的是，报纸和廉价杂志的发展也促进了各种公共关系活动。

杜立（Mr. Dooley）和F. P. 邓恩（F. P. Dunne）先生这样描述该时期："是的先生，握住笔杆子的手也是统治世界的手。"杰克·伦敦（Jack London）的畅销书批判了那些让他憎恶的富人阶级。

在1901—1916年间，"扒粪记者"们揭露了政府与商界的放纵和腐败。他们当中群星璀璨，包括戴维·菲利普斯（David Phillips）、艾达·M. 塔贝尔（Ida M.Tarbell）、厄普顿·辛克莱（Upton Sinclair）和林肯·斯蒂芬斯（Lincoln Steffens），他们的作品出现在《麦克卢尔》（*McClure's*）、《时尚》（*Cosmopolitan*）、《芒西》（*Munsey's*）和《科利尔》（*Collier's*）等杂志上。

这一时期还见证了基于广义公关的、持续扩大化的反帝国主义运动。如威廉·格雷厄姆·萨姆纳（William Graham Sumner）、威廉·杰姆斯（William James）、戴维·斯塔尔·乔丹（David Starr Jordan）、简·亚当斯（Jane Adams）、《国家》（*The Nation*）杂志的E. L. 戈德金（E. L. Godkin）、《斯普林菲尔德共和党人》（*the Springfield Republican*）杂

志的塞缪尔·鲍（Samuel Bowles）、哈姆林·加兰（Hamlin Garland）、威廉·迪恩·豪威尔斯（William Dean Howells）、马克·吐温（Mark Twain），托马斯·温特沃斯·希金森（Thomas Wentworth Higginson）、威廉·沃恩·穆迪（William Vaughan Moody）等作家、编辑和社会工作者尽皆参与其中。

雷·史丹德·贝克（Ray Stannard Baker）做了一项针对铁路公司的调查，曝光了铁路公司如何通过强大的立法游说来腐化政治。他揭露了铁路公司对舆论的影响力，这些公司借助一些秘密的宣传机构，提供数以百万计的美金买通媒体。早年名声显赫的威廉伦·道夫·赫斯特（William Randolph Hearst）发起对特权、垄断、企业权力、银行和托拉斯"掠夺同盟"（plunderbund）的抨击，为S. S. 麦克卢尔（S. S. McClure）等"扒粪记者"的涌现铺平了道路。他批判煤矿托拉斯，并助推有关部门将制冰业托拉斯总裁投入监狱。当然，威尔·欧文（Will Irwin）证实，赫斯特在戏剧问题上发表评论意见乃出于赚钱的目的。

所有这些人的努力迫使商人认识到良好的舆论环境有多么重要。其结果就是，一种本质上属于"洗白"（whitewash）的公共关系操作在大企业中十分盛行。企业并未对自己的行为做出多大改变。受到批评的大企业不过让宣传人员为自己的所作所为描绘一幅诱人的图景，他们的主要手法就是呈现于己有利的事实。

西蒙·N. 巴顿（Simon N. Patton）教授宣称，"如果人们关心改革，世界就会进步"。耶鲁的威廉·格雷厄姆·萨姆纳（William Graham Sumner）曾讨论自然法则与成功的关系。摩根旗下一家铁路公司的总裁乔治·贝尔（George Baer）警告工人说，凭着卓越的智慧，上帝已经将财富交给了资本家。

扒粪运动始于1901年，在1903—1904年达到高潮。"扒粪记者"从西奥多·罗斯福总统那里得到了一些支持。扒粪运动一直持续到1912年，后来威尔逊总统于1916年的"新自由主义"政策又宣扬了这场运动的理念。C. C. 雷吉尔（C. C. Regier）在著作《扒粪记者的时代》（*The Era of the Muckrakers*）中写道：

> "这片乐土上的人们终于从平静满足的生活中醒来，开始审视他们所建立的那些机构，却蓦然发现它们似乎并没有想象中那般完美。扒粪由此成为一个值得投身其中的职业，吸引了这个国家最引以为豪、最纯熟的笔杆子们。"

艾达·M. 塔贝尔（Ida M. Tarbell）对标准石油公司的曝光，厄普顿·辛克莱对肉类加工的抨击，以及《纽约世界报》（*New York World*）对保险公司的猛攻都是扒粪运动的成功个案。林肯·斯蒂芬斯、艾达·塔贝尔等人会花费数月时间反复核准报道事实，然后以五六千字的篇幅发表一篇揭露政府和企业某些不正当行为的文章。毫无疑问，他们以巨大的影响力警示企业和政府，公民对政商的关切越来越强烈。同样毋庸置疑的是，西奥多·罗斯福的公平交易法案和伍德罗·威尔逊的新自由主义，皆属扒粪记者影响下的产物。他们让全社会清醒地认识到，公共利益越来越成为一种主导力量。他们申明商业和政府运作乃公共事务，而非私人事务。

在1895—1905年间，勒庞（Gustave Le Bon）写了《乌合之众：大众心理研究》（The Crowd: The Psychology of Peoples），塔尔德（Jean Gabriel Tarde）写了《舆论和大众》（Opinion and the Crowd）。自此，一些严肃的社会圈子开始广泛地讨论舆论这一话题。约翰·格雷厄姆·布鲁克斯（John Graham Brooks）曾说过："马萨诸塞州强制私人企业和公共企业的信息公开，使任何危险形式的股票注水（stock-watering）都变得极其困难。"

在快速发展的19世纪60年代，企业和公众一起经历的蜜月期结束了。新时代本质上不只在于公众对企业和政府的极度关切。任何与公众相关的活动，从政治到新闻，都被暴露在持续的调查、批判和建设性行动之下。在这个时期，斯图尔特·蔡斯（Stuart Chase）尚未动笔写作《言说暴政》（the Tyranny of Words），但言说显然对公众施加了一种政治暴政。路易斯·布兰代斯（Louis Brandeis）首创了"伟大的诅咒"（the curse of bigness）这个词，并将之深深植入公众脑海。这些行动的主题都是宣传。威廉·杰姆斯（William James）相信，只要读者够多，发行量够大，声势够猛烈，报纸几乎无所不能。密歇根大学经济学教授亨利·C.亚当斯（Henry C. Adams）也说："无论从哪个角度审视信任问题，宣传都是其首选解决方案。"

妇女俱乐部也越来越精通舆论塑造这一新兴事业。妇女俱乐部有一百万成员学着如何向政治家和产业领袖施加群体压力来实现社会改革。全国企业和职业妇女俱乐部联合会（The National Federation of Business and Professional Women's Clubs）的会议不再单单考量抽象的观念问题，转而讨论与其相关的社会秩序问题——儿童福利、公共健康、职业女性保护、食品卫生、教育拓展、公务改革，以及消除商业化的罪恶。

扒粪运动并未使企业改变立场，它只不过让企业对言说变得敏感起来，而且使宣传成了获取公众好感、加强社会控制的战斗武器。这是一场混战，企业和多种团体都试图影响公众，因而都把新闻和宣传手册送至报社。受"扒粪记者"影响最大的一些团体启动了广泛的宣传政策，其他团体也陆续跟进。而电力、铁路、电灯公司和其他公共设施利益集团怎样迎接挑战也是一出好戏。

为了彰显领导力和时代精神，美国的总统们也开始尽最大努力利用舆论塑造这一新武器和新技巧。西奥多·罗斯福在入主白宫时已经是一个应对报纸的老手了，而报纸当时自然是美国最重要的传播媒介。杰姆斯·E.波拉德（James E. Pollard）在他的《总统和报纸》（Presidents and the Press）一书中写道，当西奥多·罗斯福还是纽约州州长的时候，他每天都会在上午11点和下午5点会见记者。这些会议的基调是非正式且亲密的，他在入主白宫后依然保留这一习惯。华盛顿记者戴维·巴里（David S. Barry）在《华府四十年》（Forty Years in Washington）一书中说，西奥多·罗斯福"比任何其他在这个位置上的人都更懂得按照自己的意思撰写新闻电讯稿、通过合适渠道发布，以彰显其重要价值和影响力"。

罗斯福的言辞和行动对舆论影响甚巨，它们引领社会改革运动，并推动以法律形式为这些改革提供合法化支持。罗斯福自己首创了"扒粪者"一词，它来自《朝圣之路》（Pilgrim's Progress）一书中的一个角色，"他手握粪耙只向下看"。

塔夫脱总统不及前任，他不懂得如何与媒体打交道。他对报纸评论很敏感，并且讨厌记者。早前在担任作战部部长时，塔夫脱跟媒体相处得还算不错，在华盛顿记者中还算受欢迎。但成为总统后，他跟媒体的关系就疏远了。他在就职当天拒绝接见记者，此乃错误的第一步。而随着时间推移，报界对塔夫脱扣发新闻的举动十分愤怒。

罗斯福和塔夫脱总统的军事助理阿尔奇·巴特（Archie Butt）少校解释说："罗斯福先生深知引导媒体为己所用的必要性。他就是自己的新闻代理人，并且对新闻及其价值有着相当深入的理解。"塔夫脱则不同，巴特说他不明白"发布新闻并让报纸据此报道新闻而不问真相是门艺术"。

在担任普林斯顿大学教授的时候，伍德罗·威尔逊就已确立了他对宣传的信条。入主白宫期间，他利用宣传技巧将自己的新自由主义合法化，并借助宣传卷入了世界大战。"无情的宣传"是威尔逊的基本政策之一，他相信舆论是净化世界的力量。

威尔逊是第一位在白宫举行正式、常规新闻发布会的总统。但他没有西奥多·罗斯福那种应对报人的天赋。他常常被报人激怒，尤其当自己的家人被报道的时候。威尔逊在媒体方面的成功主要归功于秘书约瑟夫·P. 塔马尔蒂（Joseph P. Tumulty）。有时，威尔逊还会在新闻发布会上发火，比如他很恼火媒体猜到他可能任命布莱恩（Bryan）为国务卿。在他看来，媒体不应在白宫的任何行动成为既定事实之前知晓它。事实上，由于媒体在威尔逊的第一个任期内对政府的新闻报道令他非常失望，他曾认真考虑过组建一个联邦宣传局。

1916 年，威尔逊在纽约媒体俱乐部演讲时说："强权有时可以暂时稳定事态，但舆论才是最终的决定力量，除了那些回应舆论的力量之外，没有什么是战无不胜或稳居霸权的。"

为了限制过度商业化，威尔逊设立了如联邦贸易委员会（Federal Trade Commission）这样专门的政府机构作为他的宣传利器。食品卫生领域的斗争也主要依靠宣传，这场斗争证实了一个假设，即如果公众通过宣传知晓了食品制造商的劣行，他们就会借助法律手段来纠偏。

总统们和商业利益集团对宣传的高度依赖，引人注目且意义重大。如今，现代社会心理学告诉我们，信息通常仅能强化或弱化既有态度，它在说服中的作用很小。而在 20 世纪初，我们尚不知道这个事实。

在商业公共关系方面，"公众该死"的态度仍然在很多商人中流行。这在1902年无烟煤经营者面临的一场罢工中显现无余。

埃里克·古德曼在《双行道》中提及："煤矿主们对媒体三缄其口，当西奥多·罗斯福干预时，他们跟美国总统亦无任何合作的诚意。一位号称'口误大王'（malapropos）的矿主乔治·F.贝尔（George F. Baer）宣称，'上帝以无上的智慧将国家财富和利益的控制权'给予了我乔治·F.贝尔'。这成了他们当中一个广为流传的宣言。矿工们由精明能干的约翰·米切尔（John Mitchell）领导，他跟总统和记者开展了最大限度的合作。总统干预和记者配合则反过来给予这些矿工美国劳工史上最好的报道。舆论压倒性地向工人们转向。他们最终赢得了象征重大胜利的协议条款，而矿主们则成了'扒粪运动'最'偏爱'的话题，并不断受到罢工的威胁。"

越来越多的产业开始意识到，公众被诅咒或忽视的年代已经过去了。阿尔福莱德·麦克伦·李在他对美国日报历史的研究中提到，1905年，铁路业面临着公众对铁路立法的要求，并最终导致国会通过了埃斯·汤森德（Esch-Townsend）法案。于是铁路业设立了一个由三名铁路公司总裁组成的委员会来争取舆论。该委员会由南方铁路公司的塞缪尔·斯宾塞（Samuel Spencer）、伊利铁路公司的F. D.安德伍德（F. D. Underwood）和特拉华与哈德逊铁路公司（Delaware and Hudson）的戴维·威尔科克斯（David Wilcox）组成。塞缪尔·斯宾塞筹集了资金并雇佣了波士顿的一家公关公司，这家公司的客户包括哈佛大学①。

① 没有找到这家公司的名称。

这家公关公司刚一受雇佣就开始招兵买马。它增加了波士顿分部的员工数量，在纽约、芝加哥、华盛顿、圣路易斯、托皮卡、堪萨斯等铁路业危机特别严重的地区建立了分部，还在南达科他、加利福尼亚等地雇佣了代理人。

在1905年至1906年间，雷·史丹德·贝克在《麦克卢尔》杂志上论述了这场宣传运动。他提到，该宣传公司的芝加哥分部雇佣了43人。此外，它还在很多州的首府和华盛顿雇佣了"能干的记者"，他们发来"各种不同话题的每日或每周新闻通讯……全都是乔装打扮之后的对铁路公司有利的新闻素材"。公司代表联系了全国的编辑，向他们表述自己的观点，并为他们提供素材，然后检验报纸专栏的传播效果。

无烟煤矿主也很快改变了对公众的态度。当1906年第二次煤矿罢工爆发后，他们意识到贝尔的声明严重损害了公众的好感，于是决定求助帕克和李（Parker and Lee）公关公司。根据古德曼教授的记载，该公司建议煤矿经营者不要再按照传统的商业习惯忽视公众，也不应按新闻代理惯例继续愚弄公众，而是要"告知"公众。

艾维·莱德贝特·李（Ivy Ledbetter Lee）是这家宣传机构的一位年轻合伙人。无论谁写一本公共关系的书，若是不提一下他的活动，那肯定是不完整的。他在"扒粪记者"的影响力处在巅峰时进入了企业公关领域。

自1906年服务于无烟煤矿经营者到1934年去世，艾维·李以宣扬"公众应被告知"而闻名。虽然他有时也从这个自己所宣称的政策中倒退回洗白客户的水平，但公关领域的后辈们依然认为，艾维·李在1906年代表无烟煤矿主发布的媒体宣言，和他在同年向媒体发布的《原则宣言》是现代企业公关发展的里程碑①。

关于艾维·李的故事细节可以在阿尔福莱德·麦克伦·李、埃里克·古德曼和亨利·J. 普林格（Henry J. Pringle）的书中找到②。李在职业生涯中的客户包括：宾州铁路公司（Pennsylvania Railroad）、洛克菲勒集团（Rockefeller Interests）、装甲公司（Armour and Company）、伯利恒钢铁公司（Bethlehem Steel Company）、克莱斯勒集团（Chrysler Interests）、波特兰水泥协会（Portland Cement Association）、古根海姆集团（Guggenheim Interests）和美国—古巴糖业集团（American-Cuban Sugar Interests）。这些大客户的种种表现说明，企业对舆论重要性的理解日益深化。正是这种不断增进的理解让二十世纪二三十年代成为现代公共关系发展中最重要的时期。

在我们讨论的这段时期，用来描述"告知"公众的词汇是"宣传"（publicity）。这个词一直被使用到1920年代。但早在1908年，美国电话电报公司（American Telephone and Telegraph Company）的总裁西奥多·牛顿·维尔（Theodore Newton Vail）就曾使用过"公共关系"（public relations）一词，该词出现在维尔于当年三月发布的年度报告的标题里。

---

① 在《原则宣言》中，艾维·李称："我们的宗旨是代表企业单位及公众组织，就对公众有影响且关乎公共利益的问题，向媒体和公众提供迅速而准确的消息。"这则宣言蕴含了"讲真话""公众必须被迅速告知"和"凡有利于公众的必有利于企业"三大公共关系信条。——译者注

② 参见参考目录。

"管理层是诚实称职的吗？"维尔在那份报告里问道，"投资是什么？投资所代表的财产得到了高标准的严格保护了吗？它体现了多少百分比的回报？这是一个不错的回报吗？它的成本在总支分配中是否占比合适？如果这些问题都能得到令人满意的答复，公众和公司间就不会有冲突的理由。"

维尔在1913年发表了另外一项声明：

> "我们发现……当公众利益得到最大程度的维护时，我们的利益也就得到了最大程度的维护；而我们相信，我们的企业之所以如此成功，正是因为我们遵循了这一思路。"

维尔在1913年10月的纽约贝尔电话系统公司（Bell Telephone System Company）年会上又一次讲道："不久的将来必是一段极为关键的时期，在新时期，公众将对所有公共事业都忧心忡忡。现如今，公众对所有公共事业集团的态度，在很大程度上应归咎于这些集团当初以大权在握的态度和行为对待公众。公众现在意识到自己才是掌权者……我认为大多数公众毫无疑问是倾向于公正的。"维尔在讲话中强调了公共关系在告知方面的功能。他说，纠正公众的误解或无知的唯一办法是"宣传和全面公开"。基于告知和公开的宣传是第一次世界大战爆发前公关领域最大的进步。

广泛的制造认同出现于1914年至1918年间。随着第一次世界大战的爆发，战争内外的国家都意识到了舆论的重要性。理念及其传播成了武器，话语成了子弹。每个国家都把战争宣传作为战争的重要组成部分。如何在本国、中立国和敌国说服民众，成了政策制定者与所有国家的统治者所面临的问题和挑战。

很多非官方团体以及如红十字会这样的半公共机构，都为战争和他们在战时的事业能赢得公众支持而实施了全国性的宣传计划。这给了公关人为国效力的机会。

从1914年到1918年，美国政府是公共关系发展的第一推动力。威尔逊总统和很多政府机构动用了所有可能的说服和倡导手段，向美国人民和中立国推销自己的战争目标和理念，打击敌国士气并使之接受。哈罗德·拉斯韦尔（Harold Lasswell）的《第一次世界大战中的宣传技巧》（*Propaganda Technique in World War I*）、默克和拉森（Mock and Larsen）的《言说制胜》（*Words That Won The War*）和乔治·克里尔（George Creel）的《我们怎样宣传美国》（*How We Advertised America*）都精彩地讲述了这个故事。

在第一次世界大战中，对公众态度塑造影响巨大的一个因素，是威尔逊总统宣扬理念的能力，他是自己的公共关系专家。他为政府战时公关提供了关键内容，注入了不竭的道德动力。他在这一点上的贡献无人能及。1917年4月6日，就在美国加入战争后一周，在前《落基山新闻报》（*Rocky Mountain News*）编辑乔治·克里尔（George Creel）的领导下，公共信息委员会（the Committee on Public Information）建立。委员会的成员包括作战部部长、海军部部长和国务卿。美国公共信息委员会分为海外和国内两个分部，它运行到1919年6月30日。该委员会之所以得以组建，一个非常重要的原因就是克里尔与威尔逊关系甚密，这使高层能够在政策层面确保政府行为与宣传活动相协调。

我在美国和巴黎参与过公共信息委员会的活动。我见证了它从一个想法发展为一个分支遍布全球的重要组织的过程。满怀激情的仁人志士在其中尽显才智，推动世界各国更好地理解美国的战争目标和理念。

这种参与大规模公共关系活动的经验，成为很多委员会成员的命运转折点。我本人就是一个典型。我在1912年获得了康奈尔大学理学学士学位，随即进入新闻业。1913年，当我担任《饮食和卫生公报》（Dietetic and Hygienic Gazette）的编辑并与《医学评论综述》（Medical Review of Reviews）杂志合作时，演员理查德·班尼特（Richard Bennett）正在制作白里欧（Brieux）的戏剧《残品》（Damaged Goods）。由于该剧的主题冒犯了战前的美国民众，故而他们缺少赞助支持。①我相信白里欧的戏剧有重要的社会学意义，于是就给班尼特写信说我们的杂志《医学评论综述》在道德上支持他拍剧。班尼特让我给他打电话，谈话的结果是我们在《医学评论综述》的帮助下，动员舆论支持该剧创作。

我们的手法在后来被广泛采用。我们设立了一个社会研究基金来呼吁舆论为了社会利益和公众利益支持该剧创作。基金的会员需缴纳四美元会费，并承诺如果将来《残品》上映，可得门票一张。1932年，约翰·T. 弗林（John T. Flynn）在一篇发表于《大西洋月刊》上的《爱德华·L. 伯内斯：大肆推广的科学》一文中描述了这次活动的结果：

---

① 《残品》（Damaged Goods）又名《婚姻禁忌》，剧中涉及性病、梅毒等当时美国社会的禁忌话题。该剧对医学界的假道德进行了口诛笔伐。——译者注

伯内斯……向我们纽约的贵族们发出了邀请函。每位名流都受邀缴纳四美元来支持一场借由《残品》响应性话题的运动……这些名流很有涵养地予以回复。当他们这样做的时候，温良的百姓也如往常一样好奇起来，跟在贵族身后仿效，送

来成百上千份四美元。伯内斯无意中完成了一场公共关系运动……他事隔多年才意识到这一点。

《残品》的成功运作让我在1913年成了一家名为克劳&厄兰格（Klaw and Erlangen）戏剧公司的新闻代理人。我在这里服务了诸如鲁思·查特顿（Ruth Chatterton）、亨利·米勒（Henry Miller）、奥蒂斯·斯金纳（Otis Skinner）等明星。1915年，我又成了大都会音乐厅（Metropolitan Musical Bureau）的宣传经理和合伙人，我在那里从事为恩里科·卡罗索（Enrico Caruso）等大都会演艺明星进行宣传的工作。1915年到1916年，我又出任俄罗斯吉列夫芭蕾舞团（Diaghileff Russian Ballet）的宣传经理，尼金斯基（Nijinsky）是该团的明星演员。

由此，我在业务上成了一名新闻代理人，却又有所不同。在接手第一个任务《残品》时，我明白了一个道理，即舆论总是被群体领袖和意见塑造者——记者、政治家、商人、科学家、专业人士、作家、社会领袖、教师、演员和时尚女性等深刻影响。又由于西格蒙德·弗洛伊德（Sigmund Freud）是我舅舅，我在自家就接触过心理学研究的成果，也接触了个体与群体行为的研究成果。这无疑让我对社会科学产生了兴趣。

这就是我在1917年加入公共信息委员会的背景。同时，跟同事们一样，我发现了应战争需求而开启的全新公共关系领域。

委员会既没有前人经验和现成知识可以借鉴，却依然高效运转。那时飞机很少，也没有电报①、有声电影、电视、跨洋电话和跨洋远途飞行，亦无大众传播、社会心理学、人类学、社会学等学科文献为我们提供理论支持。我们没有先例可循。但委员会利用了一切可用的大众传播渠道——宣传画、公告板、广告、展览、宣传册、报纸和各种信函②，另外还尝试了新的方式。

托宾（Tobin）和珀西·彼得威尔（Percy W. Bidwell）在《动员美国公民》（*Mobilizing Civilian America*）一书中如是评价委员会的工作：

> 公共信息委员会的工作强化了美国人承担战争重负的意愿，

① 当时已有电报，伯内斯似误记，原意或指电报应用并不普遍。——译者注

② 信封填充物（envelope stuffers）指在信封里放上产品或服务的宣传册页乃至实物样品邮寄给目标客户的一种产品推销方式。——译者注

74

激励人们付出积极努力，这远非法律强制可比。对舆论的感召带来了兵勇，这个效果远超于工厂器械简单征集的效果委员会在美国宣战后的第一周设立，调用了所有宣传手段，它持续用激情澎湃的报道"轰炸"公众，报道的内容包括国家为战争付出的巨大努力和我们与盟军、同盟国集团在战争目标上的比照。受惠于媒体的默契和司法部调查员（Agents of the Department of Justice）的说服行动，不满的声音被屏蔽了。委员会的工作造就了令人敬畏的共同体，有效动员了产业界人士，并以坚定的舆论支持巩固了政府权力。

托宾和彼得威尔将国民情绪的革命性转变归功于"克里尔先生所领导的激情满怀的业余宣传家们"的工作。他们说，克里尔领导了"或许是当世所见的最有效的大规模战争宣传工作"。理性诉求和情感轰炸激起了美国人的巨大热情。广告、新闻、志愿演讲、宣传画、学校、剧院，这些轰炸从四面八方投向了民众，数百万家庭挂起了报效国家的旗帜。人们对战争目标和理念耳濡目染。这些高压方式在当时很新鲜，而自那时起变得越来越普遍。

委员会从所有可获得的政府渠道搜集新闻，并借助所有可能的渠道发布。此外，委员会还创办了一份日报和官方公告，并给小报社供稿；在全国各地放映电影，举办战争展览；组织"四分钟演讲人"（Four-Minute Men）面向全国的电影观众演讲；组织士兵在大型集会和街头集会上演讲；开展教育外裔民众的成人教育活动；组织美国劳工和民主联盟（The American Alliance for Labor and Democracy）在工人中进行宣传。

有时候，人们批评委员会的志愿者在态度上有些歇斯底里，但这种态度在当时毕竟普遍流行。当时称德国人是禽兽、野蛮人的报道比比皆是，再夸张的暴行故事都有人信。第一次世界大战后，人们普遍对宣传产生了幻灭感，并走向抵制宣传。美国民众开始埋怨，自己在战时上当受骗了。

我曾提到过一本书叫《言说制胜》，书中记述了伍德罗·威尔逊和乔治·克里尔在影响舆论方面的技巧。而后来出现一个同样真切的口号——"言说赢了战争却输掉了和平"，提醒我们永远不要太依赖言说。言说可能会帮你赢得战争却葬送和平。在公共关系中，行胜于言，别的工作也是如此。

第一次世界大战并未发挥公共关系活动的全部潜能。没有哪个国家能真正自觉协调或整合公共关系活动，大多数都是自发而为。身处下层的工作人员对有效公关策略重要性的认识，往往高于最上层（这一点至今如此）。在美国，军事情报部门设有一个心理战分部负责宣传工作，这个部门的行动之一是用气球甚至炮弹向敌军战线投放宣传册。另外，该部门还负责信息审查，这是公关的反面教材。

早在1914年，德国就已经在伯杰（Erzeberger）领导的外交部下设置了一个媒体分部，海军上将冯·提尔皮茨（von Tirpitz）领导了一个海军媒体分部，而帝国总参谋部在尼古拉（Nicolai）上校的领导下设置了一个"3B部"，即政治和情报部，以应对媒体并维系国家和军队的士气。这些部门运行到1917年，直到一个叫德国战争宣传部（Deutsche Kriegsnachrichten）的中央级机构成立。该部门负责维系军队和平民的士气，管理宣传册、集会、娱乐、电影、剧院、报纸、军队图书馆，同时也与民政当局合作。

法国没有统一的战时宣传组织，而是设置了四个与海外宣传、法国媒体、海外报刊研究和对敌心理战相关的部门。

英国的宣传工作从民间志愿团体——全国爱国组织中央委员会（Central Committee for National Patriotic Organization）和战争前景委员会大会（Parliamentary War Aims Committee）中慢慢成长起来。第一个战时宣传机构叫威灵顿委员会（Wellington House），是英国唯一针对国外的宣传组织。威灵顿委员会的媒体局向海外办公室和外交官发布信息，在全球宣扬英国的战争大计。

威灵顿委员会发布了旨在揭露德国在比利时等地战争暴行的布莱斯报告（Bryce Report），并将其译成30种语言，这对后来产生了巨大影响。吉尔伯特·帕克爵士（Sir Gilbert Parker）和杰弗里·巴特勒爵士（Sir Geoffrey Butler）领导了英国对美国的宣传。直到1918年，首相和作战部才指派北岩爵士（Lord Northcliffe）领导对敌国的宣传。全国战争前景委员会（National War Aims Committee）则主持了英国的对内宣传。

战时宣传加速了舆论塑造的发展。人们比以往更加深刻地认识到了舆论对当今世界的重要性，自然也更懂得了赢得舆论支持的重要性。早前改革者和"扒粪记者"们的宣传使商业对舆论采取了新的策略。如今将民主和文明拖入危机的世界大战，促使政府大举进军公共关系领域。

在第一次世界大战的尾声，俄国1917年的革命为宣传带来新的转折契机。自马克思和恩格斯在1848年发表《共产党宣言》后，社会主义理念就影响了欧洲和美国的部分舆论。直到1917年之前，这些影响还都停留在既有社会框架之内，但是，当列宁领导的布尔什维克在俄国掌权后，新情况出现了。苏维埃政府和1919年成立的第三共产国际，在世界范围内发动了一场抨击欧美经济和政治制度的宣传战。及至第一次世界大战结束，美国已经准备好回归常态发展。随着常态建设在20世纪20年代全面铺展，美国的公共关系取得了长足进步。

第九章
1919—1929年：一个新行业的崛起

从第一次世界大战结束到1929年股市大崩盘，许多趋势和事件都加速了公共关系的发展。在1890年代后期，美国更加朝着自由主义的方向前进。民众通过很多方式展现了自身的力量。如今，民众要求手握权力者承担更大的社会责任。作为社会发展的利器，宣传的力量持续增长。现代技术创造了更迅捷、覆盖更广泛的大众传播体系，民众的声音更加清晰响亮。印刷媒体让思想得以快速、低成本地广泛传播。

要理解公共关系在1919年至1929年间的发展，我们最好先审视一下时代大背景。第一次世界大战后，哈定（Harding）总统的口号是"恢复常态"，随后柯立芝（Coolidge）总统提出了"一起保持冷静"和"美国的大事儿就是商业"的口号，紧接着，赫伯特·胡佛（Herbert Hoover）总统开启了"伟大工程师"时代。价格高涨，经济腾飞。为了吸引消费者的关注和钱包，商业竞争持续加剧，竞争塑造了这个时代。美国处在经济增长幅度最大的快速发展阶段。经济社会全面繁荣：佛罗里达的大开发日趋景气，广告业繁荣，股票市场投资盛行，投资信托扩张，大企业们合并成更大的巨头。在不同产业之间和各产业内部，对更多利润和"更大更好的生意"的竞夺遍及整个国家。橘子斗梅干，茶叶战咖啡，羊毛对棉花。大大小小的商业集团都意识到了说服公众的重要性，他们向公众谋求生意和善意。

政府曾在战争中通过宣传有效争取过这些公众。现在，一个茁壮成长的新行业开始操盘宣传活动。各色人等都在运动中发现，无论是传统宣传还是刚出现的新式公共关系，言论皆是战争制胜的利器。

第一次世界大战告诉世人，"战争不仅是武器和子弹的较量，同样也是话语和理念的较量"。这产生了一个舆论氛围；并成为影响社会认知的重要因素。商人、私人机构、综合性大学等各类团体都接受了他们与公众相依存这一事实。各界也意识到，就像战时为国家大业争取公众支持一样，他们也可以用同样的方法实现自己的目的。

如今，公关业者将要在一个更广的社会基础上开拓事业。正如罗杰·巴布森（Roger

Babson）所说："战争向我们展示了宣传的力量。"人人都见证了宣传帮助国家赢得了战争。因此，战后的这段时期迎来了宣传领域有意识的扩张。一些曾在公共信息委员会效力的人，还有其他一些曾参与政府各种战时宣传活动的人，对此更是了然于胸。当离开官方岗位重返平民生活时，这些人运用在战争中学到的宣传方法，并针对持续增长的战后经济和日益复杂的公众需求，完善、拓展了宣传方法和操作范畴。

比如约翰·普赖斯·琼斯（John Price Jones），他曾在纽约从事新闻工作，后加入公共信息委员会，通过说服和沟通公众来运作自由债券销售运动（Liberty Loan Selling Campaigns），运动充满活力且大获成功。战后，他开了一家公司，将早前的宣传技能应用于大学筹款，其中就包括哈佛大学。他使用同样的方法并取得了同样的成功，今天这些方法和技巧已经成为全美的操作标准。

在1919年离开公共信息委员会后，基于战前的宣传和新闻代理经验，加上战时公共信息委员会的工作经验，我也自然而然地干起了这一行。多丽丝·E. 弗莱施曼（Doris E. Fleischman）担任我的助手，我开始从事公共关系工作。起初，我们将自己的活动称作"宣传指导"（publicity direction）。

这是我们那时能够想到的最合适的名字。我们当然知道"新闻代理人"（press agent）这个词，但它那时已经成了贬义词。"宣传"又太模糊了，"指导"至少让我们的工作看起来更有尊严。它也明确了我们的工作定位：针对宣传领域的设计和指导，提供解决问题的整体策略。

从1919年到1923年，随着工作的逐渐拓展，我们将自己的事业称为"公共关系顾问"（counsel on public relations）。我们创造了这个词，是借鉴了最能传达我们意思的两个表述：早前，铁路业和一些公共机构已经开始使用"公共关系"一词。我们将"公共关系"（public relations）概念和"建议者"（advisor）概念结合起来，并用"顾问"替换了"建议者"，因为"顾问"显得更专业。

区区一章自然无法全景式展现现代公共关系的历史，但我可以根据自己经历的事件——那些我亲历或可以自如描述的事件——来说明该领域的发展。这些活动提供的不是全貌，而是一个缩影，读者可将其视为整体图景的引导。另外，读者应该明白，彼时我们自己尚在通往现代公关道路上摸索，对公关的双向沟通模式尚未认识，相关研究更处于空白状态。

1919年我们的第一位客户是作战部（the War Pepartment），他们雇佣我们帮助策划一场宣传运动，以解决退伍军人重新融入美国社会日常生活的问题。那年的春夏时分，这个问题已经唤起了举国关注。

作战部再就业工作进行了全国定向宣传（directed national publicity），一个重要的成果是，堪萨斯城市商会发出请求，希望退伍老兵帮助收割堪萨斯地区的小麦。我们代表作战部准备了一份关于这一就业机会的声明。美联社将该声明当作一条新闻发往全国。发布声明后4天,堪萨斯城商会(Kansas City Chamber of Commerce)就向作战部发来电报表示,已经招到了足够的劳动力来完成收割任务。

退伍军人需要重新融入美国常态的经济和社会关系之中。为了宣传这个需求,我们以美国商人的个人荣誉和地区荣誉作为诉求点,强调重新雇佣那些之前为他们工作过,现在从陆军、海军、海军陆战队或官方岗位中退伍的老兵,是一种责任和荣誉。在我们的建议下,凡是向作战部和海军部(Department of Navy)保证愿意重新雇佣退伍的前员工的雇主,皆可得到由作战部部长、海军部部长和作战部部长助理联合签署的嘉奖令,并展示在商店或工厂里。我们还与第五大道联合会(the Fifth Avenue Association)商洽,让他们的会员将嘉奖令一同展示在各自的店铺中,以彰显嘉奖令的价值。这场经过统一协调的商业领袖集体活动,对全国范围内退伍老兵的再就业产生了重要影响。

还是在1919年,立陶宛寻求独立。为了争取美国公众的同情和获得美国官方的认可,我们应邀向立陶宛全国委员会(the Lithuanian National Council)提供了方法策略上的建议。首先要克服的问题,是美国对立陶宛及其需求的淡漠与无知。对此,我们采用了我在俄罗斯吉列夫芭蕾舞团宣传活动中使用的细分策略。我们对立陶宛做了详尽研究,内容涵盖从古代到当代的立陶宛历史,从现今的婚俗到大众娱乐。这些材料被细分成不同类型传播给可能与之相关的公众。

我们借助了很多传播渠道:向民族学学者介绍立陶宛的民族起源,向语言学家介绍立陶宛的语言乃从梵语发展而来,向运动迷介绍立陶宛的体育竞赛,向妇女介绍立陶宛的服饰,向珠宝爱好者介绍该国的琥珀。我们还为音乐爱好者上演了立陶宛音乐剧,同时向美国的参议员和众议员们介绍了这个国家的情况,便于他们采取有利行动。我们利用了所有面向公众的渠道来唤起公众兴趣,激发公众行动——包括邮件、演讲、集会、请愿、委员会讨论、报纸广告、广播和电影等。

这些活动成果斐然:公众、媒体和政府官员逐渐熟悉立陶宛的国情、风俗、问题和愿望,而立陶宛也因此得到了美国公众的认同。

有人将这次成功的运动称为"广告成就国家自由"。当时"广告"(advertising)一词还被当作宣传或公共关系的同义词。

我们还受雇于美国镭公司(the United States Radium Corporation),它在科罗拉多州有一家镭矿。目的是让公众熟悉这一科学发现:镭有助于癌症治疗。在我们的建议下,该公司设立了第一家全国性镭库,从而戏剧化呈现了"镭资源要对所有治疗癌症病人的医生开放"这一事实。

1920年,当广播还是新事物时,城际广播公司(Intercity Radio Corporation)想要在纽约、底特律和克利夫兰开展业务。该公司请我们帮忙获取公众对此项目的关注和支持。

我们组织了一场开幕式,安排电台主持人接通了这三个城市的市长,这是史上第一次有人这样做。同时,市长们发出并接收了第一则通过商业城际广播播发的新闻。此事引起了全国对新兴的广播服务的关注。

也是在那一年,全国有色人种协进会(National Association for the Advancement of Colored People, NAACP)在亚特兰大、佐治亚召开会议,旨在通过在南方的核心地带举办大会展现其与私刑斗争到底的决心。我们在这次斗争中帮助了全国有色人种协进会,并跟协会秘书长杰姆斯·韦尔登·约翰逊(James Weldon Johnson)及其助理沃尔特·怀特(Walter White)建立了密切合作。

全美进口商和贸易商协会(National Council of American Importers and Traders)请我们助其赢得针对福德尼关税(Fordney Tariff)中美国汇率规定(the American Valuation Section of the Fordney Tariff)的斗争。由于欧洲通货膨胀,这一规定会减少美国的进口。我们在这次运动中运用了"公开行动"①(over act)这一概念,在20世纪20年代早期,它还是个新概念。为了凸显美国汇率对美国消费者的负面影响,女性反美国汇率消费者委员会(the Consumer's Committee of Women Opposed to American Valuation)在第五大道上举办了一场面向妇女的展览。时任纽约州长查尔斯·S.惠特曼(Charles S.Whitman)的女儿奥利弗·惠特曼(Olive Whitman)为公众打开了展会的大门,作为一场公开行动,本次展览成了新闻。

① 公开行动(overt act),即今日所称的事件公关,通过策划、制造戏剧化事件引起媒体和舆论的关注。——译者注

山毛榉坚果包装公司(Beech-Nut Packing Company)的一次运动,可视为该时期公关行业进步的另一典型事例。这次运动的目的是让其产品在公众头脑中成为如培根那般耳熟能详的词汇。

我们设计了一个口号——"把山毛榉坚果带回家",它源于俗语"把培根带回家"。我们通过奖励八月在全国完成最高销量的销售员来推广这句口号。为了确保"把山毛榉坚果带回家"比赛的成功,我们选了一些全国有名的销售主管作评委。成千上万的销售员参与了比赛竞争,而这句口号也传遍了全美。

20世纪20年代早期,我们还为纽约旅馆协会(Hotel Association of New York)做过咨询,以帮他们扭转生意下滑之趋势。该协会认为战后犯罪潮让游客不愿来城市旅游,但我们的调查表明,问题的

主因是城市给外乡人留下了一贯冷漠和不友好的印象。这次调查推动纽约的主要产业、民间和社会团体代表组建了一个"欢迎陌生人委员会",并在全国传播该委员会友善、好客的宗旨。这帮助纽约重建良好声誉,城市和乡镇的报纸同时出现了乐见其成的积极评论。

我们早期组织的另外一项活动是帮助纽约出租车行业脱离松散、低效的驾照部(License Department)的管辖,转投受公众信任且理性执法的警察部(Police Department)。

这些从我们1920年代早期经验中挑出的几个案例,大概能展现出公共关系领域变化的程度。我们越来越感受到,公共关系只强调言说是不够的。为了唤起和吸引公众关切,必须以行动支持言说。宣传指导不只是如何利用媒体发声,更重要的是在态度、方针甚至是在政策的发展变革方面为客户提供建议,这将使客户与公众互生好感并更有效地实现社会目标。

在评析现有经验后,我们开始意识到公共关系双向沟通的重要性。1923年伯尼和书林出版公司(Boni and Liveright)出版了我的《舆论的结晶》(*Crystallizing Public Opinion*)一书。我在书中构想了双向沟通原则。这是第一本描述公共关系顾问工作范畴和职责的著作。

鉴于这本书所探索的一些理念对公关领域,对公关思想者和我们这些积极投身公关实践的人产生了重要影响,我们有必要在这里再重复书中提出的理念和原则。

从那时至今,我一直信奉的一点是,公共关系的有效运作必须只能筑基于专业性、道德约束和社会责任感。公共关系不是领袖操纵公众和舆论的单行道,而是一条双行道。领袖和公众藉由互相整合,并在私利和公益相契合的基础上制定行动目标和任务。同时,公关顾问不可忘记他作为一个特殊辩护人[①](special pleader)而对公众所应当担负的责任。

我在那本书中深入描述并分析了公关顾问的工作范畴和职责,评判了公关行业日益提升的重要性和公关顾问作为特殊辩护人的职责。我探讨了该领域所应用的社会科学方法,研究了舆论的本质和动态变化,舆论与形成舆论的力量间的互动,公众动机与公关顾问工作的关系,以及这些原理在公关领域的应用。我还讨论了公关的技巧和方法——改变公众的基本机制是团体和乌合之众(the group and the herd)的形成,并

---

① special pleader 在英美法系中指专业制定诉状的人,却又与律师不同;他们的工作主要是陈述某一领域的业务框架,而不是开庭申辩或写法律诉状。——译者注

提出了改变群体心理的可行方法。

从《舆论的结晶》引发的反应中，我们能看出公关顾问这一现代职业在 20 年代早期的新鲜程度，亦可看出要让人们理解它，我们还有多少功课要做。比如，美联社顾问梅尔维尔·E. 斯通（Melville E. Stone）就曾尖锐地评论说，他"不知道还有这样一种职业，除非是自封（self-continued）的"，而格伦·弗兰克（Glenn Frank）和 H. L. 门肯（H. L. Mencken）却认识到舆论领域正在发生全新而重要的变化，公关正是变数之一。

商业圈子没有忽视这本书的出版。越来越多的大公司开始向我们请教公关政策和信息传播活动的问题。这个挑战早已在我们的预料之中，也正是我们早就求之不得的。

为了进一步对这个领域进行阐释并增进公众对其的了解，1923 年，我到纽约大学开设了一门公共关系课程——这是高等教育机构开设的第一门有关公关领域的课程。它为学生提供了一个熟悉该领域的机会，并赋予公共关系学术地位，从而促进公关行业的发展。

1924 年，公开活动策略也流传到了白宫。当时我们正与纽约市警长兰德瓦尔多（Rhinelander Waldo）合作，通过无党派委员会（non-partisan committee）谋求总统卡尔文·柯立芝连任。为了向全国展现柯立芝平易近人的一面而非外界所认为的是一座"冷酷、沉默的冰山"，我们采用了一些戏剧化的手法。我们安排总统邀请艾尔·乔森（Al Jolson）、桃丽姐妹（the Dolly Sisters）、夏洛特·格林伍德（Charlotte Greenwood）和其他舞台与荧幕明星到白宫共进早餐，共享薄饼和培根。对这一事件的报道横扫全美报纸头条，它为柯立芝增添了更加温暖、更加人性的色彩。同时，此事也开创了一个先例，因为这是美国总统第一次邀请艺人在白宫共用早餐。

1924 年，宝洁公司在我们的建议下发起了全国肥皂雕刻大赛，这是另外一个展现公开行动技巧的案例。成千上万的孩子们参加了比赛。比赛唤起了孩子们对艺术的兴趣，对勤劳、讲卫生的向往，以及个人利益与公共利益的协调。这一赛事每年如期举办，持续至今①。

接下来的一年，我们将活动拓展到了欧洲。我们在巴黎建立了分公司，研究了很多欧洲产业领袖的公关问题。此外，我们还被聘为巴黎博览会（Paris Exposition）的公关

① 即本书写作的时间 1952 年。该活动始于 1924 年，1961 年停办。

顾问，旨在纠正很多美国人因第一次世界大战经历而对法国人产生的糟糕印象，并在公众心中赋予法国人和法国文化以新的意义。

1926年，公共关系成了拯救女帽行业（millinery industry）的功臣。《编辑和出版人》（Editon and Publishen）杂志认为："战略性的时尚宣传阻止了时尚潮流向呢帽转变，艺术家和时尚权威促成了这场运动。"该杂志还讨论了我们为阻止呢帽和大帽子流行而采取的策略。

在为组织争取公众认同的活动中，我们着重使用了"公开行动"（the overt act）这一手段。此中一个范例是我在法国为雅克塞利格曼公司（Jacques Seligmann）组织的一场美国艺术博览会，这家公司在纽约和巴黎都有画廊。展览在欧洲大陆和美国都引起了人们的关注，因为那时尚无受到法国认可的美国艺术家。自然，那些赞助展会的艺术品商人赢得了公众的好感，也提升了知名度。当时在法国的大部分著名美国艺术家都参与了展览，其中有鲍勃·钱德勒（Bob Chandler）、斯特林·考尔德（Sterling Calder）和乔·戴维森（Jo Davidson）。

这一时期，我们还跟一家大型烟草公司合作，引发女性时尚变革，从而向女性推销香烟。我们曾协助行李箱制造商，让公众改掉了只携带简单行李的传统。我们为新泽西州贝尔电话公司（New Jersey Bell Telephone Company）和谢尔顿织布机公司（Sheldon Looms）提供过咨询。我们还为一个新行业——人类所发明的最强大的传播方式——广播业提供过公共关系建议。

广播当时面临的问题跟公共关系自身所经历的问题很相似。普罗大众仍认为收音机不过是下层社会群体的小玩意。当时我们跟哥伦比亚广播公司（Columbia Broadcasting System, Inc.）开展合作。

我们在1928年为道奇兄弟公司（Dodge Brothers Corporation）做公关咨询时，启动了一种新的广播运作模式。为了推广公司新推出的"胜利6号"收音机，我们举办了史上第一次全国广播联播，邀请了包括查里·卓别林（Charlie Chaplin）在内的荧幕明星。由于当时的电影是无声的，这次全国联播让公众第一次听到了他们最喜爱的演员的声音。这次联播影响非凡，无数人涌进道奇经销商的展柜一览"胜利6号"收音机的真容。这次联播的听众数量超过了当时所有的商业广播。

1929年，我们迎来了公关活动的一个高潮，那就是举办"灯之黄金庆典"（Light's Golden Jubilee），这项活动旨在强调电灯对美国文明和世界文明的重大意义。全国各地都成立了庆典推广委员会，宣传庆典，举办各种演讲。全美还发行了活动纪念邮票，票面是一个马自达灯（Mazda lamp），以此纪念电灯的发明者托马斯·A.爱迪生。在赫伯特·胡佛总统和亨利·福特（Henry Ford）的帮助下，爱迪生在老实验室中重新制造了电灯。在简单致辞以感谢人们的敬意时，爱迪生哽咽了。亨利·福特还在绿野村（Greenfield

第一部分
公共关系的发展

Village）开幕式上邀请了成百上千的名流做客数天，为庆典添彩。福特派出骏马拉着马车邀请客人，以重现那个已经被汽车毁灭了的时代。

这次庆典彰显了电灯的重要性，对公共关系的发展也产生了显著的影响。胡佛总统、亨利·福特、托马斯·爱迪生等很多名人参与了此次庆典，这赋予了公共关系以新的意义和地位。

新成立的房地产证券交易所（Real Estate Securities Exchange）邀请我们提供建议，这是该阶段公关业务扩张的另一个例子。大型烘焙企业也急于改善与消费者、员工、供应商和政府之间的关系，他们向我们咨询如何在1920年代中期的变局中应对这些群体。与此同时，石油公司、女装设计公司、食品与家居用品公司、房地产公司和艺术品商也希望获得建议，以在复杂的社会关系中有效确立自身的定位。他们想在行动之前了解自身行动的潜在影响，并学着构想和策划行动，以取得预期结果。

无数的新闻代理人和宣传工作者仍遵循着新闻炒作的老套路，他们依附于那些雇佣了他们几十年的团体和企业，如旅馆、汽船公司、剧院、马戏团和其他一些娱乐机构。但是，商业转型已悄然发生。

许多大公司的行动皆体现了进步之举，即他们开始对公共关系的重要性有了越来越充分的认识。大公司纷纷采取某种公开行动以赢得公众的理解和支持，他们开始雇用公关顾问，并委任负责"商誉"（good-will）或关系协调的副总裁。

在20世纪20年代后期，产业领袖们领跑了公共关系，其他人也在尽可能因势而动。*87* 随着新趋势的发展，下面两个引领性的行业行动可以体现出公共关系拓展的方向。

公共设施机构、有轨电车和铁路公司最先将第一次世界大战中的信息发布（publicity）和宣传（propaganda）经验转化为和平时期更广泛的用途。走出战争阴霾后，这些企业任命了总裁助理来负责宣传或公关。但在很大程度上，这些管理人员的职能还是应付"怎么说"。他们以言说来影响公众，却未必改变企业起码的态度和行为。

早在1922年，电影业就把威尔·海斯（Will Hays）从邮政署长的政府高官职位上挖过来，领导后来被称为海斯办公室（Hays Office）的机构。到1924年，电影业就已成熟地意识到了自身对公众的责任，六十多家电影公司的代表开会选了一位执行秘书出任海斯办公室的联络员。海斯办公室起到了对业界和公众双向整合的作用。执行委员会的成员每周都会看到一个新电影发行计划，有利和不利的评论都被汇报给电影公司的总部，以帮助电影制片人了解什么可行，什么不可行。这项计划极大地提高了电影的娱乐性，在委员会运行的两年间，公众对电影业更加怀有善意了。

1922年，印第安纳标准石油公司的董事长罗伯特·斯图尔特上校（Colonel Robert Stewart）发表了一则声明，也体现了公共关系概念的日益成熟。"只为一个产品做广告是不够的，"斯图尔特上校说，"应该让公众熟知产品背后机构的诚信和高品质。"

"我一直相信,企业领袖最主要的任务之一,当然是去做值得公众支持的事,然后宣传自己的行为,进而赢得正面舆论。"

"这不仅是像我们这样有成千上万美元资产的大企业的任务,小企业亦应努力为之。如果得不到公众的支持,他们当中的大部分人就有可能反对你;没有了这绝大部分人的支持,企业将无法持续生存。"

尽管斯图尔特上校代表着石油利益,他也不免为第一次世界大战前扒粪记者和政府调查所遭遇的挑战而痛心疾首。上校混淆了宣传技巧和公共关系,但他对预期宣传目标的表述非常符合广义的公共关系定义。

1924年,石油业采取了与公众互动、整合的策略。美国石油协会(American Petroleum Institute)董事会通过了一项决议,要求每年拿出10万美元向公众讲述有关石油的故事。决议中使用的"公共关系"一词眼下开始逐渐流行起来,这是一个进步。但关于"公关活动究竟是什么",他们仍操持着陈旧的理念,将公关简单地理解为信息发布。董事会提议成立一个受协会领导的公关委员会,负责通过所有可靠渠道穷尽式搜集跟石油工业有关的事实,并将这些事实发布给行业和公众。

我们很难只用某个组织的行动,或某个领域的行动来呈现公共关系成长和发展的清晰图景。因此,我们有必要再专门审视一下有关公共关系功能的讨论,以及相关术语使用的进展情况。如果不能清晰地认识上述两个领域的动态,我们就很难公正、准确地评价公关活动。

1908年,美国报纸出版人协会(the American Newspaper Publishers Association)在《纽约世界报》(New York World)唐塞茨(Don Seitz)的敦促下,发起了一场反对所谓"免费宣传"或"免费广告"的运动。正如我们所见,自1830年以来,免费宣传、免费广告越来越泛滥。那时广告还是个相对新生的力量,报纸经常提供免费版面。该协会的运动因第一次世界大战有所节制,但战后,报业跟新闻代理人、宣传人员之间又重燃战火。

这场斗争得到了《编辑和出版人》《印刷油墨》(Printers' Ink)和《第四权力》(The Fourth Estate)等行业报刊的鼓励。编辑们在观念上对合法新闻、非法宣传、吹捧和新闻炒作几乎不加分别。"Propaganda"和"Publicity"两个词在第一次世界大战中被广泛使用,大多带有贬义。战后,人们对这两个词的讨论大抵因循了战时的含义。

与此同时,越来越多的行业开始朝着公共关系的方向前进。1924年,美国报纸出版人协会发布公告批评了12家企业和团体,理由并不新鲜——他们发布了免费广告和鼓吹式新闻。以这一陈旧的理由抨击了超过12家企业和团体。协会的如是态度乃是对19世纪劣行的回应。然而,该协会所批评的一些活动却代表了某种新趋势。受到批评的公司及其活动如下:美国连线公司(the United States Lines)设立了一个"媒体助理部";电力发展协会向出版商提供宣传服务;美国银行家协会为了帮银行家争取公众的好感而向媒体发布了一则有人情味的报道；J. 沃尔特·汤姆森（J. Walter Thompson，JWT）公司替客户巴特里克公司（Butterick Company）发布了时尚新闻；替印度茶叶集团（India Tea interests）、伊士曼柯达公司（Eastman Kodak）和宝洁公司（Proctor and Gamble）发布了新闻通稿；为国家预防战争委员会（National Council for Prevention of War）发起了为其事业争取支持的全国性运动；为卢斯—怀尔斯饼干公司（Loose-Wiles Biscuit Company）提供了信息定制服务；为切尼兄弟公司（Cheney Brothers）提供了形象设计服务；为全国保险公司协会（National Association of Insurance Agencies）和 N. W. 艾尔父子公司（N. W. Ayer and Son）做了很多宣传活动。

所有这些事件表明，一方面，在 1920 年代早期，某些报纸出版人对一种将成为社会惯例的宣传（publicity）仍抱有偏见；另一方面，它也让我们粗略地认识到，美国各种团体都在使用一些公共关系手法和宣传技巧——这些技巧将在这十年的后半段被用得风生水起。

这也表明了一点，即相对于 20 世纪初期的原始定义而言，各界的公共关系理念已进步甚巨。但是，有一个原则至此仍未被人们广泛理解：要使公共关系更有效，就得从根本上改变客户的政策和运行方式。

公关还是被人们广泛理解为利用宣传活动取得民众善意，而非让组织的基本政策和运行方式成为赢得公众支持理解的决定性因素。

新闻代理人持续受到批评。《印刷油墨》在 1920 年 2 月 19 日发表的一篇评论就是这些批评中的一个典型例子。同当时许多其他说法一样，这篇评论称"任何免费宣传都是见不得光的，只能通过走二流出版物编辑的后门来起作用"。

1920 年 2 月 26 日，我在《印刷油墨》上发表一篇题为《新闻代理人的全盛时代》（*The Press Agent Has His Day*）的文章来反驳这种无端指责。我指出，全国的报纸，包括发达的纽约报业，都在一定程度上依靠宣传机构来获取那些他们原本很难注意到的新闻，他们也真心感激公关人员的努力。"一直以来，美国最成功的公司和个人都在雇用宣传专家帮自己把观点展现给公众，他们现在不是被团队中的单个公关人员所代表，就是被一个公关机构所代表，"我补充道，"一个能干的公关人员必须坚定地相信广告的价值。一个诚实的公关人员在任何情况下都不应向客户保证他的素材能够出版或发布。律师在法庭上为客户做的事，我们也通过日报和周报在舆论的法庭上为客户做。"

这些攻击也可能跟当时缺少明确的公关术语有关。我认为有一本书的名字可以有力地体现这一缺失。1920 年，乔治·克里尔讲述了公共信息委员会的精彩故事，这个委员会在战争期间将美国民主的福音传播到了世界的每个角落，而他把自己亲历的这个美国公关故事称作《我们怎样宣传美国》。

同年，美国制造商出口协会（American Manufactures Export Association）出版了一份

类似的实报，记载了我所领导的公共信息委员会海外贸易处（Export Devision）参与的战争活动，其中提到了国际贸易中的"宣传"，却未使用"公共关系"一词。

同时，这篇描述美国怎样在战争中影响舆论的文章，预见了后来美国之音开展的那类活动。文章呼吁在美国"建立一个基于公共利益"，并"通过得力专家将宣传活动拓展至国外，这些专家应确保用不同的语言准备适宜的素材以供给适当媒介，包括外国记者、新闻机构、图片中心、企业巨头和重要的外国报纸"。

正如我所提到的，我们在1919年将自己设立的机构命名为"宣传指导"。1920年至1921年，艾维·李在他的《笔记和剪报》（Notes and Clippings）一文中用不同的术语定义了他的机构——宣传建议者、宣传专家、宣传总监、宣传职业。在1920年，许多公司设置了总裁助理职位负责公共关系。接下来的一年，国会图书馆（Library of Congress）出版了一个关于宣传的参考目录，这个目录专门提到了新闻代理人，反映了人们对该领域的兴趣日增。艾维·李及其同事在1921年出版了一份小报名叫《公共关系》。同年，我们出版了一份解释公关这一新领域的小册子《联系》（Contact），文中用"公共关系顾问"这个词定义了我们的活动。

埃里克·古德曼在《双行道》一书中写道："毫无疑问，'公共关系顾问'一词的首次使用是在1922年伯内斯的婚礼上。新郎官使用这个术语来描述自己。"从1922年的一家报纸对卡罗索（Caruso）案件的报道中，我们可以看出这个词在当时还非常新颖。这篇题为《卡罗索案庭审中出现的新行业》的报道认为："公关顾问这一职业昨天正式出现在最高法院弗农·M. 戴维斯（Vernon M. Davis）法官面前，爱德华·L. 伯内斯在证人席上宣布自己乃一名顾问，宣告了这一新职业的诞生。"

及至1922年，《纽约世界报》（the New York World）的行政经理赫伯特·贝尔德·斯沃普（Herbert Bayard Swope）驳斥了《编辑和出版人》的"所有免费推广和宣传皆无新闻价值"的草率论断。他在跟美国报纸编辑协会（American Society of Newspaper Editors）的一次谈话中说，在宣传中，媒体要考虑的是印刷出来的内容是否具备新闻价值。"我也不认为我们要特别担心宣传，"斯沃普总结道，"每个人都有自己的判断标准，据此我们可以大致将适宜的内容从不适宜的东西中分辨出来。"

他的说法反映了一个越来越强烈的愿望，即重新赋予"宣传"一词以褒义——它因第一次世界大战时德国对美国的言说暴力而成了贬义词。《科学美国人》（Scientific American）杂志如此回应了这个想法："如果使用得当，宣传完全是个有诚实血统和光荣历史的词汇。"《纽约时报》也附议说："宣传成为一个声名狼藉的词汇反映了读者的智识水平。没有人能在不发起宣传的情况下讨论影响其切身利益的话题，不管他试图表现得多么公正。我们大多数人都依循自己所知所闻的经验下意识地做出这样的判断：如果一种观点跟我们的偏见一致，它就是真的；如果并不一致，它就是宣传。所以宣传和信息之间的

第一部分
公共关系的发展

区别在逻辑上几乎无从分辨，尽管在现实中还是有所不同的。"

仍是这一年，沃尔特·李普曼（Walter Lippman）在《公众舆论》（*Public Opinion*）一书中提出了"刻板印象"（stereotype）一词。它被用来形容我们头脑中的图景，这给该领域的讨论带来了新的意义，也为舆论的内涵及其成因提供了更开阔的背景。

1922年，"公关顾问"和"宣传人员"的区别日益凸显出来。当时人们对二者区别的认识还很粗糙，而权威著作《第四权力》评论说：

"公关顾问"和"宣传指导"这两个术语对报人来说已经数见不鲜。在某种程度上，它们并不令人感到陌生。而为了给那些冠以此称号的人们及其雇主说句公道话，应该说它们是，或可能是，从"宣传人员"这一旧概念中分离出来的。

美国的很多大企业正在意识到与公众维护良好关系的必要性，哪怕仅是为了这一点，我们也很有必要对其公共关系部门做一个公正甚至积极的评判。

一个人能否当得起"公关顾问"这一称号，还是只配称作"宣传人员"，完全取决于个人和雇用他的公司。正如我们所见，一个真正的公关顾问或指导，所从事的乃是企业所提供的最重要的一项工作之一；而一个仍抱着从出版人那里"空手套白狼"的旧观念的人，就要过时了。

没人比 H. L. 门肯更密切关注公共关系的命名了，他对此简直孜孜不倦。1925年，他在自己出版的《美国往事》（*Americana*）一书中交替使用了"新闻代理人"（press agent）和"宣传家"（publicist）。"每个政治家、电影明星和职业拳击手，"他说，"都有一个宣传人员。"1926年，门肯的《美国语言》（*American Language*）第一版记录了公关领域的新现象，但只是把这个变化当作一种称谓上的委婉转换。他说："'新闻代理人'现在被称为宣传家，媒体代表或者公关顾问，就像'房地产经纪人'和'入殓师'是'房地产商人'和'殡葬人'的委婉称谓一样。"然而20年后，门肯在修订《美国语言》第一版时用了两页的篇幅来定义"公关顾问"，把我们的定义也加了进去。

R. H. 怀尔德（R. H. Wilder）和 K. L. 布尔（K. L. Buell）在1923年出版的《宣传》（*Publicity*）一书进一步印证了人们对公关行业发展的日益重视。他们也讨论了公关行业的新命名。两位作者观察了公关领域的成长和发展。他们提到了"宣传代理人"（publicity agent）和"宣传经理"（publicity manager）的频繁使用；还提到有些金融和商业机构给一些人加上了"善意工程师"（good will engineer）或"公共关系委员"（councillor in public relations）等诸如此类的头衔，但也有机构怕被人指责讨好公众，因而只以"副总裁"这种开放的头衔称呼自己的宣传经理。他们的论述表明人们对公共关系的双向功能仍缺乏真正的理解。

人们对公共关系的评论摇摆于对陈旧观念的持守和对新发展的承认之间。艾布拉姆·利普斯基（Abram Lipsky）在1925年出版的《操纵傀儡：思想控制的艺术》（Man the Puppet: The Art of Controlling Minds）中提出，公关顾问不过是换了新衣的旧式新闻代理人，他们只说不做，光开空头支票。另一方面，有两家重要报纸认识到了公关业的新趋势。《芝加哥论坛报》（the Chicago Tribune）在1924年的评论中强调，公共关系正在蜕变为一类职业、一种艺术和一门科学，这篇评论同时还呼吁公司主管们，"在争取公众合作之前，要先跟本公司的公共关系部门全面合作"。评论最后总结说："这意味着开诚布公并快速反应。"无独有偶，《纽约先驱报》（the New York Herald）在1926年2月11日宣告"旧式新闻代理人已经消失了"，随着公关顾问的出现，公关的命名和方法都得到了升华。

为了说明这一趋势，我们的公司试图给"公关顾问"下一个行业和公众都能接受的定义。我们在1927年1月26日的《编辑和出版人》杂志上以整版广告的形式发布了如下定义：

公共关系顾问——一个新定义

何谓公共关系顾问？他和这个国家的媒体之间有什么样的关系？公共关系顾问指导、建议、监督客户的活动，而那些活动又会影响或吸引公众。他向客户解释公众，同时也向公众解释客户。

他会随时随处关注客户与公众的联系。他为客户提供公开行动建议，制造情境和事件。他传播有关生存环境的信息，以帮助客户向公众展示自己。

这是对公共关系顾问双向整合功能的重申，他的职责是把群体、产业、个体与社会整合起来，从社会中获取事实信息并向社会传播事实和观点。

随着公关领域的持续扩张和成熟，1927年曾有人致力于组建一个公关从业者的专业协会。可惜这一努力流产了，失败的原因是它经历了太多不成熟的宣传。

1927年，《编辑和出版人》对我们提出的观点"公关顾问理应在事情发生前就施加影响以制造新闻"非常不满。据报道，在《坦帕论坛报》报人S. E. 托马森（S. E. Thomason）的领导下，同年，美国报刊出版商协会又发起了一场新的针对新闻代理人的争论。

然而，社会学家也在这一年开始对公关话题感兴趣。在《美国社会学学刊》（American Journal of Sociology）对当代文献主题的摘要中，罗伯特·S. 帕克（Robert S. Park）在讨论纸媒的参考文献时说："若不提及新闻代理人，对报纸与公共事务之间的关系探讨必是不完整的。"同年，《环球贸易杂志》（Universal Trade Press）发布了一份《关于宣传的舆论审判》（The Verdict of Public Opinion on Propaganda）的报告。这份报告提供了一些证据，来证明"宣传"本非在第一次世界大战中变成的那个"可怕"的词语。这份报告同时也展现了为"宣传"正名的努力，它所得出的"审判"结果自然于宣传是有利的。

1928年9月，我在《独立报》(Independent)上的一篇题为《宣传的业务》(the Business of Propaganda)的文章，再次解释了公共关系的双向原理。我在文章中强调了职业伦理对宣传家或公关顾问的要求，"永远不要在舆论的法庭上为他认为在社会上站不住脚的对象代言或辩护；永远不要接手有争议的客户"，并要"永远如同自己遵守生活常理一般，诚实地对待媒体"。

1928年，公共关系首次被承认是社会科学的一部分。《美国社会学杂志》五月号以我的文章《操纵舆论》(Manipulating Public Opinion)为公关领域破冰。文章从改变公众态度的角度讨论了公关价值的问题，并特别提到了要克服"既有传统和偏见的惰性"。

同年，我出版了自己的第二本书《宣传》(Propaganda)。书名有两个重要意义：一是到了20世纪20年代末，"宣传"一词已然去除了它在第一次世界大战中的贬义；二是那段时期的公共关系更强调解释而非整合，而我们强调了双向互动的公关原理。

"如果公众更好地洞察自己的生活历程"，我在《宣传》中写道："他们就更容易接受宣传对其切身利益的合理诉求。不管公众对宣传手法有多么警惕和怀疑，他们总会响应基本的诉求……倘若公众在商业需求方面更加理智，商业企业就会满足这些新水准。"

我进一步阐述说："新式宣传将社会构成视为一个整体，总是致力于关注和实现公众的愿望。对一项具体改革的愿望，不管有多么广泛的民意基础，在被公开表达并向相应的立法机构施加足够的压力之前，都无法转化成行动。无数家庭主妇都认为应禁止有害健康的工业产品，但如果她们的需求未组织成清晰的表达，未以某种形式汇集到可以实现其目标的州立法机构或联邦议会中，她们的个人意愿就很难转化为有效的法律形式。不管有没有意识到，她们的确需要宣传来组织和实现自己的需求。"

我还指出："由于现代生活的复杂性日增，一部分公众理解另一部分公众的需求亦随之旺盛，公共关系这一新行业已经成熟。"

我还把一种新理念引入公共关系之中，即呼吁公关从业者学习社会科学研究成果。社会科学在很大程度上阐明了我们社会的本质和舆论的运行规律。从那时起，对社会科学的研究长足进步，测量公众态度的新技术也得以开发。

到了这个时期，美国的舆论领袖在观念上确立了公关顾问和宣传人员之间的区别。我们所定义的公关顾问双向整合功能也逐渐得到理解：公关顾问是一个专家，他在态度和行动上为客户提供建议，帮助他们更好地融入所处的社会；公关顾问还是一个专业实践者，他让客户所依存的公众了解客户的政策和运行。

还是在1928年，大都会人寿保险公司(Metropolitan Life Insurance Company)发布了一份题为《一个公共关系顾问的职能》的调查报告。

报告指出，尽管公共关系在这十年间受到更多重视，但独立的公关从业者还是很少——报告只提到了艾维·李和我们。

一年后，著名广告商欧内斯特·埃尔莫·卡尔金斯公司（Earnest Elmo Calkins）在《周六文学评论》上发文称："战争教会了我们塑造舆论的全新可能，完善了相应的组织运行机制，把旧式新闻代理人变成了现代公共关系顾问，其客户包括大学、教会、公司、社团甚至国家。"

但是，《纽约先驱报》（New York Herald Tribune）的城市版编辑斯坦利·沃克（Stanley Walker）仍在非议"宣传人员的专家团伙和版面掠夺者"。《编辑和出版人》也仍在大放厥词，说公关顾问是一个"危险的工具"，因为他们"不负责任"，而且"处心积虑地破坏常规的广告运作"。

《编辑和出版人》在整个1929年都持此论调。一篇题为《500个贪污犯》的报道写道："美国报刊出版人协会最近发布了一份产业史上最丢人的文件。它列举了500篇被新闻代理人贿赂到报纸版面上的商品品牌文章。"文章还称，纽约市出版局组织了一个被《编辑和出版人》称为"遏制鼓吹泛滥"（stem the deluge of puffery）的运动，象征着这是一场持久战。

1929年11月9日，《纽约客》（The New Yorker）发文表示依然不愿接受"公关顾问"这个称谓。这家杂志给"公关顾问"起了个新名字——"制造新闻事件的专家"（specialist in making news events）。然而，别的杂志都在引用《宣传》中所描述的概念，即公关顾问的职责是"把客户的利益解释给公众，并把公众的利益解释给客户"。

总而言之，1919—1929年这十年标志着公共关系发展上的一个转折点。同其他领域一样，公共关系的发展并非直线向前。1890年代遗留下来的旧式宣传和信息发布，1906年的"洗白"和"公众被告知"理念，以及被第一次世界大战宣传所激发的、正被广泛应用于和平事业的现代公关手段，还在同台竞技。

而且，同任何事物的发展历程一样，最前沿的进步和早先的观念之间存在着文化时差。

这也正是1920年代有关公共关系的讨论曲折向前的原因所在。一些公司开始采用先进的公关理念，很多著作和大学课程都在拓展这些概念。而与此同时，反对者仍坚持认为公共关系不过是旧式新闻代理的代名词。

然而，要说20世纪20年代的公关发展史告诉了我们一些什么，那就是它揭示出公关是个新领域，同传统新闻代理和宣传不一样，而美国社会的重要组成部分——商业、教育和媒体——正意识到这个事实。

1923年，初到纽约的伯内斯夫妇。伯内斯的太太多莉丝·E. 弗莱施曼（Doris E. Fleischman）是第一位婚后依然使用娘家姓名注册护照的美国女性。

图片来源：BETTMAN/GETTY IMAGES

第十章
1929—1941年：公共关系走向成熟

从1929年到1941年，这一时期见证了美国和世界的巨变。1929年股市大崩溃撼动了美国社会，随之而来的大萧条导致美国历史上最严重的经济危机。作为繁荣的代表人物，胡佛总统于1929年入主白宫，却又作为大溃败的象征于1933年黯然离去。继他之后，富兰克林·德拉诺·罗斯福总统统领白宫12年。此间，美国和世界经历了经济、社会和政治的巨变，与之相伴的是前所未有的大规模宣传、推广和公关活动。

富兰克林·罗斯福总统发起、推进了影响深远的改革运动。这些改革发轫于南北战争时期，并在克利夫兰、西奥多·罗斯福和威尔逊治下得到了合法化和立法保障。他的行动促成了若干全国性的大讨论，议题包括全国工业复兴法案（National Industrial Recovery Act）、实施新政、尝试改变最高法院、对俄国的承认、农场立法（farm legislation）等话题的全国性讨论。

美国还受到海外事件的影响，由俄罗斯（苏联）、日本、中国、希特勒、墨索里尼、共同安全（collective security）和西班牙等引发的问题激荡着国内舆论。1939年秋天，第二次世界大战在欧洲爆发，时代冲突又至巅峰。两年后，"珍珠港事件"把美国卷入空前的战争之中。

股市大崩溃和大萧条对舆论和公共关系的发展影响深远。从世纪之交开始，舆论的重要性就持续提升，第一次世界大战使美国政商领袖进一步深化了对舆论重要性的认识。而今，公共关系对政府、商业、劳工和其他群体的影响更是达到了一个新的高度。

造成这一局面的主要原因是大萧条摧毁了无数人的生计，革命言论在失地农民和失业工人间广为流传。银行接二连三地破产，很多人的毕生积蓄化为乌有；商业企业破产，无数人流浪街头。约翰·斯坦贝克（John Steinbeck）认为，大萧条使美国社会的根本假设都遭到了质疑。在小说《愤怒的葡萄》（the Grapes of Wrath）中，这场危机被解释为民众的社会福利与社会形势之间的矛盾。而正是美国人普遍缺乏安全感这一事实，酝酿了三场席卷全国的宣传运动。

1934 年 1 月，弗兰西斯·E. 汤森德（Francis E.Townsend）博士在加州构想的"汤森德计划"（Townsend Plan）汇聚了强有力的民意支持，目标是敦促联邦政府通过一项养老金计划。该计划要求政府每月向所有 60 岁以上、品行良善的失业者支付 200 美金，这份津贴要在下一个支付日之前全部花完。该运动吸引了广大民众的兴趣，因而促使议会在 1935 年高效通过了社会保障法。然而，在使命达成后，"汤森德运动"却名誉扫地。①

与之相类，路易斯安那州参议员休伊·朗（Huey Long）发起了"财富共享运动"（the Share the Wealth Campaign），在中西部和太平洋沿岸影响甚巨。朗的提议实则是一项不甚明确的计划，提倡重新分配私有财产，以使全国每个符合条件的家庭皆有足够的收入买一辆车、一处寓所和一台收音机。在该运动的影响下，议会在 1935 年 8 月通过了提征富裕阶层所得税的法案。

第三个运动是由密歇根州的柯林神父在 1934 年发起的。他组织了全国社会正义联盟（National Union for Social Justice），主张将银行、信贷、公共设施和自然资源收归国有。1935 年 1 月，在一次广播中，全国联盟的众多成员抗议美国加入国际法庭。柯林神父后来又在 1938 年建立一个叫作"基督教阵线"的反犹主义组织。

上述三个运动在全国范围催生了一种社会意识，即要帮助民众获得更强大的经济安全感。

在这场危机中，公众顺势通过政治和社会运动发声。商业成了替罪羊。企业、产业和金融领袖遭到谴责，公众指控他们对"大萧条"负有直接责任。如是控诉引发了商业和公众之间关系的巨变。

第一世界大战后到 1929 年，商业和公共关系的上升态势让商人成了最重要的社会成员。他们的声音主导了意见市场中的竞争。无论巨头们说了什么，公众以最大的敬意聆听。他们不仅被当作商业领域的无上权威，也是艺术、宗教和音乐的权威。

大萧条改变了这一切。当白宫和公众谴责银行家和产业领袖"制造"了大萧条时，商人们在伤痛中缄默。从 1929 年到 1936 年，社会上只能听到批判商业的声音，只能看到商业批判者运作的公共

---

① "汤森德计划"的失败主要有三个原因：一是 20 世纪 40 年代美国的战后经济繁荣使得老人对国家保障的满意度越来越高，对"汤森德计划"的热情逐渐降低。二是计划中的每位老人每月 200 美金对当时的美国政府而言是一笔巨大的开支，也触犯了许多其他利益集团特别是商人的利益，因而反对声不断。三是到了 20 世纪 40 年代，许多参与"汤森德计划"的老年人患病或者去世了，参与运动的人数不断减少，使之进入低潮乃至消亡。——译者注

关系。商业丧失了发言权，并被迫接受全国产业复兴法案。

然后，20世纪30年代中期发生了大转折。大萧条得到了遏制，公众的安全感和信仰开始恢复。在此情况下，商人们也放下忧惧，重拾发言权。这一转折对公共关系行业有着重大影响。

作为大萧条的产物，公共关系极大地拓展了自身的活动范围。如今，商人们已经意识到，除了要在经济衰退中卖掉产品，首先要向公众推销自身，解释自己对整个经济体系的贡献。如若不然，商业行为将面临各种可能毁灭或改造自身的对立观念。接着，大学、宣传家（publicists）和作家们开始意识到良好的公共关系对维护商业体系越来越重要。这也让商人们意识到要改变自己的态度和行动来迎合公众需求，并使公众理解自己的立场。

大萧条之前，产业公共关系活动在很大程度上局限于行业协会和大型企业之中。那些面临具体的公关问题（竞争、税收、销售困境）的行业协会，起用了舆论方面的专家。煤炭、肉食和石油产业就是这种情况，比如税收问题，连锁店面对应的是接连不断的专门税；还有市场问题，比如维护和拓展人工花卉市场、水泥路、丝绒或柑橘类水果市场；又如竞争问题，煤炭与石油、钢铁与木材、植物油与动物油等生产竞争性产品的行业，也运用了公关手段让公众明了他们各自的优势。

大企业的公共关系活动总体与此类似。他们面对的是在各自领域内巩固和提升领导地位的问题，故而经常利用公关手段来包装自己的产品、机构和附属成员，使之成为行业领导者的象征。

1929年之前，公关业者主要活跃、奔波于以下两大领域，他们或是作为外部的专业顾问，或是在大企业或行业协会中担任公关活动的负责人。接着，大萧条和衰退降临了。起初一段时间，商业并未打算反抗新情势。钢铁、木材、煤炭、石油、丝绒和丝绸等产业认为市场凋零，已经没有如过去一般值得付出公关努力来争取的机会。股票、债券和市值缩水导致行业协会公关活动的衰退。

当行业协会公关活动陷入低潮之际，大企业却在重整其公共关系政策和行动。他们面临的是全然不同的市场境况，他们需要专家来不断告诉自己公众新的需求。

企业和领袖一起声誉扫地。从市场角度看，公众因为缺乏安全感，对自己不了解的公司的所作所为极其敏感。公司受到来自四面八方乃至最不可思议角落的攻击。很多领导者名声败落，产品销量亦因一些难以想象、不可置信的理由大幅下滑。

这些理由就包括谣言。比如，X公司对天主教徒、犹太教徒或新教徒怀有敌意；或者产品缺斤短两。任何能引起公众群体之间纷争的话题，不管多琐碎，皆可能带来潮水般的公众批评或巨幅销量下降。

为应对这一情势，公共关系顾问24小时随时待命，他们冲向火场并扑灭任何可能会扩散成灾难性大火的东西。

第 一 部 分
公共关系的发展

　　这一时期公共关系的重要任务是向企业提供建议和帮助，助其重塑被摧毁的声誉，同时建立新的声誉。装聋作哑（straw man）和自以为是（stuffed shirt）的时代终结了。美国不再需要泥菩萨，而需要与时俱进的真英雄。他们通过改善策略和行为，在公众施压和法律出台之前就预知形势变化。公众现在需要那种能认识到私人企业亦应担当公共责任的商业领袖。

　　行业协会也再次行动起来，不仅重启了之前的公关活动领域，更重要的是开始重视与政府的关系。各行各业开始缓过神来，意识到全美步枪协会（NRA）为许多产业制造了很多公共关系问题。产业也开始苏醒，并意识到休伊·朗、柯林、汤森德等煽动家以经济理由或各种"主义"蛊惑美国，实质就是破坏美国经济体系的根基。商业领袖逐渐明白他们忽视了自身的很多重要责任，其中包括：

　　（1）持守一个原则，即为了生存，私人企业必须始终心存公共利益。

　　（2）明了一个事实，即公共利益是不断变化的概念，而企业必须与时俱进。

　　（3）必须让公众了解商业在美国社会系统中的地位。

　　（4）公共关系技巧有助于实现上述目标。

　　在20世纪30年代的头两年中，企业开始实施"利益相关者直邮"（direct mailing to their stakeholders）活动，这一举措现今已广为流行。全国制造商协会（National Association of Manufacturers）在那段时期的广告以维护企业的商业地位为己任，警告那些"试图挑唆阶级对抗"的人。

　　1935年至1936年，美国钢铁公司开展了机构广告（institutional advertising）运动①。在大萧条中，已经出现过很多这样的企业机构广告案例，但它们皆属一种单向传播，是商业试图像以前推销产品那样推行一种理念的尝试。

① 机构广告主旨在于推广组织的理念、主张、形象，而非具体的产品、服务或项目。——译者注

　　1936年，民主党大选获胜宣告了企业推销理念之尝试的失败。1937年1月，《商业周刊》（*Business Week*）公然表示："企业想让大众认为自己百分百完美，乃是徒劳之举。这有助于解释近期某些运动完败的原因。"1937年4月，N. W. 艾尔父子公司（the N. W. Ayer and Son）的总裁H. A. 巴滕（H. A. Batten）在全国广告人联合会

（Association of National Advertisers）上发表演讲，为公共关系下了一个富有洞见的、完整的定义："太多的制造商"，他说，"……在不顾公司健康的情况下向公共关系呼救，以期妙手回春……任何称得上公共关系的行动，必须从企业自身做起。除非企业能做到组织有序、管理得当，能在所有方面都经得起良好公民责任（good citizenship）和对社区贡献的检验，否则做多少公关都于事无补。"

当行业协会在1930年代中期开始重获公关视野的时候，他们采取了一种不一样的方式。他们如今不只是在为自身的具体问题而努力，更是为商业整体面对的更宏大的问题而重视公共关系。他们意识到，只在嘴皮子上强调亚当·斯密原理（the Principles of Adam Smith）是不够的，重要的是在一个变化了的美国和世界，纠正自己在劳工、薪酬等问题上的政策和行为。大规模的行业协会开始从实际公关理念出发来处理这些问题。一些保守的产业领袖仍然拒绝直面美国和世界已然巨变这个重要事实，开明的领袖们则尽了最大努力来启迪他们。

这一时期正是公共关系和商业史上的转折点。大规模的产业联盟发起了许多社会运动，试图将商业合法化并渗入美国人民的内心深处。

根据这个思路，美国商会通过梅尔·索普（Merle Thorpe）主编的《全国商业》（*Nation's Business*），实施了重要的公关活动，全国制造商联盟也在科尔·比切斯特（Colby Chester）的领导下开展了多种方式、多个领域的公共关系活动，进而向公众解释企业。

与此同时，大企业也拓展了自己的公关活动。在已故的小爱德华·R. 斯特蒂纽斯（Edward R. Stettinius, Jr）的领导下，美国钢铁公司任命J. 卡莱尔·麦克唐纳德（J. Carlisle MacDonald）出任公共关系主管。后者创办了《美国钢铁新闻》，向员工解释公司的政策和实践。美国钢铁研究所任用约翰·威利·希尔（John Wiley Hill），而默尔克·罗威（Merle Crowell）则出任洛克菲勒中心（Rockefeller Center）的公共关系主管。

此外，很多公司的时任公共关系主管也拓展了自己的业务。美国电话电报公司的亚瑟·佩吉（Arthur Page）、通用公司的保罗·加勒特（Paul Garret）、新泽西标准石油公司的诺索普·克莱里（Northop Clarey）和J. P. 摩根的R. 戈登·沃森（R. Gordon. Wasson）便是如此。

外围的公共关系顾问也为客户扩大了活动范围。比如艾维·李的公司——现在叫李与罗斯公司（Ivy Lee, Jr., and T. J. Ross），就拓展了与老客户宾夕法尼亚铁路公司的业务公关。

我们自己在1930年到1941年开展的业务活动，为呈现本阶段公共关系的发展提供了一些案例。那些求助于我们的企业和其他团体都意识到，以公共利益和公共关系为导向调整自我态度和行为，意义日益重大。他们已不再一味重视信息发布、凸显（hig-spotting）

和戏剧化（dramatization）这些手段了。

本阶段的一个特点是，寻求专业公共关系指导的利益团体日益多样化，我们的客户就是例子。在那些找到我们的客户中，有卡地亚（Cartier）这样的大珠宝商，有全美广播公司（National Broadcasting Company）和加拿大广播公司（Canadian Broadcasting Company），也有杂志出版商、地产商、化工公司、收音机制造商、连锁店、渔业、冰箱制造商、香烟公司、石油加工公司、建筑公司等。

政府对公共关系角色的认可则代表了这一整体趋势。其中一个例子是，我在1930年被任命为"总统紧急就业委员会"（President's Emergency Committee for Employment）的成员，它是胡佛总统在股市崩溃后不久为了应对危机设立的。为了强调委员会行动，主席亚瑟·伍兹（Arthur Woods）上校通过长途电话联系了48个州的所有州长，告诉他们联邦政府在改善就业方面的作为。

所有这些因素在商业和公众当中反响强烈，可谓深入人心。各种行业、产业经济和行业媒体给予了公共关系越来越多的关注。铁路、银行和明胶行业等不同领域的管理者会议，都表现出对舆论塑造的浓厚兴趣。哥伦比亚大学校长卡尔·阿克曼（Carl Ackerman）还提议成立一个舆论基金会（Public Opinion Foundation），此举反映了这十年间的时代精神。同时，我在《宣传》一书中建议美国政府在总统内阁中委任一名公共关系部长，这个建议得到了广泛讨论。

对公共关系态度变化最大的群体之一是银行家们。在大萧条之前很多年，银行家们一直是经济建设文明的象征。他们和公众都未意识到我们那些了不起的金融机构需要公共关系顾问。而现在，他们开始越来越多地欢迎公关顾问的专业建议。比如到1939年，我们自己的公司就在西海岸和华盛顿与美国银行（Bank of America）开展了合作。

美国企业不再只是私人生意，现在它变成了服务公共利益的个体事业。公司不再像一些保守商人坚持认为的那样，只是一种基业永延的商业载体和形式。他们之所以仍要持续保持某些惯习，不过是因为事情历来如此。很多人清醒地认识到，公司无法在个人感性的信条下生存发展，它务必建立在最坚实的逻辑基础之上——利益、与人方便和公众需求。

报纸、杂志、大学、社会科学家、研究机构和政党组织对公共关系的积极关注，进一步体现了美国对公共关系性质和地位的日益重视。

比如在1935年，我曾受邀到威廉·布朗·梅洛尼（William Brown Meloney）领导的先驱论坛报研究所（Harold Tribune Institute）中做了一次关于宣传方面的演说。布鲁斯·巴顿（Bruce Barton）在一次企业家大会上的演说被各种出版物广泛发表和评论。

在随后的1936年，作为一个正式议题，公共关系在波士顿分销大会（Boston

Conference on Distribution）上得到了完整阐发，大会组织者，丹尼尔·布卢姆菲尔德（Daniel Bloomfield）邀请业界权威在秋季会议上做了演讲。同年，美国舆论研究所所长乔治·盖洛普（George Gallup）博士、阿奇博尔德·克罗斯利（Archibald Crossley）等人在总统大选中采用了舆论测量技术，引人注目。民主党全国委员会的宣传主任查尔斯·迈克尔逊（Charles Michelson）发起的公关的活动，吸引了更多人对舆论引导策略的兴趣。同时，公共关系和公共关系专家成为时尚杂志的谈资，这既体现了该领域的进步，也表明各界对公共关系的理解不断加深。

1930 年 2 月，H. L. 门肯（H. J. Pringle）在《美国信使报》（*American Mercury*）上发表了一篇题为《大众心理学家》的文章。他在谈到公共关系时，仍认为其不过是"通过塑造公众思想来创造需求"的伎俩。但普林格也强调，"公共关系顾问的首要任务……是确保客户向公众提供一些'可接受'的东西"，这一点可谓扣住了新的时代脉动。文章还强调了社会科学对公共关系的影响，这体现了该时期的新观念。

约翰·T. 弗林（John T. Flynn）也就社会科学之于现代公共关系的重要性做了类似论述。他在 1932 年 5 月号的《大西洋月刊》（*The Atlantic Monthly*）上发表了一篇关于公共关系的文章。这篇文章仍回响着上一时代的声音。文章题为《爱德华·L. 伯内斯：大肆鼓吹的科学》，尽管公共关系正向科学靠拢而远离不切实际，但是，弗林先生也承认新时代正在到来，他认为当代公共关系顾问是"一类采取切实行动的社会心理学家"，而根据新理论，奥古斯特·孔德（Auguste Comte）和随后的赫伯特·斯宾塞（Herbert Spencer）认为这一心理学分支与社会学存在明确关联。与之相似，韦恩·W. 帕里什（Wayne W. Parrish）在 1934 年某期《文学文摘》（*Literary Digest*）上发表了一篇题为《他让新闻代理成为一门科学》（*He Helped Make Press-Agentry a Science*）的文章，使用了"意见管理"（opinion management）一词来描述当时的公共关系。

很多著作也在讨论和分析公共关系，书中借用艾维·李和敝公司的活动来说明公共关系的性质、功能和范畴。如 S. H. 沃克尔（S. H. Walker）和保罗·斯克拉（Paul Sklar）在 1938 年出版了《商业发声：管理层把公司理念推销给公众的努力》（*Business Finds Its Voice: Management's Effort to Sell the Business Idea to the Public*），当中详尽描述了我们在 1934 年为飞歌公司（Philco Corporation）所做的公关活动。

与这些活动相关，我们企划的一项行动在这十年的尾声流行开来——为私人盈利机构创设代表公共利益的研究所或基金会。1938 年 11 月，《事实文摘》（*Fact Digest*）发文称，"发明这类机构"归功于我们。这是指我们建议很多公司，在日常运营中设立公共利益局或专门机构，以执行与企业活动相契的公益活动。比如，丝绒制造公司设置一个丝绒流行款式服务部门、男士服装制造商建立一个男士款式部门，等等。

这些内设部门、研究所和基金会是一种代表公共利益的非营利机构，但总是与一家营利机构相关联。单从名字上就能看出一家公共机构的关联品牌，比如"XYZ 公司男士款式部"。此类公共服务机构中最著名的是美国啤酒基金会，它是我们在 1937 年帮啤酒行业（brewing industry）组建的。

截至目前，美国的大学和学院已经清醒地认识到政府、产业等社会组织对舆论的依赖。因此，研究社会科学的著名学者和机构投入了大量时间和精力来分析和阐释公共关系。

我们在 1937 年调查了美国大学和学院里的公共关系教育情况，并在一本题为《大学——舆论的探路者》的小册子中记述了调查结果。我们发现高等教育机构可以提供多种多样的公共关系和相关主题的课程。

康奈尔大学、明尼苏达大学、巴克内尔大学、布鲁克林学院、俄亥俄州立大学和罗格斯大学都开设有舆论、宣传与舆论、舆论与论辩方法、舆论的形成、舆论的控制、媒体与舆论等方面的课程。也有公共关系相关的教材，其中有柯蒂斯·D. 麦道格（Curtis D. MacDougall）的《新闻报道入门者的大学课程》（*A College Course in Reporting for Beginners*）。

1937 年，曾与我们合作过的商人爱德华·A. 法林（Edward A. Filene）决定做些事唤醒人们对宣传的反思。他组建了宣传分析研究所（the Institute for Propaganda Analysis），并设立了一个包括历史学家查尔斯·A. 比尔德（Charles A. Beard）与杰姆斯·T. 肖特韦尔（James T. Shotwell）、经济学家兼现任美国参议员保罗·道格拉斯（Paul Douglas）和社会学家罗伯特·林德（Robert Lynd）在内的顾问委员会。

研究所的第一项活动是出版了一份叫《宣传分析》（*Propaganda Analysis*）的月刊，帮助有知识的公民辨别和分析国内外宣传。它将宣传的方法归类为咒骂法、粉饰法、转移法、证言法、平民法、堆牌法（card stacking）和乐队花车法（band wagon）。

在某种意义上，研究所的行动是以宣传对抗宣传。宣传活动在一定程度上导致公民对媒体抱有犬儒主义（cynicism）和矮化倾向，并在公众心中树起屏障，防备对宣传的全盘接纳。

与此同时，大学出版社和各种会议推动了对这一领域的认真研究。1934 年，普林斯顿大学出版社出版了哈伍德·L. 蔡尔兹（Harwood L. Childs）的《舆论研究参考指南》（*the Study of Public Opinion*）。两年后，弗吉尼亚大学创立的公共事务委员会设立了公共关系分部，巴克内尔大学也采取了类似的做法。

1940 年，蔡尔兹教授在他的《舆论导论》（*An Introduction to Public Opinion*）一书中给出了公共关系的定义：

> 公共关系可以被定义为我们那些具有社会和公共意义的个体活动或集体行为。在定义公共关系的同时，我们也要定义私人关系，因为这两者之间的界限模糊不清且变化无常。
>
> 我们能做的是就公共关系今日的面貌来进行描述。我们越来越多的行为具有公共意义……我们需要从社会责任的角度来定义个人自由……一个公共关系管理者要甘当公共利益的学生，以便最大限度地从工作中创造社会价值。相应地，公共关系也不仅仅是管理中的一种新"主义"。公共关系立足于公共利益。

在这一定义中，他指出了我们从 1923 年就开始强调的公共关系要素。

我们公司的成员经常参与这些影响广泛的对公共关系的讨论，或许我们能以自己长期而丰富的经验，来厘清公共关系这一 20 世纪诞生的新行业所关涉的公私之辩。比如在 1930 年 4 月的《金融笔记》（*Financial Diary*）中，我写道：

> 由于每个参与到商业竞争中的企业都必须依靠公众而获得支持和成功，所以与公众的每一次接触都必须与公司政策相一致。公司要在切实理解公众的基础上制定政策，这很重要。指导和督促这些与公众的接触需要技巧和经验，由此催生了一个新职业——公共关系顾问。
>
> 实现公司目标的问题日益复杂难解，这一新职业为那些试图解决此问题的组织提供了新的帮助……
>
> 企业怎样才能听到公众要说的话呢？企业怎样才能调整其行为满足公众需求呢？它怎样才能以一种公众理解和接受的方式与公众沟通呢？现代的做法是借助舆论专家的工作……公共关系从业者的职责就是帮助企业和公众彼此了解和互通有无，以使企业的发展能有利于双方。

1935 年 5 月，在美国政治和社会科学院年刊（*Annals of American Academy of Politics and Social Science*）的一篇文章中，我曾试图分析公共关系的咨询功能。年刊着力研究"压力群体和宣传"主题，这是新时代的标志性说法。我在文中研究了"塑造舆论"，分析了"公众"和"群体领导力"这样的名词，探讨了符号和人性动机等舆论影响因素。我进而讨论了制定一个公共关系计划必须要采取的四个具体步骤：（1）确立目标；（2）分析公众对产业及其提供的服务的态度；（3）研究上一步的结果，并设计接触公众的公关行动。在此研究之后形成教育公众的政策和计划；（4）执行计划，并通过各种传播媒介推广。

我在 1936 年为零售分销委员会（Council on Retail Distribution）做的演讲中再次强调

第一部分
公共关系的发展

了一个观念,即公关活动应该坚持这样的旨趣:企业的盈利行为应为公众所认可,由此促进自身与社会相整合。这次我强调了企业需要重新评估自身与所处文明中其他因素的关系,进而重新定义自身的职责。我指出,企业家需要一个公共关系专家来帮助自己评估公众、理解公众,同时提供方法建议,帮助自己满足公众的期望和需求,向公众阐释企业的公共政策和行动。我在演讲中重申,企业若想在我们的经济社会生活中维持重要地位,就必须在各方面协调私人利益和公共利益。

这一时期发生了一个重要事件。1938年,《财富》(Fortune)杂志在创立三年之后,首度承认了公共关系。它在这年10月刊载的一篇文章中指出,美国最具攻击性的话题就是针对企业的批评。《财富》称美国民众从来没买过企业的账,尤以变化多样的现代产业为甚。"现在针对这一情况的可能的解决方案,就是商人们所谓的公共关系。这是个宽泛的术语,包括从商业广告到宴后演讲的各种推广活动,而一些公司在具体的理解和执行上取得了不小的成绩。"

于是,十五年后,公共关系的新理念在未经定义的情况下就流传开了,但是,即使已然到了这么晚的时候,公共关系依然被普遍认为是某种形式的言说魔法。

《财富》进一步指出,继续称"企业的公共关系工作远称不上完美。它甚至未能让人们信任商人。人们怀疑商人在促销的宣传页后捣鬼"。据《财富》说,公众不信任企业,乃是因为彼时的公共关系不诚恳,企业需要一种新的公共关系理念。

接着,1939年3月号的《财富》在一篇关于通用电气(General Electronic Company)的文章中描述了该公司公共关系总监保罗·加勒特(Paul Garrett)的工作,加勒特做的是一项长期工作,他发现人们喜欢什么就多做什么,看到人们不喜欢什么就少做什么。通过观察通用电气的社会管理水准,《财富》认为通用电器公司的主席——艾尔弗雷德·P. 斯隆(Alfred P. Sloan)除了收益之外尚还考虑别的。这是第一次有一份重要的杂志报道一家公司的公关活动。

实际上,那期《财富》做的还不止这些。在一篇题为《企业和政府》的文章中,作者强调美国企业只有通过践行有效的公共关系才能避免自我毁灭。《财富》认为今天的商人做任何重要的事都会引发公共关系问题。它还特别补充,"公共关系"这个词在指称所有与公众接触的内容和形态时,也有其内在意涵,即"产业经验"。另一篇名为《公众不该死》(The Public Is Not Damned)的文章首次直接透视公共关系,文章细致地观察了诸如美国电话电报公司、通用电气、美国钢铁公司、通用食品公司(General Foods Corporation)、全国制造商联合会等组织的公关活动,还有诸如美国银行家协会和美国铁路协会(Association of American Railroads)等行业协会的公关实践。

《财富》对公共关系的定义如下:"一种同时表述私营企业手段、目标和行为的符号体系,私营企业是这样一种组织,人们聚在一起为己谋生,为投资人谋利。"在这点上该杂

112

志还补充道:"公共关系是在企业认识到自己是一个政治实体后,而给自己的一种再定位和命名。"

《财富》进一步将公共关系实践划分为四类:(1)差劲的宣传;(2)优秀的宣传;(3)调查;(4)行动。该杂志以某些行业协会和全国制造商联合会分发的材料作为例证,指出差劲的宣传无法带来信任。它接着指出,优秀的宣传应对的是公众感兴趣的问题,并用新鲜可靠的事实加以说明。通用电气的宣传是这类宣传的一个典范。海斯办公室(Hays Office)被描述为"显然是最成功的长效群体公关"。福特和克莱斯勒(Walter Chrysler)被认为"二人本身的个性成了他们公司公共关系最主要的因素"。而美国电话电报公司拥有"美国产业史上最悠久的有意识的长效公关项目"。

文章总结认为:"如果人们当下对公关的兴趣能在很大程度上让更多的商人在商业决策中把公共政策放在首位,一个新的时代必会降临。或许支持开明利己主义的人士终于可以展现其所谓美德了。"

如是而观,1929—1941年这个阶段昭示了公共关系史上一个重要的转折点。通过个体公关顾问的工作,加上不断丰富的文献资料和大学课程,以及公关行业内外、商业和专业媒体的大讨论,尤其是政府、企业、劳工、医疗等社会机构对专业公关指导的运用越来越充分,这一新的行业得以成长,并拓展、深化了自己的理念。

公共关系很快被运用到整个美国的民主问题上。在这十年时间的伊始,公共关系在应对大萧条的挑战中发展了产业治理的理论和实践。在告别1930年代之际,纳粹德国的崛起和战争的威胁,要求美国公共关系从业者做出自己的贡献,助力国家抵御针对民主的攻击。

在我看来,无论在国内还是国外,所有信仰民主的人都有巩固和保护民主的责任。同很多人一样,我也相信现代公关技巧是心理战的重要力量,而美国军方和政府必须善用公关利器来铸就军队士气,以最高的效率发起对敌人的进攻。

发表在各处的文章都在强调启用心理战和激励我方军队的士气。1940年9至10月号的《步兵期刊》(Infantry Journal)发表了我的一篇文章。文中提到,反宣传(counter-propaganda)可以从以下几个方面应对敌人的恐惧诉求策略:不断强调敌人的弱点,运用那些关于我方优势的事实、数据和戏剧化手法;同时,在敌人发起话语攻击前就揭穿他们,这样能达到釜底抽薪的效果。

在这十年的尾声,欧洲已经卷入第二次世界大战。及至1941年夏天,军队开始对公共关系产生浓厚的兴趣。我在那年的六月为军事工业学院(the Industrial College of Armed Forces)做了一次演讲,内容是第一次世界大战中的公共关系及1917年以后的心理战策略和技巧的发展。当时,我提议美国制定一项旨在维持士气的公关计划,并倡导建立一个由专家顾问组成的美国官方士气委员会,负责规划关于士气和心理战的整体预想，这是一项巩固民主信念与民主自身的计划，也是一项把军队推销给民众并把民众推销给军队的计划。

六个月后，"珍珠港事件"爆发，美国全面参战。伴随着战争，公共关系也进入了一个新的发展阶段。

第十一章
1941—1945年：整合的时代

在第二次世界大战中，公共关系的重点任务同第一次世界大战一样，还是为胜利而战。但是，公共关系自1917年以来已经发展出了新的方法和技巧。公众的诉求定位也有所不同。这些与公众打交道的新活动和新方法要考虑多重因素。

广播、有声电影、航空等技术手段进一步使传播提速，美国与独裁国家——德国、意大利、日本——宣战，技术条件改善和国家需要使政府的公关比在之前的战争中获得更大的影响力。国家层面的战争信息办公室（Office of War Information）和军方部队中数以千计的公关办公室规划了理念的传播机制。

富兰克林·D. 罗斯福总统是堪称天才般的公关大师。他在"炉边谈话"中意识到了表达的力量，也同意通过新的媒体取得传播事件的惊人效果。他强调民主的力量正高歌猛进，并成功地让自由世界的人民团结在他身后。持续多年的大萧条使公众更加了解自己意见的力量和影响，而战前的新政立法和民主党政府发起的改革运动为罗斯福提供了广泛的民意基础。

温斯顿·丘吉尔（Winston Churchill）首相也是一位表达大师，他和罗斯福一样，未免有些过于倚重表达，而往往缺乏整体、协调的行动计划。但他的演说和谈话极富戏剧性，有着惊人的力量，有助于维系公众士气，并阐明公共政策。譬如，《大西洋宪章》（Atlantic Charters）彰显了四重自由①，卡萨布兰卡会议则要求纳粹德国无条件投降，受压迫的人民则应得到解放。丘吉尔的演说赋予了这场战争以新的历史价值。

---

① 《大西洋宪章》是1941年美国总统罗斯福和英国首相丘吉尔签署的联合宣言。其中彰显的"四重自由"是指言论与表达意见的自由、信仰宗教的自由、免于匮乏的自由和免于恐惧的自由。——译者注

第一部分
公共关系的发展

商业活动比在第一次世界大战时准备得更充分，并且更快地适应了第二次世界大战的需要。在大萧条时期，公共利益和企业私利理应统一的信念深入人心。在为战争出力的过程中，公众言行一致，切实践行了这一新理念。在战争结束之前，大型私人与公共团体、专业与行业协会、产业界都采取了相关措施以确保自己能更好地适应战后世界。各种各样的客户请我们做一些分析研究，从而为他们调整自身行为打下基础。很多组织认识到，他们需要基于公共利益行事，而我们也在不断为这种新的社会形式出谋划策。

但是，我们社会当中的一些重要机构尚未因势而动。种种失序在战后仍立即显现出来。在劳资关系，亦即管理层和工人的关系这一重要领域，失序因严重的劳工生活困境和随之而来的罢工而爆发。显然，没什么人认真分析或运用埃尔顿·梅奥（Elton Mayo）等人的研究成果①。公关面临着新情况和新挑战：产业界如何纠正战后失序？在这紧要关头，公关怎样助力产业与社会相整合？

在欧战胜利后的一段时间，"预防原则"（precautionary precepts）②全面瓦解，这也威胁到了其在美国国内的发展，我们自己的公司在1946年12月3日的《纽约时报》上刊登了一整版广告，以此回应这个全国性问题。我重提此事并非因为它是我们的广告，相反，即便冒着自吹自擂的风险，我还是要引用这个例子。我们试图阐明产业界正面临的问题，并与时俱进地解释公共关系。我们指出了社会科学在当下社会关系中扮演的角色，分析了现代公关顾问的职责，并为那些希望起用公关顾问的组织提供了一个行动指南，描述了公关行业目前已经达到的业务水准。

我们的声明指出，罢工只是战后失序现象的一个可见部分，且只是冰山一角。

罢工是如此激烈，以至于主导了产业界利益相关者关系的全部讨论，从胜利日算起，第一年已累计虚耗了1亿2 000万个工作时③。"在利益相关者关系上，产业界遇到了大量无可回避的困境——与工人、股东、零售商、批发商、政府和消费者之间的关系陷入重重困境，"我们的声明继续说道，"为了声誉

---

① 指美国管理学家乔治·埃尔顿·梅奥由"霍桑试验"得出的结论：工业生产中的个体具有社会属性，生产率不仅同物质实体条件有关，而且同工人的心理、态度、动机，以及同群体中的人际关系和领导者与被领导集体的关系密切相关。——译者注

② "预防原则"（precautionary percepts or precautionary principle）由三大要素组成。其一，科学上的不确定性；其二，产生危害的可能性；其三，预防措施。该原则的主要内容是，科学上的不确定性不能成为预防措施匮乏的正当理由。伯内斯在此处提及"预防原则"，一是为了说明将社会科学应用到公关领域的重要性，二是为了论证即便某一社会（心理）现象具有不确定性，公关从业者也应当防患于未然。——译者注

③ 胜利日为1945年5月8日，工时的计算方法为人头工作日。——译者注

和产品，产业界必须对全体公众保持善意。如果产业界善用社会科学的强大的工具——它们指向利益关系的协调——来消除摩擦，改善群体关系，便可更顺畅地运转。"

在强调了"产业界已经出色地运用了物理学"后，我们指出，"跟物理学服务于产业技术进步一样，社会科学亦可服务于产业界的利益关系"。

产业界怎样才能运用社会科学知识呢？"途径是用现代科学专家——公关顾问客观、独立的判断。他们受过良好教育和专业训练，拥有运用科学解决具体问题的经验。"

根据我们的陈述，现代公关顾问能够（1）分析他的客户和客户所依赖的公众；（2）揭示失序和误解的原因；（3）提供行动建议来改善客户与公众的整体关系。

我们指出，公关顾问通常会被邀请处理具体问题或危机情况。更常见的是，他长期受雇来帮助指导商业公关的政策和实践。

面对今日繁复的公共关系问题，管理者需要这一领域的专业意见，正如他需要一名律师或工程师一样。但他怎么才能确定哪个公关组织或公关人与其需求最契合呢？这正是接下来要回答的问题。寻找公关顾问，确立公关的原则和目标，应当放下眼前的蝇头小利而着眼长远。那些符合长远价值的公司或者个人发展规划，最终也将与社会利益相契。

普通商人还是很难区分宣传人员、新闻代理人和公关顾问的。他很难评估公关顾问的措施是否得当，或者评判其操作的有效性，因为领域的标准并非由官方确立。这与别的行业有所不同。但是，管理者仍可采取一些专门程序确保自己享有充分合宜的公关服务。因此在陈述的结尾，我们为那些希望起用公关顾问的组织提供了一个指南：

"1. 要求提供证明资质的个人介绍信，以确保其人清正廉洁。

2. 要求提供银行推荐信并咨询邓白氏（Dun and Bradstreet）①等可靠的信用组织，以判断其人的财务和信用水准。

3. 咨询主要传播媒介的主管——如报社、杂志发行商、出版人、编辑和广播管理者。咨询其人当前和过往的客户，以评判他的工作表现。

---

① 邓白氏（Dun and Bradstreet）是美国著名的商业信用评级公司。该公司始于1841年，总部位于美国新泽西州的夏特山（Short Hills）。现今全球三大信用评级公司之一的穆迪（Moody's）曾是邓白氏旗下15家子公司之一，2001年分析为独立的上市公司——译者注。

第一部分
公共关系的发展

4. 要求被考虑的公关组织提供介绍，并研究这份材料，以确保该组织能提供有实战经验的判断和智慧支持。公关工作需要复杂、精准专业的知识，故而要有高等教育背景和长期的从业经验。"

在第二次世界大战后不久，商界的代言人们便宣告若要有效处理所有这些新生且复杂的关系，产业界的当务之急是运用公共关系。时代需求促进了公关的长足进步。我们在第八章考察了公关领域的现状，并详解这些进步。

这十年见证了公共关系的蓬勃发展。公关从业者的数量迅速膨胀，公关人行业协会崛起；公关研究成果丰富——书籍、杂志和相关文献增加，专门研究公共关系及其相关学科的大学课程数量稳增，社会科学对公关领域开展了持续、积极的研究，诸如《大不列颠百科全书》和《社会科学百科全书》等权威出版物也开始重视公关行业，商业、工业、政府、金融、劳工、艺术、文学、科学、医疗、教育等美国社会生活诸领域开始广泛接纳公共关系；公关行业开始向欧洲各国传播。

尽管公共关系处于快速和持续的成长中，有些问题悬而未决。第二次世界大战结束后，随之而来的一个问题日益突出，那就是如何找到合格的人才来解释和解决因战火止息而加剧的国内社会矛盾——如前所述，它们在很大程度上属于公关问题。尽管防御部队培养了成千上万的军事公关人才，但他们并无充分的专业技能训练，亦难解决二战后全新的、复杂的产业问题。而民间的经济实体亦不能输送足够多的训练有素的公关专家来满足产业的需求。

我们呼吁人们关注职业公关的重要性，同时也指出，现有的行动还远远不能充分满足行业的需求。1947年12月12日，《纽约时报》上发表了整版公告。公告认为：

"如今，商界在公共关系上投入甚巨。但公共关系仍是一个相对年轻的领域，很多企业尚未建立方法体系来评估自己在该领域的操作是否有效。"

"产业工程师们检查制造流程，会计师们评估财务运行，独立的市场调查员们评判分销状况，舆论调查员则组织测量大众态度。"

"在公共关系领域，商界尚未普遍采取独立、专业和现代的评估方法。他们既无专业知识，亦无人手来专业、客观地评估自己的公关计划和实践。"

事实上，即使到了20世纪40年代末，人们依然普遍对公共关系充满困惑。很多公关从业者误解、误用了"公共关系"一词。甚至在学术界，公共关系及相关学科的学者和学生们也搞不清楚这一词语的正确意涵。我曾在1948年给纽约大学讲的一门课上，测试了这种对公共关系的普遍困惑。

在讲座的开始，我询问我的听众（他们都是大三或大四的学生），让他们告诉我"什么是公共关系"。每个学生都被要求给出自己对这个词的定义。下面是这些学生提出的25个定义：

1. 公共关系是那些为产品、理念或个人创造有利舆论以最终更好地促进销售的活动。

2. 公共关系的职责是评估人与人之间、机构之间或不同群体之间的关系状况，以期改善彼此关系。

3. 公共关系是一种关系连接，用以增加人们和一个产业之间的善意。

4. 公共关系是一门科学和艺术，以最好的视角向人们展示你所代表的团体或个人。

5. 公共关系是一种以促销为目的的活动。

6. 公共关系创造了对我们同胞的认知。

7. 公共关系是为那些想要推广产品、机构或任何东西的人，维护和增进公众的好感。

8. 公共关系是一种处理社会成员之间人际或非人际联系的活动。

9. 公共关系是以最有利的视角向公众展示一个组织的所有活动的集合。

10. 公共关系是一种以取得预期销售结果为目的，推广理念、公司等内容的活动。

11. 我知道公共关系指涉人与人的相遇，但是我无法描述它。

12. 公共关系在某种程度上呈现了一幅压力巨大的销售员的工作图景；它完全就是一种推销术。

13. 公共关系是某领域的代表向公众推销自己或自己理念的一种能力。

14. 公共关系就是调查人类的需求与欲望、偏好与所恶，并利用这些知识和信息促进一个群体、一个组织或一个机构与人们建立并成功维系一种合理关系。

15. 公共关系就是增进善意。

16. 公共关系是一个研究人及其轻信特质的知识领域；它利用此类知识来推广某种产品。

17. 公共关系是一种手段，个体借助它以对社会有益的方式给他人留下自己个性或产品的印象。

18. 军队对公共关系的定义是向全世界告知军队的物资、队伍和人员；我不知道公民方面的公共关系是什么。

19. 公共关系是一种以销售为目的、应用于商业的艺术。

20. 公共关系是新闻业的一个方面，它是与人相处的艺术。

21. 公共关系就是找出公众会需要的某种产品，以及怎样把这一产品推送给他们的活动。

22. 公共关系意味着把你的公司以一种喜闻乐见的方式展现给公众。

23. 公共关系就是销售；它是一种推销术，用来推广某种理念、一个组织的理念、一个教堂或一个棒球俱乐部的理念；它意味着通过向公众推销你的组织来赢得善意。

24. 公共关系就是建立一个组织、一个公司、一个人与所有交往者之间善意。

25. 公关从业者是中间人，一个商业组织或任何组织与大众之间的联系人。

学生们受自身所处环境的影响，对公关产生了许多常见的误解。他们的回答表现出来的观念在成年人中也存在，也就是说，在企业管理层担任要职的成年人也作如是观。伊利诺伊大学市场营销助理教授纽金特·韦丁（Nugent Wedding）1950年做的一项研究——

第一部分
公共关系的发展

《商业中的公共关系：大企业活动研究》(*Public Relations in Business: The Study of Activities in Large Enterprises*) 揭示了这一现象。韦丁教授的研究显示，即使那些现在已经开展公关活动的公司，也需要厘清自己对公关的定义和命名。

这一研究揭示了 85 家美国公司是怎样运用公共关系的。这些公司遍及消费品、工业品、铁路、公用设施和银行等多个领域。只有 35% 的公司接受了我们提出的公关定义。

如下文所示，研究列举的公关定义共有 16 种，这体现了一种必要性，即以"折中"和整合的方式处理语义学与公共关系的概念问题。

概念	占总体百分比
1. 双向互动：提出合适的政策；向公众做解释	35.3
2. 有利的舆论：构筑善意	29.4
3. 销售工作的一个方面	10.6
4. 只是一种宣传活动	10.6
5. 向公众解释企业和向企业管理层解释公众	8.2
6. 向公众解释公司的目标和活动	7.1
7. 销售和人力协调职能的组合	4.7
8. 社群和产业关系	4.7
9. 一种信息功能	4.7
10. 员工关系	4.7
11. 为了立法的目的去影响或形塑舆论（游说）	3.5
12. 在正确的时间以正确的方式说正确的事情	3.5
13. 仅限于社群关系	2.4
14. 企业的良好姿态	2.4
15. 将黄金法则①应用于商业	2.4
16. 洗白措施，只在当公司受到抨击时才有必要	1.2

多年以来，有人提出一些其他的名称，它们经常被当作公共关系的同义词来使用，如人类关系、人学、意见管理、社会设计、领导技巧和制造认同。

现在是时候让更多人清晰地了解公共关系的真正含义、范畴和目标了，尤其是对群体领袖和舆论塑造者来说。公共关系主要关心的并非向谁销售什么或宣传什么。公共关系是一个理论领域和实践领域，用以

---

① 黄金法则 (Golden Rule) 是 19 世纪末 20 世纪初意大利经济学家巴莱多发明的，又称"巴莱多定律"或"二八法则"。黄金法则认为，在任何一组东西中，最重要的只占其中一小部分，约 20%；其余 80% 尽管是多数，却是次要的。比如，在商业领域，如果 80% 的利润来自 20% 的产品，那么企业应当尽全力推销这 20%。——译者注

处理人们与其赖以生存和发展的社会之间的关系。

我们生活在一个多元化社会当中，社会上存在很多不同的利益——经济的、种族的、社团的利益，等等。

如果彼此激烈竞争的社会主体能以均衡的速度发展，如果各方皆可独善其身，我们也许就不需要公共关系了，因为我们相互之间的关系是完美合宜的。但在民主社会的利益冲撞下，一方面，个体和群体之间会出现失谐，另一方面，作为一个整体的社会与其不同组成部门之间，也会有不和谐的现象。

在这个社会中，公共关系以一种政治家的风范（statesmanship）出现。

就此而论，公关顾问的职责是：

1. 定义客户的社会目标或帮助客户定义其社会目标。

2. 找出客户的社会目标与其赖以生存的种种社会元素之间的失谐之处。如果存在失谐，可能是由误导、无知或冷漠导致的公众思想扭曲，也可能是由客户单方面的不明智行为导致的扭曲。

3. 尝试调整客户应对社会的政策和行动，以化解失谐。

4. 为客户提供方法，使社会理解客户的新政策或客户认为值得保留的旧政策和行为。

在哈佛大学出版社 1948 年出版的《商业领袖的责任》（*The Responsibilities of Business Leadership*）一书中，哈佛大学校长柯南特（Conant J. B.）说："与以往不同，商业需要这样一种人，他们既懂得商业自身的责任，也懂得特定的社会责任，社会是由这片大陆上培养的自由人构成的。这种人必须了解商业组织的实际运作，也要洞察运行于商业之中的经济和社会气候；他们还必须像我们在法学和医学领域的专业人士一样受过训练。"

罗素·达文波特（Russell Davenport）在其著作《美利坚，永久解决方案》（*U. S. A., The Permanent Revolution*）中总结了社会环境的变化，而我们在公关领域的工作正在把洞察环境、体认责任变成现实："公关活动的增长体现了企业对自身责任的体认。有 4 000 多家公司正在运作公关项目，虽然很多只不过是宣传活动。卓越的商业公关堪称卓越的表演，这种表演因充分传播而广受赞扬。"

在公共关系的社会性和整合性取得稳步拓展的同时，那些关注企业及其公关运作的人士，意识到了这一取向尚有更多可为之处。譬如 1949 年 5 月号的《财富》杂志做了一次调查，标题为《商业仍处困境：唯有卓越公关，亦即被理解和赞扬的卓越表演，才能确保它的未来》。

《财富》认为，商业活动所面对的最重要的问题，是它尚未"事了一身轻"，每个美国商人都有意或无意地处于防守状态。自扒粪时代以来，商业活动的被动局面已经有了一些重要转变。埃尔莫·罗伯（Elmo Roper）总结了他自 1934 年以来所调查的公众对商业的意见，报告说，只有不到 5% 的公众表示他们反对私人产权，而大约三分之二的人倾向于认可商业巨头。

"但是，只有那些极端的乐观主义者，才会拿这些小欢喜聊以自慰，甚至对此感到满意，"《财富》论及，"罗伯先生还指出，大部分民众认为，鲜有商人在作出重要决定时考量国家利益。他们认为商业太过贪婪，并且对物价飙升负有重要责任。他们由此认为，政府应该对商业更加警惕。实际上，民众抱此想法大抵已有15年之久。换句话说，商业只是得到了极其脆弱和不稳定的支持。"

讽刺的是，《财富》补充说，商界在公共关系上花费的比以往要多得多。大约有4 000家企业设有公关部门，大约有500家独立的公共关系公司主要靠企业供养。有鉴于此，为什么企业公共关系没能得到改善呢？

"商业收获充分善意的主要原因，"据《财富》说，"是因为95%的打着公共关系旗号的活动，皆为纯粹的新闻代理。它可以使一家公司或一个产品被关注，但是未必能促成其与公众的长期良好关系。"

《财富》随后提供了一个公共关系定义、一段历史描述和一份现状分析，最后警告："公共关系走上历史舞台的时代必将到来，否则私人企业只能接受自己逐渐委顿的命运。美国商业仍有时间来应对这个时代的挑战，公关能够同时在为人们提供保障和机遇方面大有作为。"

《财富》以社会的、整体的开阔视野来观察作为产业治理之道的公共关系，这代表了20世纪中叶公关领域时代特质。

伯内斯全家合照

第十二章
理想的公关人

现实中并无真正理想的公关人。一个人不可能具备所有理想的特质,原因很简单,因为每个人都是被经验和环境所束缚的普通人。但是,如果我们能描述一下理想的公关人是什么样的,列出成功公关从业者必备的素质,我们就可以为那些想要进入这个领域的人提供一些考量标准,以便他们可以对自身和相关目标做出判断。

我认为一个理想的公关人首先应该是品格正直的人,他既要有判断力和逻辑分析能力,也要有创造力和想象力。他应当诚实谨慎,秉持客观,且喜欢探究事物的解决之道。他应当已拥有广博的文化背景并生发出了旺盛的求知欲;他应当具备高效的分析和归纳能力,同时拥有可贵的直觉。除了上述特质,他还应当接受过社会科学训练,熟悉公共关系的内在机理。

每个想要在公关领域谋求职业发展的人,都应该客观地审视一下自己,是否具备上述多种品质。如果你无法客观看待自己,你会发现你也很难对别人保持客观。有意识地发现自己在讨论感兴趣的话题时缺乏客观性,是很有用的训练。你会发现你把自己带入了某种情境,并对他怀有一些成见。

客观地了解自己是了解并应对他人态度和动机的重要前提。这并不意味着你要放下所有不公和偏见。谁没有偏见呢?但如果想要切实地干好公关,你就必须客观地考量偏见,然后才能向你的客户提供关于他与别人关系方面的建议。

这就好比科学家在其研究中要计量的"人为误差"。如果我被要求处理一件我有明确既定态度的事,我会在思考问题时尽力排除自己的个人感受。我会尽力依照自己的道德标准、所涉群体的风俗习惯、客观事实,以及我能理解的全部情况做出判断。

正如我在开头所说,一个人显然不可能拥有理想公关人的全部特质。他可能在某一项能力上很优秀,但是在别的方面很弱。举例而言,与人相处的能力是任何与社会关系协调相关的工作都需要的,但若缺乏这种能力,亦能通过独到的见地、强大的直觉和分析综合能力来弥补。

公共关系看重从业者是否对职业领域抱以浓厚兴趣，即是否对处理人类社会的关系协调问题怀有强烈、真切的动机。我所认识的最优秀的公关从业者都能从处理人与人互相适应的复杂情况中获得极大的满足感。

在性格构成和道德素养上，首先需要的是正直和有操守。公关是一个新职业。舆论和行业协会都无法控制它的操守。专业人士务必成为自己的仲裁者。若无操守、不够正直，公关人就无法确保工作的专业性；而正是在这些方面，他和整个行业要受到社会的评判。

专业就是职业。作为一种应用性的科学和艺术，金钱回报并非公关第一位的追求。当然，公关行业一样也有很多自称"公关顾问"却盘剥公众利益的家伙。在我看来，他们并非真正的公关顾问。尽管当今社会尚无法律阻止任何人指认自己为公关顾问，但这一行业本质上要求品格正直和有操守。

为了客户的利益，公关人要正直、有操守。当客户实施的政策会自损利益时，要对客户坚决说不。公关人不能只告诉客户他们想听到的东西，而要告诉他们如何实现其社会目标以及具体该如何做。

为了自身利益，公关人必须维护自己的声誉和行业声誉。跟传统领域相比，这个新行业需要更加严苛的道德准则。他必须将自己的正直和操守展示给公众，同时也呈现给那些反映和影响舆论的传播媒介。除非持守这一准则，否则无论从哪个角度看都是失败的。对公关人自身发展和服务传播媒介来说，真诚都是不可或缺的品质。

公关人必须抵制诱惑，避免做任何可能伤害到公众的事情。如果客户的行为不符合公共利益，公关人就应该放弃这样的客户。如此，公关业就会赢得更多尊敬。而现实是，由于公关业盈利颇丰，那些缺少真正专业和道德素养的人经常自称公关顾问，为私利盘剥公众共利益。

每当有人来到我们的办公室时，我都会问他们："你喜欢做什么？"通常他们会告诉我自己喜欢与人交往。那当然是有用的。但是，我所认识的一些最有本事的公关人并不擅长与人交往。他们很害羞，他们无法在公众面前很好地表达自己。但是，别的重要的品质弥补了这一点，如见地、悟性、直觉——一些简直相当于未卜先知的第六感的东西。这些天赋比任何与人交往的能力都要强。礼仪先生或头面人物可以负责与人交往，而那些设定政策、解决问题的人可以待在幕后，他们并不一定需要拥有这些品质。

但是有一种品质，任何公关人若想获得职业成功都必须拥有。这就是审慎。他与自己客户的关系是保密的，就像律师与他的客户、医生与他的病人一样。

每一个公关人还应该有乐于助人的意愿。

他的职业活动就是去帮助各种组织、运动和人。他要帮助他们更好地置身于社会。他必须有乐意为之的愿望，而这种愿望必须无涉他与客户之间的任何金钱考量。当一个公关人自认为职业水准已达一定高度时，他会为了正当的目标而免费为人服务，正如那些有社

第一部分
公共关系的发展

会责任感的医生和律师一样。

那学识造诣方面呢？从业者必须具备广博的文化背景，这能帮助公关人理解我们所处文化的主流趋势，帮助他了解现代社会的结构和运行方式。另外，公关人应该对社会科学、大众传播、现代人、现代思想和学说有一定理解。社会科学很重要，譬如经济学、个体心理学、社会心理学以及政治经济学，它们从不同的方面研究并解释人类社会。

你可能会问，广告人是否也需要这些知识？在我看来，他也应该掌握此类知识。广告人的施展空间较为有限，他们通过投放在传播媒介上的文本和视觉图片来影响公众。而公关人通常要将社会作为一个整体来对待。他面对的是各种复杂多变力量的集聚，面对的是群体之间的协调，或群体内部个体之间的协调。他通常不使用视觉或图形符号。他主要借助行动，如果需要，甚至引发行动。

举例而言，第一次世界大战期间，曾有人试图让公众接受男士腕表。彼时，一个带腕表的男人会被认为很女性化。为了克服这一偏见，理解人们为什么有这样的行为就很重要。怎样才能克服这种偏见呢？战争本身就提供了一种解决方案。当时的"堑壕战"要求士兵在预定时间越过堑壕，通常是趁天黑。让每个士兵知道准确时间以便协调军事行动很重要，划火柴是行不通的，因为火焰会暴露我方部队的位置。

然而，带有夜光盘的腕表能让士兵们在不引起敌人注意的情况下越过堑壕。而且，今天每个退伍兵都知道，腕表可以让双手从掏老式怀表中解放出来做更重要的事。带腕表非但不女性化，而且成为军事斗争中不可或缺的部分，而战争恰恰是最男人的事业。公众在知晓这些事实后彻底改变了态度。如今，男士们已然彻底接受了腕表。

我想说明的是，你越了解人和人对社会符号的反应，你的公关工作就越有效。就好比哥伦布，他可以一直向西航行，结果偶然发现了新大陆，但如果他有一张航海图，就能做得更好。你可以按图索骥。

在新的领域中开天辟地总是充满魅惑的。单单因为某个领域很新鲜，新人就会试图去当一个先驱，即使他不需要如此。当然，这样做能满足一个人的自尊。但为什么不从公共关系已积淀的研究成果和经验中获益呢？做先驱可以，但这并不意味着要付出代价：忽略其他人业已发现的事实而浪费时间和精力。

实际经验是公关能力建设中的一个重要因素。在别的有成百上千年历史传承的职业中，那些专业人才已将知识概括成一些原则，并依循特定逻辑发展出实际操作路径。公关行业还很年轻，以至于每个从业者都可能成为自己最好的老师。

尽管如此，一个优秀的公关人还是应该掌握一些专门的技能：比如艺术家的素质和记者的技能，还有组织技能。倘若对此知之甚少，那么他必须学会团结一批拥有上述技能且可以为已所用的人。我或许不太懂印刷和化妆，但我知道自己想在印刷品上强调什么，也知道如何选择我需要的那种专家来达到目的。

一个优秀的公关人首先要有一种对生命持续而智慧的觉悟，一种对人类行为的各个方面都充满好奇的求知欲。他还必须有把好奇心落到实处的意志力。否则，好奇心本身毫无用处。

公关人必须对自己的工作领域有细微的了解——他不一定要像专家一样掌握某个领域的知识，但他必须有足够的知识辨识专家。

一个优秀的公关人需要有逻辑感，具备精确思考的能力。他必须有在头脑中将理念和情境解构和重构的天赋。他对生活的认知必须是高度客观的，以便他既能冷静看待不同理念和情境下公众的成见，又能明白它们的实际所指。他不能把任何事看成理所当然。如果缺乏客观性，他就可能被事物的表面所迷惑。一个理想的公关人应具备基于快速领悟并由此预见未来的能力，这并非那种算命大师的能力，而是一种迫切的现实感和丰富的社会科学知识的先知式的能力。他要靠想象技能撑起分析能力，他必须能感知别人的想法或别人对某个理念将做出怎样的反应。

他还要在比眼下情境更宏大的背景之下和更广阔的社会条件下审时度势。比方说，如果你要改善美国人家庭的后院，你必须问自己以下这些社会学问题：后院对一个家庭意味着什么？一个改善了的后院能给全家带来更多欢乐吗？它会吸引孩子在家里玩耍而不是去街上玩吗？它会减少少年犯罪吗？改善了的后院有可能为成年人创造什么娱乐机会吗？这些问题可以在社会学和社会心理学的帮助下得到最好的解答。

在更广阔的社会条件下思考具体情境意味着什么？还是来看后院的例子。如果你对改善后院的社会运动感兴趣，你不能只在"后院很脏，需要清扫"这种简单前提下行动。你应当站在更广阔的社会视角去思考这个问题：从家庭生活、居民区和娱乐设施的改善出发，你可以构想一个新的后院：它有修剪过的草坪、花丛、台屏，整饬一新的凉亭和居民娱乐设施。如果你想更进一步，就必须从改善街区环境和改善社区关系入手，从建设一个更美好和谐的城市出发，亦从这种全国性运动对美国人民的整体社会影响出发考虑问题。

这种富有想象力的处理有时必须辅以一种制造戏剧化事件的能力。公关人也许必须要唤起公众的兴趣，提高公众对自己理念的关注度，进而以这种方式向公众展示自己的项目。某一问题可能对公众来说十分重要，但它可能像扎在土里的树根一样很难为人所见。为自己所代言的对象创造高关注度正是公关人的职责所在。

怎样才能获得关注呢？公关顾问在职业生涯中每天都要面对这一挑战。可以肯定的是，没有想象力就无法获得高关注度。

有一次，纽约的一群民间领袖向我们寻求帮助，他们想要罢免教育委员会负责人以改变公立学校的混乱局面。这是一项比较容易的任务，我们可以通过争取公众认可来实现它。真正的问题是，怎样让公众更加关注教育发展的整体形势，尤其是纽约公立学校方面的现实境况。

第一部分
公共关系的发展

在我们这样的时代,世界处在动荡之中,公众的注意力高度聚焦于国内外的政治和战争,以至我们很难唤起他们对教育的关注。只有发挥想象力才能解决这个问题。我们组织了一个"纽约良校紧急促进委员会"(New York Emergency Committee for Better Schools)来向公众普及有关教育的现实问题。"紧急"这个字眼就是想象力的产物,它在公众头脑里建立起一种危机感。"良校促进"这个短语强调了积极和有希望的一面,并给公众一些可以为之奋斗的东西。委员会给托马斯·E. 杜威(Tomas E. Dewey)州长发了一封电报以引起他对危机的关注,并请他支持为改良学校而进行的斗争。我们利用州长这个权威符号为报纸提供了一个新闻点,并将公众兴趣进一步聚焦到学校危机上。

公关人要善于构想并利用间接的方法,在任何可能的情况下另辟蹊径。但他也必须意识到迂回之术这样非比寻常的策略,因而他所采取的每一种方法都应立足社会科学和过往经验的基础之上。

一个优秀的公关人应掌握说服的艺术。在说服公众时,他必须知道怎样用事实说话,怎样晓之以理,诉诸传统和动之以情。

在美国人的常识中,"事实"始终有一种重要的影响力。我们习惯说"给我看看事实""让我们来看记录"。因此,发掘和展示事实是一种非常重要的公关手段。如果不懂怎样发现事实和处理事实,公关人的工作会受到极大限制。

对理性的利用也同样重要。柏拉图和亚里士多德的时代之后,人类就对理性的展现格外重视。运用理性是人类活动的基础。

在我们这样一个由众多团体组成的多元社会中,通过被人们接纳的领袖来接触公众是一条捷径。这就是为什么善用权威对公关人的行动来说如此重要。我们对广告代言早就不陌生了,诉诸权威是公关人要处理的重要问题。

我们还要知道传统在我们的文化中所扮演的角色,对过往的理解是公关人的一项重要本领。人类学和社会学告诉我们各地的人们在多大程度上沿袭着传统,惯性和动力是主导人类生活的两种基本力量。传统基于惯性。譬如,那些在 1930 年代后期主张"孤立主义"(isolationism)①的人们会引用华盛顿的"告别演说"(Farewell Address)来支持他们的论点;新政的支

133

① 此处"孤立主义"(isolationism)是指美国在第二次世界大战前曾长期施行的不与欧洲大国结盟、不承担任何义务的外交政策。华盛顿总统在其 1796 年的告别演说中曾指出:"欧洲有一套基本利益,它与我们毫无或甚少关联。欧洲经常发生冲突,其原因基本上与我们毫不相干。"——译者注。

持者则通过引用杰斐逊（Jefferson）和杰克逊（Jackson）的观点来利用和转化传统。

公关人还应该全面掌握有关情感的现有知识。当然，情感诉求（emotional appeals）很常见。从表面上看，既强调科学知识又强调情感可能显得有些矛盾。但是，因为公共关系所面对的乃是人，人类方方面面的行为和反应皆应被考量在内。何时使用一种方法而何时使用另一种，或者怎样组合，也是公关技能的一部分。

134　　任何优秀的公关人都要拥有的一项重要特质是说服别人的能力。说服别人不仅有助于公关人处理与公众的关系，也有助于处理与客户的关系。所有的专家都面临着说服的问题。在我们的民主社会中，专家不能控制平民，而必须说服或劝导他们。让客户做一些真正对自己有利的事，这是一门艺术。对此，每一位医生、律师、建筑师和工程师都了然于心，公关亦复如是。客户可能是金融或制造业方面的领军人物，而他的顾问是一位公共关系专家，但所有人都自认为极有公关天赋。因此，在某些情境下为客户揭示真相、透视社会关联，同时说服他遵从最佳政策，需要公关人机智灵动且有天赋。公关人要明白，除非客户听从建议，否则自己的存在就毫无价值。如果一位公关人不能向公众推销客户，也不能让客户被公众接纳，那他就是一个糟糕的从业者。客户对自己生意的技术层面和实际情况的了解往往超过公关顾问，而后者则以了解公众见长。这也是公关人与客户关系难处理的原因之一。问题就在于如何让专业领域和公关领域的知识相互协调。

一个公关顾问必须有表达自己的能力。他不仅要把自己的想法传达给客户，也要将客户的想法传达给其他人。如果不能妙笔生花，那他就得在别人身上找到这种能力并借助其进行工作。若能下笔有神当然更好，但笔头功夫并非不可或缺。很多人相信一个好的公关人必须是一个作家。事实上，一个好的公关人必须是一个能够将自己的想法传递给他人的思想者。

我并不把"写作能力"当作评价一个公关从业者的首要标准。我更看重他是否有创造力和想象力。他应当了解世界上发生了什么，这个行业内发生了什么，他要正直、有操守，也要有乐于助人的愿望。以公关为业者需要热爱这份工作。优秀的跑步者从奔跑中获取的乐趣跟赢得比赛一样多，我发现成功的公关从业者也是一样的。

135　　判断力是一种能让公关人占得先机的无形素质。好的判断力意味着能够在某种情境下评估所有因素，不仅判断当下亦可预知未来。它也意味着如下能力：对目标和问题的相对重要性做出排序，从经验中学习，以及在客观核准所有事实后做出最优抉择。

在公关人的教育培训方面，我确信公务员法所称的"大学或同等学力"是合适的。其实，"同等学力"往往意味着比大学训练更多的东西。一个人上过大学并不一定意味着他拥有我们行业所需要的知识或素质。与大学训练"同等"的素质可以通过阅读来获得，特别是当你明智地规划自己的阅读计划时。你还可以从工作和你的人脉那儿得到它，从最好的广播节目，如"邀请你学习"（Invitation to Learning）中寻求给养，从读最好的书、听最好的讲座、参加大学夜校等方式中提升自我素质。

我们的社会之所以如此强调大学教育，部分原因在于它的独特地位和价值而非它为学生做了多少实际工作。当然，那些需要某些专门技能和知识的活动除外。今天，强调地位和价值的大学教育并不一定意味着受教育者能对自己的专业有真正的理解。自我教育通常很难，但它往往也意味着学习者具备更强的兴趣和能力，体现出个体有克服自身不足的愿望。

大学课程体系中的公关课程相对较新，三十年前还什么都没有。今天，很多大学和学院提供公关课程，有的甚至设置公共关系学位。波士顿大学是该领域第一个提供学术学位的学校。很多大学从社会科学开始教起，进而教授公关技能。

讲述公关活动技能的教科书也不少。但是，这些书完全忽视了公关中更为重要的内容——潜隐于客户与公众关系之间的社会、经济和政治问题，以及将公关工作与社会科学整合的问题。另外一个极端是有些书只是抽象地讨论宣传，却忽视了将理念传递给公众过程中所涉及的实际问题。如果有更多人准备投身公关系业，能深入研究社会科学和行业自身的原理和技能，公关行业和整个美国社会皆会从中受益。

社会、政治、经济变革如此频复，传播变得这般高速，以至势必产生一类专门为商业、劳工、社会服务等群体提供建议和做出解释的行业。正如我反复重申的，公关顾问同律师的活动很像，区别仅在于一个活跃在舆论的法庭，一个活跃在法律的法庭。公关顾问向个体和群体提供建议，充当客户的顾问，帮助客户在法庭或舆论面前展现自己。他向公众解释客户，也向客户解释公众。他所持守的尺度与私人利益和公共利益是一致的。

公关人帮助客户与公众交流。他必须知道怎样监督和指导计划执行才能让客户理解。他使用印刷和口头语言及图像媒介来获取公众注意，这种方式不仅要了解媒介，而且要具备技巧和高效策略，把握时机、计划和组织方面的经验，以及将所有这些活动整合在一起的手段。

第十二章
今日公共关系的范畴

行文至此,我们再来考察一下公关行业何以迅速成长并渗透乃至影响现代生活中诸多最重要的领域。

先了解一下从业者数量的增长,这也许比较符合逻辑,尽管这并不容易。从职业命名上看,从事公关工作的男男女女的头衔,并不是由法律所规定或约定俗成的。通常,从事公关工作的人甚至可能都没有一个通用的描述性称谓。另外,公关活动自身的命名及其变化,决定了业界很难提出一个统一、普适的称谓。但显而易见的是,公关从业者的数量已经有了极大的增长——从与不同公司或组织合作的公关公司,到这些组织内部的公关工作人员,再到独立的公共关系顾问,皆是如此。

尚无官方数据来证明上述结论,但是公关行业发展领域内的第一本书——《公共关系名录和年鉴》(*Public Relations Directory and Year Book*)(1945年版,从那以后再也没有出版过),曾做过一份名录,囊括所有自称以公关为业的人。这本书列举了24个州65个城市的455位独立公关从业者,3 870位受聘于商业企业的公关总监,1 216位受聘于贸易和行业组织的公关总监,以及588位效力于社会服务机构、宗教和其他非营利团体的公关总监。在我看来,这些数字只是管中窥豹,今天的公关领域无疑汇聚了更多的人。在1950年曼哈顿的分类电话簿中,"公共关系"下面列举了394个名字,而在1935年只有10个(这并不一定意味着这些人都符合我们所定义的公关顾问)。在"宣传服务机构"条目下,1950年列举了235个名字,1935年为76个。在电影领域,1950年版的《电影年鉴》在"宣传—公共关系"标题下面,列举了参与公关的87个个人或企业。

估算独立公关顾问的薪水同样也是困难的。和其他专业领域一样,公关的收费标准也各不相同,主要取决于雇主的盈利能力及其领域。有时,独立公关顾问会得到一笔总体费用,涵盖所有开销,有时开销则由客户支出。几年前,一份名为《广告时代》(*Advertising Age*)的广告周刊,估算纽约和芝加哥的一流公关顾问每年的总收入超过300万美元。

协会数量的增长能有效反映每一个行业的发展演进状态。人们为了分享信息、观点和交际而聚在一起，表明有比他们之间的竞争利益更大的共同利益存在。行业组织的增长显示了行业向专业化发展的趋势。

前文述及，我们一些人曾在 1930 年代试图建立一个公关从业者组织。我们还曾预先在《编辑和出版人》杂志上为这个组织进行宣传，为此引发了行业内的嫉妒，我们的努力落空了。仍是在 20 世纪 30 年代，一个由外交事务委员会（Council on Foreign Affairs）组织起来的舆论委员会（Council on Public Opinion）的活动却另辟蹊径：我是这个委员会的主席，委员会成员定期聚会，讨论大家都感兴趣的话题。亨利·卢斯（Henry Luce）、威尔·海斯（Will Hays）等人都曾与我们会谈。舆论领域的研究者和公关从业者首次为学界和业界的联合走到一起。该团体存在了若干年，表明从业者和学者之间存在广阔的共同行动与兴趣范围。

在美国和欧洲很早就兴起了公共关系组织，这些组织以国家或特定社群为基础，涉及不同的公关活动，并包含很多专门的利益领域——教育、图书馆、金融、社会服务和电影。

这其中最大的一个组织，便是全国性的美国公共关系协会（Public Relations Society of America），它是在 1948 年由美国公共关系委员会（American Council on Public Relations）和公共关系顾问全国联合会（National Association of Public Relations Counsel）合并而成的，后者在 1936—1944 年间，曾以"全国知名公关总监联合会"（National Association of Accredited Publicity Directors）的名义活动。其总部设在纽约，并在芝加哥、达拉斯、底特律、夏威夷、洛杉矶、旧金山、华盛顿特区和其他城市设有支部，还出版月刊《公共关系杂志》（Public Relations Journal）。另外一个全国性的公关组织，美国公共关系联合会（American Public Relations Association），它也在很多城市建立了分部。

美国公共关系协会在章程中列举了其所承诺开展的各种活动——从向公众解释公关行业到为研究提供条件和机会，章程里面也提出了入会所需的教育和资质标准。今天的公关组织唯有对组织整体和内部成员的专业主义标准施以更强的约束，才称得上行业组织。或许只有各州颁发的执照才拥有这样的约束力。此外，这些行业团体大多因推销者推销自身的需要而生，并非人们真正体认到社会对该领域的需求，这实在令人抱憾。

服务于专门利益团体的公关机构正在持续增加，说明这些团体开始自主自费地推动公关的成长、发展。比如美国大学公共关系联合会（American College Public Relations Association），有约 800 名来自于不同学院和大学的公共关系人员。在 1946 年以前它被称为美国学院宣传联合会（American College Publicity Association），更早则源于 1917 年的美国学院新闻机构联合会（American Association of College News Bureaus）；又如全国学校公共关系联合会（National School Public Relations Association），成员来自各学校的公共关系办公室和公立学校体系；再如金融公共关系联合会（Financial Public Relations

Association），由银行、信托公司、投资机构等组织构成，拥有 1 200 名成员；全国健康和福利宣传工作委员会（National Publicity Council for Health and Welfare Services），以激发和促进公众对社会问题和社会工作进行更好的解释为目标，这个委员会拥有 2 000 名成员，其中既有机构也有个人；地方性的宣传或公共关系俱乐部，如纽约宣传俱乐部（Publicity Club of New York）和洛杉矶 50 人俱乐部（50 club of Los Angeles）；市政公共关系官联合会（the Association of Municipal Public Relations Officers）；全国社会工作委员会宣传策略分会（Committee on Publicity Methods of the National Conference of Social Work）也较有代表性。这些团体的发展反映了人们在与同行交换信息和观点的同时，也对公关领域充满了激情。

欧洲也出现了宗旨多元、目标各异的类公关组织。在欧洲，公关行业最近仍处起步阶段。这是因为欧洲的保守主义势力更强大，行为模式较僵化，垄断性的卡特尔（Cartel）① 仍在阻碍商业的灵活性。欧洲很多首府城市处在中央集权控制之下。自然，由于专制国家采取集权的社会控制模式，因此不会有、也不可能有任何我们所理解的意义上的公共关系。英国仿效美国模式建立了公共关系协会（Institute of Public Relations），当然它比我们的协会晚出现了 30 年。英国公关协会将自己的主要着力点放在"公共关系主管"上，认为公共关系主管是将信息传递给公众的单向桥梁。这种态度可能部分源于英国的等级体系——身居高位者不想在政策方面听从任何来自下级的建议。尽管如此，他们还是愿意利用公共关系主管去接触越来越勇于发言的公众。英国公关协会代表了诸如光学从业者联合会（Association of Optical Practitioners）、布鲁尔思协会（Bluers Society）、北泰晤士石油委员会（North Thames Gas Board）、伦敦新闻界交流协会（London Press Exchange），以及不列颠人造丝织品联合会（British Rayon Federation）等多种多样的利益。在当下的英国，年轻的公关先锋们还被排除在客户或雇主的核心决策层之外，他们试图弥补这一缺位。

英国的《公关机构杂志》（Institute of Public Relations Journal）提到了一个于 1950 年成立的荷兰公关协会（Netherlands Public Relations Society），它由首相的前任顾问——一位新闻学教授领导；

---

① 卡特尔（Cartel）是垄断组织形式之一，指一系列生产类似产品的独立企业所构成的组织。卡特尔将生产者召集起来进行集体生产，从而提高该类产品价格并控制其产量。垄断利益集团、垄断联盟、企业联合、同业联盟都属卡特尔。根据美国反托拉斯法，卡特尔属于一种非法垄断。——译者注

第一部分
公共关系的发展

另有一个法国公关协会和一个挪威公关协会。该杂志还提出，应设立一个世界性的公共关系协会，作为全世界所有此类团体的联系平台。

有关公共关系的文献资料日渐丰富，这是检验该领域中公众对公关的兴趣、公关界的自我意识和成长状态的另一个有效标尺。当一个行业的基本原则和操作实践借由指导性文字和文献行之于世时，它们就会产生普惠作用，同时为行业的发展奠定坚实基础。

泛谈有关公关话题的第一本文献辑录，《宣传工作参考名录》（List of Reference on Publicity）1921年由国会图书馆出版，这本书还特别提到了新闻代理。1924年，拉塞尔·赛奇基金会（Russell Sage Foundation）的艾瓦特·G. R.（Evart G. R.）和玛丽·R.（Mary R.）出版了题为《宣传方法读本》（Publicity Methods Reading List）的小册子。小册子的题目本身就说明了公共关系概念彼时尚未深入人心，而它所涵盖的内容之少则显示了当时的文献资料多么匮乏。事实上，这本小册子提到，当时总共只有6本书涉及舆论话题：埃弗雷特·迪恩·马丁（Everett Dean Martin）出版于1920年的《群体行为》（The Behavior of Crowds），古斯塔夫·勒庞（Gustav Lebon）出版于1908年的《乌合之众》（The Crowd），沃特尔·李普曼出版于1922年的《公众舆论》，全球教会联合运动（Interchurch World Movement）调查委员会于1921年出版的《舆论和钢铁罢工》（Public Opinion and the Steel Strike），A.劳伦斯·洛厄尔（A. Lawrence Lowell）修订于1914年的《舆论和民选政府》（Public Opinion and Popular Government），全国社会工作大会（National Conference of Social Work）的会议记录。公共关系和宣传方面的专著也同样稀缺。这本小册子接下来仅列举了4本有关宣传技巧的书：我本人于1923年出版的《舆论的结晶》，杰姆斯·哈维·罗宾逊（James Harvey Robinson）于1923年出版的《知识的人格化》（the Humanizing of Knowledge），R. H. 怀尔德（R. H. Wilder）和K. L. 比尔（K. L. Buell）于1923年出版的《宣传》（Publicity），以及1922年出版的《工程师的宣传方法》（Publicity Methods for Engineers）。一些看起来与宣传相去甚远的书，诸如霍奇基斯（George Burton Hotchkiss）和弗兰肯（Richard B.Franken）在1920年出版的《大学生的报纸阅读习惯》（Newspaper Reading Habits of College Students），以及斯格特（Walter Dill Scott）出版于1921年的《广告心理学原理与实践》（The Psychology of Advertising in Theory and Practice）也列在了小册子当中。

一直到13年后，在普林斯顿大学讲授一门舆论管理课程的哈伍德·蔡尔兹（Harwood L. Childs），编撰了一本《舆论研究参考导读》（A Reference Guide to the Study of Public Opinion），由普林斯顿大学出版社出版。

对不同参考文献的研究，同样显示了专业资料的匮乏。1915年的《图书评论文摘》（Book Review Digest）未提及任何关于公共关系、宣传或舆论的图书目录。6年之后的1921年，"宣传"条目之下出现了三条记录，"舆论"之下出现了6条记录，"公共关系"

之下没有出现任何记录。纽约公共图书馆在1917年只在"公共关系、宣传或舆论"这个联合标题下列举了18个条目。但是在1917—1925年之间这一标题之下包含了28个条目。

该领域的真正进步体现在两本文献目录中，皆为大学出版物。第一本是拉斯韦尔（Harold D. Lasswell）、凯西（Ralph D. Casey）和史密斯（Bruce Lannes Smith）于1935年在明尼苏达大学出版社出版的《宣传和推广活动》（*Propaganda and Promotional Activities*）的参考文献，内容包含4 500个条目。他们又在1944年编撰了该系列的配套书目《宣传、传播和舆论》（*Propaganda, Communication and Public Opinion*），并于1946年在普林斯顿大学出版社出版。这一著作覆盖了从1934年到1943年这9年的时间跨度，列举了将近3 000个条目——这是那段时间里的一个显著提升。

大量不同组织编撰的文献卷宗如今正按固定周期出版。新泽西纽瓦克公共图书馆的商务专业馆员马里恩·曼利（Marion C. Manley）编撰了一小本文献目录《商业文献》（*Business Literature*），可以让人们了解公共关系方面的新书。克利夫兰公共图书馆的商业部也提供同样的服务。很多专业杂志和商业杂志也都附带这个主题的书单。鲍克（R. W. Bowker）和威尔逊（H. W. Wilson）公司的书目编辑列举了该领域的新书和其他相关出版物的目题。专业图书馆联合会和国会图书馆确保他们的订阅者可以了解相关出版资料。《舆论季刊》对相关文献开展了季度监测。最近波士顿法克森（F. W. Faxon）公司刊印了一本文献目录，列举了约200册、近400份我们这个工作领域的参考资料。以上列举的作品涵盖了与公共关系相关的不同话题，如宣传（propaganda）、推广（publicity）、广告、政治、政府、社会学、公共管理、社会心理学、商业与金融、自传、传记，甚至小说和诗歌，大抵体现了公共关系概念的传播情况。考察这些小册子，可以看出公关观念何以在传播中克服了"文化迟滞"[①]（cultural lag）并迎头赶上。

人们日益需要全面地了解公关。因此，研究公关话题的著作得到了更多的整合。社会科学家意识到当代公关行业的重要性，我们因此可以看到，他们以整合性的视角研究公关问题的著作开始崭露头角。列维（Harold P. Levy）的《打造一场受欢迎的运动——

[①] "文化迟滞"是由美国文化学家威廉·奥格本提出的一个概念。奥格本认为，如果将文化分为精神和物质两个层面，那么精神层面总是落后于物质层面。"文化迟滞"即指文化总是落后于技术创新，并由此带来一系列社会问题、社会矛盾的现象。——译者注

第一部分
公共关系的发展

美国童子军公共关系案例研究》(Building a Popular Movement, a Case Study of the Public Relations of the Boy Scotts of America)和默顿(Robert K. Merton)的《劝服大众：战争债券运动的社会心理学》(Mass Persuasion, the Social Psychology of a War Bond Drive)是这类著作的先声。这些著作立足社会心理学家的视角分析公关问题，皆属对真实案例的研究，并展示了可以为更广泛的问题提供解决相类解决方案的思考模式。

学术期刊也越来越多地提到了公共关系在文献建设中的重要性，譬如卡尔·I. 霍夫兰(Carl I. Hovland)1948年在《美国哲学协会会议纪要》(Proceedings of the American Philosophical Society)中的评论："传播作为一门艺术，已经有了悠久的历史。作家、演说家、公共关系顾问和广告人都是这门艺术的实践者。传播作为一种科学研究领域，是近来才有的事。"

此外就是那些可以被视为原始文献的关于公共关系的著述，它们为公关智者的行事提供了基础材料。这方面的书越来越多：譬如社会科学研究委员会资助的《大众传播实验》(Experiments on Mass Communication)，又如卡内基基金会关于公共图书馆的调查。后者从公众、行业及其在社会系统中的定位出发，考量了公共图书馆的定位，并深入分析了图书产业和资料片市场。

国外出版的公共关系领域的图书很少，但远在澳大利亚的悉尼也出现了一些相关著作。最近出现了一本关于公共关系及其若干相关领域的《锐胜刀锋》(Mightier than the Sword)，法国、英国等国家也出现了公共关系方面的著作。

在这个活力四射的领域，我们还有必要研究一下期刊出版的情况。今天，世界变革日新月异，行业竞争极其激烈，我们需要期刊——包括周刊、月刊和季刊——来报道行业和职业的新发展。30年前我们刚起步的时候，还没有什么期刊可以让公关从业者从中获取与其工作相关的事实和观点。今非昔比，艾维·李在1918年到1921年发行了《笔记和简报》(Notes and Clippings)，1921年到1925年发行了《公共关系》，1925年到1933年发行了《信息》。这些简报被有选择地邮寄给一些人。

我们也在1921年到1929年断断续续地推出了一本4页篇幅的名为《联系》(Contact)的简报，致力于解释公关顾问这一职业。它的读者都是群体领袖和舆论塑造者，发行量一度达到15 000份。我们从《联系》中受益良多，公共关系概念通过它得以传播。这份简报包含引语和案例参考，点明了各类活动与公共关系的关系。

尽管公关期刊的出版已有长足进步，但在舆论研究领域，直到1937年才有了自己的期刊。普林斯顿大学的普尔和蔡尔兹创办了《舆论季刊》(the Public Opinion Quarterly)。我跟蔡尔兹教授探讨过这一项目，并帮助其勾勒了《舆论季刊》应当涵盖的领域，建议它尽揽公共关系问题的理论和实践方法。我还为这本杂志的第一期撰写过一篇文章，预测十几年后公共关系领域的状况。

从 1938 年开始，国家健康和福利工作宣传委员会发行了《渠道》(*Channels*)，致力于探讨健康和福利工作的公共关系；美国大学公共关系联合会从 1949 年开始发行一份季刊。在英国有一份叫《劝服》(*Persuasion*)的刊物，内容涵盖公共关系、宣传、广告和推广。纽约也出版了一份跟《吉普林格华盛顿通信》(*Kiplinger Washington Letter*)形式一样的四版周刊，即《公共关系新闻》(*Public Relations News*)。当然，社会科学的专业杂志也研究了公共关系某些领域的问题。譬如，美国社会问题心理学研究协会(American Society for the Psychological Study of Social Issues)出版的《社会问题杂志》(*Journals of Social Issues*)，伦敦的塔维斯托克研究所(Tavistock Institute of London)出版的《人类关系》(*Human relations*)，等等。国际普通语义学研究会(International Society for General Semantics)出版的《普通语义学研究》(*Review of General Semantics*)当然也不应被漏掉。另有出版、广告和营销领域的杂志，它们在 20 世纪 20 年代还对公关充满敌意，今天却成了公关的拥趸，并为讨论公关主题投入了越来越多的时间和精力。

除了少数先行者之外，学界对公共关系的领悟和认可可谓迟缓。如前文所提及的，纽约大学在 1923 年才邀请我开了第一门公关课程。

今天，人们对公共关系的兴趣已遍及全美，很多大学和学院都开设了相关课程，营利和非营利团体开始举办专门会议来研究这一主题。14 年前，根据我们当时所做、后来发表在《大学——舆论开创者》小册子上的一项研究显示，当时只有 3 门课程的名字中含有"公共关系"：一门在巴克内尔大学(Bucknell University)，一门在纽约城市学院(the College of the City of New York)，一门在南加利福尼亚州大学(the University of Southern California)。阿尔福莱德·麦克伦·李(Aifred Mcclung Lee)最近做的一项研究显示，在 1945 年，有 21 所大学开设了公共关系方面的课程。1947 年，有 30 所大学总计开设了 47 门公共关系课程。1948 年，有 62 所大学开设了公共关系课程，有 20 所开设了宣传方面的课程。1950 年，美国学校管理者联合会用一整本 487 页篇幅的年鉴探讨了美国学校系统的公共关系的问题，而很多大学都针对公共关系问题开设了完整的课程。

1950 年至 1951 年的新社会研究学院(New School for Social Research)的课程目录中列举了一套公共关系相关课程。据称，该学院有关公共关系理论和原理的课程有 6 门，公共关系技巧课程有 10 门，媒体和传播技巧类课程有 8 门，调查及相关问题类课程有 6 门。纽约城市学院民政管理和商学院开设了公关领域的整体课程，而波士顿大学公共关系学院则授予学位。顺便提一句，哥伦比亚大学在 1950 年授予了第一个公共关系博士学位，学位获得者的论文论述了保险领域的公共关系问题。雪城大学与美国银行业协会(American Institute of Banking)合作为银行家们提供公共关系课程。

在 1939 年，西部地区也开始出现公共关系方面的课程，斯坦福大学(Leland Stanford

University)①、里德学院（Reed College）和华盛顿大学（Washington University）率先为业外人士开设的暑期课程中也有公共关系的课程，我本人也参与其中。

我在 1950 年访问了夏威夷，那里的人们对公共关系的兴趣让我大开眼界，公共关系在本科生、研究生和业外人士中非常火爆，在社会服务、政府、商业和非营利组织的领袖们中间也是一样。我在那个夏天为他们开办了一个研讨班。

公共关系如何融入大学和学院的课程体系？这又是一个问题。有时候它被放在新闻学科中，有时候被放在商科或经济学、政治学或行政理论中。美国政治和社会科学研究院（American Academy of Political and Social Sciences）的出版成果也体现了其对公共关系教育的兴趣。我能发现的最早对这一课题感兴趣的学术团体是社会科学研究委员会（the Social Research Council），该机构在 1931 年 10 月组建了一个政策压力小组（pressure groups）和宣传顾问委员会，他们表示已意识到了人们对公共关系教育领域的兴趣日增。这个委员会的成员如下：芝加哥大学的拉斯维尔（Harold D. Lasswell）出任主席，明尼苏达大学的凯西（Ralph D. Casey），芝加哥大学的格斯纳（H. E. Gosner），哈佛大学的赫林（Pendleton Herring）和希克斯（John D.Hicks），俄亥俄州立大学的奥德加德（Peter H. Odegard），以及威斯康星大学的杨（Kimball Young）。委员会组织了公共关系领域的专家参加听证会，同时资助该领域的出版工作，尤其是之前提到的两本文献卷宗。

大学在这段时期可谓观念开明，但百科全书和其他参考书则不然。它们似乎还固守着陈旧的观念，仍把公共关系看成是新闻代理的委婉说法。任何观念必须被社会充分接纳之后，才有机会被收录进这些参考指导书和百科全书，它们偏向保守，对任何尚未在公众头脑中完全形塑的观念退避三舍。在 1951 年印行的《大英百科全书》成千上万个条目中，并未收录有关公共关系的文章。1947 年由《大英百科全书》出版的《十个多事之秋》，收入了我的一篇关于公共关系的文章。这是第一篇被大英百科全书收录的该课题方向的文章。另一方面，《美国百科全书》的 1947 年版收录了一篇 5 页篇幅的文章，给出了公共关系的定义、对其进行讨论并附上了参考书目，算是以这种方式认可了公共关系行业。文章作者是《浪潮》（Tide）的

第一部分
公共关系的发展

① 即人们熟知的斯坦福大学。它的全称应当是小利兰·斯坦福大学（Leland Stanford Junior University），以学校捐建者，铁路大亨利兰·斯坦福和他妻子简·斯坦福的独子小利兰·斯坦福命名。——译者注

146

主编克拉夫（Reginald Clough），它是这部百科全书收录的第一篇关于公共关系的文章。权威性的《社会科学百科全书》虽然提到了公共关系顾问，但并未列出专门针对公共关系的条目。离题最近的是1933年拉斯维尔在其文章《宣传》中对公共关系的论述。尽管宣传、集体行为、社会进程、舆论、民主、政治、游说、利益、符号学、教育、媒体、广播、广告和社会改革等问题皆在专门的文章中被提及，但没有任何文献与公共关系进行交叉引用。

《哥伦比亚百科全书》（Columbia Encyclopedia）也未收录任何公共关系方面的文章，直到1935年才收入了一篇关于宣传的文章。

在《美国花名册》（Who's Who in America）1950—1951年卷中，以量化和质化评估的方式，说明了公关顾问在当下美国群体领袖和舆论塑造者社会位阶中的地位。这本受人尊敬的关于美国领袖的指导书，在其历史上首次通过占总体比例多少和总量多少分析了书中所列职业的地位，公共关系也包含在内。在公共关系名下，《美国花名册》中杰出的公共关系顾问——40 500个人中的81个——占总数的0.2%，演员占0.5%，外交官占0.5%，政治家占0.1%，出版商占0.3%。在占比上比公共关系专家略低的有艺术赞助商、俱乐部女性、探险家、医院主管、室内装饰工、药剂师和统计师，而编辑（2.6%）、作家（3.2%）和律师（7.1%）的占比都超过了公共关系专家。按照这一权威来源的说法，公共关系在美国各行业中占有重要地位。

1949年出版的《谁知道——和知道什么》（Who's Who）一书中对公共关系活动的介绍，标志着公共关系在杰出人士的职业选择中的地位越来越高。这本关于专家的《美国花名册》在公共关系主题下提供了23个人的传记资料。

正如与公共关系相关的文献资料经历的蜕变一样，大众传播媒体——日报、周刊、广播、电影，甚至小说——对公共关系的态度也有了变化。

正如我们所见，在20世纪早期，公共关系被认为是新闻代理的委婉说法，报业对新闻代理深恶痛绝——美国报纸出版人联合会领导了与新闻代理人的斗争。公共关系很少被提及，即便有提及，也是被冷嘲热讽。出于对"版面掠夺者"（space grabbers）的憎恶，甚至是出于对公共关系专家通常较高收入的嫉妒，对公共关系从业者往往陷入强烈的敌意之中。还有一个不成文的规定，即公共关系工作者的名字及其职称会在新闻报道中被省略，即便正当的报道也是如此。

今天，美国报业的长期引领者——《纽约时报》大胆地承认了它所刊载的一张照片中的人物是一位公共关系从业者，并且提及了公关调查、运动和活动。公共关系工作者在私人组织或非营利组织中被任命或推选的照片也经常见诸报端。报纸对于公共关系工作者和公共关系运动的新闻报道也开始与别的行业一视同仁。现在，仍有人耻于看到公共关系行业和公共关系从业者见诸报端。但今天的这种晦昧不明的态度，不论程度如何，都会在不远的将来被摒除,这一点毋庸置疑。

杂志是让公众了解公关人的第一媒介。在 1930 年 2 月,《美国信使》(the American Mercury)做了一期艾维·李的专访,之后不久又做了我的专访——《大众心理学家》。1932 年 5 月份的《大西洋月刊》刊载了约翰·T. 弗林(John T. Flynn)对我做的专访,题目是《爱德华·L. 伯内斯:极致宣传的科学》(Edward L. Bernays the Science of Ballyhoo)。

今天的期刊媒体跟其他领域一样充分认可公共关系工作者。《纽约客》(The New Yorker)等杂志经常刊登对公共关系工作者的专访。普通杂志也经常发表公共关系运动方面的报道。《时代》和《新闻周刊》(Newsweek)也会讨论与他们刊登的报道相关的公共关系活动。《印刷油墨》(Printer's Ink)、《编辑和出版人》(Editor and Publisher)和其他早前发起的抨击公共关系的相关期刊,现在往往被探讨不同领域公共关系的特刊所取代。

公众正逐渐通过各种形式的访谈了解公关工作者的特质。从 1946 年 1 月到 1949 年 7 月的三年间,《传记索引》(Biography Index)收录了此间出版物中出现的 23 个公关人物和 25 个新闻代理人传记的参考条目。

对于商业报道的杂志来说,《商业周刊》(Business Week)是该领域名副其实的先驱。它刊登过两篇关于公共关系的完整报道,在商界引起了高度关注。一篇刊登在 1937 年 1 月 23 日那一期上,另外一篇发表于 1939 年 10 月 1 日。

《财富》也做了一回拓荒者。1939 年 3 月《财富》首登了一篇摘要文章《公众不该死》(The Publis Is Not Damned),而后在 1949 年 5 月刊登了另一篇《商业还在麻烦中》(Business Is Still in Trouble)。后一篇文章传播广泛,有助于公众将注意力聚焦于公关话题上。1950 年,另一系列探讨传播领域的文章进一步增强了公众的兴趣。

广播业基本上没有专门探讨过这个话题。市政广播会议(The Town Hall Meeting of the Air)涉及了一些舆论和宣传方面的话题,但据我所知没有一个是关于公共关系的。类似地,芝加哥大学圆桌会议虽涉及宣传,但是并未触碰公共关系话题。

据我所知,电影业也没怎么关注这个话题。"时代的步伐"(March of Time)①在 1947 年 11 月曾上映了

---

① "时代的步伐"是在 1931 年至 1945 年间上映的一系列美国广播新闻纪录片。——译者注

一部纪录片——《公共关系》（Public Relations）。但即使在这部专题纪录片里，剪辑者也因担心过于领先电影观众对公共关系概念的理解，而仍将故事的主题锁定于旧式的新闻代理人，尽管出现了一些职业公关顾问的镜头。

公关从业者在小说里比在电影中留下了更深的印迹。他们在小说里扮演主角，在侦探故事中常被提及，甚至还在辛克莱·刘易斯（Sinclair Lewis）的《此地无银》（It Can't Happen Here）中留名。里昂·贝科维奇（Rion Bercovici）写了一部小说《释放》（For Release）其中的主角就是一位公关工作者。查尔斯·耶鲁·哈里森（Charles Yale Harrison）在《没人是傻瓜》（Nobody's Fool）里讲述了关于一位公关人所作所为的可怕故事。雷克斯·斯托特（Rex Stout）在他的侦探小说《沉默的发言者》（the Silent Speaker）中提到了公共关系。但即使到了今天，公共关系话题依旧被一种完全扭曲的方式对待，如杰瑞米·柯克（Jeremy Kirk）的《被造就的男孩》（the Build-up Boys）。

公共关系专家被政府、大学、基金会和其他机构以各种方式褒奖的情况并不少见。该领域还颁发过几项学术奖金，比如在1951—1952年间，康奈尔大学设立了应用社会科学的爱德华·L. 伯内斯基金会奖学金（Edward L. Bernays Foundation Fellowship in Applied Social Science）。

大众媒体——报纸、杂志、广播、电视和电影，在个体组织和行业协会层面，皆已了解公共关系的影响力。如今，他们的团队中大多会安排一位公共关系工作者，或雇佣公关人作为他们的顾问。

我们自己在那些年里就曾受雇于哥伦比亚广播公司（Columbia Broadcasting System）、全国广播公司（National Broadcasting Company）、麦考尔杂志社（McCall's Magazine）、时代公司（Time, Inc.）、柯蒂斯出版公司（Curtis Publishing Company）、布鲁克林每日鹰报（Brooklyn Daily Eagle）和福克斯电影公司（Fox Film Corporation）等机构。我们提到他们只是为了表明，即便是大众传播领域的公司和机构，也已经意识到了获取专业意见，从而更有效地与公众双向沟通的价值。

当然，基于同样的认识，美国的一些大型行业协会也开始雇佣公共关系顾问或公共关系总监，他们的职责覆盖了行业的普遍问题，也针对具体的竞争情况开展公关工作。

劳工组织也认可了公共关系，今天它们可以广泛地运用公关之道。美国产业工会联合会（CIO）主席菲利普·默里（Philip Murray）说过："CIO欢迎各位对自身目标和手段的持续监督。在劳工和管理层当中培养越来越负责的领导层会提高公众的信心。CIO容不下骗子。我们公布财务报告；我们在持续造就更多训练有素的领导者；我们为成员提供了数以百计的培训学校和机构的信息；我们在自己的队伍之外雇佣专家，自CIO成立之初便给我们提供了有价值的帮助……我们相信自己拥有一个符合全社会利益的计划。我们全力将此计划呈现给全国人民。我们使用劳工媒体、小册子、广播、邮寄、人际接触——公共关系领域专家把握的所有手段。"

美国产业工会联合会（CIO）和美国劳工联合会（AFL）①都在做公关活动。CIO 出版了很多小册子和一份周报，并发布新闻稿，参与广播节，以一年一度的全国大会为契机将自己的理念呈现给整个美国。AFL 也开展类似的活动。在辛辛那提、圣路易斯、密尔沃基、克利夫兰和费城大型礼堂上演的产业工会秀，全面展示了美国劳工联合会的成果。

在劳工团体中参与公关活动比较出色的是服装工人联合工会（Amalgamated Clothing Workers Union），以及国际服装女工人工会（the International Ladies' Garment Workers Union）。

纺织工人工会（the Textile Workers Union）和美国汽车工人联合会（the United Automobile Workers of America）也经较为活跃。美国矿工联合会（the United Mine Workers of America）雇佣了一家纽约的公关公司打理他们的全国新闻部。

美国劳工联合会（Congress of Industrial Organizations）还组织了劳工政治教育。他们发起了全美劳工服务（National Labor Service）项目，并教育劳工与不宽容作斗争。在资金投入方面，美国劳工联合会在 1947 年为击败塔夫脱—哈特莱（Taft-Hartley）法案花费了逾75 万美元。

宗教团体、社会服务组织、种族权益等团体也意识到启用公关顾问的重要性。医生、律师、工程师等组成的职业组织也开始觉醒。

我们实在没有必要再强调金融、商业和实业领域了，它们对公关的重视程度远超过任何其他领域。今天的企业经常从公关领域聘请高管。许多大企业的行政主管之前正是效力于公关领域。企业给公关主管的薪酬与其他行政主管是一致的，给公关顾问的费用也是参照律师费的。

广告公司通常设有公关副总裁。公关调查组织会提供公关领域的专门研究成果。以埃尔莫·罗伯（Elmo Roper）为例，他在《调查员手册1949》（*Interviewers' Handbook 1949*）中对自己的工作描述

---

① 美国劳工联盟（the American Federation of Labor，简称 AFL）成立于 1886 年，美国工业组织协会（the Congress of Industrial Organizations）成立于 1953 年。二者都是美国举足轻重的劳工组织，在 1955 年合并成"美国劳工联合会—产业工会联合会"（AFL-CIO），成为美国最老牌、影响力最大的劳工组织。——译者注

151

如下：

"公共关系"是一个相对较新的术语。企业已经越来越重视他们在公众心目中的地位，就像政治家追求的那样。作为专家，"公关顾问"建议公司怎样做才能赢得公众的信任。他的工作需要参照事实依据，了解客户如何与公众相处，还有为什么这样的关系是好的或坏的。他需要了解人们除了好产品和价格之外还想向企业要什么，期望从企业中获得什么。公关调查试图找到这些问题的答案。埃尔莫·罗伯公司正在越来越多地为客户做这类调查。

很难讲到底有多少人在国家层面、州和城市级的政府中从事公关工作，因为常有别的名号被用来指称这一职位。但是，我们可以估算在国家层面参与公关工作的人员和公关费用总额，另外亦可通过查看记录来找到对相关工作的描述。

国家预算部门报告的可被视为公共关系和宣传的活动包括：为报纸、期刊和其他非联邦层面出版物制备新闻素材；分发新闻稿和拜访媒体代表；制备广播节目素材和接触广播代表；制备（付费或免费）广告，政府出资购买和出售相关的广告除外；展览的准备、布置和推广展览；制备电影和幻灯片，政府内部使用的除外；发行非明文规定亦非主要用于政府内部的出版物。

尚未列入其中的，还有那些员工精心准备的正规出版物（比如，年度报告、农业通告、内部营收决策报告，以及其他此类出版物），或者那些主要在政府内部使用的新产品，对民众来信的回复，以及对规章政策的解释。

1948年，在政府全职从事公关工作的员工有2 232人，兼职的有1 212人，二者年薪总计13 043 452美元。及至1949年，这一数字已经增长到全职员工2 423人，兼职1 243人，二者年薪总计13 539 008美元。第二次世界大战无疑极大地促进了政府公关部门的增长。仅战争信息办公室（the Office of War Information）这一个庞大的政府公共关系部门中，就有5 693名员工。

一项对《美国政府机构手册1950—1951》的研究证实，在最高政策层面的公众态度研究、公共政策和操作策略以及路径规划方面，公关活动无疑发挥着关键作用。只要对其中一些方面稍作考察，我们就能广泛见识到这种作用。在国务院，公共事务相关方面助理国务卿为国务卿和其他国务院高级官员提供与外交政策制定相关的舆论建议。他负责督导信息传播，美国公众通过这些信息了解国际事务。

公共事务办公室（Office of Public Affairs）制定并实施相关计划，从而让美国民众了解国际事务，同时确保国务院了解美国舆论。该办公室设有公众联络部（Division of Public Liaison），负责跟私人团体、组织和对国际事务感兴趣的个人保持联系，提供信息和咨询服务，并安排他们把观点传达给国务院。

在国防部，公共信息办公室（Office of Public Information）负责制定和确立公共关系政策并将之落实。它负责向公众传播军事信息，与其他政府机构协调公关领域的共同利益，以及协调和督导几个野战指挥部的内部沟通流程。

海军部有自己的公关办公室；司法部也设有一位公关主任。

内政部（Department of the Interior）在部长办公室下面设立了一个信息部。信息部主任负责制定统一有效的信息传播计划和政策。信息部在技术上督导内阁所有部门的信息传播活动。它负责协调、监督和传播所有与公共利益和全国自然资源项目——经济调查、公共服务、基本建设、保护区开发、公共设施及其他部门所属项目的有用信息。该部门向报纸、通讯社、杂志、广播网与广播电台、电影公司，以及其他关心政府活动的媒体或个人提供信息服务。

农业部早在1913年就设置了自己的信息办公室。

联邦综合服务管理局设有一个公共信息和报告办公室（Office of Information），负责启动、制定和指导该局的公共关系和信息传播计划。它是公共信息及报告的发布和协调中心，并为媒体和电讯服务制备、发送新闻报道与其他信息稿件，同时向所有执行公共信息计划的机构和地方办事处提供技术监督和支持。

在政府系统之外，全美红十字会设置了公关副总裁岗位；国际复兴开发银行（International Bank for Reconstruction and Development）设置了公关总监岗位；国际货币基金组织（International Monetary Fund, IMF）设置了公关总监和公关办公室。

联合国也设置了一个助理秘书长负责信息公开，下面设有一个部门和部门总监。许多新建立的政权也将公关工作放在首位。1949年，印度尼西亚甫一宣布独立，一位年轻人就出现在我们的办公室，递过来的名片上写着："苏加诺（Soekarno），印度尼西亚共和国公共关系部"。

在成为公关顾问以前,伯内斯曾为《婚姻禁忌》等戏剧做宣传推广工作

第二部分
公共关系实践

02

引言

在本书的第一部分，我试图勾勒公共关系的源流与发展，定义当前公关活动的本质与范畴，探讨公共关系的原理与操作。第二部分将论述实际操作中的公共关系。开篇探讨了塑造舆论的因素，紧跟其后的是一些源于自我经验的案例史，它们为我们讨论的原理提供了范例。

案例史涵盖护理、企业内刊、营销管理、剧院、直邮服务、互助储蓄银行、广告等组织和行业，以及其他活动。每章内容都基于一家具体的公司或组织所遇到的公共关系问题，并辅以我们对具体情况的分析。我在每个案例中都透析了公关实践的基本原则。

第十四章
制造认同

所谓民主，可以被定义为获得被统治者认同的统治。可如今我们的社会是如此复杂，早已不仅仅只有政府需要赢得公众的认同了。为了融入我们的民主社会，每个团体甚至每一个体都需要舆论的理解和支持。为了实现这种融合，渴望将自己展示给公众的个体或团体必须利用一种或者多种传播媒介。这些媒介——报纸、电影、广播、电视等如今影响甚巨，足以触及成千上万的人，甚至整个国家。

人们要经过一段时间才能意识到，可利用一些基本的原则和技巧来改善他们的公共关系。人们同样也需要时间才能意识到，现代传播手段不仅是一张高度组织化的机器网络，也是行善或作恶的巨大力量。因此，最优秀的公共关系从业者所奉行的标准或社会责任，乃是引领今日公关行业的一个重要因素。

《美国政治和社会科学年鉴》曾以现代传播与社会责任的关系为主题推出了一期专刊。这份专刊聚焦"传播与社会行动"，其中刊发了我的一篇关于"制造认同"（*Engineering of Consent*）的文章，这个短语后来在某种意义上成了公共关系的代名词[①]。

接下来，本章将在该文的基础上，讨论制造认同的基本原则和技巧。

言论自由及其民主化演绎——出版自由，悄然拓展了权利法案，并把说服的权力也囊括在内。这一历史进步乃是传播媒介发展的必然结果。所有这些媒介为公众的思想和表达提供了敞开的大门，由此，我们每个人都可以影响我们同胞的态度和行为。

[①] Annals of the American academy of political and social science, Vol.CCL（March, 1947），113-20.

所有关注社会建设行动的人士，都会认真思考一个问题：如何运用上述这样一个宏大的、开放的言论自由体系？

传播系统维系着社会凝聚力，这可区分为两个主要层级。第一个层级是商业媒介。美国大约有1 800家日报，总发行量接近53 000 000份。另有大约8 500家周报和超过7 600家杂志，接近3 000家不同类型的广播电台通过全国96 000 000个接收终端进行广播。美国有102家电视台，12 769 300台电视机，以及40 000 000潜在电视观众。大约有15 000个电影院差不多可容纳12 000 000位观众。每年有难以计数的图书和小册子出版。美国遍布广告牌、传单、宣传册和直邮，也充斥着圆桌会议、小组会议与论坛、课堂与立法集会，以及公共论坛——某些人的话语被所有媒介传播和言说，日复一日。

第二个层级是美国许多组织化的团体所拥有和运行的专门媒介。这些团体（和它们的许多分支机构）几乎都有自己的传播体系。它们不仅通过诸如劳工报纸、内刊、专报和其他一些类似媒介上的书面文字来传播观念，还通过演讲、会议、讨论和群众对话等方式进行沟通。

传播网络（它们有时重复、交叉和重叠）是一种事实存在的状态，而不单是一种理论。我们必须意识到，现代传播的意义不仅在于它是一个高度组织化的机器网络，更是一股善恶由人的强大势力。决定这个网络能否善尽其用以服务于实现合理的社会目标，取决于我们的能力。因为只有精通传播技巧，才能在美国民主这一庞大、复杂的社会体系中有效发挥领导力。

159　很久以前，在一个疆界狭小且更加同质化的社会中，领袖往往能为其追随者所切近了解；他们之间有一种亲见亲历的互动关系。彼时，传播主要通过个人面向受众的宣讲或相对原始的印刷品来实现。书籍、宣传册和报纸只能触及一小部分识字的人群。

我们经常听人们说世界在变小，但是这个所谓的"自明之理"实际上并无凭据。世界在变小，同时也在变大，它的地理边界被扩展了。今天的领袖在身体距离上与公众越来越远，而与此同时，公众也通过现代传播体系更加熟悉领袖。今天的领袖们跟从前一样强而有力。

反过来，因技术革新而不断拓展的体系，也帮助领袖克服了接触公众过程中由地理距离上的和社会位阶所带来的障碍。传播体系得以扩张的基础或发展为现今形态的历史动因，乃是世界人民尤其是美国人民普遍而快速提高的识字率。

领袖是多元意见的代言人。他们可能指导着诸如产业、劳工或者政府单位这些重要组织团体的活动；他们可能会为了赢得公众的善意而彼此竞争；又或者，他们可能代表着更大的组织机构的分支进行着自我竞争。在精通传播媒介使用技巧的专家们的大力帮助下，可以有目的地、科学地实现制造认同。

一言以蔽之，这一说法意味着利用一种工程学的方法，即在争取人们对理念和项目支持的时候，唯有在完全了解情况并采纳了科学原理和可靠的实践方案的基础上方可行动。任何个人或组织最终都要依赖公众的支持，因此都需要面对为一个项目或目标而制造公众认同的问题。

第 二 部 分
公共关系实践

我们期望我们所选举出的政府官员，通过开放的传播网络制造社会认同，以实现他们所倡导的举措。我们反对独裁主义和政府专制管制，但我们愿意被书面或口头表达所说服。制造认同契应民主进程的本质，即倡导自由。言论、出版、请愿和机会自由，这些让制造认同成为可以想象的权利，是美国宪法中最为宝贵的保障之一。无论在理论还是实践中，制造认同皆应基于一个前提，即目标公众的完整理解和全面共识。但在有些情况下，让所有人都了解事实并在此基础上形成共同决定是不可能的。在危机紧迫、临危决策的关头，领袖甚至等不及人们达成哪怕是大体一致的共识。而在一些特定的情况下，民主领袖必须发挥自身作用，通过制造认同，引领公众为实现有建设性的社会目标和价值而奋斗。这一角色自然赋予了他们一项义务，即利用教育手段和其他可用的技巧，尽力达成全面共识。

共识乃是人们行动的基础。在促进共识方面，制造认同绝无可能取代教育体系的功能。但前者往往可以成为教育体系的补充。若要提升美国教育的总体水平，进而实现公众智识水平的总体提升，制造认同对此大有裨益。

即使在一个教育标准健全的社会，也无法保障社会诸领域的均衡进步。时间差（times lags）、盲点和薄弱之处总会存在；形塑诸多社会领域和多元主体的认同将始终是社会所不可或缺的。认同将一直作为教育进程的一部分或附属手段。

今天，我们再怎么高估制造认同的巨大作用也不过分。它几乎影响到了我们日常生活的方方面面。当我们以之实现社会发展的整体目标时，制造认同将对现代社会系统的有效运行做出贡献。但是，制造认同的那些技能也可能被滥用，蛊惑人心的政客以之效力于反民主的目的，并与那些凭借它实现政党目标的人一样获得成功。

一位负责任的领袖，为了实现社会目标，必须始终警惕这种滥用的可能性。他必须努力掌握制造认同的实操手法，为公共利益而战。

在本书的第一部分，我描述了公共关系是如何崛起并在制造认同方面为今天的领袖助力的。恰如土木工程师在建造一座桥梁之前必须分析所有的环境因素，为了实现有正当价值的社会目标，制造认同的"工程师"们亦应有备而来，认真筹划每一项行动。早前的章节里已经简要涉及公共关系的这一方面，这里则需要进一步拓展。在参与一项具体的任务之前，他必须起草一份计划。这份计划要基于四个先决条件：（1）资源测算，人力的或机械的效能、资金和实现目标所需的时间；（2）全面了解对象；（3）制定目标，并在调查后就势调整，具体来说，就是需要完成什么、跟谁一起完成和用什么来完成；（4）研究作为个体或群体的公众，了解他们为何和如何行动。

只有在扎实地做好初步准备工作之后，我们才有可能调查达成目标的可能性。也唯有如此，制造认同的人才能利用人力资源、金钱、时间、可利用的媒体，以及策略、组织和活动，才能与现实情况相匹配。

首先，任务的执行要参照人力和机械效能制定预算。就人力资源来说，认同的制造者要有一定的才智——创造能力、管理能力和执行能力，而且他必须清楚这些究竟意味着什么。他应该对自己的局限有清醒的认知。人力资源优势的发挥需要办公空间和设备来保障，要为其准备好所需物资。

更重要的是，在确定预算后，采取进一步行动之前，必须彻底摸清楚目标对象的相关知识领域。这主要是一个采集和编码信息库，并确保其操作性强、高效运作的工作。初期工作也许枯燥繁琐，却绝不能绕过。因为认同的制造者在向公众展现自己之前，必须用事实、真相和证据强有力地武装自己。

认同的制造者应为自己储备一些标准的参考书目，诸如《阿雅父子报纸期刊名录》(*N. W. Ayer&Son's Directory of Newspapers and Periodicals*)、《编辑和出版人国际年鉴》(*Editor and Publisher International Year Book*)、《广播年鉴》(*Radio Annual*)、议会指南(*Congressional Directory*)、《世界年鉴》(*The World Almanac*)，当然还有电话簿。（其中《世界年鉴》就囊括了成千上万的美国协会组织名录，它是美国社会构成的一个缩影。）以上书目和其他书籍可作为一项有效计划的基本参考资料。

在准备工作这一步，认同制造者应考虑一下他的行动目标。他对两个问题必须时刻保持头脑清醒：我向何处去？我想实现什么？他应该强化现有的支持态度，引导那些持支持态度的人采取建设性行动；要转化那些持怀疑态度的人，并干预某些对立的观点。

目标应当被准确定义。比方说，在红十字会的一次募捐活动上，时限和募资数额理应从一开始就设定好。面向某个具体国家和地区的募捐诉求，会比设定诸如亚洲或欧洲这样的所指效果更好。

目标必须始终与想要赢得认可的公众息息相关。公众是由人构成的，他们的认知情况如何？他们目前对认同制造者所关心的境况持什么态度？

主导这些态度的动机是什么？人们打算接受哪些理念？如果施加有效刺激，他们会有什么反应？他们是从酒保、信使、女招待、《小孤儿安妮》(*little Orphan Annie*)①那里，还是《纽约时报》的评论版那里形成自己的想法？哪些群体领袖和理论塑造者可以有效影响追随者的思维程式？观点的流向是什么——

---

① 《小孤儿安妮》(*Little Orphan Annie*)是由美国漫画家哈罗德·格利（Harold Grey）创作的连环画，自1924年8月5日起每天刊登在《纽约时报》上。连环画主要围绕安妮的各种冒险、她的狗桑迪（Sandy）和她的恩人奥利弗（Oliver）展开，引发了读者对劳工问题、罗斯福新政和共产主义的广泛关注。——译者注

第 二 部 分
公共关系实践

从谁到谁？权威、事实证据、言说、理性、传统和情感在何种程度上影响了理念的被接纳？公众总是在显著的影响下形成态度、假设、理念和偏见。认同制造者应尽力在其工作环境中发现这些影响因素。

谁是公众？"舆论"（public opinion）这个说法似乎暗示存在着统一的、作为整体的公众。这样的公众可能在有重大要求和危机情境下存在，但是我们通常所说的公众，是被某些共同利益联系起来的众多个体和团体。

一个政治谋略家在竞选策划时，首先要将公众大致划分为几种类型：与其立场一致而无须宣教的，铁了心反对他的，还有不属于以上任何阵营却可以施加影响的。这是一个分析公众的简单又基本的方法，但公众极少可以如此精确地被划分。我们可以根据某些目标、地域或年龄指标划分公众群体。举例而言，小说中的"卡西迪牛仔"（Hopalong Cassidy）①吸引的主要是青少年公众，而"汤森德计划"（Townsend Plan）②主要聚焦于老年人。也可以根据性别划分公众，或依照经济状况、职业归属、经济和政治理念，我们甚至可以在更狭窄的意义上进一步细分社会群体，如通过阅读习惯、智力水平、领袖还是追随者、雇主还是雇员、宗教归属、国籍祖籍，以及个人在运动、慈善和嗜好等方面的特殊兴趣来区隔公众。

此外，我们还有像医生、律师、护士等专业组织这样的自发团体，以及贸易协会、农业协会、劳工联盟、妇女俱乐部、宗教团体，以及成千上万的俱乐部和行业协会。至于正式的组织，如政治机构，可以划分为有组织的少数派和像我们的两党一样规模庞大、界限模糊的政治团体。

如今，认同制造者还要记住另外一类公共团体的需要，即报刊的读者和流行电台的听众、电视评论员。尽管没有组织，但是，《新共和》（New Republic）杂志的读者、流行广播的听众、电视节目评论者，跟工会和扶轮社③成员一样是自发的行动团体。

说服者怎样才能接触由广大公众组成的这些团体呢？他可以通过公众领袖做到这一点，因为个体会从其

① "卡西迪牛仔"（Hopalong Cassidy），美国作家莫佛德（Clarence E. Milford）于1904年创造出来的一个牛仔英雄角色。——译者注

② "汤森德计划"（Townsend Plan）是"大萧条"时期由物理学家弗兰西斯·埃弗雷特·汤森德（Francis Everett Townsend; 1867—1960）提出的养老保险方案，它直接影响到罗斯福政府社会保障体系的建立。——译者注

③ 扶轮社最早由保罗·哈里斯1905年2月23日创立于美国伊利诺伊州的芝加哥市，它是一个旨在增进职业交流和提供社会服务的地区性社会团体。由于最开始该社的定期聚会每周轮流在各个社员的工作场所举办，故而以"轮流"（Rotary）作为社名。——译者注

164

所属团体领袖那里寻求指导。由于社会组织的类型多元而分散，个体可能为众多群体领袖所统领。群体领袖在形成舆论的过程中扮演着重要角色，并为公共关系人员提供接触大量个体的途径。有太多令人迷惑且彼此冲突的观念在争夺个体的注意力，个体不得不寻求权威的帮助。在当今这样一个复杂的世界，没人能仅凭自己的观察以及对事实证据的权衡就做出判断和采取行动。若领袖足够靠谱，那么相信领袖便是可靠的捷径。

因此，群体领袖是塑造舆论的关键。他接受了某种观念后，可通过多种渠道让众多追随者也跟着信受奉行。领袖作为接触大众的中介，其作用至关重要，决不可轻视。他们不仅向公众传达观念，也可向公关人员解释和说明他们所引领的和代表的群体的所思所想。统观之，他们实际上代表了作为整体的公众。

借由群体凝聚力和群体领袖，认同制造者能够以最快的速度创造性地唤醒公众的利益自觉。禁酒令的废除，并非直接转化了无数民众的态度，而是通过争取无数民众所拥戴的领袖的积极响应和支持来实现。

为了准确把控公众头脑中对某一观念的接纳程度并以之指导实践，我们必须开展辛苦的调查。调查可以在调查者和公众之间确立一个认同的公约数，它应揭示认同制造者所欲改造的客观环境的实情。

调查完以后，还要提供一份行动蓝图，说明谁做什么、在哪做、什么时间做和为什么要做的问题。调查应明示所要采取的整体策略、强调的主题、必要的组织架构，对媒体的使用及日常战术。调查还要进一步指出赢得公众认可所需要的时间，以及公众短期和长期的思想动态。它亦应揭示公众潜意识和意识层面的心理动机，以及影响这些动机的行动、话语和图像。它也要能显示公众头脑中对不同观念或高或低的关注度。

调查可以明确修正最初目标的需要，扩展或压缩计划好的目标，或者改变行动和方法。简言之，它提供了水手的航海图、建筑师的蓝图、旅行者的地图。

民意调查可以用问卷、个人访谈、态度测量等形式来进行。认同制造者应与商业领袖、协会领导、行业工会主管和教育领袖等所有愿意帮忙的人士建立联系。社区职业团体的领袖——医学联合会、建筑师、工程师等皆应被纳入调研之列。社会公共服务主管、妇女俱乐部负责人和宗教领袖亦应接受访问。编辑、出版商、电台和电影制作人可以被说服去与认同制造者讨论行动目标，研制影响这些领袖及其受众的诉求和角度。当地的理发师、铁路工人、服装工人和出租车司机的联盟或协会也可能愿意配合这项工作。草根领袖的作用非常重要。

这样的调查有一箭双雕之效。认同制造者可以了解群体领袖的所知和未知，他们愿意配合自己的程度，接触他们的媒体，有效的诉求和他们既有的成见、听闻的传说或事实。据此，他们可以判断群体领袖能否为自身权利发起公开行动，亦可为形塑认同行动提供补充。

第 二 部 分
公共关系实践

初步工作做完以后,就可以正式启动计划了。重要的主题和策略可从民意调查中得来。这些主题务必通过多种可用媒介得到充分表达。

这些主题贯穿始终而又潜隐无形,颇似虚构故事中的"故事轴"。

主题唯有投公众所好方可施行。动机是由欲望之力创造的活跃的意识和潜意识压力。其他作为心理学研究的动机,是每个领袖在尽力争取其赢得公众认同其观点的过程中必须体察的。

公关人员要从公众及其所属团体的基本动机出发,研判这些动机与自己所欲解决的问题之间的关系。因此,公关人员必须基于上述基本动机来考量自己的个案,从而激发领袖们的兴趣,获得他们的支持。这些领袖往往来自公关人员所要面对的公众,以及他的客户所属的社群,这是一个环环相扣的庞大的社会系统。譬如牛奶行业意识到牛奶有满足人类自我保护本能诉求的功能特质,健康专家、营养专家和其他权威会自愿地向公众强调牛奶的这些特质。

一场公关运动还必须正视符号的威力。符号可以被定义为达成理解和引发行动的一种载体和捷径,是公关和宣传使用的流通货币。它可能是一个词或者一幅图。由"温和派"(Wets)建立起来的"骗子"和"禁酒"之间的关联想象无疑影响了反对禁酒令的舆论。人对符号的接受是一个心理过程,体现了由熟悉而产生联想的思考机制。无疑,符号需要精心选择。在宣传一个大企业时,符号可以是组织的最高领导人,可以是一句描述产品的口号,也可以是具体负责公共服务的某部门团队。

将特定观念的特殊诉求与公众可接受的事物联系起来,乃是公共关系项目的职责所在。同一符号的效能是不断变化的,故须智慧地加以善用。

主题确定后,怎样将其传达出去?在实际情况中可能要采取闪电战或持久战,或二者兼备,或其他策略。也许需要为一场可以在数周或数月内结束的竞选制订计划,或为一项持续几年的行动——如降低肺结核病的死亡率制订计划。策划一项大规模的说服行动受很多因素限制,需要一个人在专业训练、经验技巧和判断力等方面的综合素质。计划应具有灵活性并做好应对情况变化的准备。

计划完善以后,必须提前配置资源以提供必要的人力、资金和物资配备。专家行动亦应纳入组织工作,以备不时之需。这些专家包括民意调查人员、募捐者、广告代理人、广播和电影专家、妇女俱乐部的专家和外语团体,等等。

到了规划项目战术的时候了,即决定如何通过意见领袖经由传播网络,将主题传播出去。

不要孤立地思考战术问题。在报纸上发文、获得广播时段或者安排电影新闻短片并非问题的关键。要想发动一场更广泛的活动,能否成功往往取决于将策略的各个环节和要素整合关联一体,并通过有效把握时机的战术加以实施。一项可持续的行动说不定哪天就会一败涂地。讲究技巧、富有想象力的时机把握，业已成为很多大型运动和活动成功的决定性因素，此类美国民众的行为模式极具示范意义。

认同制造者的行动要点体现在媒体设计和采用书面表达之中，所表达的内容应与目标受众的行动诉求相契合。他务必要确保自己的信息素材适合公众需要，为普通公众（他们完成了时长 8.8 年的教育）准备一份用简明的语言和不超过 16 个单词的句子写成的文本，并为那些有过 17 年教育经历的人们提供另外的文本。他必须熟悉所有媒体，并且知道怎样为其提供在质量和数量上皆合宜的素材。

然而最重要的是，认同制造者必须制造新闻。新闻不是单调乏味的。公开行动会产生新闻，而新闻反过来塑造了人们的态度和行为。观察事件是否超出常规乃是判断它是不是新闻的重要标准。认同制造者最基本的职责之一就是制造非常态的事件和情境。经过策划的事件可以经由传播系统扩散给比实际参与者更多的人，而且可以更真切地强化那些未曾亲历事件的人们的观点。

那些充满想象力的制造出来的事件在与其他事件在关于注意力的竞争中更胜一筹。涉及人的有新闻价值的事件，一般都不是偶然发生的。它们都是为实现某种目的，为了影响观点和行为而有意策划的。

事件的设计有其涟漪效应。通过利用群体领袖的能量，认同制造者可以激励群体领袖以其自身的能量自行发起活动。他们会制造附加的、特别的、补充性的事件，所有这些都会进一步强化行动的主题。

传播是为社会行动制造认同的关键因素。但是，仅仅油印传单公告，或在报纸上发布新闻，用广播演说占据舆论空间是不够的。语言、声音和图像自身的作用很有限，除非是在经过缜密策划或精心设计的方案中善加利用。如果策划制定精当且运用得当，话语所传达的观念就会内化为人们思想的重要组成部分。

当公众确信某一观念是可靠的，他们就可以开始行动。人们将观念自身的价值转化为行动，不管这一观念是意识形态的、政治的，还是社会的。他们也许会接受强调种族和宗教宽容的哲学，也许会支持政府新政，或者组织一场消费者拒买运动。这些结果当然不是凭空发生的。在民主社会中，它们可以通过制造认同得以高效实现。

第十五章
公共关系活动的典型行动蓝图

在本章中，我们为您提供了一份为某个具体客户拟定的解决具体公共关系问题的行动蓝图。为了方便说明，假定此客户是一家银行机构。

为无名州立银行提供的，全面、协调的公关项目建议：

维护和发展商誉；

保持并增加存贷款；

维系并发展分行；

建立防范攻击的保险价值。

呈现于此的这项计划是无名州立银行的公共关系活动项目。

银行为公众提供信用、服务和正直征信等无形资产。一家银行在公众中的声誉自然取决于其资源占有程度，此乃有形之要素。但是，银行对无形资产的依赖一点也不少——譬如公众对银行诚信和品质的看法。

此外，一家银行的公共声誉还取决于员工的态度和行为，也仰仗他人对它的态度和行为。多年以前，银行声誉的状况取决于银行家们同股东、储户和借贷人之间的私交。这样的情形今日已不复存在了。

诸如无名州立银行这样一家独立银行有许多分行。因此，公众和银行之间的关系取决于银行呈现给其所面对的公众的态度和行为。公众和银行之间的关系取决于这种关系的实际情况，也取决于实际情况是怎样由银行呈现给公众的。

如果银行找不到一条高效的路径协调自身与公众之间的关系，就会做很多无用功。这自然会降低银行实现其目标的可能性。

无名州立银行如果要在竞争激烈的银行业中维护并发展自身，就必须确保自己的行动和态度反映了公众欲求和需要，所思所想皆应体现公共利益。在每一个会对公众产生影响的时刻，银行的行为都要符合这一基本路径。

呈现于此的公关计划考虑到了这些现实问题。它尝试解释这些问题，建立应对机制，拓展那些在银行业和其他领域已被证实有用、可靠的实践方式和基本原则。

作为前提条件的调查——面向政策、策略、计划和行动

为了通过可靠的公共关系政策实现银行的发展目标，建议立即委托业外的公关顾问为无名州立银行开展三项可在短时间内完成的调查。

第一项调查旨在廓清无名州立银行总行所在城市的社会学特征，包括构成城市人口的不同群体，以及他们相互之间及其与无名州立银行之间的协调或失谐问题。完成此项调查后，应进一步分析市民群体主导性的社会心理动因；向市民提供事实和观念的传播媒介，以及影响市民群体态度的特定领袖、符号和动机。这一调查至关重要，因为它可以指导基本的策略和计划。

第二项调查是在银行所属州做一项类似的调查，这项调查应涉及更广的范围。为了让银行实现其目标，应在某些方面做出额外的努力，诸如评估储户对银行的态度、政治上的联盟情况、工业和农业客户及其他群体的态度，以便设计银行可以大致遵循的行为模式。

第三项调查的内容是，在银行设立标准方面，评估银行高层管理者对公众的态度和行为；同时，明确公众对银行设立的目标所采取的态度和行为。

这三项调查的有效性取决于对所要分析的公众抽样的真实性，以及高明的调研策划。更重要的是，我们要从政策、策略、计划和时机把握等角度对调研做出科学解释。

建议在这一年中时不时地对最初访问的群体进行进一步的调查。如此，我们可以知道公众对银行所倚重的关键因素发生了怎样的转变。

公众

这项计划立足于协同行动——在政策、策略、计划和时机把握等方面与公众协同。主要针对如下公众：

1. 普通公众
2. 现有储户和贷款人
3. 潜在储户和贷款人
4. 现有和潜在的股东——财务公众（financial public）
5. 与银行所有公众相关的现职员工
6. 影响所有以上公众想法和行为的群体领袖

政策、策略、计划和时机把握

我们已经强调了在制订计划的过程中政策、策略、计划和时机把握的重要性。

银行的主要活动应基于对公众需求和舆论的预测与反应。

其他银行机构和那些要面 对公众的一般机构的经验表明，将组织自身与其全部公众

的需求和意志相结合，能最大限度地提高效率。那些可靠的经验和智慧也显示，要获得最高效率，所有关涉公众利益的态度和行为皆应依托能够贯彻组织目标和理念的渠道得到预测。这些目标和理念应当借助有效的策略，从而得到进一步的调适。

联络官——人员配置

建议无名州立银行设置一个直接向执行副总裁负责的联络员（Liaison Officer），职责是联络外部公关顾问和内部公众部门的负责人。这一岗位应监督、指挥和指导以下部门（及其他有必要之部门）的计划、策略和时机把握：

1. 广告部。
2. 公共信息和公共关系部。
3. 营销部。
4. 研发部。
5. 档案部。
6. 财务部。
7. 人事部门的某些工作。

上文中1到6项的负责人应该向联络员汇报，他们的政策、策略、计划和活动由联络员来协调。

公关顾问应知晓银行对公众的全部影响，他要与银行的联络员合作，针对出现的情况提供咨询意见，以及一般性的和具体的建议。与此同时，公关顾问应紧密跟踪那些对银行造成影响的外界事件、趋势、时局和行动。

公关顾问应在调查公众态度和行为变化的基础上，向银行提供何以预测未来事件和怎样应对的意见。

得到银行联络员的预先授权后，公关顾问应提议并策划具体的活动，且通过实际可用的手段监督其执行。公关顾问应通过会议和信件与联络员和部门负责人保持联系，顾问机构委派的其他成员会将跟进联系。这样做有利于信息资料在个人的督导下有效传递，银行和公关顾问机构的私交得以持续维护。这样的关系已经在其他客户的项目中被证明是最令人满意的。

公关项目执行人员配置

要对公关计划进行细化。只有做好这一步，在调查完成后所预设的项目策略、计划和时机把握才能顺利有效地推进。

1. 广告部应根据一个整体计划持续其目前的活动，并在报纸版面购买、书面材料准备、企业内刊发行等方面听从公关顾问的建议。

2. 公共信息和公共关系部应为其两个细分团队设计两种信头：（a）公共信息（b）公共关系。该部门应该在公关顾问的监督和指导下持续推进其活动，并与银行的宣传部门相协调。

3. 营销部应一如既往地开展经营活动，并与整体计划相协调。

4. 研发部同上。

5. 档案部同上。

6. 财务部同上。

7. 人力部门的某些工作应与整体计划相协调。

8. 银行联络员应将所有这些部门及其职能打通，与外部公关顾问机构合作。联络员要有助理来帮助其处理以上诸项工作。

事实证明，将上述部门的负责人组成一个公共关系委员会是行之有效的。该委员会应经常碰面，交流观点，从而实现更好的合作。银行的执行副总裁应该担任委员会主席。

现职银行员工

由于无名州立银行是一个服务机构，因此针对其现职员工的活动是最重要的公关活动之一。服务终归要由员工来承担，服务的成效依赖员工对银行整体计划和实践的贯彻落实程度。因此，我们建议将银行员工视为在商誉和企业建设方面最应得到培养的公众。

这项工作不可无序地进行，而必须作为一项经过认真、理性计划的成人教育活动。开展活动的目标是让每个参与者将银行的使命和理念高效地传达给尽可能多的公众。有很多办法可以实现这一目标。

最直接的行动计划是让员工更好地理解银行的基本原则、实践和政策。讲授一门如何更好地促进银行业务以及成为银行业乃至全社会公关引领者的指导性课程，便可以实现这一目标。

应为这些活动招募一位成人教育工作者。他应与公关顾问合作，设计确立调整银行员工态度和行为的最佳方式。这些方式应该包括：

1. 信件。

2. 小册子和宣传册，包括一本涵盖基本事实和数据的工作手册和一本工作指导手册。

3. 办公桌上的文件夹展示。

4. 图像或动画演示（尽可能的）。

5. 来自其他领导者的间接教育途径，包括非员工却直接与银行人事相关的群体。

这些方式应对银行公共关系和银行公共行为的某些重要方面加以强调。

针对普通公众的公关活动

由主观分类得到的很多公众群体会产生明显的交叉重叠，任何为特定公众设计的活动都会牵涉到针对其他公众的活动，这其实是件好事。

银行针对普通公众的活动定会牵扯到银行的所有部门——广告部、公共信息与公共关系部、营销部、研发部、档案部、财务部和人力资源部。每个部门都要有专门的政策以规范其行动，即部门需要遵循的政策、计划和策略。每个部门还要具有与其他部门协调行动的时机，时机协调得当，行动将事半功倍。

没有什么计划能尽揽所有可能的情况。先定下基本原则，再推行计划，然后根据不同情况需要，因势增减所欲落实的理念和计划。

面向普通公众做宣传时要考虑到所有的宣传途径——报纸、杂志、行业期刊、广告牌、广播、电视、宣传册、手册、直邮等。有时要让公众从新渠道了解银行，并从这一角度探索工商业联合广告①。

不要在开展全面调查前就断言要使用何种媒介和达到何种诉求。但无论重点是什么，各部门都应形成协调一致的计划和策略，不可各自为战。

现有储户和借贷人

以影响现有储户和借贷人为目的，在渠道选择上我们应多头并举。

活动的策略、计划和时机把握要遵循以下几点：

1. 重视银行与储户、借贷人关系中的有利因素；
2. 清除关系中应消除的不利因素；
3. 重视基本理念和因素以转变冷漠者或观望者的态度。

潜在的储户和借贷人

潜在的储户和借贷人可能会响应很多延伸性的活动，应制定并执行考虑其态度的实践方案和政策方针，以达到预期目的。

财务公众：现有和潜在股东

以现有和潜在股东为目标的活动可细分如下：

1. 拓展与财务公众更多元、更友好的关系。这应由财务部（在该部和公共关系部负责人的共同许可下）通过联系影响公众态度和行为的财务公众领袖来实现。这些领袖包括：

a. 大金融机构的领导；

b. 财经媒体和其他财经服务机构的领导；

c. 报纸、杂志和其他出版物的相关编辑，以及财经作家和专栏作家；

d. 一流学院、大学和研究院的经济学、金融学和银行学教授。

应确立多种例行活动，以尽力让个人和团体了解银行的发展。应常规性地向他们提供事实和观点，并适时开展公开活动作为补充。银行应发布评论和分析所属区域经济和银行业发展趋势的公报，最好是月报。

---

① 工商业联合广告，是指广告费由两家或两家以上的厂商分摊的一种广告形式。通常，生产商会将这种形式应用于多个零售商或者批发商，促进其合作。与之相对的是"掠夺性广告"(predatory advertising)，即零售商或批发商之间通过广告争夺顾客的行为。——译者注

177 我们可以利用包括股息报告信件在内的特别通报等手段，银行应确保现有股东对目前经营状况及银行政策和发展状态知情。这些通告应该是机构性质的，或者也可以采用新的服务或其他银行活动来实现。另外，要用专门的信件和快讯让现有股东获悉重要的发展动态。

应向所有新股东寄送欢迎信，向那些卖掉自己股权的人寄送致歉信。

影响公众思想和行动的群体领袖

那些可在全州范围内影响公众思想和行动的群体领袖，是在所有活动中皆应被我们考虑到的重要公众。以这些群体领袖为目标的活动应由公共信息部和公共关系部统一组织，并在公关顾问的监督下施行。该部门应与全州群体领袖保持通信，为他们提供必要的事实信息和观点，以期日久见功，激发他们积极的态度和行为。

该部门与群体领袖（从妇女俱乐部主席到报纸编辑）之间的联络，要因循"制造认同"的有效原则，并提供一份内容明晰的档案资料，包括：

1. 朋友圈；

2. 消极因素；

3. 观望因素。

公共信息和公共关系部还应负责演讲、发言和诸如此类活动的准备工作，及时提供关于无名州立银行的基本事实信息和观点，并在常规性地提供这些信息的同时及时处理特殊情况。

应建立一个由银行管理层组成的政策委员会，设定银行主管在演讲、发言和诸如此类活动中所欲表达的政策和观点。演讲稿和发言稿应在传播前经政策委员会批准。

178 # 与政府的关系

一定要对银行与联邦、州和地方政府的关系进行周密研究。对银行与教育工作者和教育机构的关系，以及与各类组织机构的关系也是如此。

应重视那些与银行联合举行活动的政府部门并与之建立紧密的合作关系。

旨在防备攻击而建立和维护保险价值（insurance values）的活动

若发生了对银行利益不公正的抨击，无名州立银行要开展一些公开活动，以转变公众态度，化不利为有利。这些活动可以采取强力反击的形式，目标是：

1. 随时随处揭发不实指控；

2. 规划一项综合的、积极的公民领导力活动，以及其他关涉公共利益的行动。

作为防范不公正抨击的保险价值，银行及其主管应推进有关民主理念和原则的积极行动。这可以通过银行领导参与社区生活和各类民主活动来实现。

公共信息部和公共关系部

从组织运行的角度看，应由两个部门负责联系在此行动蓝图中出现的群体：

1．公共信息部

2．公共关系部

应将这两个部门统一起来听命于一位银行委任的负责人。

公关顾问应准备发给各界的通信函件并让银行公关部负责人签字。该部门还要处理银行从公众那里收到的一切质询、赞扬和抱怨信息。

演讲处

银行应建立一个演讲处，以提供：

1. 能在重要场合发言的人；

2. 银行员工在特定场合的演讲稿。

这一行动仍应在总体蓝图勾勒的计划框架内得到拓展，以便演讲者及其内容能与计划相契合。演讲处的活动应受公关顾问监督，并服从政策委员会的规制。

例会

例会提供了一个陈述事实和观点的论坛。例会应与演讲处的活动相协调。

在安排好政策、策略和时机后，可以考虑使召集例会成为一种更普遍的公共关系手段。

活动

作为整体计划的一部分，应该在公关顾问的督导下安排适合银行身份定位、有利于其目标实现的合宜活动，包括午宴、晚宴、招待会、典礼等。

电影、广播和电视

在必要情况下，电影、广播和电视应成为本案例公关计划的一部分。这三种传播媒介该在何时何地和怎样使用，应由政策委员会决定。不宜在调查完成之前便草率制定与这三类媒体相关的具体决定和建议。

银行经营场所

若有公共关系方面的需要，公关顾问应在银行经营场所改造方面提供建议。

企业内刊

基于调查结果，建议由公共信息和公共关系部直接督导银行内刊。

这更有利于从量和质两方面将内刊的编辑重点与公关策略的整体格局相衔接，以完成银行的目标为导向。如果把分配给公关活动的经费用于以下工作，则效果更佳：

1. 由银行的公共关系联络员统一督导编辑工作；

2. 将内刊视为达成银行目标的手段之一。

剪报

应把报纸和杂志上有关无名州立银行及相关话题的文章都收集起来，并粘贴到剪报簿上。安排专人负责这些剪报的日常研究，据此研判关乎银行利益的事件的趋势和公众反馈。

伯内斯肖像

第十六章
通过公众教育实现目标

在我们的民主社会中，遍及全美的成千上万的健康志愿组织是最重要的团体之一。然而，尽管它们提供了极有价值的服务，我们最大的研究机构之一的一项研究却显示，它们尚未善尽其效能。它们的活动交叉重复，目标和范畴也缺乏清晰定义，而且其行善的意愿和为了接触公众而采用的方法之间也缺乏切实可行的协同。

全国残疾儿童和成人协会（National Society for Crippled Children and Adults）有一次邀请我在其题为"公众教育与残疾人目标的实现"的全国大会上发言，这给了我一个研究该问题的契机。这家协会为所有生理残疾人士——无论何种残疾，提供一个综合性项目，包括健康、福利、教育、休闲、康复和就业等内容。

该项目的基本主张是，残疾人是一个社会寻常和常见的组成部分，在力所能及的前提下，他们作为公民，同样应当享有为社会贡献价值的所有机会。

在处理协会所面临的问题时，我试图将公共关系原理运用于健康志愿组织及其代表的公益事业。即使是世上最美好的事业，也只有其目标为公众所深信，才能获得公众的支持。接下来的一章简要阐明了一些建议，健康志愿组织可借此教育公众以理解和支持其服务。

任何试图获得公众关注和支持的事业都可以被想象成一座冰山。公众只对他们放眼所及的部分感兴趣并提供支持，但是那些看不见的部分可能更大、更重要。

今天，全国残疾儿童和成人协会的事业尚未获得应有的关注，并非是因为残障儿童和成人的问题不重要，而是因为社会上有成千上万的其他利益在争夺公众的注意力。全国残疾儿童和成人协会可能心怀世上最美好的动机，但公众必须在确信其重要性后方能予以支持。这项事业对于公共利益的重要性与其受关注的程度成正比，换言之，与其在接触和形成舆论的传播渠道上是否占据头条呈正相关。

在19世纪，爱默生（Emerson）尚可这样说，如果某人做了一个比他的邻居做得更好的捕鼠器，世界就会在他的门前展开。在这个喧嚷动荡的20世纪，太多人在做如此之多的捕鼠器，除非一扇门受到高度关注，否则世界是不会在门前展开的。全国性协会必须为其事业赢得关注——全国、全州和地方层面的广泛关注。这是任何试图通过公众教育以实现自身目标的协会在工作中都将面临的首要问题。

怎样才能为一项事业赢得关注呢？

一个办法是举行集会。协会可以组织成千上万的代表在同一时间同一地点集会，并通过多种途径讨论相关问题。譬如通过展览、有新闻价值的各界人士进行对话、让残障人士参与游行等方式展示协会的成就和潜力。这样做可以真切地表明，美国有无数代表性的人物认为协会的事业很重要且值得关注。

集会所吸引的广大代表及其行动，可以制造经由大众媒体——报纸、广播、电影——广泛传播的新闻。无数在之前尚未认真思考过残障问题的美国人可能会同意，这是一个值得他们关切的重要话题。

但是，在我们这个竞争激烈的世界，一场这样的活动对于理念推广只有轻微助力。它难以解决公众教育问题，遑论实现协会的目标和使命。不管协会举办多少聚会、集会、会议和临床培训，皆不足以解决实际问题，即获得为实现其目标和理念所必需的持续的基本支持。在社会塑造中，公众教育是一个宏大的问题。

怎样才能解决这个问题呢？

全心全意的支持得益于公众对相关问题拥有广泛而深入的理解。亚伯拉罕·林肯（Abraham Lincoln）曾说："得到舆论支持，无事不成；遭到舆论反对，徒劳无功。"因此，协会必须通过教育和说服来赢得公众对协会行动的支持。

让我们来考虑一下，为了获得公众支持，在此社会塑造过程中必须采取哪些步骤。

第一步是确保协会的目标是现实可行的，且经过有效的提炼和定义。我们知道协会在管理一个关于健康、福利、休闲和残障康复的项目。协会主张残疾人是社会当中寻常和常在的一部分，因此应享有在力所能及的范围内作为一个有价值的公民贡献社会的机会，以成为有用的公民。协会的任务正是帮助他们争取这些机会。

但从社会发展的整体角度看，协会还有必要在全国、各州和本地层面探讨其目标的现实可能性，它们是否满足了公众需求并可能获得公众的回应。这可以通过公众调查来弄清楚。调查可以显示协会可用的人力、资金和组织能力是否足以实现其目标，以及这些目标与其他组织在本地、各州和全国层面上是否雷同。

调查还会揭示协会的目标范围是否过于宽泛。比方说，若无一个详尽说明行动规程的计划，可能会有损活动的有效性。公众调查还会揭示地方社区中能与全国协会合作的社会力量，他们的哪些行动应与协会整合并进，在达到目标的过程中应寻求谁的帮助，以及哪些群体和组织最适合与协会合作。

通过调查可以判断的其他重要因素包括协会打算教育哪些公众，哪些特定的行动领域对这些公众有吸引力，哪些媒体能最有效地传达所需的理念，什么样的语言、图像和事件能按协会所想的那样影响利益相关公众。

调查可以帮助协会明确其目标。它还会显示谁的支持性态度需要加强，谁的消极性态度务必消解，以及谁的态度需要被转化以支持协会的观点。

在全国、各州和本地层面上完成了这样的调查后，下一步应考虑对协会的目标做一个可能的重新定位。如果发现这些目标不如预想的那样现实合理，或与其他目标雷同，或过于宽泛，或者太狭隘，或仅出于一厢情愿而非考虑到目标公众的态度，那么就可能需要改变这些目标。

调查显示协会的工作应该是功能性的。目前它们都被罗列在了"直达服务"（direct services）之下。这个叫法在我看来难以为民众所接受。我所谓的功能性定位是指如下这些内容：

1. 生理服务（physical services），这一分支之下可以列上克服语言缺陷、肌肉训练，以及诸如此类的内容。

2. 适应服务（adjustment services），可以在这里列上心理和情感服务。

3. 职业服务（vocational services），在这个标题下，可以汇集培训和就业安置等服务内容。

依据调查设置好目标以后，协会就可以有计划地开展公众教育了。要想有效果，这项计划不能单靠话语表达。在当今世界，言说已经丧失了它部分的影响力和魅力。第二次世界大战后社会的幻灭感已然消解了语言动员的力量，切记，语言轰炸务必与有组织的活动密切配合。

这意味着协会的教育工作一定要做到言行并彰。

在说服编辑、出版商、广播评论员、作家和其他舆论塑造者时，协会也一定要让自己融入各个社区，尤其是融入社区的关键群体。换言之，协会应努力说服教育、商业、工会、社会服务以及专业领袖等行业同仁与自己协同合作。

如果能让这些群体确信协会事业的重要性，并在利益互惠的基础上跟协会开展合作，就能提升该事业的关注度。更广泛的、公开的公众支持就会奇迹般地涌向协会。

为唤起公众对残障儿童与成人的需求和发展的关注并对公众进行教育，不能仅靠言说和新闻发布。这更是一个将协会的目标和美国社会发展整合起来的问题，因而协会的行动胜于言说。如是，公众以后就会跟协会一样重视残障儿童和成人事业的发展了。

传播媒介只是信息通往公众的管道。这些管道流通的话语只有在反映了全国协会的成就时，才会产生影响。只有当话语唤起了整个社会的参与时，这项工作才能获得必要的公众支持。

教育美国公众理解残障儿童和成人的需求及其事业，一个重要方法是由全国协会出面组织一个中央策略委员会（Central Board of Strategy），委员会由协会代表、影响协会行动的社会各界群体代表构成。这些群体包括全国教育联合会（National Education Association）、国家信息局（National Information Bureau）、美国新闻出版人联合会（American Newspaper Publishers Association）和美国妇女联盟（the General Federation of Women's Clubs），等等。

这个中央策略委员会可以制定当下和长远计划，根据协会所做的公众调查来教育公众。依照调查所揭示的事实，中央政策委员会可以决定全国、各州和本地的行动目标、主题、策略和战术，从而为协会促进残障人士就业带来更多的理解和支持。

协会的事业确有广泛吸引力。但在我看来，这项事业需要重新定义以争取支持。人们需要更具体的诉求，而不是单单强调美国有两千八百万残障人士这一数字——这是一个很难让人产生共鸣的东西。

公众应该帮助协会把工作拓展到全部有需要的男人、女人和儿童身上。倘若更多人能够理解协会在帮助残障人士康复身心和融入社会这一事实，协会的努力也增强了社会凝聚力，强化了民主信仰，并用行动宣示了人的尊严，那么公众就会提供这种支持和帮助。

第十七章
一项典型的调查
——美国人眼中的护理行业

在公共关系中,不仅作为个体的组织或它的产品需要与社会整合,通常作为整体的群体或职业也有此种需要。

如果我们接受社会学家的假设,即我们的社会在很大程度上是不同利益群体和群体利益的聚合体,那么我们也必须接纳这样一个结论:不同群体之间的互相协调并非总是完美的。有的群体比别的群体进步得快,有的则相对落后。在经历了战争这样的巨大灾难后,许多群体发现自己不再像以往那样能够很好地融入社会了。

在第二次世界大战中和第二次世界大战之后,很多领域都出现了这种情况。个别行业群体发现自己落后于时代,有些因素引领着社会飞速进步。这给公共关系专家提供了行动的空间。我们已经跟很多行业群体合作过:首先努力找出他们与社会之间的失谐之处,找到以后再提供调整的建议。本章将是审视此类问题的一种解决方案,并为其他职业群体提供一个有实践意义的研究方案,这自然是比较有意思的。

尽管护理行业在过去的四分之三个世纪中取得了巨大进步,但还是在第二次世界大战后面临着诸多问题,而解决之道正仰赖于公众理解和支持。一方面,呵护美国民众健康福祉的护士严重短缺;另一方面,这个行业也需要公共福祉层面于己有利的事情。

在 1946 年举行的双年会上,美国护理协会(American Nurses Association)通过了一项计划,该计划呼吁:(1)经济保障;(2)必要的法律规范;(3)合理分配护理资源。美国护理协会也在探索一条缓解护士短缺之路。给护士更高的薪水、更少的工作时间和更好的工作环境的方案,这种短缺并非因为护士规模本身不足,实际上,如今美国的注册专业护士已超过 300 000 名,比历史上任何时期都要多。然而,近年人们对护理服务的需求增长迅猛,远超供给。弥补这种短缺的办法只能是提高护士的经济地位,从而吸引更多的人从事这一职业。

同样,美国护理协会呼吁必要的法律规范,其实是试图通过让这个职业拥有更健全的规范和政府统一颁发的执照来保护公众的利益。尽管每个州的职业护士都需要注册,但联邦的很多州仍在默许未经任何训练的见习护士从业。

美国护理协会所欲修正的第三个弊端是不合理的资源分配。在城市里,每295人中就有1个护士;而在乡村,每1 389人中才有1个护士。

美国护理协会需要公众的支持以实现其经济保障、健全的法律规范和合理的护理资源分配计划。但是要取得公众支持,就必须让公众知情,使其意识到护理行业对于国家福祉的重要性,并理解为何这项支持护士们的计划是符合公共利益的。

与此教育公众的尝试有关,我在1946年至1947年间通过美国护理协会在《美国护理杂志》(American Journal of Nursing)发表了一系列文章。我竭力表明护理行业无法仅凭一己之力实现目标,它必须在自力更生的同时获取全国各类社会群体的理解和支持。鉴于我为护理行业提出的基本原则也适用于很多其他行业,所以我将在本章介绍这些原则。①

在给出一些护理行业的背景资料后,我将分析我为了判断公众对护士职业和护理行业的态度而做的一些调查和发现。

大部分美国人缺乏对护理行业的准确认知。但那些对护理行业的成就和不足已有着明确看法的人士早就针对作为一个群体的护士怎样才能更好地融入社会给出了建议。这里提供了有关护理——一个对我们的健康福祉极其重要但我们却知之甚少的行业的一些事实和数据。

1946年,美国有318 000名在职注册护士。第二次世界大战中,有超过103 000名护士参加了志愿服务,其中76 000名在武装部队服役。在为135 000名学生提供护士职业培训的约1 280所学校里,有69所接收男性学生,64所接收黑人学生,只有138所提供能够授予本科学位的教学项目。

有144 724名护士在6 511家美国医院工作。这部分医院还雇佣了80 105名见习护士和护工。国家公共健康计划雇佣了20 672名护士。剩下的护工提供私人护理服务,或在专科诊所和医院工作。

普通护士毕业后每年大概能收入2 100~3 000美元。普通公共健康护士大概能挣到2 644美元~4 000美元。退伍军人管理局的普通护士的年薪是2 320美元~4 000美元。

---
① 根据伯内斯《美国怎样看护理——一个总结》《美国护理杂志》第46卷,第9期(1946年9月)590-592改编,经《美国护理杂志》许可。

第二部分
公共关系实践

那些代表性群体——基于美国人口抽样的群体在回答1945—1946年间所做的一项调查时，针对护理行业及其问题给出了他们的意见。鉴于那些与护理行业关联紧密的群体领袖也接受了调查访问，因而这些回答可以说是反映了各界对护理行业及其问题最真实、理智的想法和理念。他们的回答明显体现了大多数美国人潜在的核心意见，因为在民主社会中，领袖们必须反映选民的态度和意见。

医生、护士、作家、政府官员、医院管理者、军人、社区领袖、教师、商人和社会科学家在调查中被问及，是否认为护理行业满足了他们的需求。选这些群体进行调查的理由是显而易见的。

医生跟护士的工作关联甚密，他们的态度直接影响护士职业。护士自己清楚，或者应该知道她们的职业在实现自身目标方面做得如何。编辑、广播评论员、专栏作者、作家和出版商通过印刷和口头语言塑造舆论。本地、州和联邦政府官员可以对护士职业行使广泛的权力，因为他们制定并执行对公众健康至关重要的法律。在第二次世界大战期间，军人有机会形成对护士深刻而持久的印象，显而易见，一千万复员军人对舆论会产生有力影响。

医院管理者雇佣了数量最多的护士，并且在设定薪水和工作标准方面起到重要作用。教育工作者可以塑造未来护士的观念和公共舆论。民间的领袖通过本地商业俱乐部、兄弟会和社会公益项目促成社区态度。商人通过纳税和捐款支持医院和社会公益项目。社会科学家则通过他们的教学和出版成果为未来的思考和行动定下了基调。

这些调查揭示了上述群体对护士职业和护理行业存在的一些明确看法：

1. 较之工作的重要性，专业护士的报酬过低。
2. 对于大多数需要护理的人来说，私人护理服务的费用太高。
3. 应提高护理教育水平；要强化学院的教育培训，更加重视临床护理，要进行更多专业训练。
4. 护士应该对她们的病人表示更多的同情。
5. 病人经常感到护士对他们态度冷淡，因而轻视了护士工作的重要性。
6. 需要更多的男护士。
7. 应雇佣更多的黑人护士。
8. 要雇佣越来越多的见习护士以缓解护理服务产生的短缺，同时把专业护士解放出来以从事需要更高技能的工作。
9. 护士应关心公共健康活动和志愿医疗救助计划。这些计划会通过降低护士的工作成本来激励护士就业。
10. 应该在护士和医生之间、医院管理者和护理组织之间建立更紧密的合作，以团结所有医疗行业群体。

11. 护士们在第二次世界大战中的卓越服务提高了其声望。

12. 极其需要的一项公共关系计划。领袖们自己也承认他们对护理行业缺乏应有的了解，他们认为公众也缺乏该领域的信息。他们还认为，一项致力于教育美国民众的公共关系计划，能帮助护士获得应有的职业地位。这份计划旨在教育美国民众了解有关的护理服务形式以及护理职业的目标和标准。

护理是一种职业吗？这个问题应由社会科学家来解答，因为作为社会关系方面的专家，他们最有资格评判哪项专业可以被认定为职业。

但即便是社会科学之间也有分歧。大约有 50% 回答这一问题的专家认为，护理成为一个职业并获得应有的职业地位要具备如下要素：一套基础科学知识体系、全面的教育培训，以及由州一级颁发的必不可少的护士从业执照。另外 50% 的专家的回复则表达了完全相反的观点：护士不能被当作一个职业，因为她们完全是附属于医生的杂役，而且不需要足够高的薪水来维持其职业地位。

我们无法解决这个争论。就技术而论，护士是一个职业。但是，除非声望得到提升，否则护士无法获得真正的职业地位。声望来源于护理工作中可被证实的专业能力，更高的薪酬，以及对公共事务更多的关注和更大的行业独立性。

当政府官员、医院管理者、教育家和社会科学家被问及他们是否认为护士报酬过低时，大多数人回答说："是的。"他们认为护士的薪酬应大幅提高，因为过低的薪酬无法吸引和维系更多有才智的人。

另一方面，社区领袖、医生和商人认为护士目前的薪酬合理。除了医院管理者外，这种意见分歧反映了雇主和非雇主群体通常各自持有的态度。作为雇主，商人、医生和大多数社区领袖自然反对提高工资。而那些更客观地看待这一问题的人则呼吁提高薪酬，因为他们不用直接操心经营成本。

值得注意的是，在所有接受调查的群体中，大多数人都反对通过工会这一中介提升护士的经济地位。他们认为强大的行业组织比工会更可行。尽管如此，还是有少数派发声呼吁成立工会，认为这才是唯一出路：与雇主议价以提高工资，改善工作环境，赢得与专业职责相匹配的公共地位。

在工作津贴方面，许多编辑、政府官员、社区领袖和医生也有不同看法。"如果提高了护士的工作津贴会发生什么？"这个群体认为私人护理的费用对大多数需要护理帮助的人来说已经太高了。只有商人认为物有所值，因为他们当中的大多数人更有能力负担私人护理服务。

关于护士薪酬的支付额度与医院、私人护理收费额度之间的关系，多方分歧严重。这是一个常见的经济现象，而且只是薪酬和服务价格关系中的一般性问题。尽管事实如此，尽管我们大多数编辑、政府官员、社区领袖和医生也意识到了这一分歧，但他们中很少有人能提供明确的解决构想。大多数积极的建议倾向于支持医疗预付计划。

当被问到护理行业的教育水平是否达标时，所有领域的领袖都同意教育水平有待提高。他们呼吁把心理学和人文学科纳入护理学校的课程之中。

他们希望护士了解时事并掌握文化大势。护士们自己也表示渴望了解更多有关社会福祉的问题。

在如何修订教育标准方面，共识就不那么充分了。只有教育家和社会科学家主张提供一年或两年的大学教育。社会科学家和医生提出了更高的教学标准，建议身为专科专家的医学教师也应作为代表加入护理学校的教师队伍。社会科学家和医生还建议将护理行业划分为以下三类：（1）接受过三年或更长时间的训练（其中一些是大学训练）的行政护士和职业护士；（2）接受过18个月或两年训练的护士助理；（3）实习护士。

显然，编辑、政府官员、军人、商人、教育家、社区领袖和护士都在原则上同意这个计划。因为他们都提倡更广泛地雇佣见习护士，同时让专业护士获得更高的教育水平。

在这次调查的基础上，我们大抵可以得出这样一个关于职业教育的结论：尽管大多数美国人缺少对具体问题的了解，但人们压倒性的意见是认为应该提升护理教育的水平。

另一个被问及的问题是：护士同情她们的病人吗？护士支持社区福利计划吗？只有少数编辑、医院管理者、军人、社区领袖、商人和社会科学家认为护士应该改变对病人和社区的态度。但我们知道，意见强硬的少数派可以影响舆论，而少数派意见反映了大量不善表达的人群的观点。

这些少数派告诉我们，护士应该给予病人"多一些同情，少一些冷漠"。社区领袖和护士自己也认为要有更多的社群精神。很多人猜测护士之所以显得冷漠，是因为她们未能履行重要的公民职责。但是很少有人指出，护士漫长的工作时间仍然有可能阻碍其正常参与社区生活。

退伍军人认为护士对他们的军衔太在意了。他们不喜欢那些禁止护士跟军人交往的规定。一些人则确信，当班护士对军官的照顾比其他人更精心。

接受我们提问的编辑、政府官员、医生、商人、社会科学家和护士们认为，护士若想为自己争取更好的工作待遇和社会声望，就必须对公共健康和社区更加关心。

大多受访者建议扩大医疗救助和预付计划，以使所有收入阶层的人们都能得到护理和普通医疗服务，鉴于目前大多数美国人无法负担护理费用，如果预付计划得以拓展，人们就能负担得起护理服务，自然会雇佣更多的护士。更进一步，来自这些计划的资金可以确保护士收入稳定。最终，人们会跟护士有更多的接触，也会认识到她们对公众健康的贡献，因而更加尊重护理行业。

人们对公费医疗制多持己见，但大多数编辑、政府官员、医生、护士、商人和社会科学家都持反对态度。与此同时，尽管美国护士协会尚未对瓦格纳—默里—丁格尔法

① 瓦格纳—默里—丁格尔法案 (Wagner-Murray-Dingell Bill)，前身是由纽约民主党参议员 Robert F. Wagner 在 1939 年 2 月 28 日（罗斯福时期）于第 76 届国会提出的"1939 全国健康保险法案"(1939 National Health Insurance Bill)，旨在建立全国医疗保险计划。1943 年，瓦格纳 (Wagner) 和默里 (Murray) 在参议院提出了这项提案 (S.1161)，密歇根代表老约翰·丁格尔 (Senior. John Dingell) 在议会中提出一个伴随提案 (H.R2861)。这两项提案被分别指派给参议院财政委员会和众议院筹款委员会。——译者注

案（Wagner-Murray-Dingell Bill）①中阐明的普惠计划（universal plan）表明立场，但是回答我们问卷的 63% 的护士赞同这个计划。根据我们的调查对象的意见，无论从经济还是社会效益上看，公共健康活动对护理行业都很重要。

本次调查中的大多数群体都被问及是否赞同雇佣更多见习护士、男护士和黑人护士。除了医院管理者外，所有人都同意增加见习护士。医院管理者认为他们只会在精神病、肺结核和慢性病诊所，以及养老院、康复医院雇佣更多见习护士。我们推测，管理者可能认为见习护士在综合性医院未免才不配位，尤其是当值照料重症患者。但医生们并不同意这一看法，他们希望护士到综合性医院工作。

医院管理者、军人、护士、社区领袖和医生都赞成雇佣男护士。商人们则有不同意见，可能是因为他们不了解男护士。教育家对雇佣男护士的提议并不热心，他们认为这一行业的收入并不足以养家。

几乎没人否认黑人护士跟白人护士一样能干。但是，在回复我们的调查时，医生、商人在各自群体内部对是否雇佣黑人护士，正反意见势均力敌。在我们的研究中，商人群体的态度带有地域性：北方人赞成雇佣黑人护士，南方人反对。但是，即使那些赞成雇佣黑人护士的人们也认为他们应该只在黑人医院里工作。有少部分人反对这种种族隔离，建议黑人护士至少应被所有公立医院雇佣。

因此，我们的调查得出了一个有限共识，即护理行业应该向男护士、黑人护士和见习护士开放。

护士跟医疗行业其他群体的合作情况如何？当被问及医护关系时，医生、军人、社会科学家和医院管理者的意见分歧很大，这一点也不令人意外。医生们认为合作不存在任何问题，而军人（即使他们来自未设医务部的部队）也敏感地意识到了医护之间的摩擦。他们认为这要归因于医生的优越感以及他们对护士佣人般的对待。

社会科学家认为医生把护士当成下级来对待。他们认为，护士对依附地位的接受将阻碍其获得职业地位。因为只要护士仍附属于另一群体，她们自身就不能完全职业化。

只有少数一些医生对改善医护关系有具体的想法。他们建议多

第二部分
公共关系实践

举办组织之间的会议、在护理教育和公众健康活动中紧密合作,以及换岗体验。

医院管理者和医生一样,认为护士应与管理层发展更为密切的工作关系。他们对这个建议相当重视,相信这会使管理层对护士的问题和目标有更多了解,而护士则可体会照顾病患这一工作的重要性。在这方面,医生们的建议是明智的,即在医院管理中给予护士一些发言权。

对护士自身进行的一项调查结果显示,护士与自己所属行业组织间的关系并不紧密。这肯定对行业发展不利。若组织渠道不畅,那么护士的需求和目标将求告无门,更不会广为人知。受访护士们反复提到的一个建议是,她们的组织应委以年轻成员更多的责任和更大的领导权。

我们所有领域的调查对象都提出了一个重要意见,即一项公共关系计划对护理行业发展至关重要。他们认为,全体美国人皆应了解更多护理方面的信息。他们建议利用所有的信息渠道,向美国社会的方方面面开展关于护理行业的宣教。这些建议包括将行业新闻、故事和文章投放于大众期刊、广播、电影和报纸。他们认为应该把护理行业人格化,让公众意识到护士们为了服务她们的同胞受到了严格的专业训练。他们还呼吁护士们参与到促进公共福祉的社会活动中去,以使社区领袖了解护士们的态度及其社会角色。

我们为了获得和审视美国多领域领袖对护理行业的看法花了一年的时间。我们可以从研究中得出什么结论呢?总体而观:

1. 在所有群体中,只有少数受访者彻底意识到了美国现有和未来所需的护理工作的重要价值,以及护士所面对的问题的重要性和多样性。

2. 美国社会中最显要、最重要的那部分群体领袖——比如政府官员、商人和教育家——对护理行业知之甚少;医生们事实上对此毫无兴趣。然而,也正是这些人能够并且最应该关心护理行业,以使美国人意识到其服务价值。

3. 面对长期以来主导护理行业的陈规,护士群体有必要认真考量并采取行动,以争取被认可的、更多的职业地位和经济地位。

我们据此提出如下建议:

自我分析。如果护士希望获得职业的进步,她们必须带头评估自己的职业。

行动。为了提高经济地位,护士应将自己的收入与生活成本进行公开比较,并与其他职业人群和熟练技工的薪酬进行比较。她们应该更多地了解医院管理,以把握经营成本和她们的薪酬之间的关系。在用这些数据武装自己之后,她们便可以提出合理且符合实际的涨薪要求,并通过提出管理革新的建议或其他方式使自身需求更具实现的可能性。

为了让社会更了解自己的职业,护士群体应积极担负起社会公共福祉的职责,并更鲜明地表达自己的态度和立场。护士群体应确立一项综合性的宣教和公关计划。这一计划能够且理应公开他们的职业准则和目标,以使公众了解并同情他们。

这样的活动应该在全国、各州和本地的层面来组织和开展。它们应得到有效的策划和组织协调,活动的目标应被清晰地记忆。要制定一项整合了相关策略、主题、时机和战术的计划,以使美国民众和护理行业尽皆受益。该计划能否取得实效,将部分地取决于护理行业在面对公众需求时,能否审时度势对自身的态度和行为做出调整。

伯内斯的太太多莉丝·E.弗莱施曼（Doris E. Fleishman）青年时期留影

第十八章
行业公共关系
——给护士们更好的待遇

前一章审视了护理行业的一些背景资料，分析了各类公众对护士和护理行业态度的调查结果，并概述了一些公共关系原则。护理行业可据此维护自身和公众的利益。本章①将进一步详细探讨护士群体的公共关系问题。

在我们高度复杂的社会里，没有哪个单一的特殊利益团体或群体，不管是教师、牧师、医生、律师还是护士，能够独立支配和掌握自身命运。社会群体中的每一部分都依存于其他群体，单一群体的实力和影响力皆未强大到在无人支持的情况下独善其身。一个国家做出的选择往往是不同群体之间冲突性诉求相互协调的结果。公共舆论和社会行动关涉的普遍问题中，最终的结果亦来自大量群体持续不断相互协调的过程。

护理行业普遍认识到这一基本论点的重要性。若非如此，护士们就会在提升待遇方面浪费很多时间和精力。不能仅在市场上高呼自己需要什么，然后就指望公众做出回应。

因此，在力争更加合理的行业地位、公众认可和经济保障的过程中，护士群体必须意识到的首要事实是，这一群体是超出护理行业本身的整体社会力量的受害者或受益者。

他们必须认识到自己仅是构成美利坚合众国的众多社会群体中的一个，所有这些群体既彼此独立、又相互联系，任何一个群体最终的共同成就，不管是什么，皆是协调和思想交汇的结果，是与其他群体就共同问题达成共同理解和相互承认的结果。简而言之，这是一个群体判断自己与其他群体有何共同利益，并因之采取相应行动的结果。

---

① 根据伯内斯《美国护理杂志》(*A Better Deal for Nurses*) 第 47 卷，第 11 期（1947 年 11 月）721-722 改编，经《美国护理杂志》(*A Better Deal for Nurses*) 允许。

第二部分
公共关系实践

让我们来看一下护士在战后的处境。跟医生、牙医、技师和其他医疗保健行业人士一样,成千上万的护士志愿参与到战争服务中来。战争结束后,大多数医生和牙医皆能重回岗位,重拾丢下的工作,医疗专家和技师在很大程度上也是如此。但护士们却大不相同,发现自己处境艰难。一个普通的女护士在战后重返美国会发现,护理服务需求高涨而同时护士极为短缺。这并非她的责任,但她却为此遭到责难。她还发现自己在一个生活成本高涨而薪资相对可怜的环境下工作并被寄予厚望,成了医院和公众之间相互斗争的受害者。她被要求做出比其他几乎任何同类群体成员都要大得多的牺牲,比如公众认为,教师完全有理由放弃他们的职业另谋高就,但如果护士这样做,通常就会被谴责为不爱国或更不堪。护理行业从业者早已意识到他们不公的地位,并一直在设法寻找解决之道。

近年来,很多人相信公共关系是一副万灵药。包括护士在内的很多群体,似乎以为只要运用了公关手段就能解决问题。但公关确非万灵药,亦非自动就能改善待遇的魔法。事情没那么简单。

不管护士还是其他什么人都必须理解,社会变迁通常并不在所有领域同步展开,一般也不会以线性或对称的方向前进。某些领域的进步比其他领域要快得多。譬如技术进步的速度就明显超过了我们对人类交往的认识的增长速度。人们在社会接触(我们称作人际关系)中互相协调的本领,大大滞后于人与文明机器设备之间打交道、相适应的能力。

因此,护理行业必须认识到其所处境遇的社会动因、社会基础和调节因素。该行业改善其境遇的唯一途径是取得其他社会力量——比护理行业更强大的、更重要的力量的帮助,在与他们的合作中实现共同目标:令美国公民享有更好的护理服务。

此外,护士群体的行动应基于完备的计划。护士必须更有逻辑地和更客观地回应其战后处境,减少曾经的情绪化表达。护理行业必须用制造认同的方法来解决自己所面临的问题。必须为实现自己的目标而形塑公众认同,从而让舆论支持其经济要求,支持其为本行业利益提出的合法举措,助力行业地位和水准的提升。

护理行业首先要定义自己的目标,然后再去为公众定义它们。护士们已模糊地知道自己的目标,现在规整、理顺并找到实现目标的方式的时机已经成熟。接下来的任务是向公众推广这些目标。只有教育才能制造舆论,此外护士群体将一事无成。譬如,假设某项具体的改革只能通过立法和法律来实现,除非我们已经培育了舆论的普遍吁求,否则这项法律是通不过的。即便能通过,少了舆论的支持,它也什么都做不了。

自然,所有这些都意味着护士们必须培育舆论以解决其问题。第一步务必先去接触那些公众中清晰可辨的重要群体,这些群体的意见本身就具有一定影响力,他们转而再去影响其所属的普罗大众。

201 　　护士们因此必须获得诸如医生、律师、妇女俱乐部、民间组织之类群体的支持，让他们理解自己的利益确实跟护士的利益相契。唯有如此，唯有与他人合作，才能达到最终的成果——让美国民众享有更好的护理服务，让护士拥有更好的待遇。

第十九章
内部刊物的真相
——五千万读者不会错

1948年秋天，内部刊物研究所（House Magazine Institute）——美国东部产业出版编辑联合会，邀请我就"如何影响你的管理层"为其成员做一场演讲。从这一话题可以透视另一个更大的问题，即管理层如何评价内部刊物，以及这些出版物对它们意图触及的公众有怎样的影响。

针对这个内刊的编辑和管理层感兴趣的具体问题，我首先采用了社会科学领域的调查研究方法。我决定给100家企业的主管写信，请他们表达看法。同时，为了在一个更大的背景下评估这些回复，我还搜集掌握了美国内刊起源和发展的相关数据，研究了它们的发行方式，以及编务管理方式——编辑对哪位行政主管负责。

我分析了企业管理者的回复，并准备了一份在1948年12月9日内部刊物研究所会议上要做的演讲。接下来一章的内容便基于那次演讲。

在呈现、分析和讨论了企业对每一个问题的回复后，我将调查结果与大的社会背景联系和综合起来，并给出了改进内刊的建议。

这是一个将社会科学和公共关系一般原理应用于企业刊物如何影响关键公众等具体问题的案例。

管理层如何评价内部刊物？为了找出答案，我给100家美国企业的总裁写了信，这些企业是从《商业高管和公司百科全书》（Business Executives and Corporation Encyclopedia）列表中随机选取的。它们之中有：

通用食品公司（General Foods Corporation）

伯灵顿米尔斯公司（Burlington Mills Corporation）

全美收款机公司（National Cash Register Company）

博士伦光学公司（Bausch and Lomb Optical Company）

装甲公司（Armour and Company）

皮尔斯伯里·米尔斯公司（Pillsbury Mills, Inc.）

阿勒格尼卢德伦钢铁公司（Allegheny Ludlum Steel Corporation）

理莱药品公司（Rexall Drug Company）

克莱斯勒公司（Chrysler Corporation）

赛罗泰克斯公司（The Celotex Corporation）

洲际和西部航空公司（Transcontinental and Western Air, Inc.）

太平洋电话电报公司（Pacific Telephone and Telegraph Company）

福特汽车公司（Ford Motor Company）

我的调查对象代表了21个州内的多个产业领域——食品、纺织、药品、机械、钢铁、飞机、光学用品、烟草、金融、公共设施、建材、橡胶、玻璃和其他工业生产领域。

我告诉他们，我在研究内刊及其与管理的关系。这是一个需要全面分析以更好地为管理层所用的新问题。他们愿意告诉我内刊的经验吗？他们愿意评估这些刊物对意图触及的公众的影响吗？

我还补充道，如果管理层可以告诉我：（1）他们所在企业内刊预期实现的目的；（2）内刊是否实现了该目的；（3）它现在取得的成效和缺点是什么。那么，我将勾画一个对管理有实际用途的未来路线图。

在这100家企业里，我收到了49封来信，差不多50%的回复。这49家企业中的70%有内刊。32家企业细致地填写了问卷。值得注意的是，这些信件中有14封，或者说44%的回复，由高管（总裁、副总裁、董事会主席或其他管理者）签署。这表明高层管理者对内刊确实有真正的兴趣。这32封信里的18封，或者说56%的回复，来自公关总监和内刊编辑。当然，我无法知道究竟有多少封由公司管理者签署的信件其实是公关总监或内刊编辑写的。但即使部分如此，它也足以体现管理层对内刊及其编辑的信心。

在讨论回复之前，有必要提供一些美国内刊发展的事实和数据。这有助于我们在更广泛的背景下评价这些回复。《韦氏新国际词典》（Webster's New International Dictionary）将内刊定义为"一份容纳使员工和顾客感兴趣文章的商业出版物"，我认为这是一个粗泛的定义，需要被拓展。

大百科全书尚未关注这个主题，他们没有列举内刊词条。但我们幸运地在《印刷油墨》（Printer's Ink）中找到了相关记载。该杂志告诉我们，美国持续发行的两本内刊中，一本是旅行者保险公司（Travelers Insurance Company）自1865年开始出版的《旅行者保护》（The Travelers Protection），另一本是哈特福德蒸汽锅炉检验和保险公司（Hartford Steam Boiler Inspection and Insurance Company）从1867年开始发行的《火车头》（Locomotive）内刊。

与此同时，《印刷油墨》的资料显示，内刊在过去20年间有着惊人增长。内刊发行在1929年出现了繁荣，达到575份。由于大萧条降临，这个数字在1933年降到了280份，及至 1936 年又反弹回 417 份，之后继续保持增长。到 1944 年，全国共有 5 053 份内刊，1947 年则达到 5 348 份——几乎是 1929 年的 10 倍。在全部内刊中，有 2 430 份是仅面向内部的内刊，1 770 份是面向外部的企业刊物，1 148 份二者兼备。

国际产业编辑理事会（International Council of Industrial Editors）在 1948 年 10 月发布了一份报告，提供了一些同样有趣的数据。根据理事会的数据，美国和加拿大的产业出版物可分为如下几类：4 050 份内部刊物，1 160 份外部刊物，420 份商会和协会刊物，360 份综合类刊物。其中，有 3 213 份月刊，1 240 份双月刊，750 份周刊。余者为日刊、双周刊和季刊。

大约半数内刊通过邮件发行，另一半被散发出去或者放在随手可取之处。

该研究显示，约三分之一的编辑要向总裁和行政副总裁或编辑委员会负责，约 20% 的编辑要向广告经理或公关总监汇报，约 20% 的编辑要向人力主管或劳资关系总监汇报。余者在责任归属上多种多样。

根据国际产业编辑理事会的报告，美国和加拿大企业内刊的发行总量大约有五千万份。这是一个惊人的数字。它比美国所有日报的发行总量还要大，超过了《时代周刊》《生活周刊》（*Life Magazine*）、《读者文摘》《星期六晚邮报》（*Saturday Evening Post*）和《科利尔》杂志（*Collier's*）发行量总和的 2.5 倍。

内刊无疑是期刊传播中一个远超任何人想象的重要组成部分。然而，这值得仔细琢磨，据估算，美国和加拿大所有产业出版物的总预算（包括薪酬、印刷、制版、邮资和设计）大概只有 109 000 000 美元。

在这个大背景下，让我们再来审视一下企业管理层对调查问卷的回复。

在 32 家完整回复问卷的企业中，27 家有内部内刊，剩下的有外部刊物或二者兼备。

向管理层提出的第一个问题是："你们办内刊的目的是什么？"目的不同，回复自然也不同。27 家发行内部内刊的企业出于三种不同目的：

1. 作为与员工个体的直接沟通方式；
2. 用来形成士气；
3. 通过非销售岗位员工做促销的一种媒介。

发行外部刊物的企业强调四个目的：

1. 随时向顾客提供信息并保持公司的知名度；
2. 讨论零售商的问题、经济形势、促销计划、展示广告和诸如此类的事务；
3. 借由广告和新闻发布之外的故事与图片、社论与专题，展示公司在工程、设计与制造方面的引领地位；
4. 向经销商提供关于新产品、服务和公司政策的必要信息，并通过培养"经销商也是公司大家庭一分子"的情感，浇筑更牢固的忠诚与合作理念。

206 鉴于调查中的企业主要强调了内部内刊,我们就更细致地讨论一下它们预期实现的三个目的。

作为管理层同员工个体沟通的直接方式,内刊是如何运作的呢?在一些公司,内刊在企业政策和发展潜力等方面吸引员工。一位调查对象写道:"内刊以简单的方式宣传了公司人事或政策的重要变化、产品的新应用、其他工厂的作为、年度报告和相关财务信息。"

另外一些回复显示他们利用内刊发展更紧密的利益关系和目的协同,纠正错误信息,整合员工、管理层、部门和工厂,架起工作场所和家的桥梁,实现人性化管理。其中一家公司将内刊描述为与员工的一种沟通方式:"我们尽力表明我们在做什么,为什么我们要做这个,以及它会给员工带来什么影响。"

关于利用内刊形成士气,许多公司表示:

1. 通过宣传员工活动,将员工投稿变成铅字来表达自我等方式鼓舞士气;
2. 在公司内部灌输自豪感和忠诚意识;
3. 培育尽可能良好的"员工—管理层"关系;
4. 建立相互的尊重,推进共同利益,维系彼此之间的理解;
5. 强化员工个体之间的社交纽带;
6. 在文化活动中展现管理层和员工的领导力;
7. 赢得员工及其家人的好感;
8. 让员工知道管理层关注他们的福祉;
9. 培养一种团结感,创造基于信任的更好的团队合作关系,追求团队统一的目标;

207
10. 让个人看到自己的工作是企业全部行动的一部分;
11. 通过"老员工"和"公司稳定性"等专题来强化工作上的安全感;
12. 提升企业的社群精神。

一家公司主张,他们内刊的主要目的是与员工一道并且通过员工来促进企业利益的实现,并针对企业如何才能成为优秀雇主并保持这一身份的问题,在员工中创造尽可能强烈的共识。增进员工对公司如何依靠自由竞争机遇和卓越管理而取得成就的了解;向员工及其家人提供有关企业的事实信息;让员工能看得见他的工作是企业整体行动的一部分;提醒管理层关心员工及其福利;以对员工个人事务有用的信息来娱乐、吸引和帮助他们。

内部刊物的第三个主要用途被描述为通过非销售类员工进行促销。根据问卷回复,内刊通过让员工熟悉公司产品、产品用途及其广泛的适用范围来实现这个目标。内刊也介绍新产品,概述促销技巧,介绍广告设施,展示辅助的促销手段。从我们得到的情况来看,面向外部的企业刊物也强调促销的这些方面。

目前内刊实现其自称的目的了吗?管理层和编辑对此关键问题的回复几乎一致。几乎所有人都表示内刊确实做到了这一点。只有一家公司宣称内刊没有做到,他们说自己已经停发内刊,因为他们不认为它有什么用,甚至可能还因为流言过多产生危害。但即使是这家公司也未完全放弃这一目标,他们现在正考虑发行一份报纸来取代杂志。

那些宣称他们的内刊已经实现了目标的企业,就此结论给出了若干理由。一家公司引用那些对他们的杂志感兴趣的热心读者的口头支持,并以此作为证明。

另一家公司声称他们做了一项调查,表明他们的每份内刊都有四个读者传阅。第三家公司的积极结论基于人们转载和再版其杂志的请求,还有其他对刊物的正面反馈;第四家公司是因为读者对印发更多册数有需求。其他一些公司则因为获得了专业新闻人士和奖项的认可而得出其杂志成功的结论。

我们当然要重视这些理由,但对我而言最重要的事实,还是管理层和编辑们几乎一致的共识,即如今的内刊业已经实现了其发行的目的。

我在调查信件中提出的第三个问题是:"内刊现在的成效和缺点是什么?"这个问题的前半部分已在之前提出的问题的回复中得到了解答。既然管理层和编辑相信内刊尽其所能且实现了目标,他们自然认为其成效显著。

然而,相关回复也评估了内刊的缺陷、问题和风险。一些调查对象认为内刊必须在拓展内容的同时避免变得太商业化。一家公司认为内刊要避免成为学习文件,也绝不应沦为管理层的传声筒。另外一家指出了采编上的困难,因为人们分散在从东海岸到西海岸生产网络中的各个办公室和工厂。另外还有一家公司强调要做读者研究,以便制定与公众思想动态一致的编辑方针。一些调查对象指出很难将严肃问题以可读性强的方式呈现。很多人抱怨出版周期太短而使所有编辑饱受恶魔般的折磨,内刊编辑们受制于找寻新鲜新闻和新颖呈现方式的需求。

在投稿者方面,内刊编辑也遇到了一些问题。有些调查对象说他们很难让高管给企业刊物投稿。还有人发现很难让员工投稿,因为员工觉得这样做未免有点冒失。一些调查对象呼吁内刊必须避免争辩;另外也有人说内刊应该避免太多的花边新闻。

在整体策略上,一些调查对象认为内刊应该发表凸显公司与全美经济关系的资料。一些人评论了预算限制,而这些限制就像时间限制一样,是无法避免的。

当然,这次调查表明今天的内刊在美国企业管理层心目中有着非常重要的地位,否则公司领导们不会费劲讨论不重要的东西。事实上,高管层面对阅读内刊、评价内刊甚至运营内刊非常感兴趣。从调查问卷的高回复率和我所总结的具体回复来看,这么说很合理。

高管层面的这种关注非常鼓舞人心。但有如此高比例的管理层认为,内刊实现了其目标且成就很大,却对其缺陷相对不那么看重,我就不得不怀疑我们是否应该对此事实欢欣鼓舞。管理层显然对内刊的现状很满意,否则也不会继续发行此类杂志。但是,管理层的判断是对是错呢?内刊现在的形式是否足够实现其自称的目的呢?

到目前为止，我们对这个问题的唯一答案是管理层和编辑提供的一系列概述。现在，让我们尝试用不同的角度来回答这个问题——审视内刊的实际内容与它提供给读者的理念和信息。

一份来自都市生活保险公司（Metropolitan Life Insurance Company）的报告分析了1947—1948年发行的399家员工杂志的内容。报告显示这些内刊编辑的内容可划分为以下几类：

1. 提高效率的努力；

2. 编辑评论；

3. 管理层的信息；

4. 正式通知；

5. 公司的整体情况；

6. 公司的财务信息；

7. 行业信息；

8. 公司对员工的服务；

9. 员工在公司的活动；

10. 人事专栏；

11. 对员工的表扬；

12. 健康和安全宣传；

13. 经济信息；

14. 外界新闻；

15. 政治新闻；

16. 提供给妇女和儿童的资料；

17. 兴趣培养；

18. 杂务信息。

在所分析的399份内刊中，有348份开设了人事专栏，有268份发表了关于体育运动的信息，有252份发表了关于俱乐部和娱乐的新闻，有203份发表了安全报道，有149份报道了工龄周年纪念，有144份详细描述了产品和广告，有141份论及工厂扩张和现代化，有130份登载了婚姻信息，有126份刊发了经济信息，有120份发布了讣告，有120份推出了意见栏。然而，在更基本的话题上，报道做得并不那么好。在所调查的399份出版物中，只有22份报道了企业经营状况，9份报道了股息，14份报道了产品价格，9份报道了设备成本，5份报道了劳资关系政策，9份报道了价格政策，14份报道了薪酬计划，2份报道了税务，2份报道了工时，而只有2份简略提到了罢工。这意味着，内刊整体上忽视了员工的一些最关键的需求。

第 二 部 分
公共关系实践

一项由国际产业编辑理事会所做的调查,探讨了产业出版物在工会活动方面的报道,揭示了这方面的真实情况。在给出回复的企业中,只有21%的企业认为他们经常刊登工会活动的新闻;有12%的企业完全忽略了这个问题,未做回复;有66%的企业认为他们并不刊登工会活动新闻。只有12%的企业认为他们会发表关于工会合同协商的文件或报道;66%的企业认为他们并不发表关于工会活动的新闻。只有3%的企业宣称他们发表了关于申诉解决的文章或报道。另有21%的被调查内刊未回答这个问题。

只有32%的编辑表示会参加公司讨论劳资关系政策的会议;有47%的编辑表示他们未参加此类会议;有21%的编辑没回答这个问题。

这项调查里最重要的一个部分,是有关全国各地员工切身利益至关重要的问题——塔夫脱—哈特莱法案(the Taft-Hartley Act)。在被调查的内刊中,只有13%发表了关于塔夫脱—哈特莱法案的文章或报道,67%表示没有报道任何这方面的内容,另有20%没有回答这个问题。

都市生活保险公司对员工杂志内容的调查,揭示了类似的拒绝面对现实的情况。它显示只有不到10%的被调查内刊讨论了劳工仲裁、奖金、节假日、工时、劳资关系、工资估算、工厂规定、价格政策、罢工、工会合同、假期计划、薪酬和其他相类似的的内容。但这些话题正是我们大多数人都感兴趣的,自然也是最吸引员工从而实现办刊目标的内容。

在企业财务信息方面,调查显示只有5%的员工杂志讨论了税务、销售、价格、投资、经营状况、财务、股息、成本、债务清偿之类的话题。因此,内刊在这方面也未能实现目标,没有为读者提供他们想要的和需要的信息。

这很难说是内刊编辑们的失误。有33%的公司,基本政策出自高管层;仅有20%的公司的基本政策出自广告或公关部门。所以,最后还是由管理层对企业杂志的整体内容负责。

然而,尽管事实如此,管理层依旧相信如今的内刊业已实现了预期目标:作为公司和员工之间的沟通方式而存在,作为士气塑造者来促成管理层与员工之间更多的了解,以及作为推广美国模式的有效工具而发展。

有人告诉我,有研究显示员工喜欢阅读活动、私人话题这一类的报道。这当然不错,但让这样的研究来决定企业刊物的内容是不现实的,内刊不应去跟小报竞争。他们要实现更为重要的目标,而管理层也这样认为。

内刊的主要目标之一是提供对重要经济问题的教育功能。调查显示了美国民众对生活中的经济现象有多么无知。《工厂管理杂志》(*Factory Management Magazine*)和《财富》(*Fortune*)所做的研究已经证明了这个事实。我们的国家充斥着"经济文盲",这带来了不可估量的后果。很多看上去源于管理者和员工之间不和造成的罢工,其主要原因都属于经济上的无知。许多企业里管理层和员工之间的尖锐矛盾,大多归咎于员工对本行业经济状况的一无所知。显而易见,如果我们想要建设一个经济稳定的美国乃至世界,就必须清除这种无知。

内刊在解决这个重要问题上做了什么呢？管理层承认消除员工在经济上的无知是员工杂志的一项主要职能。但是，根据那些发现员工关注道奇队（dodgers）比赛和他们同事婚姻状况的调查来设定内刊内容，无疑对经济教育毫无帮助。毋庸置疑，如果你想努力实现某个具体目标，拒绝面对它是永远不会成功的，尤其是当别人正在直面现实的时候。

我们能从其中得出什么结论呢？

在最近一期《纽约时报》中，专写企业看法的 C. F. 休斯（C. F. Hughes）谈到了 1948 年总统大选势必引起实业界和贸易界严重关切的一个教训：不知何故，企业界与美国民众的所思所想渐行渐远。"高层自以为他们了解民众的心思，最后却落得镜花水月。"

很明显，管理层和编辑——那些负责企业刊物发行的人，应该多一些能付诸实践的思考，以制定一个比眼下更实际的编辑策略。

如果内刊要实现其目标，就必须切实应对我们所知道的那些深植于成千上万员工头脑和心底的问题，那些致使 1948 年大选实现惊人反转的问题①。

对内刊现状的自满很难在当代美国社会的现实图景中找到合理性。有鉴于此，我认为编辑和管理层都应铭记那次选举和这些内刊调查所揭示的教训，并以积极进取的态度将这些教训应用于他们和今天全美国社会一同面对的那些问题。

内刊编辑要实现那些为他们的杂志设定的目标。但在这样做的时候，他们应该深入探究公众的心理。我认为内刊必须直面那些公众高度关切的基本问题。目前，内刊在对出版者（企业）和读者（员工）都极其看重的问题上太过轻描淡写了。

鉴于我所做的内刊研究所揭示的问题，我建议企业内刊向工会内刊学习，比如美国劳工联合会（AFL）和产业组织大会（CIO）发行的杂志。这些杂志在接受私有企业框架的同时，也会在关键问题上提出与管理层刊物相左的观点。但是，他们提出的观点与员工的所有重要利益直接相关。那些企业刊物试图用自己的观点去影响读者，却于此获得了基于劳工视角的信息——直面现

---

① 1948 年大选中，民主党候选人杜鲁门在支持率暴跌至 32% 的情形下实现惊人反转，战胜共和党候选人杜威，当选美国第 33 任总统。从根本上讲，杜鲁门能够实现"惊天逆转"主要源于他对公众真正关心问题的重视：持续向国会递交议案，内容涵盖建立全国医保体系、提高最低工资、促进种族平等、大规模建造住房计划等；他甚至在竞选中举行了一次不分黑白的大型演讲，又与黑人握手。这是以前任何一位总统候选人都没有做过的事情。他支持犹太人立国，在以色列政府成立仅五分钟之后就予以承认，因而得到犹太人的支持。他否决了旨在打击工会的塔夫脱—哈特利法案，改善了与工会的关系。他的农民出身和平民风格，加上罗斯福新政的遗产，则使他在农业区广受欢迎。——译者注

实，而这正是企业极力回避的。

国家海事联盟（National Maritime Union）的内刊《飞行员》(*The Pilot*)和《纺织新闻》(*Textile News*)等劳工出版物之所以拥有巨大的影响力，主要是因为它们有效地处理了那些最吸引员工的话题。实际上，这些出版物乃是今天的员工得以了解产业经济的唯一选择。

关注劳资关系平等的服装业工会领袖告诉我们，他们的主要工作就是通过工会杂志来教育工人了解其所供职企业目前的现实经济状况。

再举个具体的例子，假如当钢铁工人涨工资的时候，服装工人的薪酬却无变化，后者自然会呼吁工会为他们涨工资。这时，工会领导层就会通过工会内刊向工人解释为什么钢铁工人可以涨工资而服装工人不能。这就可以让工人们熟悉自己产业的竞争因素。它给工人们上了一场与具体问题相关的经济课——这堂课实际上带来了更好的劳资关系。

我觉得我们已经迎来了这样一个时刻：企业刊物必须面对当代美国社会的基本问题。如果企业刊物想要实现自身目标，如果它真的想成为企业和员工之间的沟通手段，并试图塑造士气以促成劳资双方更好的理解，特别是想成为一种推广美国模式的有效工具，那么，它只有谈谈那些对读者而言具有实质性、最重要的事情才行。

事实上，这些事情关系到我们所有人，它们是 20 世纪危机的核心问题。内刊对待它们的看法必须源自我们社会的共同利益——那些对管理层和员工都意味着一切的利益，并维护我们美国民主的最高利益。

伯内斯晚年工作照

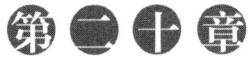

第二十章
营销与公关策略
——藏在人性中的市场

销售是我们经济体系中最基本的要素之一，也是美国生活的一个特有部分。如今，旧式的"旅行推销员"（drummer）和旅行商贩已被训练有素的零售员、上门推销员（house-to-house canvassers）、制造商面向批发商与零售商的销售代表，以及销售主管（他们中的很多人是大型企业的副总裁）所替代。

美国销售的策略和传统已经从商业扩展到了其他领域。保险公司、银行、投资机构、公共事业机构、有组织的慈善事业、政党、学校、教堂等组织每天都在利用现代销售技巧，并把它们变成进行大规模劝服的工具。美国销售员业已助力我们的大规模生产体系。

但是，销售人员基本上还在根据半个多世纪前确立的原则行事。显然，只有对人性有一定程度的理解，我们才能实现销售目标。要唤起人们的兴趣，我们必须知道人究竟是怎样的，知道什么才能真正吸引人。

在一次与"全国销售主管联盟"（National Sales Executives）——一个该领域的顶级企业管理者组织——的对话中，我建议我们的销售主管、分销体系和整个企业界利用美国三万名社会科学学者所探索的关于人和社会的新知识，打开藏在人性里的潜在市场。接下来的一章将延展这一理念，并为它在现实中的执行提出一些具体建议。

美国在直销领域的很多方面领先世界。我们已经探索了许多极为有效的销售技巧，可谓举世无双。然而，在我从事公关工作的这些年里，我一直惊讶于美国主流的分销策略中的一个基本缺陷，即对潜藏于人性之中的市场的忽视。这是我们最重要的潜在市场，公关可以为这一类市场的开拓提供具体的建议。

所谓销售，就是把产品从生产者传递到消费者那里。"消费者"当然是个浅白的说法，但它只是个抽象的概念。我们把商品卖给人们，我们试着说服男男女女——活生生的人——去买我们的产品和服务。要成功做到这一点，我们必须对人之为人有最透彻的理解。而要理解人，我们必须不光知晓身体是怎样行动的，也要洞悉我们为何这样思考和感知。这涵盖了我们的整个人性。我们的家庭背景、童年经历、文化模式都影响着我们站在柜台前的决定。各种类型的压力、潜意识和无意识，制约着我们的行为。如果我们真想有效地跟市场打交道，就必须揭示和理解这些人性之中的无形因素。

没人见过物理定律，这些定律是无形的，它们是我们头脑中的概念。但如果不理解它们，我们就不会有广播、汽车或飞机。在广岛爆炸的原子弹也源自那些从没有人见过的因素和维度，但爱因斯坦和其他科学家运用一个物理公式理解了它们。我们无形的人性因素也是如此——正是它们控制了我们的行为。顾客买或不买的决定就发生在人性这个无形的领域里。

假设我们可以用三种方式来接近顾客：第一，我们可以强化既有的有利态度；第二，我们可以忽略不利的态度；第三，我们可以将消极态度转化为积极态度。请注意，所有这三种方式都在处理态度问题——应对人性的反应。这些方式必须筑基于对人性和人类行为的真切理解。

不幸的是，如今大多数的销售还是基于18世纪的过时观念。我们的父辈真诚地信奉这样一个神话，即在商业上，所有人都可以按照"经济人"（economic man）①再加上一些本能——性、自我保护和对衣食住行的渴望——作为额外条件来被齐整地分类。但我们从日常经验中可知道这样的生物是不存在的。科学界试图通过患者调查（patient investigation）和试验对此有更完整的认知，然而人性如此复杂，以至不取决于任何简单的公式。它远比调查所揭示的结果复杂得多。

人性蕴含着很多种内心的和社会的需求。我们都需要应对潜在的动机——焦虑、不安、自卑、不满，而这些都会在我们的购买欲望中起作用。纵然潜隐无形，它们也并非不可描述。我们虽然吸引了成千上万的人，却在销售中忽略了人性中绝大多数潜在的动机。当然，我们已经学会了解人们对性或地位的渴望，但要争取顾客的支持，这些还远远不够。

譬如，市场调查（Market Research）一般只揭示消费者的实际年龄，但是人们还有另外四种年龄：心理、身体、情感和社会年龄。这些年龄在同一个体上并不总是一致的，我们应该大体了解我们公众的各种年龄。举例来说，尽管很多人是成年人，但他们的本性让

---

① "经济人"（economic man），西方经济学当中的经典假设，是指完全追求物质利益而进行经济活动的理性主体。——译者注

我们可以把玩具火车和漫画书卖给他们。

普通的调查往往错误地解释了人们为何会如此行事，它们的答案是经过合理化的，是一种伪装。消费者的自卑和想要弥补自卑的渴望可能会影响我们的销售，奢侈品销售便属于这种情况。人们不单依据广告、事实、逻辑和所谓的本能做出选择，这些甚至不是影响商品购买选择的最重要因素。

可以举一个例子来说明人性是怎样影响一家大型连锁商店的销售的。我们发现人们不去那里买东西的原因是这家公司不认可某个工会，不遵守8小时工作制，其商品来自某个特定的国家，还有消费者不喜欢商店经理的国籍或政治立场。

这个例子简单说明了我所谓的"人是人，而非抽象的概念"。人性之中隐藏的因素决定了他们不去买东西的行为，这与经济因素无关。销售主管必须面对、理解并顺应这些因素的指引。

再举一个商业行为忽略人性作用的例子。在哈林区（Harlem），你找份面向黑人发行的报纸，看一下其中的广告就会发现，虽然这些广告想把商品卖给黑人顾客，但大多却用白人男女的形象设计插图。登这些广告的公司可曾想过研究一下黑人顾客对白人形象的感受？或者研究一下这些广告对消费者的影响？

有家炼乳企业的销售经理建议向印度卖一种罐头标签。他想在标签上印一个看起来像"埃尔西牛"（elsie the cow）①的图片。好在有人告诉他，牛在印度乃是圣物。

① "埃尔西牛"（elsie the cow）是美国博登乳业公司（the Borden Dairy Company）在1936年推出的吉祥物，象征着完美的乳制品。——译者注

当然，每个销售经理都会在销售中运用一些心理的、社会的和文化的手段。但他们习惯于依赖传统和直觉，而不是基于科学知识。

譬如，有则广告画了一位系着腰带的美丽女郎。销售经理猜测女性都会认同这个漂亮女郎并因此购买那条腰带。但这是女性对那则广告的真实反应吗？一项科学的调查可能会发现，如果那个海报女郎比她们漂亮，女性会潜意识地嫉妒她。这则广告可能无意间造成销售阻力，而不是带来销售增长。

几年前，我们曾做过一项有关消费者对皮鞋和鞋底的反应的研究。我们发现少时贫苦的中产阶级成年人购买皮革底鞋子的数量比其他群体的成年人要多。原因是，他们少年时代的破鞋底子乃是社

会地位低下的标志。当他们成年并富足后，便会通过购买超出自己一般需求的鞋子来补偿少年时的社会自卑感。他们不是因为需要穿鞋而买多余的鞋，而是出于心理上的原因。

心理需要是无形的，它隐藏在人性之中。但它是一种非常真实的需求，对市场有强烈的影响。

要理解隐藏在人性中的潜在市场，仅进行民意调查或所谓的市场调查是不够的。要理解我们为何如此行事，必须依靠社会科学家。他们已经分析了我们的行为并将其细分成诸如合理化、投射、升华和补偿等概念。物理学的经典公式诞生于150多年前，它的成果从蒸汽轮船到原子弹，是如此引人注目，它的重要性众所周知。社会科学的发展只有半个世纪的历史，但已经有了极其重大的发现。在销售中更好地利用它们将为我们的工作如虎添翼。

心理学家对心理运行的认识已经越来越深入了，社会学家对不同社会群体行为方式的见解也越来越多。社会心理学家对群体与个体反应方式的差异也有了更加专业的看法，政治经济学者已经研究和检验了不同情形下经济和政治群体的行动和反应方式。

社会科学学者们在大学里工作，在田野里调查，也通过全国范围的科学组织，从事对企业而言至关重要的研究。可是很多商人几乎不知道他们的存在，更未能善用他们的知识。

然而，罗格斯大学的小约翰·瑞里（Jr. John W. Riley）教授最近的一项研究显示，精打细算的企业界在1948年投入了约2 700万美元将社会科学方法付诸实践。这比1938年增长了1 700万美元。企业将社会科学研究的成果应用于市场调查、生产、员工关系、采购、融资和消费者偏好分析等领域。在1948年，政府投入了5 200万美元用于社会科学研究工作，这是1938年开支的三倍。在1949年，军事机构为社会科学研究花费了700万美元，进行人力资源、人才选拔开发、士气动员、领导力提升、抗心理疲劳等方面的研究。社会科学也被应用于战争之中。

数据表明社会科学，也是美国商业发展的促进因素，而从销售角度看，我们只涉及一些皮毛知识。

还有一个关于利用人性知识和美国社会科学发现来开发潜在市场的重要例子。隶属于国家科学院（National Academy of Sciences）的国家研究理事会（National Research Council）下设了一个饮食习惯委员会（Committee of Food Habits of the National Research Council），该委员会发布过一份《饮食习惯研究手册》（*Manual for the Study of Food Habits*）。委员会由第一流的社会科学学者组成，执行秘书长是著名的人类学家玛格丽特·米德（Margaret Mead）。

报告里的一部分内容是销售主管特别感兴趣的。它揭示了美国在整体上和不同地区对饮食的态度，呈现了以下内容：营养理论何以影响社会变迁，饮食文化的基础与分类，食物何以作为一种符号而存在，父母的态度怎样影响食物的选择，餐具和烹饪习惯在食物选用方面的影响，等等。

这些社会科学学者从心理学、精神病学、社会学和家政学等角度研究食物。他们发现，一些食物与较低的社会地位联系在一起，并因此遭到排斥；其他食物，像白面包、糖和肉，则成了较高社会地位的象征。他们科学地解释了火鸡、生日蛋糕和冰淇淋等派对食品的选择标准，以及父母怎样通过表扬、惩罚和示范纠正儿童的饮食习惯。有些地方的儿童喜欢冰淇淋而不是菠菜，但是在锡达拉皮兹（Cedar Rapids），孩子们则认为绿色蔬菜和果汁"棒呆了"，而糖果、蛋糕、冰淇淋和热狗则"糟透了"。

《手册》告诉我们，人们的早前经历如何影响饮食选择，以及这些选择在什么情况下可以被改变。社交和情感状况通过何种方式影响了人的饮食态度？饮食和口味偏好研究领域已经产生了哪些研究技术？最后，采用哪些方法可以改变饮食选择？很显然，除非我们掌握这些问题的答案，否则无以有效地打开食物的销路。食物不仅仅是某种待价而沽之物，它还汇聚了社会科学研究所发现的有关人性与社会的全部要素。这些研究结果对所有人都开放。

饮食领域的道理同样适用于其他商品——如汽车、尼龙制品、吸尘器、苹果派里的面粉和桌子上的鲜花等。社会科学家研究了美国人投射于大量产品上的人性因素，而那些他们尚未着手研究的，他们如今也在等待机会。

利用社会科学家的知识和技能将分销领域更完整地融入美国社会，是该领域的重要任务。

美国社会的每一主体皆可通过长远规划使自己获得更高的效率和社会地位。工欲善其事，必先利其器。我认为采用一项将社会科学和销售相整合的长期计划，可以为企业创造性地开发人性的潜在市场。我深知这一点言易行难，但也清楚唯有下定决心我们才会有更多作为。因此，下面我提供了一项包括四点内容的计划，美国企业可以通过这个计划，从而有效利用社会科学的技巧与发现。

1. 在公司董事会中延请一位一流的教育家，譬如顶级企业管理学院的院长。这可以使公司与社会科学研究群体维系持续、直接的联系。

2. 然后转向具体的教育领域，邀请一位或多位社会科学学者加入董事会。譬如哥伦比亚大学的罗伯特·麦基弗教授，他是我所认识的人中对群体和群体行动最具洞察力的伟大社会学家；或者邀请像纽约城市大学加德纳·莫菲（Gardner Murphy）教授这样的著名心理学家。他们会在企业和社会科学界以及那些研究企业具体利益的学者之间，建立直接的工作联系。

3. 管理者还应在公司建一座社会科学图书馆并保持更新，以尽力将销售体系与社会科学成果整合起来。许多大学、科研机构和学者出版的图书、杂志、小册子和参考文献为高管和员工提供了学以致用的有价值的知识。

4. 为了促成此项工作，可以安排一名或多名员工阅读、分析和摘录送到公司的那些社会科学出版物，并准备有关该领域动态的报告，以便高管及时了解该领域的发展。

美国企业业已在数理统计、市场调查和态度调查等方面有效利用了社会科学学者的发现，并给自己和国家带来了莫大的好处。

现在，美国的销售主管们可以更进一步，将销售技巧与三万名社会科学学者已然和正在取得的对人性与社会的发现相整合，以开发隐藏在人性之中的潜在市场。

第二十一章
戏剧世界的公关
——美国剧院危机及可能的解决方案

1949年夏天，纽约剧院公司联盟（League of New York Theatres, Inc.）和一个戏剧制作人联合会（association of theater producers），邀请我们对美国剧院做一次调查。在接受任务时我们告诉该联盟，要想达到最好效果，这项调查要包括：（1）确定能代表整体舆论的样本，包括按年龄、性别、教育、社会、文化、宗教、商业和种族背景等划分不同社会经济群体，并测量他们的态度；（2）为了获得事实性信息和考量该领域的总体趋势，应调研与该领域相关的全部资料；（3）大规模采集所有剧院相关人士的专业观点，以获取有代表性的事实性信息。

我们同时还指出，鉴于调查所涉及的舆论领域的特殊性和时间限制，这项调查应尽可能广泛覆盖整体的事实和态度。为了发现事实和态度，应该把美国划分为两个主要部分——纽约和美国其他地方。已故联盟主席布鲁克·派姆伯顿（Brock Pemberton），当时接受了这些整体原则。我们还提议综合使用深度访谈和信件访谈两种方式针对不同社会经济群体展开调查。

在选择个人深访和信件访谈样本时，为了确保对不同种族和文化群体进行充分的采样，应审慎地进行初步的研究。比方说，收入在分类中，水平被细分为最高、中上、中下和最低四个层级。各组信件访谈和深访的数量大致按样本人群的收入水平占美国总体收入水平的比例配额确定。

在年龄、性别、商业背景和其他相关因素的分析中，也应运用同样的抽样技巧。

在查阅现有的与剧院相关的资料时，我们派出了训练有素的研究员分赴纽约公共图书馆和专业图书馆搜罗资料和戏剧行业的出版物。之所以在这场调查中先进行资料研究，是为考察剧院在美国历史和当代社会中的角色提供一个整体背景，同时统观那些长期存在的老问题，以及由日益复杂的现代社会机制导致的新问题。资料研究还可以提供一个观察视角，供我们总结以往应对剧院和公众之间失谐的策略，并从这些策略产生的效果中汲取经验。

调查中对专业人士进行密集采样是为了获得有关剧院的全面看法。在我们看来，这样的访谈对揭示基本信息特别有价值，也有助于发现存在共识和分歧的领域，并获取基于一手经验所提出的改进建议。

基于所取得的信息，我们会就剧院如何处理当下危机给出建议，借鉴美国和其他国家为整合、促进剧院和公众之间的认同所采取的成功方法，评估其在目前形势下的可行性。另外，这些建议会提供一份详细的行动蓝图，以最大限度地消除现有的负面看法，而强化正面态度，并在那些对剧院还没有什么感觉的公众中创出正面的态度。

这些建议会考虑全国不同群体领袖在实现这些目标中所能起到的作用。

这些建议还可以：（1）概述剧院行业自身为实现预期目标而应采取的步骤；（2）制定并执行一个着眼于常规目标的整体宣传计划；（3）提供今后公关活动所应采取的策略，确立与不同公众群体合作项目所应强调的主题，以及所利用的传播媒介；（4）详述为了高效执行项目和准确把握时机所需的管理架构。

我们在1949年10月召开的纽约剧院公司联盟年会上提交了全部调查报告（长达850页）和建议。我在那次会议上介绍了报告的摘要。本章内容涵盖了报告的摘要，同时也部分基于一篇在1949年12月《剧院艺术》(Theatre Arts)杂志发表的文章——《剧院调查》(Theatre Survey)。

当纽约剧院公司联盟请我对美国剧院行业做一次调查时，我就认定，虽然这样的调查无法触及现代剧院演进的深层历史动因，或真正揭示伟大的戏剧作品诞生的秘密，但我们仍可以采用社会科学的方法和技术实现联盟的研究目标。

同其他思想和艺术形式一样，戏剧也受到了当今世界正在经历的多种危机的影响。剧院要让自己适应巨变的新世界，《温夫人的扇子》(Lady Windermere's Fan)《魔鬼的门徒》(The Devil's Disciple)和《毛猿》(The Hairy Ape)①等经典剧作创造的繁荣时代已然一去不复返了。

---

① 《温夫人的扇子》是英国作家王尔德于1892年完成的一部喜剧，描绘了上流社会中道德暧昧之境。这部戏剧认为淑女和荡妇难以区别，且天真的女人习于顺境，容易苛求他人；世故的女人深谙逆境，反而宽以处世。《魔鬼的门徒》是英国作家萧伯纳发表于1897年的戏剧作品，作者在剧中表达了对帝国主义侵略政策的愤慨。《毛猿》是美国剧作家尤金·奥尼尔发表于1921年的戏剧作品。它以炉工扬克(Yank)为主角，讲述他如何在非人条件下为老板干活，却被老爷太太们视为人猿，最后只有到动物园向黑猩猩诉说痛苦，却被黑猩猩拥抱而死。——译者注

剧院的相关数据

数据凸显了美国剧院的衰退。百老汇在1912年创作了38部戏剧，增长曲线稳步上升。到1928年至1929年年度演出季，当时百老汇创作了224部戏剧。从那以后曲线开始下滑，在1948年至1949年，百老汇仅创作了70部戏剧，在20年间下降了70%。

纽约的剧院规模也大抵经历了这一由盛而衰的轨迹。

从1913年到1929年，纽约的剧院由38家增至75家，而后稳步下降，到1949年只剩下39家。之后继续以每年两到三家的速度消失。纽约22年来没有再建一座新剧院。如果继续保持这样的下降速度，我们可能会看到纽约的正规剧院在十年内彻底消失。

1949年，剧院投入在美国庞大的娱乐业中只占很小的一部分。电影、广播和电视的投资总计划达到70亿美元；电影业每年在制作上花费4亿美元；广播节目制作每年花费20亿美元；剧院每年只在制作上花费五六百万美元。

观众规模也是如此。美国现有9 600万台收音机，而每周有7 000万人走进全美大约18 500个电影院。即使在旺季，正规剧院每周也只能接待50万人。

剧院联盟请我们为其成员——大多数纽约剧院的制作人和剧院老板做一次调查，这是25年间一直在为企业、工会、政府、教育机构、科学团体和个体剧院做的事。他们希望我们开展一项全面的调研，帮他们改变剧院联盟内部和剧院与公众之间的失谐困境。为了满足联盟提出的要求，我们的调查试图找到这种现状的社会动因。

上文引用的数据只显示了剧院的经济危机，而危机实际上已弥漫于正规剧院的所有方面。

剧院和公众

我们所面对的是剧院行业内部的失谐和剧院与公众之间的失谐困境。当一个行业深陷困境的时候，借助法律或舆论，或双管齐下来应对行业乱象。混乱和危机给铁路业带来了"州际贸易法案"（Interstate Commerce Act），食品和药品业的纯净"食品与药品法案"（Pure food and Drug Acts），以及酒业的"沃尔斯特德法案"（Volstead Act）。

当我们做这项调查的时候，剧院已经在某种程度上受到了法律管制，尤其是在售票经纪和剧院建筑规程方面。公众显然也正在发出各种非难和不支持的声音。

毫无疑问，一个产业或行业若想避免法律或舆论带来不必要或激进的规治行动，最好的办法就是提前行动以顺应内外部公众的需求。棒球界和电影业界已经这样做了。

剧院联盟告知我们它要实现三个主要目标，即调查要有利于：

1. 强化和拓展剧院在美国社会和文化生活中的地位，让剧院在公众心目中确立应有的地位；

2. 改善公众与正规剧院之间的关系；

3. 强化常客和散客的正面态度，发展新观众以提高剧院上座率。

为了获得考察这些目标的平衡视角，找出行业内部和行业与公众之间的失谐，我们运用了一种已经在其他领域成功实践的现代调研技术。我们的方法是从提供改善之策的角度，尝试探寻导致某种困境的社会动因，并研究该行业或产业的不同团体之间的相互关系，再回过头来审视行业和公众之间的关系。民调和问卷作为本项研究的补充方式，仅仅在工具层面辅助我们所运用的根本调查手段。

五项调查

正如本章导言提到的，我们为了分析上述问题做了五项基本研究。

第一，我们考察了与剧院相关的现有文献，分析了一百多本著作和大量期刊文献以廓清历史背景和观察视角。我们还回顾了之前已发表和未发表的关于剧院的研究成果。

第二，我们对30位纽约剧院联盟挑选和提名的剧院行业领袖做了个人访谈，包括制作人、评论家、编辑、票房财务主管、经纪人、剧场老板、男演员、女演员、剧院工会主管和剧作家。他们介绍了行业的基本情况、各方面冲突意见、共识和分歧领域，并提供了改进剧院工作的建议。

第三，经过联盟的挑选，我们对400个中高收入者做了深度访谈，他们代表了美国9个城市的戏迷公众。这些访谈对不同年龄、性别、收入和地域人群的意见进行了定性的测量。

第四，通过邮寄问卷，我们联络了从《美国名人录》(Who's Who in America)中挑选的，不同职业和行业的领袖；另外，根据代表性地域的分布，我们还联络了全国27个城市的中高收入人群。这些人被问询了剧院所关心的35个关于公众好恶、协同和失谐的问题。

第五，我们做了一项针对伦敦西区戏票销售和分销方法的研究，以发现英国的经验与教训是否可供美国剧院行业学习。

剧院业领袖的意见

先来看一下剧院行业领袖告诉我们的关于剧院的事情。他们讨论了他们认为重要的东西：行业总体情况、剧院观众创作、雇工、票务销售、剧院设施、非商业演出、剧作家等方面的问题。

经济上的混乱

在分析行业危机的时候，领袖们重点强调了经济上的混乱，如戏剧创作、剧院租赁、场景、道具和服装等成本高昂；票价过高，尤其是加上20%的联邦税之后，公众难以承受；演员报酬和其他人员用工成本过高；剧院从业队伍的不稳定和随之而来的高人力成本；僵化且不合理的设施规治，剧院建筑的所有权和控制权问题；糟糕的戏票销售；"黄牛党"问题；电车交通成本；短暂的剧院演出季；"限产超雇"(feather-bedding)问题；电影、广播和电视对创意人才的争夺；目前的商业环境。

第二部分
公共关系实践

创意危机
剧院行业领袖还强调了创意上的危机，剧院行业缺少优秀剧本的支持，最优秀的剧作家流向好莱坞和广播业，先锋剧院缺位，制作人未能成功激励夏日剧场的发展和大学专业人才的培养，演员不安于剧团训练，以及拒斥明星巡演。

对制片人合作的需求
在考量创作对剧院危机影响的时候，有人提出制作人的策划和运营方式不够商业化，他们在解决运营问题和共享剧院资源方面缺乏配合，在舞台设计上浪费了资金，不舍得组织巡演，而且一旦售出电影版权就取消巡演。

有人提出剧院需要建一个中心物资仓库，在纽约以外制作场景、租用物资，并缩短排练时间，增加周日演出，把演出季延长至全年。也有人说，联盟的某些规定束缚了大胆尝试。

戏票销售
在积压戏票的分销方面，剧院行业领袖痛陈了"黄牛党"对票务经纪的破坏，导致合法代理商津贴太低，剧团在热门演出中占用了太多坐席，学生则缺少特价票等问题。这些问题导致市场转冷，以至优秀剧作的票房也仍然惨淡。有人告诉我们，制作人无意管控投机钻营者和"黄牛党"，他们只顾着打理几乎入不敷出的表演，却对现有戏票体系的弊端放任自流，并且他们也未妥善地与讲诚信的票务代理商开展合作。

有人认为，为了防止代理商唯利是图产生危害，应该建立一个统一的票务销售体系。也有人建议大型剧院的最高票价应为 2 美元，而更大的剧院票价应为 1.8 美元。

糟糕的推广
很多剧院行业领袖重申，剧院在票务销售中仍延续着过时、低效的推广和宣传方法，而没有通过广播、电视和常规广告进行充分的剧院推广。有人说剧院的危机部分是因为缺少预售体系，没利用好巡演专列的展示动能，却仍守着旅馆、铁路、集会等方面的低效推广手段不放。有人说制作人忽视了巡演带来新观众的可能性，而且忽视了挚友推广业务。

不友好的员工
行业领袖对剧院怎样接待好公众有很多话要说。很多人将当前的危机归罪于剧院员工态度粗鲁。他们告诉我们，售票员经常很粗鲁，引导员和其他员工也未能得体地接待公众。与其他直接与公众打交道的组织相比，剧院对员工的管理松散废弛。

亟须公众教育
一些剧院行业领袖想通过宣教来唤起公立学校和社区对剧院在美国生活中作用的重视，他们也提到，感觉很多制作人与公众和媒体接触、沟通的手段落不到实处。

评论家的问题
至于评论家，一些剧院业领袖认为他们应该对自己的能量和影响力有更充分的认识，应该参加剧目试演并提出改进建议，应教育公众放弃对明星体系的迷恋，要是他们能像普通观众那样坐在剧院多个角落并看完整部戏剧，也许就会对戏剧有更准确的评价。

公众的错误

剧院行业领袖们对公众也有很多意见。他们告诉我们，公众也要对眼下的剧院危机负部分责任，因为他们只想看热门演出和明星。他们变得圆滑世故并且越来越挑剔。此外，剧院领袖认为，公众不理解剧院的经营管理机制，甚至都不知道怎么买票。

人们也看不起票务代理机构，而后者的存在是为了给他们省时、省钱、取票、送票。另外有些人说，公众还停留在私酒犯（bootlegger）时代和战时幻灭的心理沉醉之中而难以自拔——他们渴望被欺骗，希望剧院只带给他们逃避现实的欢愉。

来自400个深度访谈的意见

戏迷公众的看法是什么？我在这里仅提一下我们对9个样本城市的中高收入群体访谈的最重要的发现。

戏剧偏好

我们发现音乐喜剧在戏迷整体偏好中非常靠前，严肃喜剧第二，一般喜剧第三；然后是浪漫戏剧、历史剧、悲剧和悬疑剧。

有三分之一的受访者将观看最新的热门戏剧当成一种习惯，纽约戏迷尤其如此。有85.9%的受访者表示所在社区有商业剧院，而喜欢这些剧院的人数只有这个数字的一半。

剧院上座率

受访者平均每年看四到五次戏剧。在纽约，这个频率接近一年六次。人们现在去剧院的次数比战前和战时都少。现在的上座率比战时下降了5.8%，比战前下降了12.3%。在纽约这个数字更高：比战时下降了10%，比战前下降了18%。

公众觉得怎样才能挽救上座率的颓势呢？

有四分之三的人表示，如果票价更便宜，他们去剧院的次数就会更多。近67%的人表示，如果有他们喜欢的剧目，他们就会去得更频繁。各地受访者都把戏票短缺视为重要因素。

剧院中的身体舒适度

全国人民都希望有更舒适的剧院、更好看的演出，以及希望在纽约之外也能看到更多来自纽约的剧目。来自身体感受层面最大的抱怨是"不舒服"，尤其是没有伸腿的地方，座位太狭窄、太硬且视野差。大约有20%的受访者提到了对合理通风的要求。其他人则希望有更好的音效和更现代的设备。

戏票销售

受访者提到了买票过程中四个限制性因素：戏票很早就售罄——70.6%的人提到了这点；座位加价；很难得到便宜的座位；不接受电话预订。

只有10%的人表示自己在每张戏票上花费超过5美元。平均价格是3美元多一点，当然在纽约票价更高。

剧院 vs. 电影

有 62.5% 的受访者在看戏上的消费少于电影。他们看戏和观看体育赛事的消费额度大体相当而在看戏上的花费是歌剧与音乐会的两倍。但是，有 69.5% 的人看戏的花费少于家庭娱乐的支出。在纽约，他们看戏的花费跟看电影大致一样多，且看戏的花费也远超歌剧、音乐会和体育赛事。

文化价值

有趣的是，我们采访的人中有 82.6%（即大多数）认为商业剧院是其所在城市文化生活中的重要元素。他们说它提供了一种更好的娱乐形式，具有教育和文化价值，促进了社区进步，拓展了生活经验，激发了思想，提升了审美，比电影更有效，而且取得很好的社会影响。

5 000 份邮件问卷反映的民意

233

我们从《美国名人录》选出了 2 500 个不同行业的群体领袖，并根据代表性地域分布选取了全国 27 个城市的 2 500 名中高收入者，向他们邮寄了问卷。上述发现全部在直邮问卷中得到了同样的证实。

虽然所占比例有些许差异，但我们还是从中发现大多数人都抱怨票价高，建议提升剧院的身体舒适度，一票难求等问题。这些问卷也表明，大多数人认为商业剧院是他们城市文化生活中的一个重要元素。

伦敦剧院的调查发现

在关于伦敦剧院和公众的调查中，我们发现他们票务销售的组织化程度更高。代理商利用了旅馆、汽轮、高级俱乐部、大型酒店和豪华商场众多的分支机构和分销网络。这些分支机构和分销处靠收取佣金运转，代理商总部负责全部票务工作。工作组织化程度极高，以至每个代理商都能迅速了解每场演出可以拿到什么票。他们还发行了可以直接入场的代金券，因此省去了老主顾的一个麻烦——在售票处花时间排队换票的需要。

代理商和售票处的接待与服务水平很高。他们训练和鼓励员工看尽可能多的戏剧和阅读不同的评论，从而能够提供咨询建议。代理商办公室和剧院大厅用海报显示座位安排，以便老主顾能够准确找到他们的座位。广泛分发列有当下所有剧院热剧的小册子，以便如果有人无法得到他想看的剧目的座位，可以去看另一场戏。

解决方案

234

很显然，美国人喜欢看戏。全国范围的调查大致告诉我们公众对剧院的期许及其确认的如今剧院的缺陷。调查详尽地解释了现在剧院上座率低于战时和战前的原因，还有公众和剧院业领袖们因何不满。这些信息给了我们一个提出建设性意见的起点，即如何应对剧院危机并改善行业内部及剧院与公众之间的关系。

调查显示，剧院危机是社会和经济因素交织形成的复杂问题，并关涉多元社会主体纷繁复杂的关系、态度和行为。但是，其他领域的经验显示，此类问题存在普遍有效的解决措施。若该领域的某个自发性组织能担当领导角色，并全面采取行动，建设既符合公众利益又契应行业利益的大环境，这一解决方案便可付诸实践。

如下是我们提议的应对策略：

在当前形势下，担起领导角色的重任落到了纽约剧院联盟的头上。我们建议联盟当仁不让，如果它不做，其他团体就可能起而行之。联盟有众多成员、良好的传统和资源，有机会借助剧院内部的力量、舆论和法律来落实必要的解决方案。为了有效运作，联盟必须通过结构性重组来应对问题。具体而言，我们建议设立多个委员会来应对这项调查所揭示的主要问题。

委员会

这些委员会要应对广泛的问题，诸如教育关系、政府关系、群体关系、宣传推广、戏剧制作、戏剧融资、剧院建筑、媒体关系、公平商业操作、雇工问题和管理运营，以及旅行与交通。这些委员会应当补充联盟公共关系委员会、行政主管、秘书处和公关顾问力所不及的职能。

此类委员会可以成就一个更强大的联盟，因为它们会让成员对组织产生更强烈的认同，并在具体领域提供专门帮助。

这一方法业已被各种不同的组织所采纳。如美国报纸出版人协会（American Newspaper Publishers Association）、全国广播员联合会（National Association of Broadcasters）、美国医学联合会（American Medical Association）、美国管理联合会（American Management Association）、美国科学促进联合会（American Association for the Advancement of Science）、美国钢铁协会（American Iron and Steel Institute）。

公关政策宣言

采取行动的同时，我们建议联盟起草并发布一份公共关系政策宣言，用清晰简洁的语言告诉公众联盟打算如何面对和善待公众。我们建议这份宣言涵盖正规剧院涉及公共利益的全部因素——剧院在丰富国家文化方面的角色、娱乐标准、票务销售的公平运作，以及所有面对公众的人们所应有的礼貌和诚信。这项宣言的目的是彰显行业内部的团结协作，并以之为联盟成员个体行为和操守的标准。

当联盟达成了共识性目标、建立了所需架构，并提供了一项可行的预算后，便可以实施其公共关系计划了。我们建议联盟主席、主管和公关顾问与不同的委员会在整合、协调和计划执行上通力合作。

建议采取的行动

我们向联盟提议开展以下两类活动：

第二部分
公共关系实践

1. 在联盟成员、制作人和剧院主能直接控制别人态度与行为的领域开展活动。这些活动设计包括对剧院员工的教育和训练，也制定了一系列标准化的程式和有效方法供员工执行。

2. 在联盟成员只能部分或间接影响他人态度和行为的领域采取行动。这些行动的设想是，与剧院内部的其他群体和公众进行协商，或直接开展合作，通过宣讲和教育赢得公众支持，以及动员舆论来修订法律。

我们在对联盟成员可以直接控制态度和行为方面提出如下重要而具体的建议：

为制作人准备一本探讨和评估戏剧制作方法和实务的效率手册，以帮助他们降低成本、提高效率。

针对宣传和推广技巧，安排一些简便而密集的工作坊课程，重点介绍哪些能够提升推广技巧和促进公众好感度、理解度的方式方法。

制定一项针对售票员、代理商、引导员、特许经纪人和其相关他人士的教育计划，以确保戏迷得到礼遇和高效服务

以持续的行动来强化现行非法倒卖剧院票务运营程序的公正性，确保公正对待公众，并与非法倒卖做斗争。这就需要有一个商业公平运作委员会提供指导，并与代理商、票房财务主管、剧院老板与制片人、市政当局，以及商业促进局（Better Business Bureau）之类的中立机构合作。

建议由剧院建筑委员会考量当前剧场物资设施和舒适度的改善和提升方法，譬如座位、灯光、通风和音效等方面的调整。

为剧场老板、制作人、售票员和代理商提供一本建议手册，旨在拓展和改进票务销售方法、订票计划和邮寄业务等方面的工作。

持续研究公众对剧院的意见。

研究当前剧院的融资境况，并探索剧院募集风险投资的合法商业手段。

为纽约和公路沿线城市的消费者及潜在消费者准备、邮寄联合制作人联盟名单。

通过巡演专列、策划集会、设立候补代理商等方式，为拓展纽约市以外剧院的观众而进行联合推广。为剧院经理、代理商、剧场老板、制作人和其他该产业领袖提供周期性报告，作为交流公共关系工作信息的工具。

针对那些联盟成员只能部分或间接产生影响的态度和行为，我们提供了如下建议：

制定一项针对所有大众传播媒介——报纸、杂志、广播、印刷材料和直邮，并包括作家和评论家在内的持续性信息传播计划，使之获得关于事实和观点的更加全面、准确的描述。要设置一个媒体关系委员会来支持这项活动，并负责重要政策、剧院与媒体关系方面，开展广泛协商。发起一场研讨会，由顶级社会科学学者和文化领袖通过信件交往来研讨剧院问题。

在知名大学面向社会学、经济学、历史学和心理学领域的领袖召开一次关于剧院社会角色的会议。

发起一场运动，以降低联邦政府在戏票上收取的 20% 的娱乐税。

通过出版商和类似的合法商业渠道探讨在公众服务方面进行合作的可能。

与重要的妇女组织、政府机构和其他团体合作，赢得他们对改进剧院工作与提升剧院社会和文化地位的关注与支持。

与各个层面的教育机构进行合作，提高和拓展人们对剧院的广泛理解与认可，同时培训学生进入戏剧领域。

通过行动和事件激发年轻人对剧院的兴趣，包括制作一份关于剧院就业情况的小册子，组织作文比赛等活动。

利用各种手段激发公众对剧院的兴趣和参与度，譬如不同形式的奖励、奖品、奖学金、竞赛、展览和展示，精心安排对历史上著名剧院的参观，剧院发言人办事处为俱乐部和学校提供广播设备，印刷名作和纪念贺卡，利用公告板列举所有当前的热门戏剧，举办周年纪念活动等。

开展摸底实际情况研究以在全国拓展和改进热门戏剧的巡演方式。

我们所提出的计划是双向的，在改变联盟自身态度和行为的同时，也在试图教育公众以获得支持。通过向公众提供事实信息并解释产生多种状况的原因，进而复兴剧院传统并满足公众需求，我们认为联盟能够改变剧院与公众之间的关系，并实现上述三个主要目标。

伯内斯晚年肖像照

第二十二章
直邮：人类学研究的挑战

人类的鸿雁传书可追溯至历史之光乍现之际，从那时起，直邮就是沟通思想和影响意见最重要的媒介之一。

古代的书信文化可追溯至公元前 14 世纪，埃及人互相邮寄石片；而在中国，公元前 12 世纪的周王便通过邮差传布法令。我们美国在 1692 年开始组织殖民地之间的邮件服务，尽管直到 1847 年美国才开始发行第一枚邮票。

如今的美国邮政局每年要处理 430 亿封邮件，多数是私人信件。但是同样多的——或许更多的邮件是被各种想要促销或推动某项事业的个体、组织和团体以直邮的形式发送出去的。

本章内容来自我为纽约邮寄广告工作联合会（Mail Advertising Service Association）做的一项调查，试图分析既是一种公共关系形式、又是一种说服媒介的直邮广告。

有一次，纽约邮寄广告工作联合会邀请我分析公共关系中的直邮广告，我决定引用这些专家们自己的话来说明问题。为了实现这个目的，我采用了他们自己的传播媒介——直邮。

协会秘书长给了我一份主要的直邮广告商名单。我给那份名单上的每个人写了一封信，介绍了我的目的，并就一些有关直邮从业者的重要问题请教他们，希望他们贡献个人智慧。我收到丰富且有趣的回复，为了进一步探索成功运用直邮广告的秘密，我将在本章提及我与该领域内顶级从业者的私人书信来往，作为对这个话题的补充。他们包括尼古拉斯·赛姆斯泰格（Nicholas Samstag）①和《时代》杂志的弗兰克·普拉提（Frank Pratt）。

---

① 尼古拉斯·赛姆斯泰格（Nicholas Samstag）(1904—1968)，美国作家、诗人、广告人。他曾于 1943 到 1960 年担任《时代》杂志的营销总监。——译者注

第 二 部 分
公共关系实践

而后我重读了该领域的一些资料——书籍、杂志文章，比如亨利·霍克（Henry Hoke）写的《爬树的狗》（*Dogs That Clime Trees*）这样有趣而深刻的小册子。最后，我根据自己35年来利用邮件开展公共关系的经验来补充、提炼和解释它们。这里，我将简单记述这些发现。

首先，专家们的意见存在分歧。显然，他们中的大多数人分属关于直邮的两个主要思想流派。

第一个可以称作公式流派（the formula school）。在我们这个科学论、机械论盛行的文明里，很多人试图将公式化的理念从抽象世界转化到现实世界中，并将科学应用于人际关系之中。因此，这个思想流派坚持认为直邮广告有其基本规律，可被广泛应用于实操并获得成功。这群人相信我们在生活中那些人皆熟知的法则，譬如足部健康的十条法则、高速公路行车安全的五项程序等准则。成功之道便是遵循正确的规律和准则，这是此派思想的前提。

举例来说，该流派的一位代表写信给我，认为外观设计是一封邮件最重要的因素，因为"一封邮件的外观如果很糟糕，就根本不会有人去阅读，或至少一上来就没什么好印象"。他认为第二个且同样重要的因素，是信纸和复印的方式，因为"用暖色、优质的纸张营造好感非常重要"。他把内容列为"绝对的第三位"，因为"只有在前面这些品质过关的前提下，内容才能以一种被接纳的态度来阅读。内容之所以重要，是因为它必须使读者的兴趣维持足够长的时间，以讲好故事并促成行动，让读者邮寄反馈卡"。他列举的第四个重要的因素，是促成回复的技巧以"激发快速行动"。第五个重要因素是使用的邮件类别，但调查对象认为只有"当需要快速取得回复时"，这点才重要。

我收到的很多回复都属于公式流派。不过多数相信公式魔力的调查对象认为直邮广告中最重要的因素是内容，外形是第二位的，紧随其后的是复印方式、邮件类型、回应的便捷度和信纸。

关于直邮，还有第二个同样观点鲜明的思想学派，其最有实力的代言人是尼古拉斯·塞姆泰格（Nichlas Samstag），他是直邮领域才华横溢的实践者。

该流派相信所有关于内容或外观的公式化设计基本都是胡说。塞姆泰格先生认为，有效的直邮源于熟能生巧。成功的邮件归功于将经验、技巧和资质按照以下三条原则结合：（1）知道做什么并勉力而为；（2）心无旁骛，大胆尝试；（3）实验、实验再实验。第三条原则被华盛顿基普林格公司（Kiplinger Washington Agency）的博伊斯·摩根（Boyce Morgan）所证实，他说："直邮中最保险的方式就是一再实验，直到你能根据经验判断自己的产品怎样才能实现最佳的邮件销售。"

这个用实验代替公式的流派认为，没有一条能收获3%或22%，甚至45%回复率的坦途。一封四页篇幅的邮件这次可能让收件人拍案叫绝，但下次却未必如此。也许一封昨天失败了的邮件明天就能成功，因为事情和环境发生了变化。

《泰晤士报》有史以来发出的最成功的邮件，是一百万封带着烧焦边缘的信件。信件的边缘被煤油涂抹和焚烧过，收件人从信封中拿出破碎的信纸后会读到："纳粹的火焰正在吞噬着英格兰的海岸。"那封信在当时乃是神来之笔。

这一流派的信徒相信由经验所支撑和创新所激发的策略。他们并不反对规则或公式。这些他们也懂，却认为"那又如何"。公式是危险的，因为即便奉其行事，也可能导致直邮广告的失败。然后呢？公式占据了人的思想，而不再以其工具的本来面目呈现。

还有些调查对象的回复不属于以上两种流派中的任何一种。西蒙与舒斯特公司（Simon and Schuster）的理查德·西蒙（Richard Simon）写道："产品必须有一种'这说的就是我'的诉求，它必须是有用的。作为出版商，我们发现用直邮广告的方式来销售'文学'书籍是不可能的。我们唯一能通过直邮营销的是那些为读者提供服务的书，或者那些曾经很贵现在很便宜的书。"

西蒙与舒斯特公司也强调内容的重要性。他们告诉我，最成功的直邮活动之一是为《艺术杰作的财富》（Treasury of Art Masterpieces）一书开展的。他们将其成功归结于两点：（1）在1930年代的后半段，文化人和有钱人对艺术的兴趣与日俱增；（2）一本书若能尽可能好地再现艺术杰作，拥有最权威的支持，并以最低价格售出，会卖得很好。这本书获得了托马斯·克莱文（Thomas Craven）的权威支持，他写过很多艺术方面的著作。更重要的是，这本书囊括了从文艺复兴到现代最伟大艺术家的作品。

直邮广告活动在回复率上的差异，体现了以科学为基础开展直邮的需求。譬如，麦格劳—希尔出版公司（McGraw-Hill Publishing Company）认为，他们在1930年为《电子》（Electronics）杂志做的直邮广告收到了22%的订阅回复，每份3美元。格罗列尔协会（The Grolier Society）在他们最成功的直邮活动中推销《知识书籍年鉴》（Book of Knowledge Annual），有80%的寄出邮件收到了预订回复。宾夕法尼亚互助寿险公司（Penn Mutual Life Insurance Company）在他们最棒的活动中收到了22%的回复。

在调查回信中，直邮广告商教给我许多提高效率的方法。他们认为最需要做出的改进如下：第一，更低的成本——包括制费用和邮费；第二，更准确和更认真的名单选择。我所说的名单不仅是那些从黄页、号码簿和量产书籍里找出来的大把名目。邮件名单应通过对所要接触的特定市场群体进行认真的社会学研究中得来。

他们提到的第三个待改进之处是邮寄公司的工作，譬如自动校对和有效投递。此外，一些机构还提及改进信件内容（采用新手段、强化收件人分析等）、改进政府工作（更低的邮费、更快速的处理）和一些机械上的改进，如印刷地址和邮件投放等。

但这些改进建议真的会让直邮工作产生应有的效果吗？难道这一问题不应得到根本性的回答吗？

第二部分
公共关系实践

直邮用户必须意识到他们是传播专家，而不是复印机式的艺术家。他们必须研究两个非常重要的人类知识领域：（1）邮件沟通的艺术和科学；（2）人性研究。

沟通包括语言、列表、信头、信封、印刷、地址、核查和邮寄。人际关系则包括收件人的情感、性格和心理特质研究。整体而言，沟通是人类社会面临的主要问题之一。我们的文明在某种意义上处于沟通和混乱的竞赛之中。我们知道，我们所说的社会只是一个对人的理解较为片面的网络，邮件在其中扮演着重要角色。买卖双方的每次交易都涉及某种形式的沟通。

从石碑、鼓点、消息树（message sticks）和石子标记（pebble markings）到现在，我们用以相互交流的物质条件已经改善了许多。但尽管科技加速发展，心理障碍依旧存在。我们怎样才能最有效地用语言让自己获得理解？言辞顶多算是意义的糟糕替代。语言经常失真，它不是客观的。语义学的出现正是源于对澄清意义的基本努力。有两个关于传播研究的例子能够说明这几点。

我的一位朋友是个贺卡制造商，他最近跟芝加哥大学合作，做了一项关于贺卡上话语和图像符号之意义与影响的研究。调查发现，母亲节、圣诞节和其他节日场合的某些传统符号未必是最有效的。结果是他全盘革新了自己的生意并大获成功。

另外一个例子是鲁道夫·弗莱兹（Rudolph Flesch）所做的有关可读性问题的研究。弗莱兹先生以确凿的证据表明很多书籍和报纸在写作上超出了目标读者的接受能力。而一些出版商很好地利用了他的发现。

肯定还有让直邮广告商有利可图的传播研究领域有待探索。在这类研究中，大学、学院和相关基金会无疑会乐于参与合作。

我所提议的第二个研究领域是人类行为。社会学、心理学和国内外大学的其他社会科学部门都在研究人性、人的态度和性格。简言之，就是研究我们为什么以人的样子行事。这类知识的大部分内容都藏于图书馆的博士论文或发行量很小的那些晦涩的学术期刊之中。它们不应被搁置，直邮广告商可做的最了不起的工作之一就是将它们从目前晦涩的文献中解救出来。

当然，我们发现并采用了一些目前所知的关于人类行为动因的知识，但仅接触到皮毛。利用今日已拥有的知识，科学判断直邮广告收件人的动机和需求已不是梦想。人们不必为这些知识的繁复感到沮丧，我们可以探究那些普通的基本因素。

举例来说，不安全感在今天几乎是普遍的。有时它以势利眼、野心家和贪权者的方式显现出来。进攻性通常是一种对不安全感的过度补偿，而这种进攻性往往能够通过信件和其他方式得到释放，去跟邪恶斗争。

有的人需要被欣赏，而有的人则要在合群中得到解脱。有的人很健谈并控制不住地想要表达自己，还有人被表现欲所驱使，他们必须吸引人们的关注。有的人属于那种对自己担任领袖的素质坚信不疑的自大狂；有的人是急于投奔一些不受欢迎的事业的殉道者；有的人思想叛逆，反对任何提议，而有的人却极易受人影响。很多人乐于追随光彩事业，因为无数美国人是善良无私的，愿意响应那些指向社会良知的诉求。他们愿意助力可敬的理念、事业和人，但他们必须被区别对待，（在此处）利用人际关系方面的研究成果会让你更好地掌握沟通技巧。

245　　这也正是直邮需要那些能拓展我们对传播和人类行为认知的研究并善用其成果的理由，做直邮广告就是实践一门应用社会学。商业对化学、物理和其他自然科学进行研究，并将研究成果应用于日常实践。在对漂白所需盐酸量的了解没有精确到小数点之前时，没有哪个造纸商会试图进行操作。但在社会科学的应用方面，我们却存在着严重的时间迟滞。

直邮包含传播和人类行为的诸多面向，彰显了在高度竞争的文明社会制造目标公众认同的全过程。它理应运用最科学的手段得以实施，从而实现其最大化的社会功效。

第二十三章
广告业在文化上落后于时代

广告业在过去的半个世纪中增长显著。最近几年,商人和广告专家却在反思广告业在效度上是否满足了不断变化的社会需求。业内开始讨论这一问题,《印刷油墨》(Printers' Ink)杂志由此在1951年3月30日那一期杂志发表了我的一篇文章。本章基于该篇而作。①

人们往往抵制新的、有用的发明。我们曾嘲笑早期的汽车,说开车不如骑马。我们还讥笑过怀特兄弟(Wright Brothers)。②

在人际关系的新观念上,人们对改变的排斥更强烈。这些排斥导致了社会学家所称的"文化时差"(the cultural time lag)。H. K. 尼克松(H. K. Nixon)几年前在《美国心理学杂志》(the American Journal of Psychology)上发表的一篇报告中指出了这一问题。在报告中,哥伦比亚大学和纽约大学的学生被问及如下陈述是否正确:

人有五种感觉吗?

学数学会给你一个有逻辑的头脑吗?

长相是否昭示一个人的智商?

女人在道德上比男人更纯洁吗?

智商可以通过训练得以提高吗?

当你集中注意力看东西时,所见之物会有心灵感应吗?

尽管以上说法全都是错误的,但很多学生仍对这些问题及其蕴含的陈旧观念坚信不疑。他们接纳身边的常识,却跟不上那些证明以上说法错误的社会科学的发展。他们正经历着"文化时差"。

---

① 经出版商许可。改编自伯内斯,《广告业在文化上落后于时代》,《印刷油墨》1951年3月30日。印刷油墨出版有限责任公司版权所有,1951年。

② 怀特兄弟,美国人。1903年,他们发明了第一架飞机。——译者注

让我们把这些关于"文化时差"的观察应用到广告业中去。但首先要下个定义：广告是借助公共宣传创造理解的活动。就广义而论，广告同时也是为了激发购买而宣传或销售商品的艺术。广告业在发展中已经采纳了技术进步的成果——从15世纪的印刷机到20世纪用飞机喷出空中文字（skywriting）以及电视机的普及。然而，广告业却未能善用同样具有革命意义的社会科学。

正如前文指出的，在过去的半个世纪中，国内外的社会科学已经深入探索了人类的思想及其统御之道。社会科学已经总结了控制人作为个体或置身群体时的行为规律。美国今天拥有三万名社会科学家——心理学家、社会心理学家、精神病学家、精神分析学家、人类学家和社会学家。这些来自美国各大学的专家已经通过观察实验，积累了大量的知识和技巧。很多书籍、期刊和尚未发表的研究成果，都科学地探讨了人究竟何以为人、人到底怎样行动和为何如此行动等问题。

在我看来，广告业忽视了把这些数据当作工具来应用。广告业最多只开发了社会科学快速扩展的广阔基础知识领域的一部分，广告业对买卖媒介空间的兴趣远甚于发现广告自身与说服过程之间关系的兴趣。诚然，广告在说服顾客购买的过程中利用了部分语义学内容——有关言说的科学知识。然而，广告仍扎根于那种充斥着原始文化的话语魔法，这种魔法认为力量来自誓言、咒语、禁令和诅咒。广告依旧主要依赖于话语宣传，尽管我们今天已从社会科学实验中了解到，话语已然丧失了它曾被认为拥有的力量。在原始社会，医生有时仅凭话语魔法就可以成功治愈病人。但在高度复杂的现代社会，话语丧失了这种力量。

实际上，语言和图像在强化人们既有的信念和行为模式，甚至转变购买习惯中的态度和行为，以及否定潜在的态度和行为模式。我们给这个过程起什么名字并不重要——广告、制造认同、说服艺术、公共关系、舆论引导。劝服过程比语言要广泛。显然，说服必须借助某种传播形式才能生效。但它包含着很多其他为特定目标而调整人类行为的因素。

广告是一种再教育。社会科学已经发现，"只有当新的价值和信念体系业已支配了个体认知时，再教育才能影响行为"。而除了某些紧急情境，话语未必能充分实现此目的。如果我在一个拥挤的剧场里喊"着火了"，人们会认为发生了火灾而仓皇逃跑。如果我在西伯利亚一个村庄喊"狼来了"，农民们也会逃跑。但如果我在第五大道喊"狼来了"，这句话就不会产生什么影响。

社会科学已经发现，经验也已证实，我们并不单依靠所接受的语言来决定买什么东西或做什么事。对某个符号（如语言）的反应取决于听到或看见这个符号的人本身。人性是如此复杂，以至除非遇到紧急情况，人们难以被简单的影响因素说服并做出改变。

市场调查无法告诉我们怎样才能有效地策划一场成功的说服。我们从市场调查中得到的答案,可能会错误地解释为何人们要这样做,尤其是该调查只简单地引用人们对自己行为和态度的解释的时候。我们唯一的出路是运用社会科学学者对行为基本动机的研究成果。

心理学研究业已表明,我们并非总能意识到自身行为的真正动因。我们不会告诉调查者自己买沙袋是为了宣泄攻击性,或者买镜子是为了满足自己的自恋,再或者买一本关于礼仪的书是为了提升自己的社会地位。我们经常在答案中掩盖自己的真实动机并将其合理化。

因此,借助今天的知识说服公众或拓展广告策略,必须依靠对人类及其行为动机的深度调研。

在过去的半个世纪中,社会科学学者区隔、定义了两个重要因素,我认为对它们的研究和理解关乎广告策略拓展的根本问题。

第一个要素是文化矩阵(culture matrix)。人类心理和行为的主要制约因素存在于文化模式(culture pattern)之中,即我们出生和成长的环境。文化塑造了我们的生活方式、交流与思想、饮食与着装。作为个体,我们无意中从群体那里逐步获得了整个生命图景的框架。

最近,斯图尔特·蔡斯(Stuart Chase)对此做出了如下解释:"在任何社会,普通人大约90%的行为基本上是被一出生就开始学习的各种规则所决定的。即使他自主决定去往何方,一旦到了某地,他还是会遵循彼处的言行举止规范,无论是奔赴一场高贵的舞会,一个汽车生产车间,还是一场赌局……在所有区隔个人、家庭、政党、压力群体、宗教、意识形态等因素的控制下,我们的确因其冲突而面临各种隔阂,但由于我们共享相同的文化,所以仍存在着广阔而强大的共识基础。"海伦·林德(Helen Lynd)和罗伯特·林德(Robert S. Lynd)的书《米德尔墩城》(*Middletown*)和《米德尔敦的变迁》(*Middletown in Transition*),以及里奥德·沃纳(Lloyd Warner)的《扬基城》(*Yankee City*)系列丛书分析了美国的文化模式,他们所提供的科学文化知识堪为有效广告策略的基础。

社会科学区隔和定义的另一个要素是人格,它也与我们的行为动机和方式有关。人格类型多样,在结构上和功能上各不相同。刚出生时的我们谈不上什么人格。文化帮我们逐渐形成了性格上的大致特征,而包括家庭在内的许多其他因素则促成了个体的独有特征。很快,我们就开始在生活中扮演一个明确的角色。

我们的整体行为反映了我们的人格特质。个体有三重人格交运而行:意识(自我)、潜意识(本我)和良知(超我)。

人的行为和态度皆有其根由,他们未必合乎逻辑,它们未必总能被外人所感知,甚至连个体自己也浑然不知。无意识的冲动影响着我们的行为,这些冲动则源于我们的早年经历。儿童时期未能实现的冲动可能会影响我们成年后的行为。欲求上的挫败会导致压抑、逃避、错位、认同缺失、自我投射混乱或孤立,以及人格变异。西格蒙德·弗洛伊德

（Sigmund Freud）的《精神分析引论新编》（*New Introductory Lectures on Psycho-Analysis*）对此进行了很好的描述。现在的广告从业者必须跟上这些成果的步伐，勤学不辍。从社会心理学的角度看，纽库姆（Newcomb）和哈特利（Hartley）的《社会心理学读本》（*Readings in Social Psychology*）是一部很好的入门书，而加德纳·莫菲（Gardner Murphy）和弗莱德里奇·詹森（Friedrich Jensen）的《人性之路》（*Approaches to Personality*）是本难读但有用的书。

我们不能靠常识指导说服工作。我们必须依靠社会科学学者的贡献来了解人们为什么能或不能成为我们的顾客。若要促成某种人格意义上的行为改变，就需要重塑人们的态度，改造世界观，建立新角色或新的行为模式。这些可以通过多种途径来实现。既然顾客是活生生的人，而我们试图引发某种方向性改变，因而所有以说服为业的广告人和专业人士皆需了解改变是如何发生的。除非我们已经掌握了社会科学专家对人类行为和变化的研究成果，否则市场调查无法解决这些问题。没有哪个外科医生能不研究解剖就去做手术。

我举个例子来解释一下。自尊动机（ego motivation）是大多数人都有的强大的、基本的冲动。人们维护自尊胜过其他一切。社会科学学者已经发现，出于自尊动机，人们总体来说只看他们想看的东西；只阅读或倾听那些证实自己既有观点，或可以被曲解来证实既有观点的材料；他们有意无意地避免了解与自己既有意见相左的材料。

倘若那些正在开展某些广告活动的人们知道了这一点，他们显然会就此收手，调整自己的策略。

很多广告人相信，只要提供关于一个产品的真实信息，便可改变那些目前对产品有错误看法的人们的态度。就道义和社会发展而论，真相当然至关重要。但是，社会科学学者已然证实仅仅通过传播真实信息或事实性观点来改变态度是"极其吃力不讨好"的。这一认识可能也会改变今天很多的广告行为。

今天的广告一味在不同媒体上购买版面，为这些版面准备文案并据此分配资金。广告要想成功，我们就必须将之视为动态的社会过程——一个善用文化范型和个体动机的知识，基于购买者的个体或所在群体利益制造认同的过程。

一个人在下决心做任何事情的时候，不止受到一种因素的影响——一些仅来自表达，另一些则来自其所在群体的行为或态度。我们要基于这些不同影响因素来计划广告活动。

在最近一份关于商业计划和政策的宣言里，福特基金会（the Ford Foundation）揭示了企业疏于利用社会科学成果的问题。基金会强调了在商业中更多运用人类行为科学既有知识成果的必要性。基金会指出，既有的理论和技巧能够使我们更全面地理解人类行为的基本动机，人类行为已被确定为基金会的五大研究领域之一。

广告业要善用社会科学领域有关人格和行为的现有成果。我认识的一位有远见的广告人有效运用了这一策略，其他人起而效之将会获得同样的成功。媒体并不是这位广告人首要考虑的问题,而是他最后考虑的问题。他的主要问题不是"要在哪里做广告和应该说什么",而是明确定义自己的目标,通过调查掌握公众作为个体和群体成员的主要行为动机。他像一个竞选主管那样行事,让公众选举自己阵营的候选人进入政府。他并不靠某篇演讲或新闻稿说服公众。

他所倚重的乃是自己的创造力和经验,运用所有可能的制造选民认同的方式来为其候选人投票。真正的不同之处在于这位广告人像社会科学学者一样规划自己的项目。

下面列举了三个简单方法供广告人参考:

1. 熟悉自己所处学科的重要文献——社会学、心理学、社会心理学、人类学和精神病学。任何一个像样的大学或图书馆都会提供书单。

2. 随时关注主要领域的期刊文献。这同样可以借助大学或图书馆资源。

3. 加入学术社团,比如社会问题心理学研究会(the Society for Psychological Study of Social Issues),以紧密追踪最新趋势。

当今的广告人主要依赖语义学的知识力量,而他们很快会发现,关注那些研究人类行为动机的学科更加有用。虽然知其不易且耗费心力,但对于理解和实现自己努力去做的事情颇为重要。

伯内斯晚年工作照

第二十四章
一种不同的民意调查
——美国舆论预测

大多数民意调查试图预测人们的想法或预测人们怎样说出想法。在战时的 1944 年,我尝试做了一次民意调查,分析人们怎样思考和把握不久的将来可能发生的主要社会议题。这项预测性调查在某种程度上代表了民意测验最初的起点。

1944 年 3 月的《美国信使》(*The American Mercury*)发表了这次调查的结果①。时间证明了这次民意调查的有效性。在做这次调查的时候,我首先拟定了一份我认为最终在美国大政方针制定方面起作用的重要群体的名单,包括代表了美国所有重要细分领域的群体——农业、劳工、工业、民族、宗教,等等。我向每个群体的领袖询问了他们认为可能会出现什么主要议题及其应对之道。然后,我试着通过评估不同力量在行动中可能产生的冲突与协调来解释他们的说法。

本章即基于我在《美国信使》上的那篇文章而作。

1944 年,在美国深陷第二次世界大战之际,报刊社论、广播评论和政治演讲纷纷表达了某种普遍的担忧——美国人民可能会在不久的将来走向分裂,以至于威胁到我们民主社会的根基。当公众见证罢工、种族冲突、政治斗争和其他一些看起来不团结的事实时,便产生了这些疑虑。尽管如此,基于一项认真的新型民意调查,我可以极其负责任地说,这些令人沮丧的预言毫无根据。基于收集到的证据,我斗胆预测,我们在不久的将来会发现美国是一个非常团结的民族。

普通的民意调查通常试图测量人们对公共议题的现有态度。通过把这种态度跟过去的态度进行比较,试图借此追踪舆论趋势和公

① 伯内斯,《美国舆论预测》《美国信使》,1944 年 3 月。经《美国信使》同意改编。

众偏好。然而，我所做的调查打破了这个程式。针对将来的民意预测，本项并没有列出具体的议题，也未将公众视为一个整体来探讨。相反，它设法判断：（1）何者将来会成为公众感兴趣的主要议题；（2）针对此中的每一个议题，主流的意见和行动会是什么。

这次调查一开始就打算预估未来六个月左右的舆论和行动。它清楚地表明，作为一个国家，我们在美国将要面临哪些主要议题上能够达成一致，同时在通过民主路径解决它们的决心方面几乎全体一致。

我将这次调查建立在一个原则之上，这个原则经过我在舆论领域超过25年的全面检验，其有效性在今天被广为接受。我所指的原则是，在一个民主国家中，群体领袖们在当下的意见会成为大众将来的意见。

如果我们能探明那些塑造舆论的人们现在相信什么，我们就会对今后的舆论和行动有可靠的预测。显然，没有哪个群体的意见能够单独主导未来的普遍民意，不管这个群体多有影响力；但对所有舆论塑造者群体做一个代表性抽样却能够预测普遍民意。因此，在其他民意测验试图检验全体人民的普遍态度时，我只探讨群体领袖的代表性态度。

我的民意测验充分覆盖了所有形塑我国公众思想和行动的领袖：影响无数人头脑的编辑与评论家、劳工领袖、官员、教育家、出版家、杰出企业管理者、作家、经济学家、医生、牧师和各类组织的领导。我让他们完全自由地选择自己认为的会在未来六个月内流行的议题，针对这些议题表明观点，并说明自己将如何在所影响的人群中普及自己的观点。

调查得到了令人满意的完整和坦诚的回复。它们代表了全国多个群体的多元意见。这一调查揭示了未来几个月公众头脑中的五个主要议题是什么，以及表现在这些议题上的主流民意。这五个主要议题按重要性排序分别是：

（1）赢得战争；

（2）生活成本；

（3）国际合作；

（4）种族关系；

（5）劳资关系。

同样按照重要性排序，三个补充性的议题分别是：

（1）1944年大选；

（2）联邦政府的发展走势；

（3）军人复员。

前两个议题无需赘述，每个人都希望尽快赢得战争，人们愿意跟随统帅及其助手速战速决，成功化解冲突。每个人自然都希望降低生活成本，禁止和惩罚投机倒把者。但是，我们可以预见在如何降低生活成本和减缓通货膨胀方面会产生意见分歧。大部分民众会支持控制薪酬和物价，并愿意最大限度地忍受配给限制。

第 二 部 分
公共关系实践

对税收的意见会一如既往地分裂。但即使在税收和财政领域，我也可以放心预测人们会一致下定决心做出所有牺牲。一位来自马萨诸塞州春田市（Springfield）的工业主管写道："我愿意尽全力购买战争债券，并对纳税报以慷慨一笑。"他其实已经预告了自己未来的态度。

在国际合作方面，我的调查显示，人们会在不久的将来担忧共产主义在美国的崛起。很多人批评英国的殖民政策和俄国的沙文主义野心。然而，压倒性多数的人会支持为了集体安全而设立某种国际性的国家联盟。

在未来的几个月里，美国人还会支持自由贸易，支持成立一个国际银行、一支国际警察力量和一个世界法庭。在战后边界处理问题上，民众主张美国扮演重要的角色以避免未来的国际冲突。

简而言之，基于舆论塑造者当时的信念，我可以预测美国人在未来几个月内不会赞成极端孤立主义，而会支持美国更广泛地参与国际事务。由此推论那些认为民众因对国内情况不满而支持战前孤立主义的人是大错特错。

为了证明这一行将到来的舆论趋向，我援引爱荷华州（Iowa）一位著名编辑的来信，这位共和党人士的代表性言论是："我不会助长和容忍党内的任何孤立主义动向。如果做出这样的举动，共和党会死无葬身之地。"

这显然是一个主流观点。当然也会有明确的少数派观点存在，就像下面这位商人评论说："如果你愿意做个预测，明年会是国际主义在美国迅速衰落的时期，而美国国家主义会迅速得势。人们已经开始回击对'同一个世界'的大肆宣传，我们可以期待传统爱国主义的回归。"

基于我的民意调查，我预测在六个月内大多数美国人会支持走一条"传统爱国主义"与"全面国际主义"的中间道路。

在不久的将来，种族关系这一议题会在公众心头反复纠结，因为它已占据了舆论塑造者的思想，尽管眼前尚无长远解决之道。在这一议题上的主流意见将是温和的、同情的和民主的。总的来说，美国人民将为黑人谋求更多的经济和政治机会，切实改善其社会处境。公众对南方的人头税抗争会不断增加。民众整体会明显减少对犹太问题的关心，尽管会有一小部分人将强化他们的反犹观点。

我们可以通过下面这则具有代表性的回复来把握即将出现的舆论结构，它来自一位中西部的新闻编辑："极端种族主义者和反犹主义者一再把不满发泄到黑人和犹太人身上——将一切问题都归罪于他们。这是行不通的。追求公平正义既是美国的立国之本，也是其未来的命运选择——我们必须持守这一信念，而善良的人们决心将之带给每一位公民。"

在劳资关系领域，我的这次民意调查表明，很多人要求立法加诸工会领导层更多责任，合并工会组织，对战时工厂罢工采取更果断的联邦行动，以及修订《瓦格纳法案》

（*Wagner Act*）①。我们可以从下面的典型表述中预先感知舆论，这位来自华盛顿特区的编辑说："我希望能缓解士兵和平民对于那些无良的工会策略的怒气，无组织的劳工下手惩戒和以攻击的形式发泄不满。我认为，劳工领袖们对纠正工会陋习、要求工会承担更多责任的温和策略的抵制态度，加剧了上述攻击的危险性，其危害甚至大于某些雇主所期望的工会在战后时期解体的主张。"

一位印第安纳州的劳工官员在讨论劳工和战后再就业问题时的意见较有代表性，它揭示了将来对劳工态度的另一面。他警告说："美国人现在应该认真思考这个问题。在所有的战争终结之后，当人们陷于失业的时候，雇主阶层几乎从来都会在劳工市场乘虚而入，而且总会成功摧毁工人群众的生活条件、工资、工时待遇等。我们现在应该认真思考，并在不完全指望政府的前提下做好准备，让无数直接和间接参战的民众拥有谋生的机会。"

一位俄亥俄州的电台总监表达了一个主流看法，说支持使用温和的手段调解分歧："现在有必要采取一场大规模的公共教育运动，打破劳资双方源于无知的成见，并积极展现已经达成共识的领域。"

作为一个民主社会，我们可以预见，人们对1944年大选存在尖锐的意见分歧。其中的重大议题将是对罗斯福本人，以及对他不言而喻即将参选第四个任期的讨论。

在联邦政府的发展取向方面，接下来的几个月，人们几近众口一词地要求捍卫民主，反对任何直接或间接的集权控制。一位来自波士顿的报纸编辑表达了这样一种典型意见，他呼吁"对于宪法和权利法案不能只是口头尊奉"，并进一步指出了"为了这片土地上的每个人民，赋予和维护它们生命力"的急迫性，"我预见了美国人民会坚定支持自由企业原则"。

大多数人不支持我们的军队仓促复员。这在领袖中是一种主流意见，下面这位新泽西州的编辑表达了大家的看法："为了加紧进行对日战争，在世界范围内维持必要的陆军和海军驻防，并且渐进地推动数百万现役军人的复员……政府应该抵制'让孩子们回家'的叫嚷。"

国家可能会在战后更明确地普及军训，并坚定地帮助复员军人

---

① 《瓦格纳法案》（*Wagner Act*）也称《国家劳动关系法》（*National Labor Relations Act*，NLRA）。1935年6月5日由罗斯福总统签署，该法案通过保护工人加入并组建公会的权利以鼓励私有部门的集体谈判，在1947年和1959年两次修订后，该法案至今仍是美国私有部门劳动立法的核心。参议院罗伯特·F. 瓦格纳为这部法案的通过付出了大量努力，这部法案也渗透了他的进步劳工政策，故被称为《瓦格纳法案》。——译者注

谋职，尽可能为他们提供教育机会以改善生计。政府会支持战后复员计划——更多的是通过州政府和本地政府而不是联邦政府。

民意调查显示，在所有这八个议题上，美国不同地区民众的态度并无明显分歧。所有地区对前五个主要议题和三个补充议题的重要性排序都几乎相同。在东北部各州，"劳资关系"的重要性几乎跟"生活成本"和"国际合作"相同，而在东南部各州，"联邦政府发展取向"的重要性排序高于其他地方。中北部各州对"种族关系"，尤其是对"黑人问题"的关注比其他地方更高。太平洋沿岸各州也一样，不过其关注重点是"日本人问题"。

这次调查揭示了不同职业之间显著的态度差异。譬如教育家对"生活成本"议题更感兴趣，对"国际合作"的兴趣紧随其后。作家和教师对"种族关系"比对其他议题更加关注，电台评论员和电台节目总监也一样。自由主义者和劳工领袖将他们的重点放在了"劳资关系"和"种族问题"上。官员在思想上跟其他群体并无太大差异，对他们之中的大多数人来说，"国际合作"和"生活成本"是最重要的议题。

然而，在这次调查中，我们关注的不是这些舆论塑造者当时的想法，而是其观点的传播对象——广大公众在不久的将来的想法。值得注意的是，尽管侧重点各有不同，但群体领袖在未来议题的内容和他们对议题的整体态度上是有共识的。最重要的是，他们实际上一致认为我们务必采取民主手段解决国家问题。只有不到百分之一的人倾向于使用革命手段。

所有这些回复让我能够预测未来六个月内，尽管有些不团结的现象登上了新闻头条，我们仍将是一个真正团结的国家。极端分子、煽动者和一些恐慌的个体简直是微不足道的少数派。绝大多数人不曾表达出来，根深蒂固的意见几乎一致地倾向于赢得战争并支持在政治经济问题上走民主道路。

第二十五章

态度调查

——为我所用还是为其所设？

1945年秋天，《舆论季刊》（the Public Opinion Quarterly）发表了我的文章《态度调查——为我所用还是为其所设？》。这篇引发诸多评论的文章，基于一个事实展开写作：态度调查已经变成了美国社会生活中一个显著的现象。态度调查若能诚实、有效和理智地采集数据，并加以正确的理解，它将是非常有用的工具。我同意这一点，但不免也要发出警告：当态度调查由愚蠢、无能、名不副实之辈或反社会的家伙们操弄时，将沦为潜在的危险武器。我提出，不准确的调查和解释对我们的民主社会来说很危险，因为：（1）它们和准确的调查一样会影响公众；（2）为了有偏向性的或不正当目的而滥用调查，危害极大；（3）那些错误解释或歪曲调查结果的领袖会危害社会。

我警告说，调查应该是我们的仆人——为我所用，而不是主人——为其所设。但不幸的是，人们对态度调查有效性的认知太过流于数字表面。譬如，当调查结果的数据比例跟立法者、商人的观点一致时，他们好像得到宽慰，相信公众不会反对自己。我还警告说，调查在美国制造出的新型领导理念，即片面服从调查的领导理念，是危险的。

为了防止对态度调查、意见调查的滥用和误读，我建议：（1）民调人员要有执照，就像医生、律师、会计和建筑师一样；（2）应该教育公众及其领导者认识调查在社会中的重要性。

这篇文章面世三年后，1948年总统大选如期而至。杜鲁门（Harry S. Truman）重返白宫，尽管大部分民调预言他必然败北。

就像对维生素和别的什么好东西一样，美国以其一贯的对新事物不假思索的热情接纳了态度调查。如果人们能够诚实、有效、聪明地收集和理解数据，调查将是一种非常有用的工具。相反，在愚蠢、无能、名不副实之辈或反社会者手中，它们将是潜在的危险武器。

并非所有调查都被诚实地执行，并非所有调查都被正确地采纳，也不是所有调查都被明智地解释。调查很少能真正推断并得出未来的态度倾向。尽管如此，公众还是真诚地浏览数据,并相信调查所提供的全部问题的答案可以表达任何时候的主流意见。公众和领袖们倾向于将今天的调查视为上帝之声和人民意志,他们有了新的法宝来满足这种古老的愿望——从昨日的书中获得明日的训诫。

大量不同类型的态度调查都宣称会反映公众对各类企业的意见——私人的或公共的、盈利的或非盈利的。有些调查提出简单的"是"或"否"的问题,其他一些则较为宽泛,通过多个问题来确定答案。一些调查科学而准确,在提问前将公众分类,如"配额抽样"(quota sampling)、"区域抽样"(area sampling)和"小组测试"(panel polls)。一些反映了表面的态度,另外一些则更为深入。某些调查是一次性完成的,另外一些则是分阶段完成的。

这里的讨论仅适用于态度调查。它不适用于对市场的事实性和纯粹量化的调查,以及其他类似的测量研究。它也不适用深度访谈,深度访谈并不是调查,尽管一些人将它们当作调查。深度调查可以预测未来的趋势,试图觅得人们的动机,探究人们为何这样思考和行动。此种调查致力于探究何种态度会持续,什么样的语言、图像和行动可以修正它们,何种态度可以被改变以及怎样改变。

很多领导者和公众对态度调查有着单纯的信仰,他们本不应该如此。调查的价值在于解释,也在于数据的准确性。态度调查本身并不传递任何信息,它的数据只是原始材料。唯有解释者知道的东西比调查本身的数据所显示的更多,一项调查才称得上未来的线索。调查只反映了受访者电光火石般的态度。这一点大多数美国人并不明白。

政府、民调者和公众应当审慎对待调查。我们需要定义调查的功能,呼吁人们关注那些不准确、被误读、被滥用和歪曲的调查对社会的危害,并说明为何调查对人们未来行为的指引有所不同。

不准确的调查和解释会危害社会,理由如下:

1. 它们和准确的调查一样会对公众产生很大影响;
2. 民调专家或民调专家背后的指使者为了有倾向性的或不正当的目的而滥用调查,危害极大;
3. 错误解释或歪曲调查的领导者会危害社会。

主要危害

人们对态度调查的有效性带有一种太过流于字面的接受倾向。很多人相信,当一项调查显示有51%的公众支持某项提议时,这就是公众的主流意见。领导者和公众的这种信条会导致对传统的民主决策方式的忽视——调解和协调的多数派与少数派的观点。早前,决策一般是通过公开的讨论和妥协达成的。今天,调查压制了分歧的声音。这会切实威胁到我们得出结论的方式。

不准确的和不正当的态度调查也会影响公众。自由党(the Liberal Party)在一场选举中落败之后，该党主席在发给杜威（Dewey）州长的电报中总结了不准确的大选调查对该党命运的影响。这次调查是《纽约每日新闻》（*New York Daily News*）开展的。邮件称："10月15日，《纽约每日新闻》的调查错误地预测了有超过70%的选票支持（我们的对手）欧·德威尔（William O'Dwyer）先生（实际选票是57.3%）。从那天起，为了一个美好政府而进行的选战实际上已经结束。我们士气低落，团队散伙，而资金来源也断掉了。"

但不仅仅是不准确的调查会导致此类危险的出现，准确的调查也会带来强烈的（负面）影响。在1945年的杰弗瑞—弗兰肯斯坦（Jeffries-Frankensteen）选举中，调查的不当显著干预了公众的选择。某党派私下雇佣了一家舆论调查公司（Opinion Research Corporation），委托其开展一项关于两位候选人当选概率的态度调查。《底特律自由报》（*Detroit Free Press*）拿到了调查结果并予以公布。调查显示，在底特律人口中占压倒性比例的黑人支持弗兰肯斯坦。弗兰肯斯坦随后控诉说，因为这次不合时宜的调查结果公布，该调查对其参选产生了不利影响。

为了有偏见的或不正当目的而大量开展错误甚至虚假的调查是危险的。对那些缺乏社会责任感，而又知道公众易于轻信调查的民调人员或群体来说，调查乃是一种诱导，他们利用此种诱导来满足私欲。

调查与领袖

当调查后的数字比例跟立法者和商人的观点一致时，调查经常诱导他们使其相信公众不会反对自己。他们不认为舆论时刻处于不为人知的变化之中，因此无视这种可能性。他们并不认为消极的或隐藏的观点是重要的，而少数意见旋即又变得清晰、活跃和公开，并突然跟多数意见公开冲突，这种态度就会引爆舆论。在为了公共利益而做的决策中，广泛进行讨论至关重要。

调查在美国制造了新型的领导理念——片面遵从调查的领导理念，这是相当危险的。鉴于此，我们必须审慎运用准确的调查：

1. 态度调查对公众的影响如此强大，以至经常阻碍形成重要决策的健全的民主方式。

2. 当调查妨碍领袖独立思考、预判变化或带领公众做好迎接变化的准备时，社会必然会遭殃。

3. 调查施加压力，可能会让社会陷于杰斐逊（Jefferson）所称的"多数人的暴政"，进而扼杀进步的少数派观点。

我们不再为人所领导，而是被调查牵着鼻子走。不管在商业上还是在政治上，民主领导的责任是告知并教育舆论走向进步，同时根据比区区数字更为审慎的理由做出决策。如今，态度调查已成为政治、艺术、商业等我们生活方方面面的决定性因素。

这种情况让公众对变化毫无准备，因为领袖未尽其责。我们知道按计划行事和意外事

第二部分
公共关系实践

件皆可能迅速改变公众态度，尽管社会发展中的变革通常是缓慢的。那些坚信调查描述了持久态度倾向并相信据此可准确预测结果的人们，经常被误导。遵从调查的社会、实业和政治领袖其实是在遵从过去，而不是走向未来，社会也会因此遭殃。

由于调查的实际价值在公众头脑中被歪曲，它也会胁迫领袖做出损害进步的各种行为。调查阻碍过于保守的人们朝着进步的方向前进，一些所谓的领袖信奉这些数据。如果有调查显示70%的民众支持某一产品、某项交通管制、某个议会提案，它就会因此设定领袖的想法。人们屈从于调查的原因非常简单，为什么要冒险反对看起来主流的意见呢？

我并不是说真正的领袖总是要迎合公众。整体而言，我们国家生活中真正的领袖几乎总是领先于追随者。但是冒牌的领袖，那些在大多数情况下其实只是见风使舵的家伙，会受调查数据的怂恿而继续随波逐流。

如今，认为调查结果可以揭示恒久民意的教条使这种状况走向固化，这对一个快速进步的世界来说当然是一个累赘。大多数人理应被激励和教育着奔向进步。领袖为维持现状而伤及主动性给社会带来的危害是不言而喻的。

尽管态度调查潜藏着上述风险，但那些经过科学策划符合知识逻辑的调查，还是可以准确地预测公众行为的。它们可以预测选举结果，譬如曾有五项科学调查以小于实际公投结果2%的偏差预测了1944年总统大选的结果。

恰如一座冰山

这种调查跟那些采集公众对广告牌、广播广告或童工态度的数据调查相去甚远。为了让调查真正有意义，我们必须广泛分析公众的行为趋势、相反趋势和显著事件，以此为根据来研究和解释数据。

一些民调者所谓的"态度调查"揭示的人民意志，几乎不会反映人们一成不变的声音。舆论就像一座冰山，可见的部分只是被表达出来的态度，而其隐匿的部分往往更强大。

科学调查测量的是公众当下的感知。若只想揭示公众在调查统计之际的反应，它是有用的。它可以成为领导的测验性工具，有助于制订计划，有助于强化或改变公众态度。有社会见识的领袖总是试图了解公众在某个具体时刻的态度。洞悉于此，他们就可以有计划地教育公众接受新习惯和新态度及其价值，或可帮助公众维持现有的习惯或态度。

当我提到领导理念的时候，我指的是民主的领导理念——通过民主手段、教育和说服实现引领，而不是像某些独裁政权那样，通过威胁、恐吓、暴力和伪善领导人民。在政治上，民主进步是在个体与群体（由那些为了共同目标的特定个体领导）的互动中实现的。在美国，领袖应与追随者协同进步。所以，态度调查的实际效用就是一种帮助领袖们在商业或政治行动中实现民主功能的工具。对公众来说，调查不过是支温度计——显示测量时的温度。

但大多数态度倾向却可以被外部压力改变。关于这一点，如普林斯顿大学舆论研究所（Princeton University's Office of Public Opinion Research）的哈德利·坎特里尔博士（Dr. Hadley Cantril）所言："我们必须区分以下两种调查，一种触及根深蒂固、已然定型的态度，一种触及的是尚未定型的意见，可以被影响的是后者。"

只依靠数据解释调查，就好比只读温度计就可以诊断病患一样。即便经过一段时间跨度，这种解读在调查中也未必是有效的。就算数据能在一段时间内维持稳定，也有可能导致错误的解读，根据所谓的"稳定态度"预测未来依旧是不靠谱的。实际上，公众可能今天还对某种情况无动于衷或浑然不觉，明天却了解到新的事实从而有可能改变自己的态度。尽管调查所显示的公众态度在某一时期可以被精确描述，但当语言、图像和行动对其施加改造时，公众态度又会起伏波动；因语言、图像和行动得以加剧的现有态度，也有可能（在变化后一段时间内）维持不动。

战前，在美国驱逐舰"帕内号"（Panay）被日本击沉后，美国对日本的负面态度陡升。再举个类似的例子，对橄榄中肉毒菌导致死亡个案的宣传，很快将人们对橄榄的态度从有利转为不利。还有当索尼娅·海妮（Sonja Henie）①在一部电影中穿着白色皮革轮滑鞋时，成千上万的女孩开始抢购白色轮滑鞋而不是传统的黑色轮滑鞋。

那些显著呈现的权威性和事实性证据可以塑造态度，诉诸传统、动之以情的有效推理或说服同样可以改变态度。民调人员意识到了这一点，但尽管如此，仍有太多的人坚持认为调查似乎揭示了恒久不变的态度。

为什么

指示民众未来行为的态度调查会出现偏差；调查也不能实现领袖和公众认定的那些功能；调查需要得到审慎的解释。导致以上现象的心理原因是什么呢？当然，我要讨论的心理因素是极其显而易见的。我之所以提到它们，是因为它们表明了一个人可以获得的民众意见未必有效，却能产生巨大的影响力。

态度调查可能只记录下一个人想要告诉提问者的东西，或他认为提问者想要听到的东西。潜意识里的自我审查往往阻碍受访者说出真实的想法或做法。一个在周一说自己对黑人没有偏见的人，可

---

① 索尼娅·海妮（Sonja Hanie）（1912—1969）是挪威籍女子花样滑冰运动员和电影明星。她创造性地身着短裙滑冰并在动作中融入芭蕾舞技巧。代表作有《阳光溪谷小夜曲》《珠光宝气》等。——译者注

能周二就会去参加一场私刑聚会（lynching party）。

有时答案是见风使舵的结果，有时则是一种建立自尊的尝试，或是受访者让自己的处境给听者留下印象的一种努力。答案可能会反映当时的背景或其他外部情况。

提问的方式、调查者的个人技术，都会影响一项态度调查的有效性，调查者自身的偏见和观点也会对调查结果产生影响。提问者的个性会影响受访者；回答取决于提问者和被提问者的身心状况；当下的情绪对一时起意给出的答案有很大的影响；受访者丢出的一个不经思索的案答可能会导致误读。一个吃了一顿丰盛早餐、睡了一宿好觉、向往着开心一天的人，与一个外出一夜、酒喝得有点多、被家境所困扰的人给出的答案不同；同一个人，正走在去看医生的路上时对税收的意见，可能会比医生告诉他血压正常时更悲观一些。纳粹占领巴黎之后的那一天，没人对任何事情感觉特别好。这般复杂的情绪难以相互抵消，因而平均法则并非总是适用。

我们潜意识中的想法和有意识的推理都会影响答案。我们的回答有时是自我合理化的结果。真实的原因可能被遮蔽了，因为我们感到耻于启齿。它们可能是我们真正反对的，轻浮或自私的理由。

很多人是神经质的，他们的回答可能会反映内在的自我挣扎，而不是真实的观点。我们可能会由于任何一种因素——腺上素的、心理的、社会的原因，而临时起意避开一个经过考量的答案。这些因素会影响所有的态度调查。

一些态度调查只给出一个基于"是"和"否"的数字量表。这些内容难以揭示一个人是否会改变他的观点，或者改变的原因，因为它们并不显示态度的强烈程度。正是态度的强烈程度体现了行为改变的潜力。这就是为什么这么多调查难以指引除了当下想法以外的任何事情，以及为何调查给出的态度明天就可能改变的原因。

两条建议

怎样才能防止对调查的滥用、曲解和误读？这里有两条建议，我相信它们值得讨论并付诸行动。

1. 调查从业者需要有执照。每一个称职的从业者无疑都会欢迎这一点。由州政府和中央政府代表的民众有权保护自己免受任何事关公共利益的职业失当行为的侵害。医生、律师、会计和建筑师等职业已经实现了这一点，他们在从业之前要获得既定的职业道德和教育准入资质。很多行业已经实现了自我规制，调查行业也应如此。已有人提议借助非政府组织的力量实现对调查者的监管。但在公众心目中，一个民间组织能否拥有政府那样的权威，以消除虚假的、由简单数据堆砌的、不正当、不诚实和不准确的调查，未免值得怀疑。

2. 务必开展以公众和领袖为目标对象的教育活动，使其了解调查在社会中的重要性。应该向他们提供关于调查的事实和观点，使其能够正确地评价调查，并借此防止调查对社会产生危害。如果可以的话，调查数据在发布时应考虑进行加权，而且应该提供区域性或行业类型的相关事实和数据，从而更好地理解选民中多数意见的构成群体。

如此，由调查帮助做出的决策就能代表众多观点协商之后的意见，而非任意一个压倒性的观点，从而实现健全的民主。

1992年，年近百岁的伯内斯（中）访问波士顿大学传播学院，并宣布把他个人设立的 Primus Inter Pares 年度奖学金额度提高 5 000 美元。图左是波士顿大学传播学院的荣休教授 Walter Lubars，当时是这个学院的临时院长。图右是美国公关协会会长 Kathleen Ladd Ward。

图片来自 Julie Chen-Merritt

第二十六章
公立教育的公共关系

社会和文明成为可能的唯一原因,是人类可以思考并交流思想,而且可以把知识传递给下一代。缺少某种训练下一代的教育体系,任何社会都不可能存在。教育保证了社区、国家和文明的连续性。

我们的教育体系所面临的一个障碍便在公共关系领域。只有公众更好地了解我们的学校,我们才能拥有更好的教育。

本章是我在1949年4月举办的第二届学校管理者和监管者年会(the Second Annual Conference of School Administrators and Supervisors)上对500位教育家和公众领袖的发言稿。本章进一步阐释了该主题,讨论制造公众认同,以及更广泛、更切实地对待我们的教育体系的问题。

回溯教育在美国民主理想中所扮演的基本角色,将有助于我们把握当下公立教育中的严重危机。共和国的开国之父们曾清晰地定义了这一角色。

托马斯·杰斐逊(Thomas Jefferson)在1787年指出:"不可对人民的过错太过严苛,而要通过启蒙来教化他们。"随后他又补充道:"要教育并告知人民大众,他们是捍卫自由的唯一依靠。"詹姆斯·麦迪逊(James Madison)对这一理念做了补充:"一个缺少公共信息或公共信息公开手段的民选政府,是一场闹剧或悲剧的序幕,或两者都是。"亚伯拉罕·林肯对这一思想的表述则更进一步,他宣称:"我把教育视为我们作为一个民族所能参与的第一要务。"

这些论断体现了我们民主思想的精髓。我们国家的创立和建设,筑基于这样一种信念:唯拥有受过教育的公民主体,方可实现民主。显然,杰斐逊、麦迪逊和林肯所勾画的教育目标正是民主的敌人首先攻击的地方,它们是我们必须捍卫的最重要的堡垒。

这些目标的实现程度如何?公众的理解程度和据此采取行动的情况如何?我在本章将会讨论:(1)旨在增进公众对公立学校理解的活动;(2)公立学校发展境况和需求的相关数据;(3)当前教育危机的严重程度;(4)舆论调查所揭示的当前对教育危机缺乏理解

的程度及其根源;(5)为了更深入、更广泛和更切实地对待公立学校的教育问题,(下文)针对制造公众认同提出几点建议。

我们不能抽象地考量如何增进公众对教育的理解。这一领域的任何公共关系运动都要基于对所欲实现目标的清醒认识。我们的目标是强化公众对"公立教育匹夫有责"这一理念的认知和支持。

公立教育是政府的一项职能。公立学校是维护和发展民主的基本力量。它将处于最易受影响年纪的个人纳入社会群体构成的大熔炉,并借此将我们的文化和理念——自由、平等、有序、公正——通过个体传承光大。在现代社会日益结构化的情境下,公立学校正在充当改变的催化剂,美国公民是在公立学校中被造就的。我们今天比以往任何时候都认识到杰斐逊、麦迪逊和林肯提出的"民选政府以民众教育为基"是多么英明正确。

在动荡不安、灾难频发的20世纪,美国民众参与国家和国际决策必须建立在对事实的充分认知和理解之上。如果我们的人民接受粗鄙的教育,或完全没受过教育,他们必定成为压力和宣传团体的受害者。除非树立与现代社会环境需求相契的国民教育,否则我们无法做出像我们这样的民主社会要求公民所做的那种决策。

我们所必需的国民教育发展到何种程度了?我们现行的教育体系对国家重大决策究竟有何影响?

T. A. 贝利(T. A. Bailey)教授在其近作《普通人》(*The Man in the Street*)中,将我们混乱的外交政策归咎于普通美国人缺乏教育。他指出,每10个美国人中就有6人未接受过公立学校八年级以上教育,而中小学生跟高中生和大学生群体相比,缺乏的是对事实信息的掌握。几乎每一次按照教育程度分层的问卷调查中,受教育程度最低的受访者几乎在每一个题目上都表现得最狭隘、短视和愚昧。大多数"不知道""没有观点"和"不确定"的回复都集中在这一群体——他们是全国人口中那些充满不确定性、威胁性的分子。尤其值得注意的是,中小学的"年级生"(grader)的意见远没有高中生和大学生群体那么自由开明。

这些现象发人深省。公立教育对国计民生的方方面面都至关重要。在这样一个充满意识形态冲突的世界,我们要生存就必须获得公众对公立学校的全力支持。当前教育领域的危机不单是行业危机,它是多种社会危机的根源。我们的国家要生存就必须赢得公众理解,以解决教育危机这个大问题。

当前,我们学校系统中必须被克服的具体问题是什么呢?

不久前,《纽约时报》列举了教育领域的如下需求:(1)更多的财政支持;(2)更多来自联邦、州和社区的学校拨款,以提高教师工资;(3)小学和高中教师工资平等;(4)改善并增加城市和郊区的学校建筑;(5)用现代方法提升师资培训水准。教师应对学校管理有更大的影响力,职业水准必须提高,而且要形成更有效的师资招募机制、更合理的任期规定和更健全的退休制度。

为了实现这些目标，公众必须理解学校对国家运转意味着什么，它们在做什么，它们是怎样运行的，以及它们在社区生活和个人生活中的位置是什么。有人也许臆测公众已经对教育问题高度关注了。没有什么比孩子的教育更重要的了，这不是显而易见的吗？不幸的是，公众一点也不这样觉得。下面这些数据可以显示教育在当今美国社会处于什么地位。

1948 年，美国人在饮酒上花费了 88 亿美元，在吸烟上花费了 41 亿 4 700 万美元。而同一年我们在教育上只投入了 40 亿 5 300 万美元，占国民总收入的 1.7%。教育投入自 1932 年大萧条以来明显下降，当年我们的教育投入在国民总收入的占比超过 5%。即使在那一年，我们的教育投入也跟苏联形成了鲜明对比，苏联对学校的投入占国民总收入的 8%。如果再看一看我们某些州在教育上的投入，情况就更不堪了。1948 年，密西西比州（Mississippi）在每个学生身上只花费了 71.62 美元，科罗拉多州为每个学生投入了 188.18 美元，而纽约是 256.08 美元。

要是再算一算我们有限的教育预算所覆盖的学生数量，情况简直糟糕到骇人听闻。1948 年，美国公立学校共有 23 945 000 名学生，其中 18 291 227 名在上幼儿园和小学，4 745 000 名在读中学。当年公立学校的预算只有 92 亿美元。

谁在教育这些孩子呢？在 1947 年至 1948 年，教师数量仅为 907 000 人。同时，尽管这些教师身负重任，工资却严重不足。1948 年，密西西比州公立学校教师的平均年薪只有 1 256 美元。同年全国教师工资的平均水平低至 2 639 美元。这样的年收入不太可能吸引教师行业急需的那种人才。

此外，我们的学校建筑远算不上充足。大量美国儿童在易发火灾的老旧建筑里上课。《纽约时报》的教育编辑本杰明·法恩（Benjamin Fine）最近报道说，美国公立学校仅建筑投入就需要 100 亿美元。他的调查显示，学校建筑陈旧破败，只有联邦政府支持州政府启动一项为期十年的建设规划方可有所改观。

因此，教育危机可部分归结为缺少教师和合格的学校建筑。为了克服这些缺陷，必须拿出更多的教育总投入。除非现在就采取必要措施，否则危机一定会加剧。

据人口普查局估算，到 1960 年 4 月，私立和公立小学的入学人数会有 42% 的增长；高中入学人数会有 20% 的增长。自 1952 年至 1953 年，学校系统必须准备好连续三年每年吸收超过一百万名小学新生。这意味着学校系统每年要另外增加大约 25 000 名教师。

联邦政府意识到了这场危机。就在最近，联邦安全机构（Federal Security Agency）的研究和统计报告分析部门的主管福斯特（Emery M. Foster）发出呼吁："公众不了解公立学校形势之严峻。严峻形势不仅存在于当下，更将在未来几年'战后婴儿潮'带来的高入学率中持续加剧。师资和建筑设施将成为主要问题，当然还有总支出的增加。所有这些问题皆需从长计议……另外，除了提前预警和静观其变，我们对挽救困局明显力不从心。"

第二部分
公共关系实践

传统上，我们对公立学校教育十分支持，但公众对其重要性的理解尚不充分。理解缺失的原因之一，便是公众对美国教育的历史知之甚少。我们必须了解历史才能建设未来。我们理应更加系统地思考教育的根本问题，而不只将其视为一个战后遗留问题。我们要洞察当前教育危机的根本原因。如果我们对创造了当下的、社会与历史力量的互动不够了解，在未来建设中就会蠢笨不堪且困难重重。

历史的必然主导了我们学校体系的演进。殖民时代没有公立学校。1642年，马萨诸塞州通过了一项要求推进国民教育的法案，由此奠定了学校体系的基础。5年之后，另一项法案要求建立学区。该法案要求凡有50户以上居民的小镇皆需供养一名教师，而有100户以上居民的小镇需要开办一所拉丁语学校。虽然，由此建立的仅是宗教学校，但这些法案对社区义务支持学校教育，以及教育标准和基础建设发挥了重要的作用。南部的殖民地未采取与此类似的行动。在18世纪，英国的教育体系盛行于美国南部，富裕家庭的孩子有私人教师，穷人家的孩子被送往贫民窟，或做学徒，或被送往教会和慈善学校。

如果知道联邦宪法并未提及公立学校，而且没有一位《独立宣言》的签署者毕业于公立学校，我们就能更好地理解现行教育体系的源头。此外，尽管宪法规定了政府层面的政教分离，但教育与宗教的分离直到19世纪才开始出现。1802年，俄亥俄州才在美国首次出让公共土地供学校使用，这是美国历史上的头一遭。

宪法第一修正案影响了教育的发展进程。它规定议会绝不能制定任何关于创立宗教的法律，并有志于消除政府中的教派斗争。很快，人们意识到教育领域也应该消除教派斗争。只有每个州的全体民众依靠政府力量主导学校发展，我们才能教育年轻一代接受美国共同的目标和愿景。

同所有新理念一样，普及性、世俗化、公立的教育必须努力争取自身的胜利。支持和反对公立学校的斗争从1820年持续到1860年。这场斗争是在城市化与工业化崛起、现代交通与通信发展、投票权扩大与劳工教育进步的背景下展开的。民主领袖、慈善家、人道主义者、城市居民、免税者、产业工人和教育团体是公立学校的拥护者。而它的反对者包括富人、乡下人、纳税人、宗教教派领袖和私立学校拥有者。来自南方的反对尤其激烈。

及至19世纪50年代，公立学校逐渐取得胜利。彼时，很多有影响的人物开始认识到州属公立学校的重要性，并认可州政府为学校教育用途征税的权力。1852年，马萨诸塞州通过了第一个要求强制开办公立学校教育的法案，该法案规定8至14岁儿童每年要接受12周的强制学时。到了1889年，有25个州通过了类似法案。密西西比州直到1920年才通过确立强制教育的法案。

然而，这些法案并未改变公众对教育的态度。除了马萨诸塞州和康涅狄格州之外，这些法案也没有被严格执行。很多州规定了学生每学期必须完成的最低周学时，而不是要求学生上完整个学期，这违背了学校法律。此外，因为严禁童工的法案缺失，学校系统被进一步弱化。

我们直到1867年才任命了第一位美国教育专员（United States Commissioner of Education），这一事实表明公众对国民教育的态度仍很保守。直到最近50年，公立学校对美国福祉的显著意义和重要性才在国家层面得到承认，并且，只有那些最敏锐的人士才真正理解公立学校是一股强大的社会力量。

为什么公众对教育的理解进展得如此缓慢？特纳（E. J. Turner）在其经典研究著作《越过边疆》（Passing of the Frontier）中道出了一些原因。开发大陆的伟业消耗了开拓者们太多精力，以至于他们不怎么关心学校教育问题。当然，皮毛商和印第安战士也没机会、时间和需求去考量教育的重要性。只有当富足的农民改良了土地、资本家与企业家建设了工厂和城市、银行家创办了美国的金融体系之后，公立教育才得以兴盛。

但我们仍未走出草创期的情境，对正规教育的漠视始终在我们的思维模式里打转儿。时至今日，公众仍未理解教育的重要性。

有关教育的民意调查支持了这一判断。1947年，美国舆论研究院（the American Institute of Public Opinion）在调查中提出这样一个问题："你认为当前最重要的问题是什么？"没有人回答"教育"。同年，全国民意研究中心（National Opinion Research Center）也做了一次基于相关问题的调查："当你思考美国所面临的问题时，什么问题首先浮现于脑海？"只有6%的受访者列举了诸如教育、健康和社会失谐等普遍的社会问题。

1947年7月，一项调查提出这样一个问题："你愿意参加一些学校或大学专门为成人开设的课程吗？"受访者中有59%的人说"不"或"我不清楚"，只有41%的人回答"是"。

这些回答反映了公众对教育的态度。那些自己不愿接受教育的人大抵也不太关心整个国家的教育危机。

对教师薪酬的主流意见也反映了大多数美国人对教育的无知和冷漠。全国教育协会（the National Education Association）针对这一议题做了一次民调，受访者中有33%的人认为教师的薪水基本合理，2%的人认为薪水太高，而21%的人对此没有看法。

盖洛普在1946年9月也做了一次类似的调查。结果显示，有87%的受访者对子女就读的学校表示满意，只有12%的人表示不满意。盖洛普在同年5月做了另外一项调查，问了下面这个问题："你认为还有哪个州未能提供令人满意的教育吗？"有20%的受访者回答"没有"，有29%的人表示不确定，有51%的人说"是的"。

全国民意研究中心在1943年的一次调查显示，有29%的受访者认为美国公立学校有充足的资金办学,有 17% 的人表示不确定,有 54% 的人认为学校缺少足够的资金。

① 3R, Read、Writing、Arithmetic, 即读、写、算。——译者注

该组织在次年所做的一项调查进一步表明公众对教育、教育对国家生存和发展的重要性认识不足。当被问到应该教给孩子什么时,有 34% 的受访者认为对孩子而言最重要的事是掌握 3R 之类的基本知识①。

即使到了 1948 年,公众对这一问题的认知状况也未改善。尽管我们最近才从历史上最大的一场战争中走出来,而人民在这场战争中对国家重大和基本问题的理解发挥了关键作用。盖洛普在当年的一次调查显示,公众对教育体系最常见的不满,并不是那些危害学校系统根基的因素。只有一小部分受访者谈到了学校建筑的缺乏和过于拥挤,以及教师数量的短缺和工资过低。大多数受访者批评了下面一些因素,如缺少纪律和品格训练,课程和教学方法亟待创新,家长方面对教育关注不够,以及课外活动太多。

1950 年 8 月,埃尔莫·罗伯(Elmo Roper)为《生活》杂志启动了一项全国范围的调查。1950 年 10 月 16 日,《生活》杂志美国学校特刊发布了该项调查结果。调查显示,人们对学校教育的态度同 1946 年、1947 年和 1948 年的调查结果差不多。

该调查提出的问题是:"总体来看,你对自己社区的公立学校体系是非常满意、比较满意,还是不太满意?"回复显示,有 33.4% 的人非常满意,有 38.2% 的人比较满意,只有 16.8% 的人不满意。另有一些人没有回答或者说不知道。

当受访者被问到他们认为所在社区的教师工资是过低抑或过高,还是其应得的,有 43.9% 的人表示过低,有 1.7% 的人表示过高,有 34.1% 的人表示他们认为教师得到了应得的工资,而有 20.3% 的人表示不知道或没有回答。

然而,下一个问题则揭示了某些矛盾,因为公众一方面对教育问题相对漠然,一方面对教育重要性的认识也有所改变。当被要求"按照对社区的重要性,将公立学校教师、神职人员、官员、商人和律师进行排序"时,有 31.3% 的人认为教师是最重要的,有 27.1% 的人认为神职人员是最重要的,有 19.1% 的人认为官员是最重要的,有 12.8% 的人认为商人是最重要的,另有 9.7% 的人认为律师是最重要的。

怎样才能增进公众对教育的理解,使其既了解事实又能起而行

之呢?

278　　单纯了解事实并不一定会引发必要的行动。对教育危机之事实的把握必须与现实的社会目标相结合,要解决危机就必须实现它们。要想将行动落到实处,必须按照既定方向来形塑公众认同。在每天都有无数事实争夺我们注意力的环境下,我们有必要将公众的注意力聚焦在教育危机上,以促成有利于改善教育体系的社会变迁。

我们的社会存在三种力量,它们的联合可以带来社会变迁:(1)舆论;(2)自发团体的活动;(3)法律。法律要想得到执行,离不开倡导法律并自愿遵守法律的舆论。

正如本书其他章节指出的,舆论通常因没有被充分告知而无法凝成一般强大的力量。欲使某个议题进入舆论的视线,必须让此议题拥有足够的可见度。公立教育的出现率极低,因此需要使公众了解当前教育危机所涉及的问题。只有当舆论被充分地告知、唤起和准备行动后,那些将我们的教育体系从眼下绝望的泥沼中拯救出来的法律才能得以确立。

今天我们需要一些这样的自发团体,他们愿意培养公众对教育事业的认知,进而创造必要的公共需求,以争取足以拯救和改善学校体系的法律。这些自发团体不必局限于教育专业人士,也应该延揽对教育真正感兴趣的并一心求变的社区领袖。一旦这两个团体把学校体系的重要性和问题告知公众,公众就会要求并支持那些能够捍卫和发展该体系的法律。

这是一条总路线。据此路线我们可以争取更优的教育,争取更多更好的学校建筑,拥有更多更高收入的教师。毋庸置疑,这并非轻而易举之事。同政治和商业一样,国家的公共服务领域也充满了竞争。教育领域内部也存在相互冲突的观点和各自为政的情况。我们改革历程的每一步,这些障碍都会如影随形,但是,它们尽可被破除。重要的是教育专家和业外群体都在不懈奋斗,让舆论知情并找到危机的解决之道。

279　　如果专家群体和业外人士能通力合作,集中发力推动教育运动,便可实现最好的效果。这两类群体的努力必须遍及各个教育层级——从幼儿园到大学,也必须覆盖各个行政层级——全国、州、社区和街区。

观点的自由是我们民主的基础。很多群体发现,自己的声音若想在喧哗的意见竞争中被听见,统一战线是必不可少的。

参与运动的群体之间的共识域应该越广泛越好,同时应组建一个行之有效的统一战线,以期攻坚克难。当然,"统一"战线并不意味着非要成立一个大一统的全国性组织,囊括所有对建设更多更好的公立学校高度关切的群体。这样的组织当然很理想,但很难实现。让公立学校的教育专家和有公民意识的个人,在他们的州、城市、社区或街区内建立一个统一战线会容易些。在为所涉及的问题和行动创造必要的公众理解的过程中,建立这样的统一战线是第一步。

与公立学校教育关系密切的人们已经在诸多层面上被组织起来。他们有全国性的、区域性的、州级的和本地的联合会，专业的和业余的都有，教师们有各种形式的行会和工会。业余群体也丰富多样，从家长与教师协会到功能各异的慈善团体。所有这些团体都有自己的存在价值，这样可以确保公众更加关注教育。

尽管如此，教育领域的众声喧哗听起来更像一座无意义的巴别塔，而非在社会变革中的彼此协调，以及为促进学校教育的改善而做出的关键性努力。多种意见的协调仍不充分，共识的必要性和现实紧迫性依然存在。

所有致力于改善教育的群体同声响应，且能保持各自努力的自由与责任，这一点很重要。我们这一代人，经历过对民主—集中式工作机制效率的极端考验。在两次世界大战中，盟军发现，只有任命一位统帅所有军队的最高将领，才能加速并确保最终胜利。美国劳军联合组织（United Services Organization，USO）、国家战争基金（National War Fund）和其他伟大的战时志愿组织也发现这一原则甚为有效。

今天的教育领域也要采取一种相似的办法。如果我们设立一个能够全面设定政策和目标的中央策略委员会，在教育危机的解决方面便有望前进一大步。在围绕目标达成共识并确立协同的努力之后，还要关注其余一些可以推动公众理解教育的影响因素。

变革行动中的每个群体皆须明确其目标。我们务必通过充分的研究，得到一份精确的学校系统清单，勾画出关于物资设备和教学人员需求的完整图景。我们应当进行必要的研究，准确掌握公众对公立学校教育的态度，具体了解公众为什么不清楚教育理论和实践长足发展的意义，了解克服这种失败局面的潜在方法是什么，以及怎样才能纠正公众的偏见。

此类研究必须回答一些关键问题：人们对公立学校教育及其在民主社会中功能的扭曲、冷漠、误解和无知的地方是什么？反对公立学校教育或隐秘或公开的敌人究竟是谁？在哪里？他们在反对时说了什么做了什么？鉴于时间、人力和机制有限，在扭转公众对教育的认知这件事上，我们的目标是什么？在此项教导公众理解教育的计划中，应该启用什么样的组织、程序和策略？

研究能做的不止是摸清公众的所思所想。研究必须找出办学机构在教育目标和活动上的荒谬之处；找出导致人们对公立学校教育所持恶意、误解和冷漠的原因；探明有哪些事情应做但没有做；弄清公立学校系统的得失。

我们务必要研究确认的另一件事，是我们必须要纳入考量的公众团体，我们要探明这些公众团体发挥的作用及其原因。在这方面，我们必须面对的公众包括教育委员会、在校生的家长与亲属，以及跟学校系统并无直接关系的纳税人。

从上述基础研究出发，我们必须重新定位这份规划的目标。

下一步是针对运营组织的明确计划。一项能有效改善我们学校教育的计划需要长期的工作努力，这意味着人力、资金、时间和组织上的大量投入。

该组织必须确定运动的主题、战略和策略，以使公众更好地理解教育。战略和策略致力于提高公众对教育危机的关注度。务必发起具体行动来形塑与此问题相关的公众认同。运动的诉求必须针对所涉及的每一个体和群体的动机，而且必须采取摆出事实证据、动之以情、理智劝导和诉诸传统等方法。运动当中的具体活动必须是持续的，以使尽可能多的人就此问题产生认同。应始终牢记，经过策划的事件比单纯的言说更强大。

运动当中的具体活动必须同时具有信息表达性质和组织性质，应该包括确保学校与社区全面合作的工作。这会使公众更好地理解问题。学校在这方面有很多可做的事，学校的建筑设施可作公众集会、成人教育、顾客培训和娱乐之用。最重要的是，学校还可以组织开放论坛向社区阐释自己。

在我们的教育计划中，除了直接利用以外，还可以通过诸如报纸、广播、电视、海报、小册子和电影等媒介来影响公众。这些方式能够非常有效地将公众的注意力汇聚在相关问题上。

在学校和家长之间，推进更有效的合作是另一项重要策略。私人信件可能会比发出成绩单更有效。学校可以设立更多的参观日，召集更多的教师家长会，这可以强化社区对学校的认可。

除了学校和社区的具体互动之外，教师如果愿意直接跟社区合作，其发挥的作用会更大。教师可以在社区服务和其他社区活动中取得领导权。他们还可以在商会、美国退伍军人局（American Legion Posts）、服务性社团等类似的民间团体中担任教育代言人。通过跟个体或群体的人际接触，他们可以激发多方对重要教育问题的讨论。通过此类活动，他们可以极大地增强公众对公立教育的理解。

至于学校系统内部人士的专业组织，他们的活动应该有两个主要目标。他们可以跟业外组织合作执行一些整合良好的项目，以教育公众并争取增加有关学校系统利益的立法。他们还可以通过自己的切身经历来强化人们对当前教育危机所涉及问题的理解。

只有协同努力才能帮助我们摆脱当前教育体系的乱象。我们理应尽快行动，因为这种混乱对我们的孩子和国家的未来来说非常危险，而下一代人智慧和人格的层次，将决定未来美国的国家品性。

第二十七章
高等教育的公共关系

我们的民主社会之所以能长期繁荣，别的且不论，不单依靠我们的基础教育和中学教育，而且也倚重于我们的学院教育和大学教育。

在我的一次调查中，美国东部的学院和大学校长表示他们了解公共关系在这一领域的重要性。我在美国大学公共关系协会第二届大会上展示了该项调查的结果，这些结果是根据对收到信件的分析得来的。本章即列出这些结果并提供一些建议，以供高等教育机构为了国家利益和自身利益改善公共关系。

公众逐渐关注高等教育的潜在问题。在一个社会、政治和经济正在急剧变迁的国家，高等教育的未来越来越取决于公众对其所面临问题的理解。我们社会文明中的一个吊诡之处就是外行总在领导内行。在教育行业的公共关系方面，学院与大学校长、教职员工与校友这些人是外行；公共关系总监们是内行。这种情况存在明显的短板，因而外行和内行相互理解并为了共同目标而努力就极其重要。要实现这个目标，我们必须首先廓清管理层对公共关系的定义。如此便可判断他们的定义和评价是否与公共关系专家相一致了。

正如本书前面所论及的，自从25年前"公共关系"一词首次被运用以来，它的用法就非常宽泛。它现在差不多跟"进步"和"民主"之类的词汇一样，成了一种含混的表达方式，词义色彩因语境而变。但是，公共关系包含了一所大学对其所依赖的公众的一切行动或态度。因此，良好的大学公共关系要立足反映最广泛公共利益的行动。

高层管理者有必要指导并监督公共关系工作，因为高层要制定相关政策。无论商业团体还是非营利机构，管理层都需要一个公共关系总监在技术层面协助执行公关计划，因为他们拥有专门的技巧、才能和经验。高校组织也需要他们向校内外所有公众说明整个大学的情况。

我们再来评估一下高等教育机构对我们所定义的公共关系流程的理解和奉行程度。很多东部大学的校长在调查信函中被问及他们认为本校公共关系活动的范畴和功能是什么、目标是什么，以及其他相关问题。

尽管是在假期发的邮件，但我们还是从大学校长或他们的同事那里收到了总计超过五万字的回复。我们依据40封这样的信件展开分析，它们很多来自美国东部那些最重要的大学。

几乎所有管理者都意识到了公共关系的重要性和价值。联合学院的校长卡特·戴维森（Carter Davidson）写道："如果一位校长在大学里不成功，在很大程度上是因为他在公共关系项目上的失败。"普林斯顿大学校长哈罗德·W. 多兹（Harold W. Dodds）发给我们一份校友公共关系委员会报告，强调了以下观点："公共关系关注两个要点，第一，一所大学是什么；第二，人们认为它是什么。因此，公共关系是任何组织的高层都要应对的。"

然而，回函中人们对公共关系的定义分殊甚巨，由此可见写信者对公共关系功用的认识也大不相同。全部回函可分成四种清晰的定义路径。

285　　第一类写信者来自一个范围很小但很重要的群体，他们认同我们的定义，认为公共关系包括高等教育与公众之间的全部关系。第二个群体范围稍大一些，他们将公共关系看成一种在社群中维护学术领导力的手段。第三个群体范围更大一些，他们认为公共关系乃为了提升大学的名望和声誉而向公众说明大学的专门活动。第四个，也是范围最大的一个群体，将公共关系视为一种靠说服和建议实现诸如筹款、招募更好的学生和师资以及其他紧要目标的工具。

已故的康奈尔大学校长埃德蒙·拉·杰归纳了一些人的看法——他们总体上认为公关关系涵盖了大学对公共关系的全部影响："一所学院或大学的存在本身就涉及公共关系的问题。此外，大学的成功及其所欲完成的事业在很大程度上皆取决于其公共关系状况。"时任哥伦比亚大学执行校长的弗兰克·D. 法肯索尔（Frank D. Fackenthal）博士呼应了以上说法："大学公共关系的范畴广泛渗透至学院或大学自身活动的所有方面。"

另一位管理者，雪城大学校长威廉·P. 托利（William P. Tolley）对此有略为不同的表述："……公共关系是一所大学对其所要服务的特定'公众'造成的所有影响——（它不是）信息办公室。"纽约大学副校长哈罗德·O. 伍瑞思（Harold O. Voorhis）说："大学公共关系活动的范畴应该与该大学最大范围的接触面一样广泛。"

汉密尔顿大学校长托马斯·布朗·拉德（Thomas Brown Rudd）在其回复中将公关职责的产生还本溯源："我们必须……长期有效地应对我们当下时代的真问题……我认为舆论主要来自于重要的和值得注意的行动。这样的行动必然经校长、教职工、学院董事和一些校友组织的同意才能被所有人采纳，因此，公共关系不可避免地成为校长和这些群体的职责。"

286　　第二组大学校长群体将公共关系看成在社群中维护学术领导权的手段。一位大学管理者，时任宾夕法尼亚大学（University of Pennsylvania）校长的乔治·W. 麦克兰德（George W. McClelland）博士说："公共关系活动的功能是……通过发展高等教育来增加大学服务

第二部分
公共关系实践

公众的机会……维护美国民主和壮大我们这所接受捐赠的大学,二者紧密交织。"另一位校长,威尔斯学院(Wells College)院长理查德·L. 格林(Richard L. Greene)认为,公共关系的一个重要功能是让公众了解"大学在现代社会中的长远重要性"。同样,社会调查新校(the New School for Social Research)校长布林·霍福德(Bryn J. Hovde)博士表示,"必须让公众在心中保持对教育的高度重视,因为若不如此民主将步履维艰"。

第三个群体将公共关系视为大学为了向其公众说明自身而进行的专门活动。这一观点被新泽西女子学院院长玛格丽特·T. 考文(Margaret T. Corwin)简洁地概括为:"学院或大学的公共关系活动应该充当大学面向公众的解释媒介。"

另外一位大学校长,莎拉劳伦斯学院(Sarah Lawrence)院长哈罗德·泰勒(Harold Taylor)博士,用一个稍微不同的方式表述了这一观点:"大学公共关系的范畴和功能应该是准确并诚实地处理大学正在进行的教育计划,同时让家长、学生和普通公众简便地了解大学的所作所为,以履行责任。我认为倘若大学不清楚自己的责任是什么,或没有针对它们采取任何行动,做公共关系就没有意义。"

巴克内尔大学(Bucknell University)校长赫伯特·L. 斯宾塞(Herbert L. Spencer)大体上也这么说:"任何一所大学的公共关系活动皆应以向不同公众说明大学的政策和成绩为目标,从而为大学争取最大程度的善意和理解。"相似地,纽约城市大学校长哈利·N. 怀特(Harry N. Wright)博士回函说,公共关系是一种"向公众准确并建设性地说明大学行动和计划"的工作。

索思摩学院(Swarthmore College)校长约翰·W. 内森(John W. Nason)呼应了这一理念,他发现:"向校友和朋友们说明大学的本质和宗旨"变得越来越重要。克拉克森理工学院(Clarkson College of Technology)执行校长 J. H. 戴维斯(J. H. Davis)博士也表达了类似观点:"大学公共关系活动的范畴和功能乃是提高大学的声望和名誉。"

第四个群体将公共关系当作一种实现具体目标的工具。纽约州立林业学院(New York State College of Forestry)教授拉尔夫·G. 昂格尔(Ralph G.Unger)的看法是:"公共关系是一种以告知民众为目标的……信息公开和公共教育。"曼哈顿学院(Manhattan College)校长布拉泽·B. 汤姆斯(Brother B. Thomas)对公共关系的认识是:"……(大学公共关系活动)的目的可以合理地表达为,为了更好地服务当前和未来的学生群体而提升自身能力。"

康涅狄格师范学院(The Teachers College of Connecticut)校长赫伯特·D. 维尔特博士(Dr.Herbert D. Welte)的评论道:"州立大学公共关系计划的目标可被简要概括为:(1)让公众熟悉学校的行动和需求;(2)让学生、教职工和校友关切大学的项目与成果;(3)吸引申请者注册入学。"

最后这个群体设立了许多具体的公共关系目标——筹款,吸纳更好的学生和教职工,

287

维护学校独立性，让各种产业和行业了解学校毕业生的能力，吸引学生、教职工和校友参与学校项目，提供广泛的学术和实践项目，在研究和讨论中推广自由的理念。这一群体建议使用包括黄页、公告、直邮广告、广播等在内的不同类型媒介传递他们的信息。

在这方面，以上群体提到了需要接触的多元公众。举例来说，福特汉姆大学（Fordham University）校长罗伯特·I. 甘农神父（Father Robert I. Gannon）提到一所大学的公众包括：

1. 教职工；
2. 退伍军人；
3. 其他学生；
4. 学生家长；
5. 男女校友；
6. 电话咨询者；
7. 校园参观者；
8. 捐款者和潜在捐款者；
9. 中学管理者；
10. 潜在学生；
11. 其他大学、教育联合会和文化俱乐部；
12. 潜在用人单位报纸和广播；
13. 职业团体；
14. 本地、州和全国政府；
15. 其他国家。

很有意思的是，很少有人提到公共关系从业者。在那些提到他们的人中，罗切斯特大学（University of Rochester）校长艾伦·瓦伦丁博士（Dr. Alan Valentine）说："大学宣传（college publicity）是一项高度专业化的工作，它往往需要有别于大企业成功公共关系人员的资质、理解力、同情心和品格。"

人们在回函中普遍表达了这样一个理念，即公共关系总监必须直接与大学校长进行沟通和紧密合作。另外一个在很多信件里出现过的理念认为，整个学校大家庭——教师、学生、职员等皆应被视为天然的公关工作者。这是对我们的调查发现的一个恰当合宜的概括。

我们能从这项研究中得出什么结论？很明显，这项研究揭示了一个基本事实，即高校并不理解公共关系为何物，也不知道公共关系究竟能给高等教育带来什么。这一事实应该成为我们的高等教育机构直接关切的问题。正因为如此，公共关系未尽其用，公关工作者未尽其能。总的来说，大学公共关系被偏狭地当成一种说服工具来使用，而不是连接大学全部目标和所有公众的整体行动。

实际上，正如前文所述，公共关系包括被我们调查对象提到的所有四个功能。在接受了这一理念的前提下，我们就会发现公共关系目前的应用范围太狭窄了，它经常只是被用来维护某个大学的个体利益，而非实现促进高等教育利益这一更大的目标。高等教育在根本上依赖公众的认可，倘若疏于利用公共关系的全部能量，就会在生存竞争中落败。

基于这次调查，我提出了如下建议：

学院和大学的管理层应该召开一个会议，就公共关系最广泛的定义达成共识。他们应就高等教育的目标规划出大致的共识领域，然后制定联合行动方略。哈佛大学报告①和高等教育校长委员会②（President's Commission on Higher Education）已经定义了教育行业的目标（educational objectives）。目前，大学需要为实现这些目标在校内外采取联合行动。

就个体而论，大学应该为自己定义出清晰的目标并把它们写出来。显然，这些目标必须与不断变化的情况相契。公共关系从业者和大学的所有公众——教职工、校友——可以用这些目标来指导自己的态度和行动。

大学联合组织和作为个体的大学应着手做些研究，科学评估公众对其目标的理解。接下来，大学和学院可能有必要端正态度并改善自己的一些行为，以实现预期目标。

高等教育校长委员会的报告从本质上指出了公众需求和高等教育供给之间在某些方面存在的文化时差。这份由公正的业外人士和教育专家准备的报告呼吁高校认真制订一项计划，通过消除经济、地域、种族和宗教隔阂，实现高等教育与民主传统的深度融合。

报告呼吁，如果高校不想辜负公众的支持，就要在研究生教育和本科教育层面同时提升质量和扩充数量。作为一个公众思想和行动趋势方面的专家，我认为校长委员会正确地解释了美国公众当前和未来的需求。

我认为我们应该投入更多思考分析学院和大学的公共关系目标。目标的定义应该框架清晰，以便所有活动都直指那些结果。可以笼

---

① 《在一个自由社会中的通识教育》（general education in a free society），自由社会通识教育目标委员会报告（马萨诸塞州，剑桥，哈佛大学出版社，1945）。

② 《美国民主的高等教育》(higher education for American Democracy)，高等教育校长委员会报告（纽约，哈伯斯，1948）。

统地把声誉当作目标，但必须时刻想着这种声誉能为高等教育的整体目标带来什么。

高等教育的目标是什么呢？提供服务、获得名声、阐释理论，还是开展调查研究？为谁服务？为何要树立声誉？以什么目的进行阐释？做什么样的调研？教育的目标是寻求真理吗？是在确定的领域进行学术启蒙？还是这些要素的整合？

我认为一旦作为团体和个体的高等教育机构确定了自己的目标，其他所有与公共关系相关的行动都会自然、合理地展开。高等教育公共关系的战略、主题、组织、计划、时机把握和策略会更加切合实际，并卓有成效地完成这些目标。

至于大学与不同受众之间关系的协调问题，整合式路径可以统观高等教育所处的大背景和具体情境。它不仅能够让高校成功运行，还能使之奋勇向前，维护当前和未来的民主所亟须的学术领导力。

伯内斯夫妇晚年合照

第二十八章
舆论在经济动员中的重要作用

在我写下本章内容之际,美国正卷入全球范围的观念冲击之中。我们应该让美国的观念在国内民众与国外民众(包括我们的朋友、中立的观望者和被囚禁在铁幕之后的人们)心中更加突显和充满荣光。心理战中使用的战略、主题和策略对我们国家的生存至关重要。

我自第一次世界大战后就开始对国民士气和心理战问题感兴趣,并在这方面进行了大量的写作和演说。如前几章提到的,早在 1928 年,我就在拙著《宣传》里呼吁美国政府在总统内阁中设立一个公共关系秘书岗位。我曾言这名官员的职责应该是"正确地向全世界阐释美国的目标和理想,让本国公民了解政府行动及其背后的动因"。简而言之,他需要向政府解释人民并向人民解释政府。这样的一个官员既非宣传家亦非通常理解的新闻代理人之类的角色。他应是一名训练有素的技术专家,协助分析公众思想和公众行为趋势,以确保政府知晓公众和公众知晓政府。

在 1935 年 11 月的《时下争议》(Current Controversy)杂志上,我再次强调了这一点:"为了捍卫当前和未来的美国民主,美国内阁要有一名公共关系秘书,其职责是作为时下美国人民和政府之间的联络官来服务美国人民。美国总统需要一个可以了解人民持续变化的愿望和政府政策的实际效果的公正渠道,来满足人民的需求……这样在内阁中就应该有一个服务公共利益、负责任的行政官员向政府解释人民,并向人民解释政府。"

随后,我在 1940 年 1 至 10 月的《步兵期刊》(Infantry Journal)中讨论了现代宣传技巧对当前心理战的重要性,并在 1941 年 5 月那期强调了心理防御与物理防御在现代战争中一样重要。我指出,士气是我们真正的第一道防线,国家团结和民众士气的提振应多管齐下,而非任何中央权威的控制或强加。军队可通过多种方式提升士气,使民主机制更好地运转。譬如:(1)提升自身运用和处理与平民关系的民主水准;(2)军队领导者可以公开支持那些让民主更强大的事业。

第二次世界大战结束三年后，1948年6月14日，我在军事工业学院（the Industrial College of the Armed Forces）做了一次演讲，介绍了舆论动员、媒体调查和在一场全国性危机中发动舆论的技巧。我提出了如下行动计划：

1. 建立一个专司舆论动员之职的中央机构。它由熟悉大众传播技巧的人士组成，负责统筹工作的主管由总统任命。这位主管应是传播领域的专家，并与内阁官员委员会合作。

2. 应赋予这位主管充分的权威，使他能避免多部门在政策、战略和策略方面的重叠乃至竞争。

3. 自然，这位主管应与武装力量以及所有平民政府部门就公共关系战略和方法进行协调。

我所倡议的组织的总体架构，应参照第一次世界大战期间的公共信息委员会（the Committee on Public Information）和第二次世界大战期间的战争信息办公室（the Office of War Information），但有一点不同——该组织不应被政府领导人当作一个麻烦，而应视之为国防事务的重要组成部分，并应得到必要的支持和专业指导。

1948年11月19日，我再次在军事工业学院演讲，这次是关于信息公开和政府管理。我试图在这次演讲中勾勒"公共关系或信息和士气计划……作为一种手段来确保当美国进入战争紧急状态时，人民能做好士气上的准备，就像军方在人力和基础物资上做好准备一样"。

1949年10月11日，我第三次在该学院演讲时，美国已经踏上了经济和军事动员之路。

当朝鲜爆发了事实上的军事冲突，而国内也正在就防止第三次世界大战（或者必要时打一场大战）的方式方法进行激辩时，心理战就成了举国关注的问题。

这就是本章的阅读背景。

面对世界性危机，美国又一次投入军备重整和经济动员之中。人们再度被征召入伍，而联邦政府又开始储备战略物资和其他关键物资。在全国进入紧急状态的大势下，当前公众对军队的好感比第二次世界大战结束后任何一个时刻都要强。

尽管公众态度发生了重要转变，但还有很多人仍不明白舆论在军备重整、经济动员和国家防御中的重要作用。低估舆论重要性的并非只有平民，他们只是对这一风险负责的一方。很多军队官员也犯了同样的错误。也许这很自然，行伍出身者天然依赖并尊重权威，而这也是对的。没有权威就没有高效的军事组织。但在我们这样的民主社会，舆论又是另外一回事，权威在这里不能也没有起到决定性作用。

舆论是由个体意见组成的，它自由而多变。美国盛行自由和平等的传统，我们不能用动员人、财、物的方法来动员舆论。当国家面临危机时，我们的政府不能像极权政府那样掌控舆论。为了高效地动员美国的军事和产业，政府必须得到舆论的自发支持。胁迫舆论乃是对我们国民生活之民主基础的严重背离，它会毁灭我们全力维护的生活方式，消解我们的民主目标并导致国家走向极权主义。

我们的舆论是自由的，这一事实本身让舆论更强大。自己决定自己想法的人，比那些被强加意见的人更强大也更自主。

舆论乃美国最强大的潜能，没有什么比认为美国在此方面最为薄弱更加荒谬的看法了。温斯特·丘吉尔（Winston Churchill）在他的第二次世界大战回忆录《命运的铰链》（*The Hinge of Fate*）中认为，"激怒美国人比恐吓他们要容易"。事实上，民意是我们最大的财富，它不应被任何经济和军事资源动员计划所忽视。

我们需要正视20世纪历史的一个基本事实——人类学的发展。当然独裁者已经正视并利用了它，他们已经根据这些关于人类和社会的新知识，研究出了心理战和恐惧诉求战略的相关技巧。他们已经运用现代方法贯彻落实了罗马的口号："分化和征服！"并依此在许多国家应对舆论，以至能够兵不血刃实现他们的邪恶目标。

现在是民主政权为了正当、建设性、民主的目标学习利用这种新知识的时候了。因为民主社会的国家行动依赖舆论，我们务必研究一种新的经济、军事动员方式和战争方式。这要求政府掌握有关社会和个人行为的专业知识，并传播这些专业知识，从而向公众传递意义。

联邦政府和军队目前正在密切关注这一重要问题，他们不再相信物资是全部问题所在，也不再相信通过发出传单或头条新闻——宣扬这位或那位将军、这种或那种政策，便可占据公众的头脑或轻易地打发舆论。

怎样才能把这些新想法运用到经济动员之中呢？字典里对动员的定义是"移动或使事物可以被移动的行为；为应对激越的敌对意见而集合、装备和筹划陆海军力量的行为；因而可以被形象地用来描述集合和为不同事务做好准备以供使用"。这条定义还算贴切，但是它过时了。它只谈到了物资，而忽视了人类的思想资源、舆论资源。两次世界大战已经让我们明白20世纪的战争不完全是物理上的，或许它从来就不是。为了进行战争，我们需要人、财、物，但我们也需要另一些同样重要的东西——人民统一的意志，全心全意的舆论支持。这种人性力量跟我们的技术资源是同样重要的。

动员有必要划分为两个重要的行动领域。一种是动员人、财、物，为战争创造物质意义上的军队和资源。当前，以此为目的的计划已然存在，我们正在采取措施将和平时期的经济转变为战时经济，以备不时之需。以此为蓝图，我们为军事目的划拨人、财、物资源，并筹办弹药、建设仓库和训练营。

第二种动员形式是意识形态上的。我们当下可以做些什么来确保舆论——缺了它所有这些努力都不能完全成功——要与经济动员相配合吗？筹措舆论也是可能的吗？如果是的话，我们当如何筹措？

我认为如果方法得当且计划充分，我们可以像筹办物资那样筹措舆论。对舆论的筹措是一个长期、持续的过程，要由政府内外所有正义的美国人付诸实践。我们必须一开始就明白，正如我在本书中始终强调的，对舆论的塑造不能仅仅依靠言说，它也取决于行动。若为经济动员而塑造舆论，我们就必须基于事实、真相、我们事业的正义性、人民对国家所面临危险的理解，以及人们对彼此的信任而采取行动。它还必须得到美国国内的美好生活现实的支撑。

跟所有其他民族一样，美国人民也期冀心理和经济上的安全。若可成功满足人民的这种需求，我们将会创造极其有利的舆论储备。通过在现实中合法化所有人对自身及其所处社会体系的信心，我们便可以筹措舆论，以备不时之需。对当下和未来的信心是美国人民能够拥有的最强有力的安全保障。在危机中，人民在态度和行动上的团结与力量皆有赖于此。一个充满安全忧患、身份焦虑的民族，在危机中是靠不住的。

一项以打造举国一心和为国奉献精神为目标的长期活动，是形塑如是强力舆论的基础。此外，它还能确保在战时以及和平时期皆可维持士气，以抵御敌人在国内外开展的宣传。为民主的运转而奉献自己的心志和行动，既是政府的应尽之责，亦是匹夫之责。

政府和商业的很多行动已经考虑到了人们对美国生活方式的意愿和期待。打造举国士气需要进一步拓展这一计划。

我们可以把经济安全拓展为对伤痛、疾患、衰老、死亡、抑郁、失业和丧失谋生能力等造成的损害的弥补。我们应制定有关稳定就业、养老金、健康与安全计划、住院、意外保险、孕产保健和带薪假期等方面的计划。此外，还应制定储蓄计划和退休计划，它们要具备应对物价水平不断变化的必要灵活性。

我们可以通过制定员工与管理层的统一待遇计划，以及避免因种族、信仰或肤色而造成的歧视来提高心理安全感。良好的工作环境、集体协商与工作培训、教育与晋升的机会则可让人们感受到自尊感和身份感。

这种长效策略可以提升美国人民的身心健康、经济安全和民众教育，消弭各种社会缺陷，极大提升国民士气。践行民主，把原理转化为行动，是打造舆论支持经济动员的最有效的途径。我想不出比这更强大的方案了。

而在眼下，第二种策略——意识形态动员，只有当一场战争打响时才会启动。

进入战时，我们要借由一个政府控制的中央部门向民众展示重要的话语和图像符号，并利用曾在两次大战中成功实践的那些方法动员舆论。这个部门肩负着由内而外、多头统筹的艰巨任务，要对抗敌人的心理战，并负责在自己人中间激发昂扬士气。同时，它还必须在信息传播和说服中坚持符合民主要求的真相准则。

当然，在和平时期不能建立或维持这样一个政府部门。美国民主的本质是要求在观点的市场中进行思想的自由交换和竞争。正是这种自由创造了我们国家的每一分子——个体和社会的活力。就本质而论，由政府主导的中央部门来掌控信息与教育背离了民主思想和行动，因为它与思想自由的基本信条相冲突，与拥有、运行伟大传播媒介的思想相抵触。

尽管如此，我们还是必须认识到这一政府部门在战时的好处。同时，第一次世界大战中美国公共信息委员会的经验显示，这种机构能够被民主地运用于民主目标，我认为在这一点上不存在争议。同时我们还必须明白，不能把它的活动委托给业余、浅薄之人任意发挥。该领域需要专业的技巧和经验。

这一部门不能单靠话语和图像培育舆论、鼓舞国民士气。今日的公众希望看到充分的证据和公开的行动，从而在现实中印证那些告知和说服他们的话语。军事胜利的新闻自然总能激励战士和平民，但这样的新闻并非天天都有，其效果也是暂时的。为了维持对公众持续的说服效果，必须采纳另外的行动和符号作为补充。

为了在战时打造强大舆论以推进经济动员，一个基本策略是设定战事目标并告诉人们这些目标是什么。在第一次世界大战中，威尔逊总统的《十四条纲领》（*Fourteen Points*）就有效地说明了战争目标。四大自由主张（the Four Freedoms）①同样也帮助美国在第二次世界大战中宣扬了自己的目标和理念。

就战争目标而言，塑造舆论最有效的办法是确保我们为之奋斗的东西能在战后得以延续，并在和平时期带给人们永久的福利。绝大多数美国人都渴望更多的自由，以实现经济、教育、社会机会和充分民权的自由拓展。伍德罗·威尔逊（Woodrow Wilson）和富兰克林·德拉诺·罗斯福（Franklin Delano Roosevelt）都曾在这一大方向上竭尽全力。但是，我们的目标必须比他们的努力还要更加切合实际。

从组织的角度看，任何舆论塑造领域行之有效的尝试，都要基于对事实通透而客观的分析。这需要预先调查。正如我在其他章节里指出的，在行动前，我们必须知晓一些基本问题的准确答案。我

---

① "四大自由"指言论与表达自由、信仰自由、不虞匮乏的自由和免于恐惧的自由。这是富兰克林·罗斯福总统在1941年的国会演讲中宣布的。——译者注

第 二 部 分
公共关系实践

们所开展的活动的目标公众是谁？何种媒体能最有效地传递我们的理念？哪些理念对公众最有影响力？谁是必须接触的最重要的群体？他们的领袖是谁？如何通过行动、话语和图像影响这些群体和领袖？何种组织最适合执行某些特定类型的工作？

要想在国家面临非常时刻时以最有效率的方式行动，我们必须在和平时期进行必要的调查。要了解如何应对民众心中的纠结、冷漠、无知和偏见，这对动员舆论极其重要，正如充分了解工业能力对经济动员的重要性一样。我们的舆论动员蓝图务必同样基于对这些基本事实的解释，并由此演绎出工作方法和策略。

美国是由多元复杂的个体、群体和族群构成的，多方皆有其利益主张。比如1940年，在外国出生的美国人或由外国和混血家庭生育的美国本土人口占据全美人口的29%。真正本土出生的人口占总人口的71%，他们之中的很多人有在外国工作和生活的经历。

在战争危机中，有一个问题增加了进行舆论动员和争取深度认同的复杂性，那就是族群歧视。美国黑人、印第安人、亚裔和有拉美背景的人群，还有某些地方的天主教徒以及大部分犹太人都承受着各种歧视。在这种日常的经济和社会歧视面前，很难让所有美国人都接受"人生而平等"的信条。

调查也揭示了我国在教育程度上的多元分化。比如在1940年，超过21岁的成年人平均受过学校教育的时间少于9年。我们有接近300万的14岁或14岁以上的公民完全是文盲。我们只有14%的成年人是高中毕业，公众的心智成熟度也不是很高。大约有58%的人口智商在95—105之间，只有21%的人超过这个水平，而有21%的人低于该水平。

然而如前所述，我们可以借助庞大的传播网络来接触这些公众。如果我们知晓如何沟通，传播网络将把多元化的美国凝结一体。我们用来向公众宣讲的主题必须采纳上述的全面调查。美国人民高度忠诚于某些基本的信条，譬如解放、自由、公正、平等和我们的经济体系。这些必须纳入我们面向舆论的诉求活动之中，以提供凝聚力量的基点。

语义学在这个领域亦有非凡之用。在得到有效利用以传播影响力的情况下，话语是人类相互理解的捷径。言说只有在行动的支撑下才会尽显其能，这一点怎么强调都不为过。

我有必要重申前述警告。在我们今天所生活的世界里，我们必须面对中央政府信息部门在战时限制我们自由的危险。集中化的公共审查权总会以保护军事机密的名义掩盖错误，这种危险时刻存在。这将导致种种反民主行为，我们必须积极行动以防止这种情况的出现。但是我们也必须认识到，在舆论场中，未经协调、去中心化的行动比集权审查更加危险。它会带来决策干扰、国家分裂，造成民众士气的瓦解。

这是业余者无法胜任舆论动员工作的又一个原因，不管他们的本意有多好。只有专长于我们深厚的民主传统且堪为公共关系和舆论领域专家的人士，才能在组织和技术上维护民主模式的同时，又于国家兴亡之际教育和动员公众。

第二十九章

公共关系与英美合作

——美国人和英国人如何才能互相理解？

我们已经见识了公共关系可以通过心理战运用于国际事务。而在美国全球活动的另外一个相关领域，有效的公共关系同样重要。

今天，我们与其他热爱自由的国家的一系列联盟支撑了我们的国家安全，如北大西洋公约组织（Atlantic Pact），以及那些在联合国里与我们合作的国家。美国的福祉和世界的福祉要求我们与盟友保持最佳关系。这需要最大限度的互相理解。

在跟英国的关系上，尤为如此。1951年6月12日，安东尼·艾登（Anthony Eden）①在《纽约时报》上写道："在世界舞台上的所有冲突和混乱中，我们绝不可无视一个关键而简单的事实。英联邦帝国（the British Commonwealth and Empire）与美国彼此需要，而且必须共存和合作。理由在于，我们所有当下和未来的计划，皆取决于双方的协同努力。"

这位英国领导人强调，尽管目前英美在近东和远东的官方政策正处蜜月期，这是幸运的，但是"我们不能忘记刚刚过去的教训。在任何时候，一方跟大西洋彼岸的另一方有分歧都是令人不安的"。

艾登先生还说："两国关系在根本上是很难被影响的。但我们必须谨慎，不要夸大分歧的程度；否则就会中了某些人的奸计。他们想看到分歧变成裂隙，裂隙扩大为豁口。但同时，无视分歧也是危险的，因为分歧会不知不觉地增长，直到大得让人心惊。"这位英国政治家接着呼吁双方重视一个重要事实，即"误解源于对每个国家

---

① 罗伯特·安东尼·艾登（Robert Anthony Eden，1897年6月12日—1977年1月14日），英国政治家、外交家。第二次世界大战时期曾任英国国防委员会委员、陆军大臣、外交大臣和副首相等职。1945年至1973年，艾登是英国伯明翰大学的校长，后来在1955—1957年出任英国首相。——译者注

之责任的错误认识"。

艾登先生的话证实了我在数年前访问英格兰时所留下的印象。那是1948年夏天，英美两国人民似乎比第一次世界大战前的任何时候都要彼此疏远。一家叫《领袖》（The Leader）的周报邀请我从公共关系的角度就英美关系的问题所在及如何改善写一篇文章。为了说明应当如何运用公共关系让两国更好地理解对方，我略作改动重写了那篇文章。

毫无疑问，英国人民和美国人民比第一次世界大战以前的任何时候都更加疏远。关于这一点，你在报纸上会读到，你在广播里能听到，你的出租车司机也会跟你谈论美元危机和英美之间将会发生什么。《纽约时报》（New York Times）也好，《泰晤士报》（London Times）也罢，报业领袖都基于各自视角提出了问题的解决方案。人们探讨提出了很多快速的解决方案：实施货币贬值，建立英美经济同盟，还有一个门童建议英国成为美国的第49个州，乃至赶在夏威夷之前加入美国。

目前的美元危机昭示了当两个民族无法彼此理解时会发生什么。两国人民都在探索速效解决方案，寻找替罪羊和牺牲品，而非认真审视全部事实，而后得出可靠合理的结论。在大洋两岸，我们都受到了充满偏见的或自私的利益集团的影响，他们想要利用两国之间的分歧。

一个危险的迹象是，两个伟大的、民主的民族如今正在强化彼此间的分歧，而不是扩大共识领域。第二次世界大战结束时，基于战时反法西斯联盟的构建"一个世界"的设想蜕变成了"两个世界"：资本主义世界和共产主义世界。我们现在必须不惜一切代价防止世界进一步被一分为三——由英国和美国各自代表的理念对应民主理念的世界。

争执和分歧素来是英美关系的传统，这本身并没有什么好担忧的。但严重的是，一个不知出于何种目的，持续和故意扩大两国裂痕的计划已经出现。

我们在制定任何针对当下英美关系严重危机的解决方案时，皆须放眼长远。方案所彰显的信念和价值应贯穿于我们共同面对的历史、现实和未来，亦即我们需要在一致的目标上达成共识。

如果我们接纳了一致的目标，问题就立即超越了美元和便士，变成了双方必须依据对各自利益的明晰理解而解决问题。

由于我们都是民主社会，所以决策务必基于开明的舆论，即大洋两岸都了解问题的真相并据此作出决定。公众对于事实的知晓是我们的第一道防线。如果陆海军军官联合委员会（Joint Commissions of Army and Navy Officers）保卫民主的军事计划没有民意支持，不知其何所适？在民主社会，一个没有人民支持的陆军和海军必无战斗力。与此相似，采取诸如货币贬值之类的行动，无法解决根本问题。我们必须在长远的问题层面上切实寻找解决之道，而非在短视的愤怒中打转。其路惟艰，我们必须同舟共济克服困难。

我们必须首先审视全部事实，并确保 1 亿 5 000 万美国人和 5 000 万英国人知情。我们必须记住，欧洲尤其是英国，在过去 50 年里经历了两次世界大战，欧洲所遭受的不单是物质损失，还有巨大的心理伤害和道德倦怠。在战后重建这段时期内，英国的领袖们身心倦怠，而人民也感到了自我牺牲的负担过重，英国要在此境况下重建一个新世界。我们亦应牢记，美国也在这同一阶段经历了一些根本变革：提升了国家效率和自给自足能力，而且获得了巨大的增长。美国不再依靠外国进口货物，我们在经济上几乎自给自足了。即使在战前，美国也只有不到 1% 的消费品需要进口。

自然，几年前美国理应为自身利益也为西欧国家的利益对他们进行经济援助，目标是借助政府投资刺激经济。经济刺激本身无可争议。

英国战后重建成就卓著，但它仍依赖进口。

有鉴于此，公共关系顾问能做些什么呢？第一，他应建议寻求一个共同解决方案，不仅针对美元与英镑问题，也针对英美未来合作的全部问题。从经济角度看，若想扩大出口，英国首先必须提高生产效率以降低生产成本；第二，英国必须根据行业协会卡特尔（Cartel and Trade Association）①设定的价格来降低成本。

英国的产业领袖已经讨论了大量的"自由企业"问题，但我无法确信他们是认真的。很多产业领袖直接反对那些善用提供附加值的后来居上者。英国产业领袖在理念上看起来自缚手脚，他们实际上不愿意尽快采取新的生产和销售方式。《经济学人》（*The Economist*）的一位作者对此有精到的分析和评论："工业英国从农业英国那里传承的生活方式是如此迷人，以至于几乎每个实业家都或多或少地努力让自己变为一个乡绅。"当英国还保持着无可争议的世界工业领袖地位时，这是可行的，但它无法助力英国在今日这样竞争激烈的世界中赢得出口市场。如今，唯有更加进取的经营方式才能让英国货在外国市场上打开销路。

同时，我们身在美国必须体谅英国在战后时期所遭受的特殊阻碍。我曾在伦敦的报纸上看到过一位美国采购者说："在我的第一次也是最后一次英国旅行中，我发现：你们的火车很脏；你们的电话

---

① 卡特尔是一种垄断机制，主要通过合同或协议、协同行为与君子协定、贸易协会等经济社团的决议、建议等形式运作。行业协会卡特尔，即同一行业的企业以协会的形式联合，从而抑制对手的竞争行为，达到垄断的目的。以协会为主要载体，行业协会卡特尔具有"以合法形式掩盖非法目的"的特点，相较于其他主体实施的卡特尔行为，更具隐蔽性、复杂性和严重性。——译者注

很差——接线员反应迟缓——接电话的人很蠢（今天打电话给一家伯明翰的公司，我打了两次，跟四个人通话之后才找到经理）；你们的食物很差；你们的民众很冷漠；旅馆里的人带着矫情的傲慢；你们的政府部门里有很多娘娘腔。我不奇怪你们没钱。我什么都还没买，但我明天就要飞往法国。"显然，他在英国待的时间还不够长，因此无法理解英国的问题或习俗。他凭着第一印象行事，但正是第一印象会让英国付出很大代价。英国可以采取更积极的措施来吸引游客——这是重要而隐形的美元收入。

如是境况使得英国有必要在美国采取一些行动，也有必要努力调整国内民众的心态，从而适应海外游客，并消除游客如针扎般的烦恼。上述问题不仅惹恼了游客，从大处说也伤害了英国。因为当游客回家后，这种烦恼会伤及他们对英国的好感。我还可以道出很多恼人之处，比如一位美国客人入住西区一家大酒店后，发现房间里有很多水果篮，便以为这是老板的慷慨之举。当一周的旅行结束之际，他却发现自己的早餐被多收了不少费用，经过询问才知道那些原本被认为象征着"英国式好客"的水果，每个梨都花费了他至少5先令，等等。还有一些小烦恼：未经解释便限制每个游客只能带400根香烟的海关条例；将所购之物带出国的困难。所有这些令人恼火的事情，都可以通过一场针对美国人的访英教育活动来化解，要告诉美国人可能会遇到什么，以及对英国人来说，当遇到游客时要怎样对待。

接下来的问题是怎样在美国境内向美国人介绍英国。首先要明确，我们有共同的传统，但并非所有人都意识到了它。我们也没有像本来应有的那样了解英国人的生活与民俗、传承与习惯。若无充分的解读，我们还易于上纲上线地错解英国人的行为。有时我们过度误会了英国人采取的一些无关紧要的行动，而最好不要这样做。

补救的措施何在？我认为在政策制定的最高层，在英国的内阁中，应该有一位公共关系专家。在一项政策变成法律或付诸行动之前，公共关系专家要首先向英国内阁解释它可能带来的影响。一位优秀的政治家未必是一个好的公关人。政府经常在制定了政策之后才让公共关系主管去负责传播，而不是在制定之前就让他参与讨论，以探究政策的潜在影响。

这里也许不是讨论人的个性的合适之处，但我还是强烈建议英国驻美大使，务必扮演一个与老迈、学究、默默无闻的使者相反的角色。美国人民是一个健谈的族群，他们也不怕在交谈中犯错。哈利法克斯爵士（Lord Halifax）之所以成为一个成功的大使，在很大程度上靠的是他在英美问题上的直率态度。这是一个需要所有英美发言人都开诚布公、频繁发言的时代。

我们应该从制造认同的角度来处理英国对美国的所有信息传播问题——让美国人意识到，并说服他们接受两国共同的现实和未来目标。这不是传单和印刷机能解决的问题，也不单是向报纸和广播提供信息的问题，因为信息可能不被理解。所有要执行的活动都应为综合性的整体计划服务，包括有效调查、战略规划、主题设置、组织协调、策划、时机把握和具体策略。如果你愿意的话也可以称之为宣传，它要实现我们预期的目标。要想共存下去，我们必须理解彼此。

美国也务必在经济上担起自己的责任。美国理应降低关税，关税阻碍了英国生产的物美价廉的产品进入美国。美国要鼓励而不是阻碍那些非常了解自己的生意并对创汇极其重要的英国保险公司。美国还应该实现比现在更多的旅游往来。

作为通向更好的关系的第一步，两国也许应该组建一个旨在促进共识的联合委员会。两国已经设立了一个联合军事委员会，在协同防御问题上进行合作。但是，若缺少两个民主社会的民众的支持，军备定然徒劳无功。图存之路必须筑基于同仇敌忾的志气之上。

英美共识促进联合委员会可以是一个由两国政府共同建立的官方机构，也可以是一个由民间（知名教育家、科学家、作家、实业家、工会领袖、公关顾问等）组成的机构。

如果我所提议的联合委员会得以促成，两国就得传了我们军民的衣钵，在共同理解之上确立共同目标。我们就不会面临世界一分为三而非两个均衡世界的危险。

托马斯·杰斐逊（Thomas Jefferson）说：" 普罗大众是最终的皈依。" 民主必须以普罗大众及其理解为基础。如果了解事实，大众就不会犯错。

伯内斯（中）与美国著名记者、电视节目主持人沃尔特·克朗凯特（Walter Cronkite）（左）和自己的母亲、弗洛伊德的妹妹安娜·弗洛伊德（Anna Freud）在一起。

第三十章
公共关系促进族裔和谐
——夏威夷，近乎完美之州

当美国被卷入全球观念的冲撞时，夏威夷在美利坚联邦中具有特殊的重要性。它对国防和公共利益来说非常关键。它处于东西方交汇之地，是美式民主在太平洋中间地带的一个重要路标。就此而论，夏威夷作为美国国防的心理堡垒是无价的。

夏威夷也是太平洋地区的大熔炉。它同化了东方血统，正如美国大陆同化了欧洲人，并建立了一个伟大的民主国家。对美国大陆而言，夏威夷还有更大的意义，它为解决不同族裔背景人群之间的失谐树立了一个成功的榜样。

最后，夏威夷对 50 多万当地居民有直接的重要价值。他们生长于斯，并维持、提升着自己的生活水平，也一直在适应一个民主的社会系统。

上述内容乃是夏威夷所应具备的功能和预期目标。据此，岛民们应当如何快速达到夏威夷的目标呢？

1950 年夏，我作为访问教授来到檀香山，在夏威夷大学教授公共关系课程。不同人之间关系的问题素来让我很感兴趣，而鉴于夏威夷对美国的重要性，这一问题就更加令人着迷。我在夏威夷期间有幸遇到了分属各种群体和各类职业的人士，从银行总裁到学生都有。与我相逢并交谈者有近千人之多。

那个夏天，檀香山扶轮社（the Rotary Club of Honolulu）请我讨论岛民如何才能为加速实现夏威夷的目标而努力，《夏威夷中文期刊》（The Hawaii Chinese Journal）随后发表了一篇我的评论摘要。再后来，我为《新领袖》（The New Leader）杂志写了一篇题为《夏威夷，近乎完美之州》的文章，发表于 1950 年 11 月 20 日那一期。本章内容正是基于该文①而作，试图从美式民主——一个广阔的国家视角来为社群境遇（community situation）的调适提供一种公共关系方案。

① 经《新领袖》授权改编

大多数大陆人——夏威夷人是这样称呼我们的——都不怎么了解岛民,就算真的了解,也认为他们是一群穿着草裙在怀基基(Waikiki)海滩上浪漫跳舞和晒太阳的土著。这些陈词滥调被夏威夷旅游局(Hawaii Tourist Bureau)和美森旅游公司(Matson Line)大肆渲染,美国大陆年轻聪明的文案们则据此准备了恰到好处的广告,并传递给无数的美国人。

实际上,50万岛民中有85%的人拥有东西混合的族裔背景。这些美国公民生活在一个多样化的经济体中。旅游业只是其中的一小部分,它每年只从大陆吸引来50 000 000美元的收入。糖和菠萝的销售贡献了205 500 000美元,而效力于军队和联邦民事机构的夏威夷人则提供了另外175 000 000美元的经济贡献。

特别是在当下美国高度关切东方问题之际,夏威夷有四层重要性:第一,它是我们在太平洋的岛屿阵地。第二,它驳斥了苏联对于我们的国策乃帝国主义和种族主义的指控。第三,拥有最多元背景的美国人可以和谐地生活在一起,这对大陆来说是个令人印象深刻的实例。第四,它展示了在离美国本土2 500英里之遥的太平洋上,50万美国人可以借民主成功掌握自身命运。

杜鲁门总统在第81届国会上为争取夏威夷建州时强调,夏威夷对于美国国防来说不可或缺。我们最大的海军基地珍珠港在第二次世界大战中有效运转,朝鲜战争也充分证明了夏威夷作为空运中转站的价值。夏威夷还是我们托管太平洋诸岛的总部。

夏威夷作为大熔炉的实际价值和象征价值皆不可估量。大多数夏威夷人是东方血统,但其民主却没有被"吉姆·克罗(Jim Crow)种族隔离法"②、种族暴乱和私刑所玷污。尽管种族辨识度很高,但居民们还是强烈支持族裔平等。这比美国大陆的情况好多了。在美国大陆,黑人和白人,天主教徒、新教徒和犹太人,外国人和本地人之间的失谐已为大众默识,有时体现在法律实施过程中,有时体现在对法律的破坏上。夏威夷告诉我们,最多元的群体也可以合作并成功解决自身问题。

夏威夷的卫生、社会福利、教育和其他政府服务比很多州都要好。它对联邦政府的税收贡献超过了12个州。这一良

② "吉姆·克罗种族隔离法"泛指1876年至1965年间美国南部各州以及边境各州对有色人种(主要针对非洲裔美国人,但同时也包含其他族群)实行种族隔离制度的法律。该说法最早见于1892年《纽约时报》关于南方投票法律的报道标题。——译者注

第二部分
公共关系实践

好记录离不开夏威夷当地官员的指导，因为除了州长、部长、最高法院和巡回法庭法官是由总统任命以外，作为美国领土的夏威夷可以选举自己的官员。

夏威夷已经实现了很多自己的目标，它获得了政治自主，同时民主生活水平和经济自给水平也很高。很明显，它应该建州。虽然成就卓著，夏威夷也有很多局限需要突破。为了理解今日的问题，我们需要简单回顾一下夏威夷历史进程中的那些重要时刻。

在被库克船长于1778年发现之前的好几个世纪，来自南太平洋的波利尼西亚部落就在火山环绕的夏威夷群岛定居了。夏威夷怡人的气候和景色及其横跨太平洋贸易通道的地理位置，使之成为19世纪早期冬季捕鲸人心目中颇有吸引力的港湾。中国人的檀木贸易和随后的糖与菠萝文化给它带来了进一步的发展。

公理会传教士于1820年从新英格兰来到这片岛屿，并使波利尼西亚人皈依了基督教。从1820年到1898年，在传教士和土著以及从美洲和欧洲来到这片岛屿的白人移民的帮助下，夏威夷王室得以维持王国的独立地位。此间，法国人、俄国人和英国人也企图夺取这块大洋瑰宝。最终，在经济力量和国家利益驱动下，美国人拔得头筹，于1898年兼并了这片岛屿。1900年，夏威夷成了美国的领土。

19世纪中期，夏威夷的农业加速发展。但由于土著波利尼西亚人不愿成为种植园工人，种植园主只能从葡萄牙、挪威、意大利、俄罗斯、波兰引进工人，而从美国输入工人的计划破产。在1960年代，中国苦力被引进甘蔗园从事劳动，随后又涌入韩国、日本、波多黎各和菲律宾劳工。

第二代移民——无论东方人和还是西方人——都接受了美国的理念而抛弃了种植园，开始涌向集镇和城市，他们在那里获得教育并谋职。急需人手的种植园主开始从全世界搜罗劳工。

这种长期的劳工引进让夏威夷成了一个大熔炉，前三代移民的美国化达到了惊人的速度。但是，控制全岛经济的种植园主后裔——作为美国白人的后裔，仍持守着种植园心态和封建思想。在"主人—工人"这种二元阶级体系下，白人种植园主作为殖民主人而存在，以或明或暗的方式维护着"白人至上主义"。社会、经济和政治统治皆集中于权力代理体系。几家公司控制着大量土地，他们之中的一部分代理种植园主开展所有交易，而工人在经济、社会和政治上受到深重剥削。

今天控制着夏威夷社会的群体便来源于此。他们有个并不确切的称呼——五大家族（Big Five），尽管他们不止五个组织。大约80家公司的白人主管实际控制着全岛的社会、经济生活，而直到最近，他们也控制着政治生活。来自美国本土的白人其实是一股自由化的力量，但当地白人家族却给他们施压，以"使其亲密的社会关系和生活方式仅限定在与当地白人范围内"。只有得到精英引荐的美国大陆访客才能接触到本地的上层白人。这些当地白人牢牢控制着土地所有权，因为大部分土地都处于严密的托管之中或者根据地契被租出去了。无地者对此非常不满。

312　　后来，新政和全国劳资关系委员会（National Labor Relations Board）将五大家族纳入一定的社会监控之下。他们再也没有无上的权威了。在珍珠港，他们的权力受到进一步的限制。然而，尽管军方在岛上确立的戒严法随后被宣布违宪，但还是在五大家族的授意下冻结了工资，把工人禁锢在了岗位上，并在战争期间压制了经济发展。

　　战后，夏威夷工人被榨干血汗，他们大失所望。在珍珠港事件之前，他们的工会很弱。目光短浅的雇主自己又强化和放大了公众的这种认同，我们在美国大陆听到的诸多关于严酷罢工的控诉，确有其根源。

　　早在很久之前，夏威夷的居民就不再相信什么"白人有灵"之说了。当然，公立学校向整整一代人灌输了美国理想。伴随着这种民主意识的增长，有东方背景的新一代美国人摆脱了五大家族的政治枷锁。对外籍西方人的接纳在美国大陆是司空见惯的，而夏威夷的问题至少从表面上看是有所不同的，因为东方人的面孔是不同的。尽管如此，在美国白人、日本人、半夏威夷人、菲律宾人、中国人、夏威夷人、波多黎各人和韩国人等族裔背景中，有28%的婚姻属于族外通婚。

　　不幸的是，尽管日裔美军在战时功勋卓著，但第二次世界大战以来白人背景的美国人和东方血统者之间的关系有所恶化。掌权的白人忌惮"觉醒的外国人"所倡导的新美国精神。单以游客的散漫视角是看不到这一切的，他看到的不过是各种不同面孔的美国人并以为他们完全和谐地相处，而我发现夏威夷必须消除严重的失谐。鉴于绝大多数夏威夷人都友善且爱国，这些不和谐因素可以被消除。

313　　在1947年，几个商人组织，包括夏威夷糖种植园主联合会（Hawaiian Sugar Planters Association）、商会和夏威夷雇主理事会（Hawaii Employer's Council），拓展了自己的公共关系工作以应对不利局势。不幸的是，他们的处理方法主要诉诸言辞而非解决局势背后的现实问题。好在以富有远见卓识的克劳德·贾格尔（Claude Jagger）为总裁的夏威夷经济基金会（Hawaii Economic Foundation）在此时成立，并提供了一些帮助。

　　既有的失谐在很大程度上归咎于持续膨胀的五大家族中的一小撮短视者。他们的态度和策略过时而僵化，且仍企图统治全岛。他们中有商人、银行家、一些教育家和专业权威。尽管小众且不得人心，但他们还是企图维持对社会和经济的控制。他们手握大权，只有当社会和政治行动激烈地传达了民意的时候，他们才有所反应。

　　在分析了与数百人的交谈后，我得出了"谣言是敌意的武器"这个结论。哈佛大学和其他大学的相关研究已经确切地证明，谣言的传播表明了经济或心理上的不安全感。小道

第二部分
公共关系实践

消息或谣言是人们表达对某个群体或个人的敌意所惯用的武器。在夏威夷，谣言分为两种类型：（1）关于白人和其他族裔群体的种族类谣言；（2）大肆渲染中产阶级、普通人乃利益集团、五大家族和大公司受害者的经济类谣言。这类谣言指出大公司正在加强控制，引发失业，哄抬价格，而且正在以银行信贷和航运为手段加强控制。谣言不能被一笑了之，因为它们揭示了社会关系。这些谣言所表达的对一个人的同胞、工作和社群的态度，能激发或阻碍进步。

这里有些我从白人那里听到的关于不同族群的普遍说法。"日本人爱干净，爱抱团，不爱思考但记性好。""中国人很狡猾，是不错的商人。""菲律宾人多愁善感。""夏威夷人随遇而安。""韩国人脾气大。"

东方背景的夏威夷人则描绘了另一幅画面，他们抱怨道：

1. 某些居民区对东方背景家庭实行种族隔离。这导致被歧视者颇为不满，并为流言传播者提供了机会。

2. 隔离白人管理者的住宅。这阻碍了群体之间的相互了解，并制造了不愉快。

3. 不同的族裔有不同的商会。这导致牢固的商业壁垒，不利于团结。

4. 出现了私立学校优于公立学校的教育趋势。这消解了公立学校的影响及其作为未来世代文化同源的价值。

5. 连锁商店和银行支行根据本地族裔人口群体选择对应员工。长期来看这一做法将损害而非助益商业。

6. 一些销售组织，如保险公司，在特定族群中选择销售团队去抢那些不打族群牌而谋求业绩的公司的生意。我们应该制止这种行为。出于族裔原因选择联系人与特定群体合作的做法（不管什么情况），难以带来长久的协调。它强化了差异性而非共性。

7. 东方背景的美国人在同一份工作中的收入通常比当地白人低。不能借口一些东方背景的公司也存在这种歧视性做法，而为这种情况开脱。

8. 在员工档案卡上询问种族血统和父亲职业的做法。不管对不对，很多人不愿在档案里写上他们的父亲是种植园工人。

9. 一些公司基于友谊、家庭关系或社会名望，又或者是因为当地白人不想成为非当地白人的下属等理由而只雇佣当地白人。

10. 反感职业招聘广告明确规定需要特定的族裔群体。

11. 不断指责非当地白人在大商业公司中发展机会受限，指责管理层都来自美国大陆的大学，夏威夷大学的学生则被刷掉。

12. 人们极度憎恶社会歧视。公司主导权掌握在同时也是社会领袖的人手中。著名的俱乐部——瓦胡（the Oahu）、奥瑞格（Outrigger）和太平洋（Pacific），禁止东方背景的美国人参与其中。

13. 大学还保留着一些让某些族群成员非常讨厌的习俗。学生在入学考试中被要求说明种族。东方背景的美国人说在大学里很难获得重要地位，并指出尽管大学是由税收支持的，但系主任中没人有东方背景。大学应该挑起大梁，在这些问题上教育和拓展岛民的观念。可惜大学推诿和逃避了这些问题。另外一个重要的教育机构——普纳荷学院，招收东方背景美国人的指标很少且相对严苛。

14. 另外一种摩擦来自一些大学社团完全或几乎限制了某些族群参与其中的做法。类似的羞辱感还来自在某些课程的注册卡上填报种族血统。

这些对反美国精神的歧视的具体控诉，代表了与我交谈过的从上层职员到出租司机的近千人的感受。它们揭示了诸多不满，而不满可能引发攻击性社会行为。当然还有其他同样复杂的群体内部关系需要协调，日裔与冲绳裔、日裔与韩裔之间的关系也有嫌隙。

夏威夷的族裔偏见有些奇怪的地方，其中一个例子就是大相径庭且飘忽不定的所谓"种族"统计数据。很多机构都有自己惯用的分类方法，它们大多数都有重复或缺省，因而削弱了其意义。国土统计局（The Territorial Bureau of Statistics）使用了一种九重分类法，将居民区分为夏威夷人、半夏威夷人、波多黎各人、白人、中国人、日本人、韩国人、菲律宾人和其他人。

但公共教育部和政策部（the Department of Public Instruction and the Policy Department）使用了一种不同的分类方法：夏威夷人、半夏威夷人、波多黎各人、西班牙人、其他白人、中国人、日本人、韩国人、菲律宾人和所有其他人。向国土机构汇报的不同部门还有其他分类，瓦胡岛（Oahu）监狱也是如此。公共福利部（Department of Public Welfare）的年度报告则没有使用种族分类。

族裔命名的多样化显示了这些数据是多么没有价值。然而，这种不科学的戏法还是因为"科学"理由而大行其道。

夏威夷的葡萄牙人已经表明这种愚蠢的行为可以废止。他们之前被独立地划分为"葡萄牙人"，葡萄牙裔民众发起了抗议。结果，1940年的人口统计放弃了此类别。葡萄牙人现在被划分为白人。

夏威夷的知识分子意识到"种族"这个叫法引起了很多不满，因为它被宽泛和不科学地用来定义国家、地理、文化和宗教出身。尽管如此，他们还是屈从于惯习而继续沿用它。但作为民主社会的夏威夷不需要一直使用这个概念。联合国教科文组织（UNESCO）最近提出了一个科学的解决方案，呼吁用"族裔背景"来替代"种族""祖先"和"祖先族群"，这样的术语表意清晰，同时也不会引起人们反感。

有人说我在这里所讲的问题是微妙而复杂的，必须渐进地解决它们。"不要强行解决这个问题，"他们说，"多看看已经取得的成就。"

第 二 部 分
公共关系实践

改善族群间的关系对当下来说更加重要，因为夏威夷的形势整体上非常好。我所说的一切，并不是提议这片岛屿要大规模改革。相反，夏威夷几乎跟世界上任何别的民主社群一样民主。它已经非常接近并实现以上提到的四个功能和目标了。

要想完全实现这些目标，只需少数人在本章所讨论的遗留问题上能够改变既有的态度。

第三十一章

人事关系
——劳资协调之路

为了让美国人民在民主的利益体系之下继续保持和拓展其生活水平,劳资之间的和谐关系是极其重要的。它们主要体现了人事关系中的一个问题。

"文化是一张无缝之网,"斯图尔特·蔡斯(Stuart Chase)议论道,"所有关于人事关系、群体行为和社会心理学的有用结论都跟工厂、办公室和管理行业相关。"当然,它们也同样跟工会活动相关。

在劳资之间所有的误解中,双方都要求有助于舆论。我在宾夕法尼亚州立大学(the Pennsylvania State College)举办①的第23届工业年会上发表的演讲中指出,任何管理层或劳工想单方面赢得舆论的企图都是行不通的。本章讲的是管理层怎样才能制定一个劳工和公众都能接受的现实方案。我勾勒了一个由七个项目构成的解决方案。

在劳资关系中,管理层有一个至关重要的问题亟待解决。管理层曾企图以魔法般的手段来处理这个问题,靠某种神秘的方式影响舆论支持自己,并借此排除一切困难和不满。这个根本问题便是管理层怎样才能有效地将其劳工问题呈现于舆论的审判面前。这需要根据管理层针对劳工和公众所采取的行动做出检验。

我会在审视所有事实之后再得出结论。一个为人瞩目的事实在于:1946 年,累计有 116 000 000 个工作日被消耗在了罢工上,超过了迄今我们历史上任何一个完整年份的损失。②我们必须意识到罢工乃一种病态,它们不是劳资关系破裂的原因而是结果。我们务必以理智和逻辑来促成劳资关系的协调,不然因罢工而消耗的工作日将越来越多。

---

① 以"人事关系——劳资协调之路"为题目发表,宾夕法尼亚州州立学院,《新闻快报》第 41 期,NO.7(1947 年 2 月 14 日),15-22.

② 在 1949 年,50 500 000 个工作日在罢工中被损失;而在 1950 年,这只有 38 800 000 个工作日。

第 二 部 分
公共关系实践

我们必须记住，情况是极其复杂的，简单归因将导致一事无成。但为了理解产业关系摩擦的原因，让我们首先就一项基本假设达成共识：美国若想在民主的利益体系之下维持和拓展生活水平，就必须实现劳资关系的内部和解。因此，劳资双方必须为了共同目标而在计划与合作中寻求更大范围的共识。双方皆应对公共福祉负责，以确保我们的社会系统高效运转，并持续增长和繁荣。

人皆渴望富足、稳定、自由与和平。我们都期待免于混乱、失业、萧条和匮乏。

管理层理应牢记，今日美国有 1400 万至 1600 万工会成员，他们通过 AFL、CIO 和独立工会被组织起来（用他们家属的平均数量乘以这个数字，基本上等于美国半数的人口）。管理层必须意识到，当今之世，全新的政治哲学和价值观在与我们全面抗衡。若要在美国生存和进步，管理层就不能固守现状，裹足不前。管理层必须牢记，工会和集体协商已然成为我们整个产业体系不可或缺的部分；工资要与物价水平保持同步增长；除非发生战争，否则应该缩短工时，而不是增加工时；工艺水平和工作条件需要改善。

作为图存之计，目前整个产业体系的运行环境必须避免长久的两败俱伤。倘若管理层或劳工中的任何一方成功地朝着过分利己的方向竞争，并改变了政府所确立的平衡，我们就有麻烦了。政府扮演着仲裁者的角色，所以应该务必保持公平与正义、知情与理性，对任一方皆无偏见。

管理层要在问题诉诸公开之前，找到劳资失谐的症结和解决方案。若想赢得舆论的声援，管理层必须制定一个能获得开明劳工和公众支持的现实解决方案。同样，劳工也要拿出一个能让开明管理层和公众支持的解决方案。解决方案必须是渐进的而非革命性的，双方提出的意见和行动路径理应与当下现实情境相契合。

解决方案不能仅仅停留在某些言辞、新闻发布、媒体关系或销售工作等层面。"自由企业""美国体系""供求法则""去除政府管制"，仅凭这些虚幻的词语无济于事，重复它们无异于寄希望于巫术。舆论调查显示，公众是劳资斗争结果的决定性因素。那么，我们有必要审视这些调查，以便为我们的结论奠定稳固、坚实的事实基础。

1946 年 1 月和 6 月这两期《财富》杂志，埃尔莫·罗伯（Elmo Roper）发表了一项民调结果。在这次民调中，公众被问及如果被邀请去仲裁产业纠纷，他们会支持哪一方。在 1946 年 1 月，45% 的公众倾向于支持管理层，26% 的公众支持劳工，而 29% 的公众没有观点。到了 1946 年 6 月，舆论倾向大幅摇摆至劳工一方：37% 的公众支持劳工，36% 的公众支持管理层，而 26% 的公众没有观点。在 1949 年 3 月，美国舆论研究所（the American Institute of Public Opinion）针对是否应该起草劳工法案以批准罢工权问题开展了一次民调，结果显示，55% 的公众认为"是"，33% 的公众认为"否"，而 12% 的公众没有观点。

转向劳工的民意来自早前管理层的支持者。曾经的支持者已失去了对管理层处理劳资关系局势的信心。值得注意的是，以上调查结果并不存在对劳工或管理层任一方绝对的支持态度。《财富》杂志在 1946 年 3 月发布的另一项民调提供了进一步的证据。这次调查显示，就连管理层自身也对其劳资关系政策持消极态度。管理层并不认为自己已经实现了理应对工人担当的社会责任。

管理者代表被问及他们是否认为应当承担超越营利层面的社会责任时，有 93.5% 的管理层认为确应扛起社会责任。但当管理层进行自我评价时，约有三分之一的人回复说只有四分之一或更少的管理层有社会责任意识。另外三分之一的人认为有社会责任意识的管理层不到一半，而只有三分之一的人相信超过一半的管理层有社会责任意识。

国家民意研究中心（National Opinion Research Center）在 1945 年 9 月做的一项民调显示，对于"假设政府不控制商业在美国的运转，你认为谁会最受益"这个问题，公众回复如下：74% 的人认为对大企业最有利，11% 的人认为是民众整体受益，11% 的人表示不知道，6% 的人认为是小企业受惠（一些受访者给出了不止一个答案）。还有进一步的证据，1946 年 6 月的《财富》杂志上发布的一项民调显示，公众认为工会、政府和管理层对 1945 年至 1946 年冬天罢工局势处理不善负有同等责任。27.8% 的人认为工会表现最差，24.9% 的人认为政府表现最差，22.5% 的人埋怨管理层，24.8% 的人表示不知道。这一回应显然明确证实了公众对任一方的支持倾向都未占优，这也表明劳资双方都需要舆论的支持。《财富》在 1946 年春发表的一次民调显示了一个令人鼓舞的迹象，52.3% 的美国人对"将会出现良好的劳资关系"持乐观态度，只有 27.2% 的人认为无可指望，而 20.5% 的人表示不知道。尤其值得注意并鼓舞人心的是，持乐观态度的专业人士和管理者比其他职业群体要多 5 个百分点。

管理层怎样才能拿出一个公众和劳工皆可接受的现实解决方案呢？

在处理劳资关系问题上，管理层遭遇了文化时差。正如我之前指出的，这一短语简洁地描述了人们的实际行动和在基于现有知识应有的行动之间的鸿沟。它概括地表达了其保守态度。

举例来说，在 1868 年，根据马萨诸塞州（Massachusetts）参议院的文件，一家重要工厂的代理人被问到制造商是否在其工人的身心和道德福祉上有所作为。"从来没有，"他说，"而对我来说，我对待工人跟对待机器一样。只要他们能为我支付的工资干活，我就留着他们，尽可能地压榨他们……当机器变得老旧无用时，我就把它们扔掉再换新的，而工人是我的机器的一部分。"一个今天仍因循着 1868 年思路的商人（这样的人还很多）证明了文化时差的存在。今天，他无法坦然宣称对产业组织内的人事因素漠不关心。莫里斯·维特列斯（Morris Viteles）在其著作《产业心理学》（*Industrial Psychology*）中写道："我们的产业文明和私人工厂的成功，不仅取决于工人操作机器的技术,也取决于一些庄重的人性特质,譬如人对机器的态度和从操作中获得的满足感。"

管理层今天的主要任务之一,就是缩小前述这种劳资关系见解与1868年式思路之间的差距。管理层不能再心安理得地依照那些被抛弃的、狭隘的理论指引自己的行为。勒特利斯贝格尔(F. J. Roethlisberger)在其《管理和士气》(Management and Morale)一书中记述了西电公司(Western Electric)在霍索恩工厂(Hawthrone Works)的人事关系项目。他强调管理层要在追求效率和实现工人的自我满足以及社会接纳的渴望之间维持平衡。他认为,只有当组织上层真正理解下层的情感和意见时,他们才能让工人理解管理层的需求。

美国舆论研究所在1949年12月做了一项民调,问及是否应该支持将午餐俱乐部作为工厂工人与商人之间非正式的会谈场合,以促进其更好的相互理解。调查结果显示:71%的人支持,17%的人反对,11%的人没有观点。

问题本身可以归结为,管理层与工人每一次日常接触中所表现的态度和行为。譬如,从薪酬问题到车间通风问题。客观世界中的所有活动背后必有特定原理的支撑,人的行为也主要是基于某些原理。产业界心怀感激地将某些原理运用于技术发展,但在应对劳资关系的人事因素时,他们却远没有那么开明。

在现代社会这很典型,现代社会对技术知识的实践已经大大超过我们对人类行为方面知识的运用。今天,产业管理层必须在其劳资关系上运用社会科学研究出来的人类行为理论。运用这些知识并非空谈,而是最高明的实用、利己和开明现实主义。

管理层偏重商业技术和金融属性,却牺牲了心理因素。如果老路走不通又怎能强行?如果防线已然失守又怎能固守?譬如,工人对地位和满足感的追求往往远超我们的预期,理解这一点是有趣且重要的。

工人个体对地位、个人成就、社会接纳、归属感的渴望体现在很多方面。他会追求心理、社会和经济上的满足、可靠且更高的收入、更多的机会,被认可的地位和成就也都很重要。一位女接线员这样告诉《纽约时报》的记者:"我们告诉公司,我们不再只是电话总机的一部分了。我们是人,因而必须像人一样被对待。"另一工人对同一位记者说:"我承认,我们的人不用花什么力气就可以做得更多。但是他们为什么要这么做呢?只要他们还认为是老板而非工人从自己的努力工作中获益,他们就不会这样做。你可以跟我谈共同富裕要靠提高产量,但你永远也不会让车间里的工人同心同德,除非他能感受到自己是公司的一分子。我说的是真正的伙伴,不是那种写在年度报告里的东西或者来自总办公室的一句圣诞祝词。伙伴关系影响整个工厂的运转,你得让工人在企业运作和利润分配中有发言权。"

1943年《财富》杂志对工厂工人的调查表明,该意见具有典型性。当时有75%的受访者认为，他们期盼选一个主管作为他们的代表到董事会或某种管理层委员会中。他们认为所选的主管应该在工作条件、工资、晋升、生产计划和管理层薪酬方面有发言权。

威廉·J. 史密斯（William J. Smith）神父在其《聚焦工会》（*Spotlight on Labor Unions*）一书中表达了同样的观点。在他看来，未来是一个产业冲突加剧的时代，除非劳工在工业企业管理中被给予"合作伙伴"地位。他在行文中给出如下理由：利润、价格和生产效率乃劳工的合理关切，且对工作条件至关重要。他同时警告产业界，除非管理层能担负这样的责任——促成和建立与工人之间的更好关系，并承认个体尊严，否则冲突将会以更加激烈的形式持续。

今天，很多美国人认为应该让劳工更多地参与国防政策，尽管反对的意见与此大抵持平。美国舆论研究所在 1951 年 4 月所做的一次民调显示，几乎每多一个选民认为劳工应该对国防政策拥有更多发言权时，就会多一个选民认为劳工意见在国防建设中已经得到了充分关注。但支持劳工的选民在数量上略多一点。有 41% 的受访者认为劳工应该有更多的发言权，40% 的人持否定态度，而 19% 的人没有发表观点。

以上内容充分说明了劳资领域的一个全新问题——人事关系，管理层必须在可以为自己拿出一个站得住脚的解决方案之前，解决其责任问题。

我愿意提供一个长效的"七点计划"，从而促进解决方案的产生。

1. 我们有知识、案例、方法、人事关系研究和劳资关系研究的储备。这些资料遍布整个美国，在大学、私人和公共图书馆里，也在人们的脑子里。美国产业界应该通过全国性组织、行业协会或私人机构来研究和整理资料，让它们以简明易懂的形式被广泛接触。我们需要采集并精简这些资料，从而善用它们。

2. 有很多组织正在研究这些问题并发表了他们的成果。管理层应投入财力或人力支持，与这些组织合作并提供帮助。美国管理协会（the American Management Association）、管理进步协会（the Society for the Advancement of Management）、社会问题心理学研究会（the Society for the Psychological Study of Social Issues）以及美国社会学会（the American Sociological Society）都值得企业家们关注，他们可以从这些组织的研究中受益，并以其成果为依据行事。

3. 大学和学院也应该参与到对人事与劳资关系问题的认真研究中来。麻省理工学院、宾夕法尼亚大学、达特茅斯学院、普林斯顿大学和康奈尔大学都在开展大量的研究项目，管理层应积极支持这些大学，通过奖学金或其他形式的资助来与之合作。

4. 应该运用效率更高的机械设备将技术研究成果转化为工业生产力。倘若我们的自由企业体系得到长足发展，那么生产上的增量应以更低的成本提供给公众。一些无知的劳工领袖以技术高效带来低就业率为由对此持反对意见。理智的管理层和劳工领袖不应阻碍可以让双方皆受益的进步。

5. 那些进步的管理层已经通过行动展示了许多新理念，这也是管理层解决劳资关系问题的新起点。一些行之有效的计划，包括年薪制或保障工资制、仲裁、激励性薪酬及事实调查委员会得以施行。但是，这些方法只是第一步。我们必须找到更多措施和方法，所有计划都要有更深层次的研究和思考。

6. 务必更广泛且明智地启用专业的劳资关系处理员。劳资关系工作者可以成为管理层和员工之间一座重要的桥梁。很多劳资关系工作者以对待敌人而非同事的方式对待工人，更有甚者尚不懂得劳资关系处理的基本原理。但是，有人深谙此道，而这些人和雇佣他们的公司较少遇到劳资关系问题。

7. 务必教育公众以使之理解美国的产业体系对他们来说意味着什么。现在我们是在口号或充斥偏见的宣传中接受公众教育。我们必须实质性地解决问题，以真诚且充满希望的、人皆理解的、直截了当的语言来告知、表达我们的目标。有志于维护渐进式民主的所有理智的美国人，理应为此贡献力量。要想维护美国利益，我们必须维护一个丰足且进步的商业架构。

劳工占了公众的大部分，也必须接受教育。一些劳工的领导层很糟糕，正如一些管理层评价自己的领导力很差。跟管理层一样，劳工中也有独裁者和垄断者。我们应该在更加民主的基础上组织劳工。

相对而言，美国的劳工运动尚显幼稚。管理层可以帮助工会，使其变得更成熟，但必须放弃那种任由劳工无序组织而从中得利的思路。的确，一些劳工领导层纪律败弛，责任心匮乏，莽撞、违法、受制于人和虚耗式的罢工就此滋生。这为管理层提供了另一个理由来训练理智、成熟的劳工领袖。管理层若无作为，煽动者就会掌握控制权。唯有当工人和管理层都走向成熟，双方的伙伴关系才能得以确立。必须指出的是，墨守成规的方案或上层的铁拳是不能解决问题的。

大量经验表明，合作性的"雇主—员工"关系可以带来产业安宁。作为例证，我们必须研究雇主协会和城市公会的平稳谈判关系，它们已在诸如缝纫业、男装与女装业、男帽与女帽业中存续多年。

我们必须在国内和国际事务中都强调合作关系。在国际上，当原子弹的威胁悬在我们头顶的时候，我们要为"大同世界"而奋斗。在我国的产业关系中，我们也必须为同一个世界的共存共荣而奋斗。当很多管理层反对全美近 1 600 万工会成员的时候，除非达成彼此协同，否则我们必然大难临头。这场劫难将造成由左翼或右翼中的一方统治另一方的独裁。

管理层和劳工理应各尽其力以适应新环境，将变革控制在一种有实效且渐进的框架之内。管理层或劳工单方面赢得舆论的企图并非解决之道，二者都必须首先清理自家门户，然后才能超越彼此利益冲突而共同建设舆论。要达到这一目标，我们并无捷径可走。

　　产业和谐的唯一保证是劳资双方一道将人事关系科学运用于解决问题之中，倘若管理层明白了自己与工人建立伙伴关系的责任，公众就会给管理层投上一票。

1949年,伯内斯出席富兰克林·D.罗斯福(Franklin D. Roosevelt)总统的妻子埃莉诺·罗斯福(Eleanor Roosevelt)在华盛顿举行的发布会。

第三十一章
工会教育计划

上一章试图将公共关系原则应用于劳资关系协调的某些具体问题，我们所讨论的是管理层所面对的必须竭力解决的问题。本章我要讲的是那些劳工所面对的必须竭力解决的公共关系问题。

本章分析了工会的教育活动，指出工会要执行一项很重要的任务：发起事实教育运动，以教育全体公众、管理层和工会成员认识关于产业民主的本质和意义。这一教育运动的根本目的是在产业关系中实现理解与合作，以使管理层和劳工能为了国家福祉而有效合作。

大多数重要议题所引发的公共舆论都会经历一个渐变的过程。一开始，公众只看见问题的一小部分，就像登山者起初只能看见附近的峡谷。接着，由于教育活动的展开，人们逐渐被引导着看见越来越多的景象，直到像山巅上的登山者一样纵览全貌。今天，整个劳资关系问题备受关注，工会的教育工作是推动问题公开的一个重要因素。

本章我要从公共关系的角度来讨论劳资关系。我对这些问题有着丰富的经验，我做过一项关于商业与公众对劳工的态度、劳工与公众对商业的态度的研究，还研究过大量工会教育项目。在我看来，工会还有一项重要的工作要做：开展一场集中教育活动，不仅要教育普通公众和管理层，也要教育工会成员有关产业民主斗争的基本事实。

人们都渴望更美好的生活、更美好的家乡和更美好的美国。身在其中，每个人的就业和安全感都能得到保障。对此，我们任重道远。关于如何获得更好的生活，我们仍有分歧和冲突。我们承受着精神上和经济上的不安与纷乱。愤世嫉俗、无常幻灭和心怀不满削弱了我们的士气，我们相互为敌而非同心同德。美国成了一个意识形态与群体斗争的战场：白人对黑人，本国人对外国人，管理层对劳工。我们必须采取积极行动应对这些内部偏见，就像我们面对国际战争时那般积极进取。

这些内部斗争中最重要的就是劳资关系。理性的劳资关系能够助力我们实现产业和谐，劳资双方可以一同规划和努力实现我们的社会目标。惩戒性的立法不能解决全部问题，答案在劳资关系教育中，公众、雇主和劳工必须找到问题的实质，而工会必须担当教育责任。

大型工会的教育主管们具体能做些什么来应对这个问题呢？

这本质上是一个公共关系问题。人们肯定是为了干净才去买肥皂，为了更高水平的教育才一窝蜂地上大学。同样，人们对工会也一定有所期待，才愿意支持其具体目标。倘若公众了解工会为了国家利益而采取的行动，他们对工会行动计划的态度就会更加友善。公众若不了解工会的价值，他们就会被偏见、假象和歪曲所诱导。

让我们审视一项进步性的工会教育计划，并看看它是否可行。这项计划大致有以下几条线索：

第一，工会主张其成员全面参与工会工作，形塑协商处理问题的有效且成熟的领导力，在组织内部加强民主，并促进工会团结。通过这些活动，工会努力实现其目标——更高的实际工资、覆盖行业的工资协议、工资平等、有保障的年薪以及工人性别平等。

第二，工会愿意在更多方面加强民主。工会抵制通货膨胀，基于与农民、消费者和其他人的合作，围绕民主和政治议题开展行动。工会为争取更好的住房条件、退伍军人援助、健康计划和公民自由权利而努力奋斗。

第三部分没有讲明，但很好理解，就是向自己人"推销"自己。这是一项长期工作，但客户想要的是立竿见影的结果。

在研究工会的教育活动时，对我来说似乎应推行另外三项教育计划，以使公众了解工会的需求及其理由，从而更愿意接受其目标：

1. 让公众了解健全的工会和成熟的工会领导层对国家的价值。
2. 让雇主了解工会对他的价值，并使其意识到要将人类学和人事关系研究的成果应用于劳资关系的协调中。
3. 让工人了解我们的产业体系和他在其中扮演的角色。

这种类型的教育有助于促进工人对争议性经济问题有更深入的理解，有助于推动工人与其他主要社会力量的合作。

工会开展公众教育的紧迫性已然全面显现。权威民调揭示了公众对劳资关系的无知。举例来说，超过四分之一的受访者无法理智地回答埃尔莫·罗伯（Elmo Roper）在1946年《财富》杂志的民调中提出的问题："假设你在过去三个月的劳资纠纷中担任仲裁，你会倾向于支持劳工还是管理层？"

美国公众对劳工问题无知的主要原因是事实性信息匮乏。公众主要靠报纸头条或电台广播生成对工会的印象，而且生成过程通常是在一场论战前或论战中。工会或管理层在论战中表达的观点都无助于澄清事实，反而只强化了既有态度。

不得不说，大多数人不了解工会在提高购买力、利润和工资方面已经做出的贡献，公众不了解工会所负责的产业内部的协调职能，而这些产业提升了我们的生活水平。公众不了解工会主义的发展对于整个经济体系的意义，不了解工会对于整个社会存在的价值，不知道可以从其他国家的经验中学到什么。公众也着实不了解为何有的工会所行不善而另一些则免于为害，公众对工会内部民主程序的运行方式也知之甚少。

根据1944年美国产业工会联合会章程的表述，工会的目标是寻找"与雇主建立和谐关系的方法……维护并拓展我们的民主架构、民权和公民自由，并借此永续我们所珍视的民主传统"。这是所有美国人信受奉行的目标，如果他们掌握了可供理智判断的事实的话。除非有人设计出规划精当的活动来揭示事实，否则人们便难以掌握真实情况。一个进步的工会的定位，是能够给公众提供如下几类关于工会的信息：

1. 工会是什么？它如何运作？

讲述一个关于工会组织、历史和发展情况的故事。解释工会的结构和内部治理模式，解释不同类型的工会组织，譬如，产业工会和行会，本地的、全国的和世界性工会，隶属性和非隶属性的工会。清晰解释有关工会的现实权责边界，工会管理者的选举办法及其义务，以及成员应有的权利和工会财务安排。

2. 工会的教育和福利活动有哪些？

讲明劳工报纸及其功能的故事。解释宣传教育活动和工会福利项目，譬如职业训练、学徒制方案、劳工储蓄、保险和其他项目。

3. 关于集体协商的事实是什么？

解释这个晦涩的术语；阐明这个过程究竟是什么，发生了什么，以及协议如何达成。

4. 关于劳工纠纷的大体事实是什么？

纠纷是怎样发生的？纠纷的主要原因是什么？纠纷果真像被误导的公众认定的那么严重吗？

5. 那些说辞意味着什么？

为了定义劳资讨论中许多经常被使用，而公众却理解模糊的术语，还需要做很多事。我们要翻译一个词汇总表。只有极少数公众知道以下词汇的区别：工资、奖励工资和实际工资；工资差异和工资稳定化；工作量、最低工作量和协作工作量；独立封闭工厂、联合工厂和开放工厂。①

我的第二个提议是工会应围绕"工会与人事关系"这一话题教育雇主，其方法与公众教育相同。

今天，尽管我们发现越来越多的雇主开始接受自

---

① "封闭工厂"是指只雇佣某一工会会员的工厂；"联盟工厂"的雇员可来自工会联盟的任意成员；"开放工厂"的雇员无需从属或在经济上支持任何一个联盟。——译者注

己的社会责任，但这绝不意味着人人如此。正如上一章我们引用的《财富》杂志的民调所示，雇主必须意识到产业不仅是"生意"，也是一种社会构成。基于共同利益，工会应使管理层明白怎样与劳工理性合作。

产业发展中的一些困境在于某些雇主的维多利亚式态度，他们谋求重获对工人的控制。雇主感觉丧失了这种控制权，因为工人忠于工会。雇主对工会既恨且惧，他们疏于培训公司主管怎样与人合作，有的人的则不能理解工人所面临的乃是"谋生这一首要问题"。

但工人想要的也不仅仅是一份工作而已，很多雇主尚未认识到这一点。通过前几年的民调，埃尔莫·罗伯（Elmo Roper）指出："从普通美国人的价值排序来看，他们希望得到一种安全感，一个进步的机会，被当作人而非工资单上的一个数字来对待，一种由于感到他的工作有益于社会整体而产生的人的尊严。"晚近的一些民调印证了这种态度。大约一半的受访者表示他们愿意做一份工资偏低但能保住的工作。大约四分之一的受访者表示他们想要一份工资偏高但有一半可能会丢掉的工作。另有少部分人表示他们要一份只要能做出成绩工资就会非常高的工作，哪怕失败后一无所有。

除了工资纠纷，劳资关系冲突始于许多其他原因。譬如长期的不安全感，合同关系调整中实质或表面上的管理不公正，流水线上的有害作业的影响，以及基于个体而非群体确立的工作量和薪资水平。

在很多情况下，工人的种种不满直接源于雇主先入为主的态度。一个大型工会的教育总监可以通过开展一项针对雇主的教育计划帮助其转变态度。他们可以这样做：

1. 教育雇主，使其了解工会在社会体系中的地位。

2. 让雇主熟悉大学、工会、基金会和诸如美国管理协会（the American Management Association）、管理进步协会（the Society for the Advancement of Management）以及美国政治与社会科学学院（the American Academy of Political and Social Science）这类团体所采集的关于人事关系的数据资料。

3. 说服雇主赞助康奈尔、普林斯顿和哈佛大学等高校的产业关系研究机构，以激励他们开展进一步的研究。

4. 鼓励雇主开展技术研究以改善工作条件。

5. 帮助管理层就劳资关系问题制定新的解决方案。譬如，一些组织发现，稳定雇佣制极其有用。

6. 强调劳资关系处理人员在工作中保持理智、诚实、公正的重要性。

7. 呼吁管理层奖励工会中负责任的领导者。

8. 呼吁雇主支持住房计划、最低工资立法、社会保障和其他计划，强化民主管理。

我知道这种针对管理层开展教育工作的主意并不新鲜。它已经被付诸实践，有时确实带来了极为负面的结果。在说服管理层考量工会意见的诸多努力中，工会有过很多颇令人失望的经历。他们可能会觉得要用那些建议教育管理层的人未免太过乐观了。管理层主要担心的是，如果赋予劳工们提建议的权力，可能会导致劳工控制一切的局面。这种努力不会一蹴而就，但就好比只需移动一根木棍就可以解开一个原木锁那样，赢得一个人就可能赢得其他人。

持续不断的教育工作会激发新思想。有太多方法可以获得雇主的注意力了。工会可以安排针对雇主团体的演讲活动，如狮子会（LIONS）①和扶轮社。广播演说或公共演讲也能传递信息。人们可以在口口相传中获得教育，一个思路清晰的想法可以引发连锁反应。工会可以通过印刷品接触雇主：通过在报纸和其他出版物上刊发清晰的、事实性的故事，也可以通过广告、小册子和各种其他手段教育雇主，总之要善用所有的传播媒介。工会管理者对社区群体的演讲经由报纸报道也会引起公众关注。工会也可以获得大学、基金会、进步雇主、消费者和其他群体的支持。我们不能忽视任何开展此项计划的途径。工人们有责任为了共同利益去帮助和教育管理层——美国最强大的群体之一。

我提议的第三个活动是向工会成员介绍关于经济学的知识。很多可靠的民调已经证实了这种需求的紧迫性。比如，《工厂管理》杂志最近做的关于工厂工人的分类调查显示：约三分之一的被访工人对公司产品的定价是太高、不够高，还是正合适表示说不清；约三分之一的工人对老板的薪酬没有看法；约一半的工人对股息太高还是太低搞不明白；超过一半的工人不了解哪位工会领导在争取更好的工资、工时和工作条件上能力最强。

很少有人了解公司财务的技术性问题。缺少这方面的知识，就意味着工人还没有为谈判做好准备。工人若能了解管理层所面临的问题，就会实事求是地进行谈判。一些知情的工会实际上在管理层遇到财务困难时会伸出援手，譬如服装工人联合会（the Amalgamated Clothing Workers），因为他们明白支援会直接造福依赖于相关产业的所有人。服装工人联合会这样的工会能够采取如此激进的做法，就是因为他们的成员受过关于互助价值的教育。服装工

---

① "狮子会"是1917年在美国创立的国际性服务团体。其中"L"代表Liberty（自由），"I"代表Intelligently（智慧），"O"代表Our（我们的），"N"代表Nation's（民族的），"S"代表Safety（安全）。——译者注

人联合会能做的，其他工会也可以做。

沃尔特·鲁瑟（Walter Reuther）说："民主社会对民主工会主义的检验，必然是对工会为整个社区福祉而斗争的意志的检验。"管理层理应承担责任。有组织的劳工可以教育管理层和公众，并落实这种责任。这种教育的基本目标在于：创造理解，以使管理层和劳工有效合作且避免冲突。我们必须实现这种合作，因为我们的社会体系经受不住持久不休的纷争。

第三十三章
企业如何将美国生活方式推销给国民

"好几代人以来,"巴布森工商管理学院(Babson Institute of Business Administration)校长欣克利(E. B. Hinckley)说,"老师们努力为学生的商业成功做准备,而商人们却也一直不满意年轻人所受的商业训练。"为了改善这种状况,巴布森学院在1947年召开了第一届商人和教育家年会(Conference of Businessmen and Educators),以期缩小两厢境况的鸿沟。从那时起大会每年都召开,每届大约有1 000至1 200人参加。

据大会主任斯蒂芬斯(Everett W. Stephens)说,参会者中教育家和商人各占一半。教育家大部分由公立学校主管、大学校长或教务长、公立学校或私立学校的领导们组成。商人中的一小部分来自企业老板群体,而大部分由公司总裁、财务主管、秘书、总经理和其他方面的管理层人员组成。另有小部分人来自政府人事部门,以及作为劳工代表出席。

第一届大会的主题是"商业和工业对学校和大学的期待是什么"。第二届大会的主题是"劳资关系问题分析"。第三届大会在1949年举行,关注"自由、教育和商业"。第四届大会于1950年10月13日在马萨诸塞州的巴布森公园(Babson Park)召开,由巴布森学院、新英格兰议会(New England Council)、新英格兰和相关产业小企业协会(Smaller Business Association of New England and Associated Industries)赞助,主题是"最广泛的国家利益"。

在邀请我做大会发言时,斯蒂芬斯先生说:"在诸多颠覆性行动侵损着我们民主机构的当下,我觉得我们今年能做的最大贡献,乃是顺应'振兴民主——一个行动计划'这一思路。"他建议我以"商业怎样才能将美国生活方式推销给国民"这个话题为演讲主题。我欣然接受,下文便是我在1950年秋天于巴布森学院大会上所做演讲的节略。

企业领袖最近总是抱怨未能把自己推销给公众,尽管他们已经为此开支甚巨。问题是企业仍在因循过时的管理方式,即仅将美国生活方式等同于机器和产品创造,而非国民的人性需求和社会需求。因此,我提出了一项由五个要点组成的计划,旨在帮助美国企业将美国生活方式推销给国民。

第 二 部 分
公共关系实践

从1935年到现在，美国企业在向国民推销"美国生活方式"方面开支浩繁。我们自然要问："美国企业成功了吗？如果没有，它怎样才能成功呢？"以下两个典型的引述反映出一个共同想法：客气地说，美国企业尚未成功。

第一个引述来自图书出版商普伦蒂斯—霍尔公司（Prentice-Hall, Inc.）副总裁兼财务总监文森特·C. 罗斯（Vincent C. Ross）。这段引述出现在《纽约时报》上，题目是《倡导产业推销自己》。作者引用罗斯先生的话："美国企业在向其员工传递他们的核心理念，即'良好的自由企业体系可创造一切价值'上已然惨败。以前的主要问题，是我们作为企业管理者在自言自语。我们疏于把理念落实到最需要理解它的人们能够接受的水平。倘若我们现在就抓紧推销自己，尚且为时未晚。"

《财富》杂志在1950年9月的评论中表示："自由企业运动正平顺地发展为产业史上最密集的自我推销工作。实际上，它自身正快速转变成一项事业。今年，企业进行自我推销可能要花费至少一亿美元广告开支，而且有关员工关系的开支将占极大比例。更重要的是，它正在消耗美国高层管理人员越来越多的精力。"*337*

美国商业怎样才能成功地将美国生活方式推销给公众呢？

首先，作为理解的基础，我们必须定义几个术语。"美国商业""美国生活方式"和"美国人民"都是抽象的术语。早川（S. I. Hayakawa）在其著名语义学著作《行动中的语言》（*Language in Action*）中，已经向我们展示了抽象术语的影响有多么强大而又多么没意义。

当提及"美国商业"的时候，我们到底在说什么？商业当然是美国社会中最强大的一种活动，是税收和经济利益的主要来源。在今日的美国，600万农业机构和农业之外的大约300万非法人企业证明了这一事实。它们的所有者也算是商人。但当我们问及美国商业在将美国生活方式推销给人民方面是否成功时，我们指的不是它们。

在我看来，对这次讨论来说更恰当的定义，是将"美国商业"这个术语的主体限定为企业。由数量相对较少的人（大约六到七百万股东）所掌握的企业，创造了约一半的国民收入。在国民收入中，有57%来自私营企业。企业支付了美国境内约64%的工资和薪水，其中有75%的份额来自私营企业。企业雇佣了美国约45%的带薪就业人口，其中约66%来自私营企业。企业在其规模、政策和活动领域等方面千差万别，但它们存在诸多共同利益。它们被纳入各类联合会的组织范畴，它们是美国商业中善于表达的那部分力量，正是它们需要思考如何把美国生活方式推销给美国人民。因此，在这一主题的讨论中，我们应将"美国商业"定义为"美国企业"。

另外一个概括性的术语"美国生活方式"也需要被定义。在其指涉的众多面向中，我们指的是哪一面？是纽波特别墅区（Newport Villas）中的生活还是芝加哥贫民窟中的生活？是公园大道（Park Avenue）旁的阁楼生活还是匹兹堡工人区的棚户生活？如果我们指*338*

的是今日美国的所有生活方式，那么哪种生活方式的公约数堪称美国的生活方式呢？

当然，其中一个公约数是技术成就带来的丰厚物质享受。在很大程度上，美国对我们自己和世界其他地方来说意味着全国民众都能用上汽车、电话和吸尘器，全国民众都能享受电影、广播和体育等娱乐活动。

但美国生活方式不仅指产能巨大的工厂为我们提供的物质生活水平。美国生活方式的基本要素，是那些自《独立宣言》最初被提出之后，即被认为不证自明的人类和社会价值——我们，美国人民，在过去175年里发展出来的价值。华盛顿（Washington）、杰斐逊（Jefferson）和林肯（Lincoln）等国家英雄已经强调了这些基本的价值元素，并将之写入宪法。它们体现在我们的民俗和法律中，并被我们伟大的思想家和诗人所阐述。

无论是谁，一个美国人对美国生活方式的理解，总归是在谈论个体的重要性和尊严，而不是国家的至高无上。他指的是所有人获得工作和教育机会的权利，也指向联邦宪法与权利法案所保证的自由、繁荣、有序、公正和安全。所有这些，将美国生活方式等同于美好生活、完整人生和真正享受生活的权利。

然而，试图向美国人民推销美国生活方式的商界却简单地把美国方式等同于科技、机器和物质生活水平。《新闻周刊》杂志最近用一个整版发布了一家制造商的广告，解说词如下："是工具（tools）……而不是语句（talks）……提高了生活水平。"这属于典型的过时的商业思路。它仅强调工具，却排除了其他重要因素。可以肯定的是，美国商业的物质成就是我们每个人都引以为豪的，也确实应该如此。美国人口只占世界总人口的7%，美国却出产了全世界50%的工业品。从技术角度来说，美国企业生产了最多和最好的产品，但很多企业家却从中得出一个错误的结论：商业创造了美国生活方式的物质基础。因此，美国生活方式意味着肥皂、牙膏、汽车和早餐食品，同时这种生活方式也可以像这些物品一样被销售出去。

1935年以来，也就是自"大萧条"后商界重拾发言权开始，他们便一直在这么做。全国制造商联合会（The National Association of Manufacturers）等类似团体已经采用诸如"帮助商业就是帮助你自己""支持自由企业"等口号，将这种美国生活方式的理念灌输给报纸、广播、杂志、广告牌和其他大众媒体。企业家指望这种口头上的哄骗能起到魔术般的作用。

但很显然，商界这次推销美国生活方式理念的运动并不成功，很多权威证据甚至直接来自商界领袖。举个例子，请注意新泽西标准石油公司（the Standard Oil Company of New Jersey）主席艾布拉姆斯·弗兰克（Abrams Frank）的说法："一直让我觉得很悲哀的是，我们的产业和商界始终自欺欺人，认为自己可以通过付费报纸广告、小册子和广告牌这类东西交到朋友和影响他人。其中一些广告在特定情境下可能会起作用，但当它成了我们的首要工作途径时，我觉得这简直是在侮辱普通读者的智商。"

第二部分
公共关系实践

目标人群的反应，则体现了这场运动的另一个败迹。汤森德博士（Dr. Townsend）和休伊·朗（Huey Long）等极端主义领袖在不久前还有大量追随者，表明来自公众的不满依然存在。我们社会上的劳工和自由主义团体的想法也进一步说明了这一点。当商界将美国方式（American way）等同于工具、技术和生产的时候，公众却将其理解为生存与经济安全感、心理安全感、地位和自我主张等社会层面的因素。

以沃尔特·鲁瑟（Walter Reuther）为例，作为汽车工人联合会（the United Automobile Workers）的主席，他是100万美国工人及其家庭（假设有500万人）的代言者，而他们正是企业的目标人群。当谈到美国生活方式时，鲁瑟先生说："我们距离所追寻的目标还很遥远，住房供应不足有损大量家庭的幸福生活，学校太少则制约了对很大一部分民众的教育，而对疾病和养老的忧惧仍旧压在很多（如果不是大多数的话）公民的心头。在我们解决所有问题、平抚所有忧惧之前，民众是不会真正自由的。"

通过讲述我们大多数人所认定的美国生活方式的含义，像鲁瑟先生这样的人可以帮助我们理解为什么商界无法推销自以为是的定义。再让我们考量一下参议员休伯特·H. 汉弗莱（Hubert H. Humphrey）的说法，他的说法代表了美国生活的另一个重要领域。最近，在哈佛大学法学院的论坛上，汉弗莱透露了以下情况："美国仍有近1 000万家庭，或约25%的人口正在靠一年不到2 000美元的收入生活。"他还指出："无数家庭在贫瘠的小农场勉强糊口度日。"

商界把对美国生活方式的推销仅仅当成一个传播过程来处理。话语霸权反而束缚了商品思维，对传播蒙昧无知，对其魔法般效果的迷信颇似某种原始信仰。商界主要依赖言说和图像传递信息，即便它们有时根本无法传递自己的意图。在这些有关说服性的努力中一味强调言说，与现代社会科学的发现不符。我再次重申已在本书中反复论及的观点，现有研究已经证实了人们早前的直觉：在说服中，行动比言说更有力。心理学家告诉我们，人们选择相信他们想要相信的东西。在致力于将它们转化为一种信仰时，言说主要强化了人们的既有信仰。在说服中，言说只有在被受众接纳时才有效。

到目前为止，商界推销美国生活方式的传播技巧还很低效，因为它们主要基于"言说本身即可被创造接纳"这一前提。商界未能将其美国生活方式的定义推销给美国人民，是因为这一定义没有满足美国公众的需求、希冀和渴望。它不符合公众对美国生活方式的认知，以及他们预期的理解。今天，每四个在美国工作的人中就有三个靠别人提供的工资生活；但由于他们能够有力地决定自己的命运（而非人云亦云），他们已经在政治行动和其他行动中否定了商界所灌输给民众的美国生活方式的定义。

问题源于现实，即美国生活方式对美国人民的意义。如果美国商界想要将美国生活方式推销给公众，就需要彻底重新定位自己的思想和行为。新定位不仅要把重点放在工厂、机器、市场和产品上，也要将其置于人们的社会需求和人性需求之上。哈佛大学商学院院长唐纳德·K. 戴维（Donald K. David）无疑是这样想的，他指出："商业必须寻求恰当的平衡。商业领袖必须担起责任，增进责任感从而求取与己相关群体的人性满足和全面发展。"

当我们的商业架构及其生产组织满足了工人和其他公民的这些社会需求时，我们的理念推销问题就迎刃而解了。新泽西标准石油公司（the Standard Oil Company of New Jersey）的尤金·霍尔曼（Eugene Holman）近期呼应了上述观点，他说："必须设法给各个层次的工人以成就感、个人价值感，让他意识到自己的工作对大局的重要性。员工个体不仅需要公平的工资待遇和合理的安全保障，也需要公正、尊重和成就感。同时，工人希望获得所选择职业进步的机会以及为家庭提供更圆满的生活。"

我们的整个文化模式——家庭、学校、印刷品、电影、广播、电视和文化遗产，将这些基本的美国价值观念灌输给了美国的男孩和女孩。如果一个人在美国文化与经济层面的互动关系中未能体验到这种被许诺的价值和被点燃的希望，这个人就会产生挫败感。我之前讲过，失谐会导致不满，而不满会引发攻击，攻击可能会以逃避、推诿或革命的形式出现。

第一次世界大战以来，全世界人民都在努力实现真正意义上的美国生活方式所表征的需求和渴望。民主的延伸、传播的提速、强大工会的出现已经有力地刺激了这种渴望。

越来越多的人在捍卫自由的同时，也在努力获得更多的经济和心理安全感。当他们未从私营企业那里获得所欲之物时，就会转向政府以期满足需求。在美国深陷困境之时，国外那些不择手段的政治领袖已经在利用这种情况。他们向人民许诺了自由和安全，却给了他们纳粹主义、法西斯主义。

在美国，民众或从雇佣了大量工人的私营商业体系中获得了基本的社会和个人满足，或向政府寻求这些满足。当然，确有一些满足只有政府才能提供。政府行动可以资助教育、健康、儿童福利、养老，用保护性关税资助工业，用补贴资助农民，用工资和工时法案帮助雇员。但我们若不想走向或左或右的国家资本主义，若想保持我们的混合经济——具备优势竞争力，我们必须从过度的政府限制和控制中解放出来。

这是一个事关平衡的问题。美国佛蒙特州（Vermont）参议员拉尔夫·佛兰德斯（Ralph Flanders）最近说："我们的目标应是美国公民的物质繁荣和对其自由的保护。"

个人自由与安全可以依靠政府和商业恪尽职守来实现。前国务卿助理 A. A. 伯利（A. A. Berle）——他也是一本关于企业的名著的联合作者——这样的自由派皆奉持上述信条。伯利先生说："在一个能够创造、赚取 2 400 亿美元国民收入的国家，你既可以拥有私人生活，也可以拥有政府公共管理体系，既可以使经济通过充分的生产惠及美国人民，同时也可以体现合宜的常识与公正。"

所有这些说法都表明，开明的商业领袖们正在支持一个关于他们在美国社会中所扮演角色的充满活力的新理念。在商界普遍接受其整体社会责任的基础上，这将改变商业的公共关系。

"不能忽视人的经济权利"，拉塞尔·达文波特（Russell Davenport）最近说，"如果商人坚持对权利领域不闻不问，只关注市场领域，民主社会能得到的唯一答案就是国家社会主义。"

通用汽车公司（General Motor Corporation）的总裁查尔斯·E. 威尔逊（Charles E. Wilson）也证实了这一时代趋势，他说："已经越来越明确的是，我们庞大的工业企业不仅仅是经济机构，它们也带有社会责任问题，商业决策和政策的采纳不能仅仅根据短期或长期的经济因素，也要考虑相关社会价值和可能产生的社会反应的合理实现。"

美国最大的基金会——福特基金会（The Ford Foundation）的理事们所发布的一份报告体现了商业意见最显著的变化。这份报告说："人类的福祉乃基于对人之尊严的普遍接纳。它仰赖于这样一种信念，即人类拥有某些不可被剥夺的权利，人必须被看作自身的目的，而不是社会机器的一个螺丝钉或仅仅是某些社会目的的手段。"在强调法治、公正、自治和权利法案之后，福特基金会进一步宣告："人类的福祉需要各个层面和所有形式的权力——政治的、经济的或社会的——都要在对社会责任和大众福利的完整理解之下行使。"

一位著名商人不久前表示，公司的责任就是成为社会中一种充足的和创新的力量，不断寻求更好的方式让产业的运作更有益于社会，更令人满意，并尽己所能帮助别人发展健全的经济观念。这样的思想是正确的，但我们务必要比这种思想走得更远。

作为总结，我愿意为将美国的生活方式推销给国民提供一份推荐计划，我相信它可以满足今日所需。这个计划囊括一系列行动，商业可以借助它们进一步满足人的社会需求。它包含以下五点：

1. 拓展员工的经济安全；
2. 强化员工的心理安全；
3. 广泛开展给予员工个体更多自尊和更高地位的行动；
4. 为员工及其子女提供进步机会的行动；
5. 美国商界积极参与社区的生活和发展。

经济安全可拓展至提供对生、老、病、死、抑郁、失业和谋生能力丧失所造成损害的保障。政府已经就此出台了一些政策条款。私有企业可以通过制订一系列计划来进一步拓展政府的此类条款，如稳定就业、养老金、健康与安全项目、住院治疗、意外保险、孕妇护理和带薪假期等计划，以及在一定程度上与价格水平波动灵活相关的、适用于所有阶层的储蓄和退休计划。汽车企业近期签署的五年合约中提到了养老金计划，为美国商业赢得了更多的好感，也更好地推销了美国生活方式。西尔斯公司（the Sears）、罗巴克公司养老金基金（Roebuck Pension Fund）和国际商用机器公司（International Business Machines Corporation，IBM）的退休计划都是明智行动的典范。

美国商界可以制定雇员和行政人员的统一待遇计划，从而避免因种族、血统或肤色导致的歧视，以此增强员工的心理安全感。心理安全感在一定程度上有赖于经济安全感。埃尔莫·罗伯发现，更看重岗位稳定而非高薪的工人，比更看重高薪而非岗位稳定的工人多10倍；更看重岗位稳定而非更短工时的工人，比相反情况的工人多25倍。

良好的工作环境、集体协商、愿意同工人进行理智双向沟通的监工，这些都能给员工带来尊严感和地位感。员工可以借助公司内部的工作培训课程、员工教育和培训学校等提供的机会来提高自己。员工子女的教育也应受到企业的鼓励。

最后，美国商界可以在社区中扮演更积极和更有创造力的角色，从而极大改善与公众的关系。人们在社区里生活和工作，社区是我们社会的根基所在。美国的文化氛围、社会和政治行动皆发端于社区。这反过来决定了我们的整个社会模式。社区关心那些从根本上影响民众的事务，如健康、住房、教育、安全、公共福利、社会服务，等等。截至目前，商界在社区中的主要工作是如何做一个好邻居。譬如，它通过资助社区福利基金和其他福利团体来履行职责。

新定位要求商界与社区之间的关系更广泛、更有活力。商业可以在目前的基础上，以一种有活力的方式来提升社区领导力。它可以通过制造认同、说服和建议而非极权来确保社区在健康、住房、教育、安全、公共福利和其他领域实现其最高目标。这有利于社区发展也有利于商业进步。

在谋求实现上述目标的同时，商界也应该明白，它不仅要关心生产、市场和利润，也要关心人权和人的意志。各类进步的公司已经展示了美国商界向其公众推销美国生活方式的可能性。唯有美国的企业全都自发行动起来，以最广泛的方式来推动这个进程，我们才能实现经济的稳定发展。同时，在美国生活方式的框架内，人人皆可享受自由与安全。

1929年3月31日,伯内斯为美国烟草大亨希尔(George Washington Hill)策划了一场名为"自由的火炬"的女性烟草游行。这是美国历史上首次市场营销活动,也是女权主义运动历史上的里程碑事件。

公共关系精选书单
(Selected List of Readings in Public Relations)

作者为那些想要进一步了解公共关系多维面向的人准备了以下这份书单，相信对专业人士和外行人士均有裨益。书单的主题始于亚里士多德，也涉及当下《财富》杂志所讨论的议题。公共关系的研究和技艺也是如此：它的历史和人类的历史一样久远，却也如今天的期刊一般日日常新。

BIBLIOGRAPHIES

Childs, Harwood L., comp. *A Reference Guide to the Study of Public Opinion.* With a preface by Edward L. Bernays. Princeton University Press, 1934.

Lasswell, Harold D., Ralph D. Casey, and Bruce Lannes Smith. *Propaganda and Promotional Activities.* Minneapolis, University of Minnesota Press, 1935.

-------. *Propaganda, Communication, and Public Opinion, Princeton.* Princeton University Press, 1946.

Library of Congress. *List of References on Publicity with Special Reference to Press Agents.* Washington, Library of Congress, 1921.

Manley, Marian C. *Business Literature.* Newark, Public Library of Newark, n. d.

Public Relations, Edward L. Bernays and the American Scene: Annotated Bibliography of and Reference Guide to Writings by and about Edward L. Bernays from 1917-1951. Boston, F. W. Faxon Company, 1951.

Rose, Oscar, ed. *Radio Broadcasting and Television, an Annotated Bibliography.* New York, H. W. Wilson Company, 1947.

Routzahn, Evart G., and Mary Swain. *Publicity Methods Reading List.* New York, Russell Sage Foundation, 1924.

ENCYCLOPEDIAS

Encyclopedia Americana. New York and Chicago, Americana Corporation, 1951.

10 Eventful Years. Supplement to *Encyclopedia Britannica.* Chicago, Encyclopedia Britannica, Inc., 1947. Public Relations, by Edward L. Bernays, in Vol. III.

Columbia Encyclopedia. New York, Columbia University Press, 1950. "Propaganda."

Encyclopedia of the Social Sciences. New York, The Macmillan Company, 1951. Propaganda, by Harold D. Lasswell, in Vol. VI, pp. 521-28.

BOOKS AND PAMPHLETS

Albig, William. *Public Opinion,* New York, McGraw-Hill Book Company, Inc., 1939.

American Association for the Advancement of Science. *Occasional Publications. No,* 9. New York, The Science Press, 1939.

American Association of Engineers. *Publicity Methods for Engineers,* Chicago, American Association of Engineers, 1922.

American Association of School Administrators. *Public Relations for Americans Schools.* Washington, 1950.

American Nurses Association. *ANA Public Relations Workshop: A Manual of Practical Public Relations Techniques Prepared for the Guidance of the National Membership of the American Nurses Association.* 1948.

American Civil Liberties Union. *The Work of the American Civil Liberties Union.* New York, A.C.L.U., 1942-43. 2 vols.

Aristotle. *Politica.* English translation by H. Rackham. London, W. Heinemann, Ltd. ; New York, G. P. Putnam^ Sons, 1932.

-------. *Rhetorica.* English translation by John Henry Freese. London, W. Heinemainn, Ltd., 1926.

Arnett, Claude E. *Social Beliefs and Attitudes of American School Board Members.* Emporia, Kansas, Emporia Gazette Press, 1932.

Arnold, Thurman W. *The Folklore of Capitalism.* New Haven, Yale University Press ; London, Oxford University Press, 1938.

Baily, T. A. *The Man in the Street.* New York, The Macmillan Company, 1948.

Baker, Oliver Edwin. *Agriculture in Modern Life.* New York and London, Harper and Brothers, 1939.

Bauer, Wilhelm. *Die oeffentliche Meinung in der Weltgeschichte.* Wildpark-Potsdam, Akad. Verlagsgesellschaft Athenaion m.b.H., 1930.

Berelson, Bernard, and Morris Janowitz. *Reader in Public Opinion and Communication.* Glencoe, III., The Free Press, 1950.

Bernays, Edward L. *Crystallizing Public Opinion.* New York, Boni and Liveright, 1923.

-------, ed. *An Outline of Careers: A Practical Guide to Achievement by Thirty-Eight Eminent Americans.* New York, George H. Doran Company, 1927.

-------. *Propaganda.* New York, Horace Liveright, Inc. 1928.

-------. *Public Relations.* Vocational and Professional Monographs. Boston, Bellman Publishing Company, Inc., 1945.

-------. *Speak Up for Democracy: What You Can Do—A Practical Plan for Action for Every American Citizen.* New York, The Viking Press, 1940.

-------. *Take Your Place at the Peace Table: What You Can Do to Win a Lasting United Nations Peace.* New York, International Press, 1945.

-------, in collaboration with Doris E. Fleischman. *Universities—Pathfinders in Public Opinion.* New York, Edward L. Bernays, 1937.

Bijur, George, ed. *Choosing a Career.* New York, Farrar and Rinehart, Inc., 1934.

Bird, George L., and Frederic E. Merwin. *The Press and Society,* New York, Prentice-Hall, Inc., 1951.

Bordon, Neil Hopper. *Problems in Advertising.* New York and London, McGraw-Kill Book Company, Inc., 1937. 3rd ed.

Borkenau, Franz. *World Communism : A History of the Communist International.* New York, W. W. Norton and Company, Inc., 1939.

Boston Conference on Distribution. *Proceedings* of the Twenty-Second Annual Boston Conference on Distribution held in Boston October 16 and 17, 1950, under the auspices of the Retail Trade Association of the Boston Chamber of Commerce in co-operation with Harvard University Graduate School of Business Administration, Boston University College of Business Administration, Massachusetts Institute of Technology, and others. 1950.

Brady, Robert Alexander. *Business as a System of Power.* New York, Columbia University Press, 1943.

Bridge, Don U. *Men and Methods of Newspaper Advertising.* New York, Arco Publishing Company, 1947.

Brown, Francis. *Raymond of the "Times."* New York, W. W. Norton and Company, Inc., 1951.

Bruntz, George G. *Allied Propaganda and the Collapse of the German Empire in 1918.* Stanford, Calif., Stanford University Press; London, Oxford University Press, 1938.

Bryson, Lyman, Louis Finkelstein, and R. M. MacIver, eds. *Approaches to Group Understanding,* Sixth Symposium of the Conference on Science, Philosophy, and Religion. New York,

Harper and Brothers, 1947.

-------. *Learning and World Peace.* Eighth Symposium of the Conference on Science, Philosophy, and Religion. New York, Harper and Brothers, 1948.

Butterfield, Roger. *The American Past.* New York, Simon and Schuster, 1947.

Cantril, Hadley. *The Psychology of Radio.* New York and London, Harper and Brothers, 1935.

-------. *The Psychology of Social Movements.* New York, J. Wiley and Sons, Inc.；London, Chapman and Hall, Ltd., 1941.

Carroll, Eber Malcolm. *French Public Opinion and Foreign Affairs, 1870-1914.* New York and London, The Century Company, 1931.

Chafee, Zechariah. *Free Speech in the United States.* Cambridge, Harvard University Press, 1941.

Chakhotin, Sergyei. *The Rape of the Masses; the Psychology of Totalitarian Propaganda.* London, G. Routledge and Sons, Ltd., 1940.

Chase, Stuart. *The Proper Study of Mankind.* New York, Harper and Brothers, 1948.

-------, Stanley H. Ruttenberg, Edwin G. Nourse, and William B. Given, Jr. *The Social Responsibility of Management.* New York, School of Commerce, Accounts, and Finance, New York University, 1951.

Cheyney, Edward P., ed., *Freedom of Inquiry and Expression.* Philadelphia, American Academy of Political and Social Science, 1938.

Chicago Commission on Race Relations. *The Negro in Chicago.* A Study of Race Relations and a Race Riot. Chicago, University of Chicago Press, 1922.

Chicago University, Graduate Library School, Library Institute. Print, Radio, and Film in a Democracy: Ten Papers on the introduction, by Douglas Waples. Chicago, University of Chicago Press, 1942.

-------, ed. *Propaganda by Short Wave.* Princeton, Princeton University Press；London, Oxford University Press, 1942.

-------, ed. *Propaganda and Dictatorship: A Collection of Papers.* With a foreword by DeWitt Clinton Poole. Princeton, Princeton University Press, 1936.

Cousins, Norman, ed. A *Treasury of Democracy.* New York, Coward-McCann, Inc., 1942.

Crawford, Kenneth Gale. *The Pressure Boys: The Inside Story of Lobbying in America.* New York, J. Messner, Inc., 1939.

Creel, George. *How We Advertised America: The First Telling of the Amazing Story of the Committee on Public Information That Carried the Gospel of Americanism to Every Comer of the Globe.* New York and London, Harper and Brothers, 1920.

Crook, Wilfrid Harris. *The General Strike*：*A Study of Labors Tragic Weapon in Theory and practice.* Chapel Hill, University of North Carolina Press, 1931.

Curti, Merle E. *The Social Ideas of American Educators.* New York, Charles Scribner's Sons, 1935.

-------. *The Growth of American Thought.* New York, Harper and Brothers, 1951.

Davenport, Russell W. (in collaboration with the editors of *Fortune*). *U.S.A. The Permanent Revolution.* New York, Prentice-Hall, Inc., 1951.

Davidson, Phillip Grant, Jr. *Propaganda and the American Revolution, 1763-1783.* Chapel Hill, University of North Carolina Press, 1941.

Desmond, Robert William. *The Press and World Affairs.* New York and London, D. Appleton-Century Company, Inc., 1937.

Dicey, Albert Venn. *Lectures on the Relation Between Law and Public Opinion in England during the Nineteenth Century.* London, The Macmillan Company, 1914.

Doob, Leonard William. *Propaganda: Its Psychology and Technique.* New York, Henry Holt and Company, 1935.

Dryer, Sherman H. *Radio in Wartime.* New York, Greenberg, 1942.

Duncker, C., ed. *Handbuch der Weltpresse.* Berlin, Deutches Institut fur Zeitungskunde, 1934.

Ettinger, Karl E., ed. *Public Relations Directory and Yearbook,* Vol. I. New York, Public Relations Directory and Yearbook, Inc., 1945.

Farago, Laszlo. *The Axis Grand Strategy*：*Blueprints for the Total War.* New York and Toronto, Farrar and Rinehart, Inc., 1942.

-------, ed. *German Psychological Warfare.* New York, G. P. Putnam's Sons, 1942.

Flexner, Abraham. *Universities, American, English, German.* New York, Oxford University Press, 1939.

Ford, Guy Stanton, ed. *Dictatorship in the Modern World.* Minneapolis, University of Minnesota Press; London, Oxford University Press, 1939.

Franke, Major-General Herman, ed. *Hanbuch der meuzeitlichen Wehr- wissenschaften.* Berlin, W. de Gruyter and Company, 19S6-39. 3 vols.

Freud, Sigmund. *General Introduction to Psychoanalysis.* New York, Liveright Publishing Corporation, 1935.

-------. *New Introductory Lectures on Psycho-Analysis.* Authorized translation by W. J. H. Sprott London, L. and V. Woolf, 1933.

Friedrich, C. J., and Edward S. Mason, eds. *Public Policy. A Yearbook of the School of Public Administration, Harvard University.* Cambridge, Graduate School of Public Administration,

1942.

Gallup, George Horace, and Saul Forbes Rae. *The Pulse of Democracy: The Public-Opinion Poll and How It Works.* New York, Simon and Schuster, 1940.

Goldman, Eric F, *Two-Way Street.* Boston, Bellman Publishing Company, 1948.

Gray, William Scott, and Bernice E. Leary. *What Makes a Book Readable.* Chicago, University of Chicago Press, 1935.

Hadamovsky, Eugen. *Propaganda und Rationale Macht.* Oldenburg, G. Stalling, 1933.

Hale, Oron James. *Publicity and Diplomacy, with Special Reference to England and Germany, 1890-1914.* New York and London, D. Appleton-Century Company, Inc., for the Institute for Research in the Social Sciences, University of Virginia, 1940.

Hansen, Marcus Lee. *The Atlantic Migration, 1607-1860.* With a foreword by Arthur M. Schlesinger, Jr. Cambridge, Harvard University Press, 1940.

Hartley, Eugene L., Herbert G. Birch, and Ruth E. Hartley, comps. *Outside Readings in Psychology,* New York, Thomas Y. Crowell Company, 1950.

Hartman, George W., and Theodore Newcomb, eds. *Industrial Conflict: A Psychological Interpretation.* New York, The Cordon Company, 1939.

Hayakawa, Samuel Ichiye. *Language in Action: A Guide to Accurate Thinking, Reading, and Writing.* New York, Harcourt, Brace and Company, 1941.

Heiden, Konrad. *Der Fuehrer: Hitler's Rise to Power.* Translated by Ralph Manheim. Boston, Houghton Mifflin Company, 1944.

Herzberg, Alexander. *The Psychology of Philosophers.* New York, Harcourt, Brace and Company, 1929.

Hickok, Eliza Merrill. *The Quiz Kids.* Boston, Houghton Mifflin Company, 1947.

Hobson, John Atkinson. Imperialism, a Study. London, G. Allen and Unwin, Ltd., 1938.

Hogben, Lancelot. *From Cave Man to Comic Strip: A Kaleidoscope of Human Communication,* New York, Chanticleer Press, 1949.

Holtman, Robert B. *Napoleonic Propaganda.* Baton Rouge, Louisiana State University Press, 1950.

Hotchkiss, George Burton, and Richard B. Franken. *Newspaper Reading Habits of College Students.* New York, New York University Bureau of Business Research, 1920.

Hovland, Carl I., Arthur A. Lumsdaine, and Fred D. ShefiBeld. *Experiments on Mass Communication.* Vol. Ill of *Studies in Social Psychology in World War II.* Princeton, Princeton University Press, 1949. Sponsored by the Social Science Research Council.

Hudson, Frederic. *Journalism in the United States, from 1690—1872.* New York, Harper and

Brothers, 1873.

The Interchurch World Movement of North America, Commission of Inquiry. *Public Opinion and the Steel Strike*：*Supplementary Reports of the Investigators to the Commission of Inquiry.* New York, Harcourt, Brace and Company, 1921.

International Institute of Social Research. *Studies uber Autoritat und Familie.* Paris, F. Alcan, 1936.

International Labor Office. Geneva. *Studies and Reports.* Series L (professional workers), No. 2. Geneva, 1928.

Irsay, Stephen'd. *Histoire des universites frangaises et etrangeres des origines a nos jours.* Paris, A. Picard, 1933-35. 2 vols.

Jones, Alfred Winslow. *Life, Liberty, and Poverty.* Philadelphia and New York, J. B. Lippincott Company, 1941.

Josephson, Matthew. *The Robber Barons*：*The Great American Capitalists, 1861-1901.* New York, Harcourt, Brace and Company, Inc., 1934.

Kobre, Sidney. *Backgrounding the News: The Newspaper and the Social Sciences.* Baltimore, Twentieth Century Press, 1939.

Lasswell, Harold D. *Power and Personality.* New York, W. W. Norton and Company, Inc., 1948.

-------. *Propaganda Technique in the World War.* New York, A. A. Knopf; London, Kegan Paul, Trench and Trubner, 1927.

-------. *Propaganda Technique in the World War.* New York, Peter Smith, 1938.

LeBon, Gustave. *The Crowd.* New York, The Macmillan Company, 1947. 19th ed.

-------. *Les Opinions et les Croyances.* Paris, E. Flammarion, 1918.

-------. *The Psychology of Peoples.* New York, The Macmillan Company, 1898.

Lee, Alfred McClung. *The Daily Newspaper in America: The Evolution of a Social Instrument.* New York, The Macmillan Company, 1937.

Lenin, Vladimir Il'ich. *Agitation und Propaganda, ein Sammelband.* Wien, Verlag fiir Literatud und Politik, 1929.

Lerner, Daniel. *Propaganda in War and Crisis.* New York, George W. Stewart, Inc., 1951.

-------and Harold D. Lasswell. *The Policy Sciences.* Stanford, Calif., Stanford University Press, 1951.

Levy, Harold P. *Building a Popular Movement.* New York, Russell Sage Foundation, 1944.

Liberty's National Emergency: The Story of Civil Liberty in the Crisis Year, 1940-1941. New York, American Civil Liberties Union, 1941.

Lippman, Walter. *Public Opinion.* New York, Harcourt, Brace and Company, 1922.

Lipsky, Abram. *Man the Puppet: The Art of Controlling Minds.* New York, Frank-Maurice, 1925.

Lowell, A. Lawrence. *Public Opinion and Popular Government* New York, Longmans, Green and Company, 1914.

-------. *Public Opinion in War and Peace.* Cambridge, Harvard University Press, 1923.

Lukdcs, Gyorgy. *Geschichte und Klassenhewusstsein: Studien uber marxistische Dialektih Berlin, Der Malik-Verlag,* 1923.

Lundberg, Ferdinand. *America's 60 Families.* New York, The Vanguard Press, 1937.

Lynd, Robert Staughton, and Helen Merrell Lynd. *Middletown: A Study in Contemporary American Culture.* New York, Harcourt, Brace and Company, 1929.

-------. *Middletown in Transition: A Study in Cultural Conflicts.* New York, Harcourt, Brace and Company, 1937.

McCamy, James L. *Government Publicity, Its Practice in Federal Administration.* Chicago, University of Chicago Press, 1939.

MacDougall, Curtis D. *Newsroom Problems and Policies.* New York, The Macmillan Company, 1941.

Machiavelli, Niccolo. *The Prince and Other Works.* New translation, introduction, and notes by Allen H. Gilbert. Chicago, Packard and Company, 1941.

Maclver, R. M., ed. *Unity and Difference in American Life.* A Publication of the Institute for Religious and Social Studies. New York, Harper and Brothers, 1947.

-------. *The Web of Government.* New York, The Macmillan Company, 1948.

Mack, Edward C. *Public Schools and British Opinion since 1860: The Relationship Between Contemporary Ideas and the Evolution of an English Institution.* New York, Columbia University Press, 1941.

MacLatchy, Josephine H. *Education on the Air.* Thirteenth Yearbook of the Institute for Education by Radio. Columbus, Ohio State University, 1942.

Mannheim, Karl. *Ideology and Utopia: An Introduction to the Sociology of Knowledge,* London, Kegan Paul, Trench, Triibner and Company, Ltd., 1936.

Manville, Richard. *How to Create and Select Winning Advertisements: Pre-evaluation in Advertising.* New York and London, Harper and Brothers, 1947.

Marquand, Hilary A., ed. *Organized Labour in Four Continents.* London and New York, Longmans, Green and Company, 1939.

Martin, Everett Dean. *The Behavior of Crowds : A Psychological Study.* New York and London, Harper and Brothers, 1920.

Merrill, H. F., ed. *The Responsibilities of Business Leadership,* Cambridge, Hazard University Press, 1948.

Merriam, Charles Edward. *The Making of Citizens: A Comparative Study of Methods of Civic Training.* Chicago, University of Chicago Press, 1931.

Merton, Robert K. *Mass Persuasion, the Social Psychology of a War Bond Drive.* New York, Harper and Brothers, 1946.

Metropolitan Life Insurance Company. *Survey*: *Functions of a Public Relations Counsel.* New York, Metropolitan Life Insurance Company, Policyholders Service Bureau, Group Division, 1928.

Mills, Alden B. *Hospital Public Relations.* Chicago, Physicians Record Company, 1939.

Mock, James R., and Cedric Larson. *Words That Won the War: The Story of the Committee on Public Information, 1917-1919.* Princeton, Princeton University Press, 1939.

Mosca, Gaetano. *The Ruling Class.* Translated by Hannah D. Kahn. New York and London, McGraw-Hill Book Company, Inc., 1939.

Mott, Frank Luther. *A History of American Magazines, 1741-1885.* New York and London, D. Appleton and Company, 1930-38. 3 vols.

-------and Ralph D. Casey, eds. *Interpretations of Journalism, A Book of Readings.* New York, F. S. Crofts and Company, 1937.

Munzenberg, Willi. *Propaganda als Waffe.* Paris, Editions du Carrefour, 1937.

Murphy, Gardner, and Lois Barday Murphy. *Experimental Social Psychology.* New York and London, Harper and Brothers, 1931.

-------and Friedrich Jensen. *Approaches to Personality.* Supplement by John Levy. New York, Coward-McCann, Inc., 1932.

-------and Friedrich Jensen. *Personality.* New York, Harper and Brothers, 1947.

-------and Rensis Likert. *Public Opinion and the Individual: A psychological Study of Student Attitudes on Public Questions, with a Retest Five Years Later.* New York and London, Harper and Brothers, 1938.

Newcomb, Theodore M., and Eugene L. Hartley. *Readings in Social Psychology.* New York, Henry Holt and Company, 1947.

Nomad, Max. *Rebels and Renegades.* New York, The Macmillan Company, 1932.

Odegard, Peter H., and E. Allen Helms. *American Politics: A Study in Political Dynamics.* New York and London, Harper and Brothers, 1938.

Ogden, Charles K., and I. A. Richards. *The Meaning of Meaning: A Study of the Influence of*

Language upon Thought and of the Science of Symbolism. London, Kegan Paul, Trendb, Tribner and Company, Ltd., 1936. 4th ed., revised.

-------. The System of Basic English. New York, Harcourt, Brace and Company, 1934.

Ostrogorski, Moisei Yakovlevich. Democracy and the Organization of Political Parties. Translated by F. Clarke. New York, The Macmillan Company, 1902.

Overacker, Louise. Money in Elections. New York, The Macmillan Company, 1932.

Pareto, Vilfredo. The Mind and Society. New York, Harcourt, Brace and Company, 1935.

Paxrington, Vernon Louis. Main Currents in American Thought: An Interpretation of American Literature from the Beginnings to 1920. New York, Harcourt, Brace and Company, 1939. 3 vols. in 1.

PEP, London. Report on the British Press: A Survey of Its Current Operations and Problems with Special Reference to National Newspapers and Their Tart in Public Affairs. London, PEP, 1938.

Plato. Respublica. English translation by Benjamin Jowett. New York, The Co-operative Publishing Society, 1901. Revised ed.

Pollard, James E. The Presidents and the Press. New York, The Macmillan Company, 1947.

Pratt, Carroll Cornelius, ed. Military Psychology. Evanston, 111., 1941.

Presbrey, Frank Spencer. The History and Development of Advertising. Carden City, Doubleday, Doran and Company, Inc., 1929.

Presidents Research Committee on Social Trends. Recent Social Trends in the United States. New York and London, McGraw-Hill Book Company, Ina, 1933. 2 vols.

Pringle, Henry F. Big Frogs. New York, The Vanguard Press, 1928.

Ranulf Svend. Moral Indignation and Middle Class Psychology. Copenhagen, Levin and Mimksgaard, 2938.

Read, James Morgan. Atrocity Propaganda, 1914—1919. New Haven, Yale University Press; London, Oxford University Press, 1941.

Regier, Coraelius C. The Era of the Muckrakers. Chapel Hill, University of North Carolina Press, 1932.

Riegel, Oscar Wertherhold. Mobilizing jot Chaos: The Story of the New Propaganda. New Haven, Yale University Press, 1934.

Rivers, Donald Thomas. Your Career in Advertising. New York, E. P. Dutton and Company, Inc., 1947.

Robinson, James Harvey. The Humanizing of Knowledge. New York, George H. Doran Company,

1923.

Roethlisberger, Fritz Jules. *Management and Morale,* Cambridge, Harvard University Press, 1941.

Rogerson, Sidney. *Propaganda in the Next War.* London, G. Bles, 1938.

Roper, Elmo. *Interviewers' Handbook.* New York, Elmo Roper, 1949.

Rosewater, Victor. *A History of Co-operative News-gathering in the United States.* New York and London, D. Appleton and Company, 1930.

Rosten, Leo Calvin. *The Washington Correspondents,* New York, Harcourt. Brace and Company, 1937.

Rowan, Richard Wilmer. *The Story of Secret Service.* Garden City, Doubleday, Doran and Company, Inc., 1937.

Rundquist, Edward A. *Personality in the Depression: A Study in the Measurement of Attitudes.* Minneapolis, University of Minnesota Press, 1938,

Rutgers University School of Education. *Menial Measurements Yearbook.* New Brunswick, N. J., Rutgers University Press, 1938-41.

Salmon, Lucy Maynard. *The Newspaper and the Historian.* New York, Oxford University Press, 1923.

Schoenemann, Friedrich. Die Kunst der Massenbeeinflussung un den Vereinigten Staaten von America. New York, Oxford University Press, 1923.

Scott, Walter Dill. *The Psychology of Advertising (in Theory and Practice).* Boston, Small, Maynard 1921.

Shenton, Herbert Newhard. *Cosmopolitan Conversation: The Language Problems of International Conferences.* New York, Columbia University Press, 1933.

Smith, Payson, Frank W. Wright, and associates. *Education in the Forty-eight States.* Washington, G. P. 0., 1939.

Sombart, Werner. *Der Bourgeois: zur Geistesgeschichte des modernen Wirtschaftsmenschen.* Miinchen und Leipzig, Duncker and Hamblot, 1923.

Sommerlad, E. C. *Mightier Than the Sword.* Sydney and London, Angus and Robertson, 1950.

Sorel, Georges. *Reflections on Violence.* Translated by T. E. Hulme. New York, B. W. Huebsch, 1912.

Sorokin, Pitirim A. *Social and Cultural Dynamics,* New York and Cincinnati, American Book Company, 1937-41. 4 vols.

Speier, Hans, and Alfred Kahler, eds. *War in Our Time.* New York, W. W. Norton and Company, Inc., 1939.

The Technique of Marketing Research. New York, McGraw-Hill Book Company, Inc., 1937. 1st ed.

Thimme, Hans. *Weltkrieg ohne Waffen: die Propaganda der Westmdchte gegen Deutschland, Hire Wirkung und thre Abtoehr.* Stuttgart, J. G. Cotta'che Buchhandlung Nachfolger, 1932.

Thurstone, Louis Leon, and E. J. Chave. *The Measurement of Attitude : A Psychophysical Method and Some Experiments with a Scale for Measuring Attitude toward the Church.* Chicago, University of Chicago Press, 1929.

The Times, London. *The History of "The Times".* London, The Times, 1935-39. 2 vols.

Tobin, Harold J., and Percy W. Bidwell. *Mobilizing Civilian America.* New York, Council on Foreign Relations, 1940.

Toennies, Ferdinand. *Kritik der affentlichen Meinung.* Berlin, J. Springer, 1922.

Trotzky, Lev. *The History of the Russian Revolution.* New York, Simon and Schuster, 1932.

United States Committee to Supervise the Investigation of Chain Broadcasting. *Report* of the Committee, June, 1940. Washington, G. P. O., 1940.

United States Advisory Committee on Education. *Report.* Washington, G. P. O., 1938.

United States National Resources Committee. *The Structure of the American Economy.* Washington, G. P, O., 1939.

United States Temporary National Economic Committee. *Investigation of Concentration of Economic Power.* Washington, G. P, O., 1939-41. 24 vols.

Vagts, Alfred. A *History of Militarism：Romance and Realities of a Profession.* New York, W. W. Norton and Company, Inc., 1937.

Walker, S. H., and Sklar, Paul. *Business Finds Its Voice : Managements Effort to Sell the Business Idea to the Public.* New York and London, Harper and Brothers, 1938.

Waller, Willard Walter, ed. *War in the Twentieth Century.* New York, Random House, 1940.

Waples, Douglas. *People and Print : Social Aspects of Reading in the Depression.* Chicago, University of Chicago Press, 1938.

Webb, Sidney and Beatrice. *Soviet Communism : A New Civilization.* New York, Longmans, Green and Company, 1935. 2 vols.

Weber, Max. *Wirtschap und Gesellschap.* Tubingen, J. C. B. Mohr, 1925. 2 vols.

Wedding, Nugent. *Public Relations in Business: The Study of Activities in Large Corporations.* Urbana, University of Illinois, 1950.

Wilder, Robert Holman, and Katharine Loving Buell. *Publicity: A Manual for Use of Business, Civic or Social Organizations.* New York, Ronald Press Company, 1923.

Willey, Malcolm, and Ralph D. Casey, eds. *The Press in the Contemporary Scene.* Philadelphia,

American Academy of Political and Social Science, 1942.

Wilson, Louis Round. *The Geography of Reading: A Study of the Distribution and Status of Libraries in the United States.* Chicago, American Library Association and the University of Chicago Press, 1938.

Wright, Quincey, ed. *Public Opinion and World Politics.* Chicago, University of Chicago Press, 1933.

-------. *A Study of War.* Chicago, University of Chicago Press, 1942. 2 vols.

ARTICLES

American Academy of Political Science *Annuals.* Vol. 179 (May, 1935). "Molding Public Opinion."

-------, Vol. 198 (July, 1938). "Public Education for Democracy"

-------, Vol. 250 (March, 1947). "The Engineering of Consent."

Cantril, Hadley. "The Public Opinion Polls"; Dr. Jekyll or Mr. Hyde. *Public Opinion Quarterly.* June, 1940, pp. 212-84.

"He [Edward L. Bernays] Helped Make Press-Agency a 'Science'" *Literary Digest,* June 2, 1934, p. 26.

"Edward L. Bernays and the American Mind," *Design and Paper,* No. 23 (December 3, 1946).

"Edward L. Bernays, The Science of Ballyhoo," *Atlantic Monthly,* Vol. 149, No. 5 (May, 1932), 562-571.

Lee, Alfred McClung. Recent Developments in the Daily Newspaper Industry. *Public Opinion Quarterly,* January, 1938, pp. 126-33.

"Man of the Month: Edward L. Bernays," *Scope,* December, 1949, pp. 26-69, 91.

"Mass Psychologist," *American Mercury,* Vol. XIX, No. 74 (February, 1930), 155-63.

"Mass Psychologist," *Review of Reviews,* Vol. LXXXI, No. 3 (March, 1930).

Propaganda Analysis. Vols. I and II-Vol. IV, Nos. 1-13 (October, 1937—October, 1938—January 9, 1942). Bound in 4 vols. Monthly publication of the Institute for Propaganda Analysis, Inc.

"Public Opinion," in *Proceedings* of the National Conference of Social Work, 50th Annual Session, Cincinnati, 1923.

"'The Science of Ballyhoo," *Reader's Digest,* Vol XXI, No. 122 (June, 1932), 5-8.

Zeitschrift fur Sozialforschung, Jahr. 9, No. 1 (1941). Leipzig.

PERIODICALS

The periodicals listed below are recommended regular reading for the practitioner or the serious student of public relations.

Advanced Management. New York, Society for the Advancement of Management. Monthly.

Advertising Age. Chicago, Advertising Publications, Inc. Weekly.

American Journal of Psychology, The. Austin, University of Texas Department of Psychology. Quarterly.

American Journal of Sociology. Chicago, University of Chicago. Bimonthly.

American Political Science Review. Durham, N. C., Duke University. Quarterly.

American Psychologist. Washington, American Psychological Association. Monthly.

American Sociological Review. New York, American Sociological Society, New York University. Bi-monthly.

Business Week. New York, McGraw-Hill Publishing Company. Weekly.

Channels. News letter. New York, National Publicity Council for Health and Welfare Services, Inc. Semi-monthly.

Clearinghouse Bulletin. Chicago, Society for Applied Anthropology, Clearinghouse for Research in Human Organization. Quarterly.

College Public Relations Quarterly. State College, Pa., American College Public Relations Association.

Editor and Publisher. New York, The Editor and Publisher Company, Inc. Weekly.

ETC: Review of General Semantics. Chicago, International Society for General Semantics. Quarterly.

Fortune. New York, Time, Inc. Monthly.

Human Relations. London, Tavistock Publications, Ltd. Quarterly.

Journal of Abnormal and Social Technology. Washington, American Psychological Association. Quarterly.

Journal of Applied Psychology. Washington, American Psychological Association. Bi-monthly.

Journal of Personality, Durham, N.C., Duke University Press. Quarterly.

Journal of Social Issues, The. New York, The Association Press, for the Society for the Psychological Study of Social Issues, a Division of the American Psychological Association. Quarterly.

Journal of the Institute of Public Relations. London, Institute of Public Relations. Monthly.

Persuasion, London, Creative Journals, Ltd. Quarterly.

Printers' Ink. New York, Printers' Ink Publishing Company. Weekly.

Public Opinion Quarterly. Princeton, School of Public and International Affairs, Princeton University.

Public Relations Journal. New York, The Public Relations Society of America, Inc. Monthly.

Scientific Monthly. Washington, American Association for the Advancement of Science. Monthly.

索引

废奴主义者（Abolitionists），41-43，44

艾布拉姆斯·弗兰克（Abrams, Frank）：339

卡尔·阿克曼（Ackerman, Carl）：106

每日纪闻（Acta Diurna）：16

活动（Activities），公共关系（public relations），领域（fields of），2，3；接受（acceptance of），5；产业（of industry），101-102；行动蓝图（action blueprint for），169-80；以普通公众为目标的（aimed at general public），175；

以财经公众为目标的（aimed at financial public），176-77

以群体领袖为目标的（aimed at group leaders），177-178

塞缪尔·霍普金斯·亚当斯（Adams, Samuel Hopkins）30-32，33，60

广告：第一家报纸（Advertising: first newspaper），21；便士报（in penny press），38，47

伪装成新闻（disguised as news），47-48；报纸上的增长（increase in newspaper），60；机构的（institutional），p104；跟不上（lag in field of），246-52；……的定义（definition of），247；

《广告时代》（Advertising age）：138

启蒙时代（Age of Enlightenment）：22-23

（美国）农业部（Agriculture, Department of U.S.），153

阿勒格尼卢德伦钢铁公司（Allegheny Ludlum Steel Corporation），203

服装工人联合会（the Amalgamated Clothing Workers），150，334

美国公共关系的发展（America, the development of public relations in），27-125

美国政治和社会科学研究院（American Academy of Political and Social Sciences）：146，157，332

民政当局（相当于美国民政部）（American Alliance for Labor and Democracy）：75

美国科学促进联合会（the American Association for the Advancement of Science），235

美国学院新闻机构联合会（the American Association of College News Bureaus），139

索 引

美国银行家协会（American Banker's Association）

美国大学公共关系联合会（the American College Public Relations Association），139，184，233

美国公共关系委员会（the American Council on Public Relations），139

全美劳工联盟（American Federation of Labor），54，57，150，151，213，318

美国银行业协会（American Institute of Banking），145

美国舆论研究院（American Institute of Public Opinion），107，275，319，321，323

美国钢铁协会（the American Iron and Steel Institute），105，235

《美国护理杂志》（American Journal of Nursing），188

《美国心理学杂志》（the *American Journal of Psychology*），246

《美国社会学学刊》（*American Journal of Sociology*），95

《美国语言》（门肯著）（*American Language*，Mencken）：93

美国退伍军人（American Legion），282

美国管理联合会（American Management Association），235，324

美国制造商出口协会（American Manufactures Export Association），90

美国医学联合会（American Medical Association），90

《美国信使报》（*American Mercury*）：107

美国报纸出版商协会（American Newspaper Publishers Association）：61，88，89，94，147，185，235

美国护理协会（American Nurses Association）：187-88，194

《美国往事》（巴特菲尔德著）（*American Past*，Butterfield）：52

《1834年美国和平倡议》（American Peace Advocate）：39

美国和平协会（American Peace Society）：39

美国石油协会（American Petroleum Institute）：88

美国公共关系联合会（American Public Relations Association）：139

全美红十字会（American Red Cross）：见"红十字会"词条（See Red Cross）

美国革命（American Revolution）：27-34

美国禁酒促进会（American Society of Promotion of Temperance）：39

美国社会问题心理学研究协会（American Society for the Psychological Study of Social Issues）：144

美国报纸编辑协会（American Society of Newspaper Editors）：91

美国社会学会（American Sociological Society）：324

美国电话电报公司（American Telephone and Telegraph Company）：70，105，112

美国生活方式（American Way of Life）：335-45

《美利坚信使周刊》（American Weekly Mercury）：29

《美国往事》（门肯著）（*Americana*，Mencken）：93

英美合作（Anglo-American co-operation）：301-307

美国政治和社会科学院年刊（*Annals of American Academy of Politics and Social Science*）：110，157

《人性之路》（莫非和詹森）（*Approaches to Personality*，Murphy and Janson）：250

装甲公司（Armour and Company）：70，203

菲利普·安摩尔（Armour, Philip）：58

相关产业（Associated Industries）：336

美联社（Associated Press）：79，83

美国铁路协会（Association of American Railroads）：112

市政公共关系官联合会（the Association of Municipal Public Relations Officers）：140

全国广告人联合会（Association of National Advertisers）：104

光学从业者联合会（the Association of Optical Practitioners）：140

大西洋宪章（Atlantic Charters）：115

《大西洋迁徙：1607—1860年》（汉森著）（*The Atlantic Migration: 1607-1860*）（Hansen）：28

《大西洋月刊》（*the Atlantic Monthly*）：55，73，107，148

北大西洋公约组织（Atlantic Pact）：301

态度调查（Attitude polls）：260-68

N. W. 艾尔父子公司（N. W. Ayer and Son）：89，104，162

巴布森工商管理学院（Babson Institute of Business Administration）：335-36

罗杰·巴布森（Babson, Roger）：76

巴比伦王国的公共关系（Babylonia, Public Relations in）：13

乔治·贝尔（Baer, George F.）：64，68，69

G. 贝利（Bailey, G.）：41

T. A. 贝利（Bailey, T. A.）：271

雷·史丹德·贝克（Ray Stannard Baker）：64，69

巴尔的摩和俄亥俄铁路公司（Baltimore and Ohio Road）：40

银行机构的公共关系蓝图（Banking institution, Public Relations, Blueprint for a）：169-80

美国银行（Bank of America）：106

曼哈顿企业银行（Bank of the Manhattan Company）：343

菲尼亚斯·T. 巴纳姆（Barnum, Phineas T.）：38-39，58

戴维·巴里（Barry. David）：66

布鲁斯·巴顿（Bruce Barton）：107

H. A. 巴滕（H. A. Batten）：104

维尔海姆·鲍尔教授（Bauer, Professor Wilhelm）：11

博士伦光学公司（Bausch and Lomb Optical Company）：203

山毛榉坚果包装公司（Beech-Nut Packing Company）：81-82
《群体行为》（*The Behavior of Crowds*，Martin）：141
贝尔电话系统公司（Bell Telephone System Company）：70
爱德华·贝拉米（Edward Bellamy）：55
詹姆斯·哥顿·班尼特（Bennett, James Gordon）：44，47
里昂·贝科维奇（Bercovici, Rion）：149
A. A. 伯利（Berle, A. A. Jr.）：342
应用社会科学的爱德华·L. 伯内斯基金会奖学金（Bernays Foundation Fellowship in Applied Social Science）：149
伯利恒钢铁公司（Bethlehem Steel Company）：70
泛谈有关公关话题的第一本文献辑录（bibliography on public relations）：140-141，142，346
珀西·彼得威尔（Bidwell, Percy W.）：74
五大家族（Big Five）：311，312，313
权利法案（Bill of Rights）：7，8，18，22，27，36，158，258，338，343
《传记索引》（*Biography Index*）：148
丹尼尔·布卢姆菲尔德（Bloomfield, Daniel）：107
布鲁尔思协会（Bluers Society）：140
《知识书籍年鉴》（*Book of Knowledge Annual*）：242
《图书评论文摘》（*Book Review Digest*）：141
研究公关问题的著作（Books on public relations）：142-43，149
波士顿分销大会（Boston Conference on Distribution）：107
《波士顿新闻通讯》（*Boston News Letter*）：29
鲍克（Bowker, R. W.）：142
塞缪尔·鲍（Bowles, Samuel）：64
安德鲁·布拉福德（Bradford, Andrew）：29
啤酒行业（Brewing industry）：108
白里欧（Brieux, Eugene）：72
不列颠人造丝织品联合会（British Rayon Federation）：140
布鲁克林每日鹰报（*Brooklyn Daily Eagle*）：150
约翰·格雷厄姆·布鲁克斯（John Graham Brooks）：65
威廉·詹宁斯·布莱恩（Bryan, William Jennings）：57，67
罗德·布莱斯（Bryce, Lord）：55
揭露德国暴行的布莱斯报告（Bryce Report on German atrocities）：76
（美国）国家预算部门（Budget, Bureau of the U.S.）：152
K. L. 比尔（Buell, K. L.）：93，141

《打造一场受欢迎的运动——美国童子军公共关系案例研究》（列维）（*Building a Popular Movement, a Case Study of the Public Relations of the Boy Scotts of America, Levy*）：142-43

《被造就的男孩》（柯克）（*Build-up Boys, The*）（Kirk）：149

伯灵顿米尔斯公司（Burlington Mills Corporation）：203

《商业高管和公司百全书》（*Business Executives and Corporation Encyclopedia*）：203

《商业发声：管理层把公司理念推销给公众的努力》（沃克尔和斯克拉著）（*Business Finds Its Voice: Management's Effort to Sell the Business Idea to the Public*, Walker and Sklar）：108

《商业文献》（*Business Literature*）：142

《商业周刊》（*Business Week*）：104，148

杰弗里·巴特勒爵士（Butler, Sir Geoffrey）：76

阿尔奇·巴特少校（Butt, Major Archie）：67

巴特里克公司（Butterick Company, Inc., The）：89

在美国内阁设立公关秘书的请求（Cabinet, U.S., Proposal for Secretary of Public Relations in）：291-292

斯特林·考尔德（Calder, Sterling）

欧内斯特·埃尔莫·卡尔金斯公司（Calkins, Earnest Elmo）：97

哈德利·坎特里尔博士（Cantril, Hadley Dr.）：265

垄断巨鳄（Capitalism）：51

安德鲁·卡内基（Carnegie, Andrew）：51，56，58

卡内基基金会（Carnegie Foundation）：143

山姆·卡朋特（Carpenter, Sam）：61

卡地亚（Cartier Inc.）：105

拉斯维尔·凯西（Casey Ralph D.）：142，146

赛罗泰克斯公司（The Celotex Corporation）

新闻审查制度的废除（Censorship, abortion of）：22

美国人口普查局（Census, Bureau of U.S.）：273

《美分报》（费城的报纸）（*Cent, The*）（Philadelphia）：37

全国爱国组织中央委员会（Central Committee for National Patriotic Organization）：76

鲍勃·钱德勒（Chandler, Bob）：85

《渠道》（*Channels*）：144

公关人的特质（Character of public relations men）：126-28

斯图尔特·蔡斯（Chase, Stuart）：65，249，317

切尼兄弟公司（Cheney Brothers）：89

科尔·比切斯特（Chester, Colby）：105

索引

《芝加哥论坛报》（Chicago Tribune）：93
哈伍德·L. 蔡尔兹（Childs, Harwood L.）：109，141，144
克莱斯勒公司（Chrysler Corporation）：203
沃尔特·克莱斯勒（Chrysler, Walter）：113
温斯顿·丘吉尔（Churchill, Winston S）：115，294
马戏团（Circus）：37-38，58
南北战争（Civil War）：36，43-44，49
诺索普·克莱里（Clarey, Northop）：105
剪报（Clippings）：180
克拉夫（Clough, Reginald）：146
《新闻报道入门者的大学课程》（A College Course in Reporting for Beginners）：109
宣传学院（College of Propaganda）：20
大学公共关系（Colleges, public relations for）：283-90
《科利尔》（Collier's）：64，205
哥伦比亚广播公司（Columbia Broadcasting System, Inc.）：85，105，150
《哥伦比亚百科全书》（Columbia Encyclopedia）：147
公共信息委员会（Committee on Public Information）：30，72，73-75，78，90，293，297
全国社会工作委员会宣传策略分会（Committee on Publicity Methods of the National Conference of Social Work）：140
常识（Common Sense）：32
共产国际（Communist International）：76
《共产主义宣言》（Communist Menifesto）：25，76
共产党的公关技巧（Communist Party, Public Relations techniques of the）：25
公司杂志（Company magazines）：见内刊的竞争（House organs competition）：7，8，50
商人和教育家年会（Conference of Businessmen and Educators）：335
学校管理者和监管者年会（Conference of school administrators and supervisors）：269
美国劳工联合会（Congress of Industrial Organizations）：150，151，213，318，330
联邦第一个八小时工作制法案（Congress, U.S.: first eight-hour-day law passed by）：54 对特斯拉启动调查（trusts investigated by）：56
议会指南（Congressional Directory）：162
公共关系意识（Consciousness of public relations）：7
"制造认同"（Consent, Engineering of）：157-68
美国宪法（Constitution, U.S.）：18，27，40，42，160，258，274，338
女性反美国汇率消费者委员会（Consumer's Committee of Women Opposed to American Valuation）：81
《联系》（Contact）：91，144

大赛（Contests）：84
集会（Conventions）：179，182
杰·库克（Cooke, Jay）：44-46
卡尔文·柯立芝（Coolidge, Calvin）：77，84
腐败（Corruption）：55，64
玛格丽特·T. 考文（Corwin, Margaret T.）：286
《时尚》（*Cosmopolitan*）：64
外交事务委员会（Council on Foreign Affairs）：138
舆论委员会（Council on Public Opinion）：138
零售分销委员会（Council on Retail Distribution）：111
公关顾问（Council on Retail Distribution）：111
定义（definition）：4-5；认可（sanctions for）：6
对公众的义务（obligations to the public），83；职能（function）：123
反宣传（Counter-propaganda）：114
反（宗教）改革（Counter-Revolution）：20
《康涅狄格州哈特福德报》（*Courant, Hartford Connecticut*）（newspaper）：61
《埃及快讯》（*Courier of Egypt, The*）（newspaper）：24
公共关系课程（Courses, public relations）：84，108-109，135，144-46
CPI，see committee on Public Information
托马斯·克莱文（Craven, Thomas）：242
乔治·克里尔（Creel, George）：71，72，74，75，90
阿奇博尔德·克罗斯利（Crossley, Archibald）：107
《乌合之众》（勒庞著）（*The Crowd*, LeBon）：141
默尔克·罗威（Crowell, Merle）：105
《舆论的结晶》（伯内斯）（*Crystallizing Public Opinion*, Bernays）：82-83
《时下争议》（*Current Controversy*）：291
柯蒂斯出版公司（Curtis Publishing Company）：150
《每周的日报》（Daily Newspaper in America）：28
达特茅斯学院（Dartmouth College）：324
拉塞尔·达文波特（Davenport, Russell）：123，343
唐纳德·K. 戴维（Donald K. David）：341
卡特·戴维森（Davidson, Carter）：284
乔·戴维森（Davidson, Jo）：85
菲利浦·戴维森（Davidson, Philip）：33
J. H. 戴维斯（J. H. Davis）：287
弗农·M. 戴维斯（Davis, Vernon M.）：91

C. H. 戴（Day, C. H.）: 58

埃德蒙·拉·杰（Day, Edmund Ezra）: 285

《独立宣言》（Declaration of Independence）: 33-34, 274, 338

《人权宣言》（Declaration of the Rights of Man）: 23

（美国）司法部（Defense, Department of）: 153

民主（Democracy）: 9, 10, 26, 31, 36, 63, 76, 90, 113, 114, 115, 57, 168, 369, 270, 292, 295, 303

昌西·迪普（Depew, Chauncey）: 52

大萧条（Depression）: 99, 100, 101, 102, 113, 115, 116

亚历西斯·德·托克维尔（De Tocqueville, Alexis）: 38

《底特律自由报》（Detroit Free Press）: 263

德国战争宣传部（Deutsche Kriegsnachrichten）: 75

托马斯·E. 杜威（Dewey, Tomas E.）: 132, 262

俄罗斯吉列夫芭蕾舞团（Diaghileff Russian Ballet）: 73, 80

狄德罗（Diderot, Dennis）: 23

《饮食和卫生公报》（Dietetic and Hygienic Gazette）: 72

直邮（Direct mail）: 239-45

宣传指导（Direction, of public relations）: 3, 82

报纸期刊名录（Directory of Newspapers and Periodicals）: 162

《神曲》（the Divine Comedy）: 18

哈罗德·W. 多兹（Dodds, Harold W.）: 284

道奇兄弟公司（Dodge Brothers Corporation）: 85

《爬树的狗》（Dogs That Clime Trees）: 240

保罗·道格拉斯（Paul Douglas）: 109

斯蒂芬·道格拉斯（Douglas, Stephen）: 49

《酒鬼的镜子》（Drunkards' looking glass, The）: 40

邓白氏（Dun and Bradstreet）: 118

F. P. 邓恩（Dunne, F. P.）: 63

伊士曼柯达公司（Eastman Kodak Company）: 89

舆论在经济动员中的作用（Economic mobilization, importance of public opinion in）: 291-300

《经济学人》（Economics, The）: 304

安东尼·艾登（Eden, Anthony）: 301-302

托马斯·爱迪生（Edison, Thomas）: 57, 86

《编辑和出版人》（Editor and Publisher）: 61, 84, 89, 91, 94, 97, 138, 148

编辑和出版人国际年鉴（the Editor and Publisher International Year Book）: 162

教育（Education）：135；通过公众实现目标（of the public, achieving goals through）：181-86；致力于公众的公共关系（public, public relations for）：269, 82；高等（教育）的公共关系（higher, public relations for）：283-90；公会教育活动（program for unions）：327-34

爱因斯坦（Einstein, Albert）：216

《电子》（杂志）（Electronics）(Magazines)：242

《救星报》（Emancipator）：41

情感诉求（emotional appeals）：133, 166

《美国百科全书》（Encyclopedia, Americana）：146

《大英百科全书》（Encyclopedia, Britannica）：40, 43, 118, 146

《社会科学百科全书》（Encyclopedia of Social Sciences）：4, 118, 146

弗德里希·恩格斯（Engels, Friedrich）：25, 76

公共关系在英格兰的发展（England: development of public relations in）：18-19；英美合作（Anglo-American cooperation）：301-307

《扒粪记者的时代》（C.C.雷吉尔著作）《扒粪记者的时代》（The Era of the Muckrakers）（C.C. Regier）：64

伊利铁路公司（Erie Railroad Company）：61

国际普通语义学研究会《普通语义学研究》（ETC, Review of General Semantics）：144

公共关系促进族裔和谐（Ethnic Harmony, public relations as aid to）：308-316

活动（Events）：179

展览（Exhibits）：182

《大众传播实验》（Experiments on Mass Communication）：143

弗兰克·D.法肯索尔博士（Fackenthal, Dr. Frank D.）：285

《事实文摘》（Fact Digest）：108

《工厂管理》杂志（Factory Management Magazine）：212, 334

公平交易（Fair Deal）：5, 50

法克森公司（Faxon, F.W. Company）：142

联邦安全机构（Federal Security Agency）：273

联邦贸易委员会（Federal Trade Commission）：68

公关顾问的薪水（Fees of public relations counsel）：138

公关从业者在小说中（Fiction, public relations in）：149

第五大道联合会（the Fifth Avenue Association）：80

洛杉矶五十人俱乐部（50 club of Los Angeles）：139-40

爱德华·A.法林（Filene, Edward A.）：109

《金融笔记》（Financial Diary）：110

金融公共关系联合会（Financial Public Relations Association）：139

索　引

本杰明·法恩（Benjamin Fine）：272
吉姆·菲什（Fish, Jim）：53
拉尔夫·佛兰德斯（Flanders, Ralph）：342
多丽丝·E. 弗莱施曼（Fleischman, Doris E.）：78
鲁道夫·弗莱兹（Flesch, Rudolph）：243
约翰·T. 弗林（Flynn, John T.）：72-73, 107, 148
《释放》（*For Release*）：149
福特基金会（the Ford Foundation）：251, 343
亨利·福特（Henry Ford）：86, 113
福特汽车公司（Ford Motor Company）：203
福特汉姆大学（Fordham University）：287
福德尼关税（Fordney Tariff）：81
亚当. 佛庖（Forepaugh, Adam）：58
《财富》杂志（*Fortune*）：111-12, 124-25, 149, 212, 319, 320, 323, 329, 331, 336
《华府四十年》（巴里）（*Forty Years in Washington*, Barry）：66
福斯特（Foster, Emery M.）：273
约瑟夫·富榭（Fouche, Joseph.）：24
基金会（Foundations）：108
四重自由（Four Freedoms）：115, 298
十四条纲领（Fourteen Points）：298
《第四权力》（*Fourth Estate, The*）：89, 92
福克斯电影公司（Fox Film Corporation）：150
公共关系在法国的发展（France, development of public relations in）：23-24
格伦·弗兰克（Frank, Glenn）：83
弗兰肯（Franken, Richard B.）：141
理查德·T. 弗兰肯斯坦（Frankensteen, Richard T.）：263
本杰明·富兰克林（Benjamin Franklin）：22, 29, 32
詹姆斯·富兰克林（Franklin, James）：29
企业如何将美国生活方式推销给国民（Free enterprise, selling idea of, to American people）：335-45
"免费鼓吹"（Free puffs）：47, 49, 58, 60, 61
法国大革命（French Revolution）：23
西格蒙德·弗洛伊德（Freud, Sigmund）：73, 250
富格家族（Fuggers, the）：21
乔治·盖洛普博士（Gallup, Dr. George）：107
盖洛普调查（Gallup）：276, 277

罗伯特·I. 甘农神父（Gannon, Father Robert I.）: 287

保罗·加勒特（Garret, Paul）: 105, 112

威廉·劳埃德·加里森（Garrison, William Lloyd）: 40-41, 58

《波士顿公报》（*Gazette*）（Boston newspaper）: 30, 31-33

《公报》（法语报纸）（*Gazette, The*）（French newspaper）: 21

通用电气（General Electronic Company）: 112, 113

美国妇女联盟（General Federation of Women's Clubs）: 185

通用食品公司（General Foods Corporation）: 112, 113

通用汽车公司（General Motor Corporation）: 105, 112, 343

联邦综合服务管理局（General Services Administration）: 153

《禁酒天才》（*Genius of Temperance, The*）: 40

亨利·乔治（George, Henry）: 55

《镀金时代》（马克·吐温和查尔斯·杜德利·华纳的小说）（*Gilded Age*）（Twain and Warner）: 55

公共关系的目标（Goals: public relations）: 5, 162; 通过教育公众来实现（achieving through the education of the public）: 181, 86

E. L. 戈德金（Godkin, E.L.）: 55, 64

埃里克·古德曼（Goldman, Eric）: 11, 46, 53, 68, 69, 70, 91

善意（Goodwill）: 5, 82, 85, 90, 124

格斯纳（Gosner, H.E.）: 146

《财富的福音》（卡内基）（*Gospel of Wealth, The*）（Carnegie）: 56

杰伊·古尔德（Gould, Jay）: 53, 56

格兰杰运动（Granger Movement）: 54

《愤怒的葡萄》（斯坦贝克）（*Grapes of Wrath*）（Steinbeck）: 100

N. S. B. 格拉斯教授（Gras, Professor N.S.B.）: 11, 53

《美国大骗局》（*Great American Fraud*）: 61

大不列颠: 见英格兰（Great Britain, *See* England）

激辩（Great Debate）: 293

大北方铁路公司（Great Northern Railway Company）: 56

绿背党人（Greenbackers）: 54, 55

理查德·L. 格林（Greene Richard L.）: 286

绿野村（Greenfield Village）: 86

贺卡（Greeting Cards）: 243

格罗列尔协会（Grolier Society）: 242

针对群体领袖开展的公关活动（Group leaders, public relations activities aiming at）: 177-78

索　引

中世纪行会（Guilds, Medieval）：18
哈利法克斯爵士（Halifax, Lord）：306
安德鲁·汉密尔顿（Hamilton, Andrew）：29-30
汉密尔顿大学（Hamilton College）：285
托比·汉密尔顿（Hamilton, Toby）：58，61
马库斯·李·汉森（Hansen, Marcus Lee）：28
本杰明·哈里斯（Harris, Benjamin）：32
威廉·T.哈里斯（Harris, William T.）：57
查尔斯·耶鲁·哈里森（Harrison, Charles Yale）：149
哈特福德蒸汽锅炉检验和保险公司（Hartford Steam Boiler Inspection and Insurance Company）：204
哈特利（Hartley, Eugene L.）：250
哈佛大学（Harvard University）：69，78，289，313，332
哈佛大学出版社（Harvard University Press）：123
夏威夷（Hawaii）：145，308-16
《夏威夷中文期刊》（*The Hawaii Chinese Journal*）：309
夏威夷大学（Hawaii, University of）：308，315
夏威夷经济基金会（Hawaii Economic Foundation）：313
夏威夷雇主理事会（Hawaii Employer's Council）：313
夏威夷糖种植园主联合会（Hawaiian Sugar Planters Association）：313
夏威夷旅游局（Hawaii Tourist Bureau）：309
早川（Hayakawa, S.I.）：337
海斯办公室（Hays Office）：87，113
威尔·海斯（Hays, Will）：87，138
健康组织（Health organizations）：181-86
威廉伦·道夫·赫斯特（Hearst, William Randolph）：64
"地狱之火俱乐部"（Hell-Fire Club）：29，44
赫本委员会（Hepburn Committee of the New York Legislature）：52
《先驱论坛报》研究所（*Harold Tribune* Institute）：107
赫林（Herring, Pendleton）：146
乔伊斯·海斯（Heth, Joice）：38-39
希克斯（Hicks, John D.）：146
托马斯·温特沃斯·希金森（Higginson, Thomas Wentworth）：64
杰姆斯·J.希尔（Hill, James J.）：56
约翰·威利·希尔（Hill, John Wiley）：105
欣克利（E.B. Hinckley）：335

《命运的铰链》（丘吉尔）（*The Hinge of Fate*）（Churchill）：294
《美国新闻史》（李）（*History of American Journalism*）（Lee）：60
公共关系的历史（History, of public relations）：11-125
希特勒（Hitler, Adolf）：99
兰斯洛特·霍本（Hogben, Launcelot）：11
亨利·霍克（Hoke, Henry）：240
尤金·霍尔曼（Holman, Eugene）：341
奥利弗·温德尔·霍姆斯法官（Holmes, Justice Oliver Wendell）：7, 8
罗伯特·霍特曼（Holtman, Robert B.）：24
赫伯特·胡佛（Hoover, Herbert）：77, 86, 99
霍奇基斯（Hotchkiss, George Burton）：141
纽约旅馆协会（Hotel Association of New York）：82
内部刊物研究所（House Magazine Institute）：202
企业内刊（House Organs）：179-80, 202-14
布林·霍福德博士（Hovde, Dr. Bryn J.）：286
卡尔·I. 霍夫兰（Hovland, Carl I.）：143
《我们怎样宣传美国》（克里尔）（*How We Advertised America*）（Creel）：71, 90
弗雷德里克·哈德森（Hudson, Fredric）：47, 48
C.F. 休斯（Hughes, C.F.）：212
人事关系（Human relations）：117, 317-26
《人类关系》（期刊）（*Human relations*）（periodical）：144
人文主义者（Humanists）：19
《知识的人格化》（罗宾森）（*Humanizing of Knowledge, The*）（Robinson）：141
休伯特·H. 汉弗莱（Humphrey, Hubert H.）：340
亨廷顿（Huntington, Collis Porter）：58
收入所得税（Income tax）：100
《独立报》（*Independent*）：95
《独立宣传报》（波士顿报纸）（*Independent-Advertiser*）（Boston newspaper）：30
印度尼西亚（Indonesia）：154
军事工业学院（Industrial College of Armed Forces）：114, 292, 293
《产业心理学》（维特列斯）（*Industrial Psychology*）（Viteles）：321
产业关系（Industrial relations）：116, 317-34
工业革命（Industrial Revolution）：24, 25, 35
《步兵期刊》（*Infantry Journal*）：114, 292
信息：作为一个公关领域（Information: as a field of public relations）：2, 3；民主社会的
　　一种需求（a need of a democratic society）：12

索 引

《信息》（期刊）（*Information*）（periodical）：143
宣传分析研究所（the Institute for Propaganda Analysis）：109
公共关系协会（Institute of Public Relations）：140
《公关机构杂志》（*Institute of Public Relations Journal*）：140
机构广告（institutional advertising）：104
整合（Integration）：87，111；作为一个公关领域（as a field of public relations），2，3，……的时代（era of）：115-25
公关人的正直（Integrity, of public relations men）：126-28
全球教会联合运动（Interchurch World Movement）：141
城际广播公司（Intercity Radio Corporation）：81
美国内政部（Interior, the Department of, U.S.）：153
国际复兴开发银行（International Bank for Reconstruction and Development）：154
国际商用机器公司（International Business Machines Corporation, IBM）：344
国际产业编辑理事会（International Council of Industrial Editors）：204，210
国际服装女工人工会（the International Ladies' Garment Workers Union）：150-51
国际货币基金组织（International Monetary Fund）：154
国际普通语义学研究会（International Society for General Semantics）：144
州际贸易法案（Interstate Commerce Act）：226
《调查员手册1949》（*Interviewers' Handbook 1949*）：151
《舆论导论》（蔡尔兹）（*An Introduction to Public Opinion*）（Childs）：109
华盛顿·埃尔文（Irving, Washington）：36-37
《此地无银》（刘易斯）（*It Can't Happen Here*）（Lewis）：149
安德鲁·杰克逊（Jackson, Andrew）：36，41，133
克劳德·贾格尔（Jagger, Claude）：313
威廉·杰姆斯（James, William）：64，65
托马斯·杰斐逊（Thomas Jefferson）：28，34，36，133，269，270，307，333
杰弗瑞（Jeffries, E. J.）：263
詹宁斯广告公司（Jennings Advertising Agency）：60
弗莱德里奇·詹森（Friedrich Jensen）：250
国王约翰（John King）：18
杰姆斯·韦尔登·约翰逊（James Weldon Johnson）：81
约翰·普赖斯·琼斯（John Price Jones）：78
戴维·斯塔尔·乔丹（David Starr Jordan）：64
约翰·马修（Joseph, Matthew）：53n.
《社会问题杂志》（*Journals of Social Issues*）：144
《美国禁酒联盟杂志》（*Journal of American Temperance Union*）：39

《1690—1872年的美国新闻史》（哈德森）（*Journalism in the United States from 1690 to 1872*）（Hudson）：47

《记者》（*Journalist*）：61

美国司法部（Justice Department，U.S.）：74，153

堪萨斯城商会（Kansas City Chamber of Commerce）：79

劳拉·基恩（Keene，Laura）：58

杰瑞米·柯克（*Kirk*，*Jeremy*）：149

克劳和厄兰格（Klaw and Erlanger）：59，73

迪德里克·尼克伯克（Knickerbocker，Diedrich）：36-37

《尼克伯克的纽约史》（埃尔文）（*Knickerbocker's History of New York*）（Irving）：36-37

劳工骑士会（Knights of Labor）：54

公共关系知识的重要性（Knowledge of public relations，importance of）：7-10

劳资关系（Labor-management relations）：317-314

劳工联合会（Labor unions）：150-51；教育计划（education program for，）：327-34；亦见联合会（*see also unions*）

《行动中的语言》（早川）（*Language in Action*）（Hayakawa）：337

拉森（Larsen，Cedric）：71

哈罗德·拉斯韦尔（Lasswell，Harold）：4，71，142，146

《领袖》（伦敦周报）（*Leader*，*The*）（London weekly）：302

领导力（Leadership）：10，12，102，159，164；调查（polls vs.）：263-264

纽约剧院公司联盟（League of New York Theatres，Inc.）：223，225，226，227，234，235-38

玛丽夫人（Lease，Mrs. Mary）：54

勒庞（Gustave Le Bon）：65，141

阿尔福莱德·麦克伦·李（Lee，Alfred McClung）：28，29，31，33，69，70，145

李与罗斯公司（Ivy Lee，Jr. and T.J. Ross，firm of）：105

艾维·李及其同事（Lee，Ivy and Associates）：91

艾维·李（Ivy Lee，Jr.）：105

艾维·李（Ivy Ledbetter Lee）：11，69-70，91，97，108，143，148

杰姆斯·梅尔文·李（Lee，James Melvin）：60

《宾夕法尼亚农民来信》（*Letters of a Farmer in Pennsylvania*，*The*）：32

列维（Levy，Harold P.）：143

辛克莱·刘易斯（Lewis，Sinclair）：149

联络员（Liaison Officer）：172-73，174

《解放者报》（*The Liberator*）：40，41，58

战争债券（Liberty Bonds）：45

自由债券（Liberty Loan）：78

收费会员制图书馆（libraries, subscription）：22

国会图书馆（Library of Congress）：91，141，142

《生活周刊》（*Life Magazine*）：205，277

"灯之黄金庆典"（Light's Golden Jubilee）：85-88

亚伯拉罕·林肯（Lincoln, Abraham）：36，43-44，46，48，58，183，269，270，338

沃尔特·李普曼（Lippman, Walter）：92，141

艾布拉姆·利普斯基（Lipsky, Abram）：93

特别提及"新闻代理"的《宣传工作参考名录》（*List of Reference on Publicity with Special Reference to Press Agents*）：141

《文学文摘》（*Literary Digest*）：107

有关公共关系的文献资料（Literature, public relations）：140-45

立陶宛（Lithuania）：80

亨利·德马雷斯特·劳埃德（Lloyd, Henry Demarest）：55

游说（lobbying）：54，57，64

《火车头》内刊（*Locomotive*）（House organ）：204

伦敦新闻界交流协会（London Press Exchange）：140

《泰晤士报》（*London Times*）：302

休伊·朗（Huey Long）：100，339

《回首》（爱德华·贝拉米著）（*Looking Backward*, Bellamy）：55

卢斯—怀尔斯饼干公司（Loose-Wiles Biscuit Company）：89

A. 劳伦斯·洛厄尔（A. Lawrence Lowell）：141

亨利·卢斯（Luce, Henry）：138

本杰明·伦迪（Lundy, Benjamin）：40

利维·李曼（Levi Lyman）：58

海伦·里恩德（Lynd, Helen）：249

罗伯特·里恩德（Lynd, Robert. S.）：109，249

麦考尔杂志社（*McCall's Magazine*）：150

乔治·W. 麦克兰德博士（McClelland, Dr. George W.）：288

《麦克卢尔》杂志（*McClure's*）（Magazine）：64，69

麦格劳—希尔出版公司（McGraw-Hill Publishing Company）：242

J.E. 麦克马纳斯（McManus, J.E.）：61

J. 卡莱尔·麦克唐纳德（MacDonald, J. Carlisle）：105

柯蒂斯·D. 麦道格（Curtis D. MacDougall）：109

罗伯特·麦克卢儿（MacIver, Robert. M.）：7，8，221

杂志对公共关系的报道（Magazines: treatment of public relations）：143-144，148-49；亦

见内刊（house organs）
神秘之物（Magic）：12
邮寄广告工作联合会（Mail Advertising Service Association of New York）：239
《美国思想史》（帕灵顿著）（*Main Currents in American Thought*）（Parrington）：31，45
主流意见（Majority opinions）：9，10
《普通人》（贝利）（*Man in the Street, The*）（Bailey）：271
《操纵傀儡：思想控制的艺术》（利普斯基著）（Man the Puppet: The Art of Controlling Minds）（Lipsky）：93
《管理和士气》（勒特利斯贝格尔著）（*Management and Morale*）（Roethlisberger）：321
劳工关系管理（Management, relations with labor）：317-34
马里恩·曼利（Manley, Marion C.）：142
《饮食习惯研究手册》（*Manual for the Study of Food Habits*）：220
"时代的步伐"（March of Time）：149
市场调查（Market Research）：217，248
藏在人性中的市场（Markets, hidden, in the human personality）：215-22
埃弗雷特·迪恩·马丁（Martin, Everett Dean）：141
《马里兰公报》（*Maryland Gazette*）：33
《劝服大众：战争债券运动的社会心理学》（默顿）（*Mass Persuasion, the social psychology of a war bond drive*）（Merton）：143
麻省理工学院（Massachusetts Institute of Technology）：324
美森航海集团（Matson Navigation Co.）：309
埃尔顿·梅奥（Mayo, Elton）：116
《医学评论综述》（*Medical Review of Reviews*）：72
H.L. 门肯（Mencken, H.L.）：83，93，107
默顿（Merton, Robert K.）：143
公共关系的方法（methods, public relations）：83，115，136
大都会人寿保险公司（Metropolitan Life Insurance Company）：96，209，2111
大都会音乐厅（Metropolitan Musical Bureau）：107
查尔斯·迈克尔逊（Michelson, Charles）：107
《米德尔墩城》（里恩德）（*Middletown*）（Lynd）：249
《米德尔敦城的变迁》（*Middletown in Transition*）：249
《锐胜刀锋》（*Mightier than the Sword*）：143
牛奶行业（milk industry）：166
亨利·米勒（Miller, Henry）：73
女帽行业（Millinery industry）：84
少数人意见的重要性（Minority opinion, importance of）：9-10

约翰·米切尔（Mitchell, John）：57, 68

舆论在经济动员中的重要作用（Mobilization, economic, importance of public opinion in）：291-300

《动员美国公民》（托宾和彼得威尔著）（*Mobilizing Civilian America*）（Tobin and Bidwell）：74

《中间派》（期刊）（*Moderate, The*）（periodical）：21

《总会通报》（*Moniteur, The*）：24

F. S. 莫内（Monnet, F. S.）：60

威廉·沃恩·穆迪（Moody, William Vaughan）：64

博伊斯·摩根（Boyce Morgan）：241

J. P. 摩根（Morgan, J.P.）

J. P. 摩根公司（Morgan, J.P., and Company）：105

电影业（Motion picture industry）：87

电影业的公共关系（Motion pictures: treatment of public relations, 149）；作为公关项目的一部分（as part of public relations）：179

"扒粪记者"（muckrakers）：50, 63-64, 65

《芒西》（杂志）（*Munsey's*）（magazine）：64

加德纳·莫菲教授（Murphy, Professor Gardner）：221, 250

菲利普·默里（Murray, Philip）：150, 332

《拿破仑式的宣传》（霍特曼著）（*Napoleonic Propaganda*）（Holtman）：24

(Nason, John W)：286

《国家》（杂志）（*The Nation*）（magazine）：64

国家科学院（National Academy of Sciences）：220

全美红十字会：见"红十字会"（National American Red Cross: see Red Cross）

全国有色人种协进会（National Association for the Advancement of Colored People, NAACP）：81

"全国知名公总监联合会"（National Association of Accredited Publicity Directors）：139

全国广播员联合会（National Association of Broadcasters）：235

全国保险公司协会（National Association of Insurance Agencies）：89

全国制造商协会（National Association of Manufacturers）：103, 105, 112, 113, 339

公共关系顾问全国联合会（National Association of Public Relations Counsel）：139

全美广播公司（National Broadcasting Company）：105, 150

全美收款机公司（National Cash Register Company）：203

全国社会工作委员会宣传策略分会（Committee on Publicity Methods of the National Conference of Social Work）：140；行动（Proceedings of the），141

国家预防战争委员会（National Council for Prevention of War）：89

全美进口商和贸易商协会（National Council of American Importers and Traders）：81

全国教育联合会（National Education Association）：185，276

全国企业和职业妇女俱乐部联合会（The National Federation of Business and Professional Women's Clubs）：66

全国工业复兴法案（National Industrial Recovery Act）：99，101，103

国家信息局（National Information Bureau）：185

全国劳资关系委员会（National Labor Relations Board）：312

全美 工服务（National Labor Service）：151

全国劳工联合会（National Labor Union）：54

国家海事联盟（National Maritime Union）：213

全国民意研究中心（National Opinion Research Center）：276，320

全国健康和福利宣传工作委员会（the National Publicity Council for Health and Welfare Services）：139，144

国家研究理事会（National Research Council）（下设的）饮食习惯委员会（Committee of Food Habits of the National Research Council）：220

"全国销售主管联盟"（National Sales Executives）：215

全国学校公共关系联合会（National School Public Relations Association）：139

全国残疾儿童和成人协会（National Society for Crippled Children and Adults）：181-88

全国社会正义联盟（National Union for Social Justice）：100

全国战争前景委员会（National War Aims Committee）

国家战争基金（National War Fund）：280

《全国商业》（Nation's Business）：105

（美国）海军部（Navy, Department of）（U.S.）：80，153

荷兰公关协会（Netherlands Public Relations Society）：140

新政（New Deal）：5，50，99，115，113，168，312

新英格兰议会（New England Council）：335

《新英格兰报》（New England Courant）：29

新自由（New Freedom）：5，50，64，65

《精神分析引论新编》（弗洛伊德著）（New Introductory Lectures on Psycho-Analysis）（Freud）：250

新泽西州贝尔电话公司（New Jersey Bell Telephone Company）：85

《新领袖》杂志（New Leader, The）：309

《新共和》杂志（New Republic）：164

新社会研究学院（New School for Social Research）：145，286

《纽约护身符》（New York Amulet）：39

纽约中央铁路系统（New York Central System）：51-52

索 引

《纽约每日新闻》（*New York Daily News*）：262
"纽约良校紧急促进委员会"（New York Emergency Committee for Better Schools）：132
《纽约晚邮报》（*New York Evening Post*）：36
《纽约先驱报》（*New York Herald*）：44，47，49，94
《纽约先驱报》（*New York Herald Tribune*）：97
《纽约邮报》（*New York Post*）：37，44
纽约公共图书馆（New York Public Library）：141，224
纽约州立林业学院（New York State College of Forestry）：287
《纽约太阳报》（*New York Sun*）：38
《纽约时报》（*New York Times*）：47，92，116，119，148，163，212，271，272，301，302，322，336
纽约大学（New York University）：84，119，144，246，285
《纽约新闻周报》（*New York Weekly Journal*）：29
《纽约世界报》（*New York World*）：65，88，91
《纽约客》（*New Yorker, The*）：97，148
纽库姆（Newcomb, Theodore M.）：250
《大学生的报纸阅读习惯》（霍奇基斯和弗兰肯著）（*Newspaper Reading Habits of College Students*）（Hotchkiss and Franken）：141
罗马的报纸（Newspaper: Roman）：16；兴起（rise of）：21；第一个美国的（first American）：29；十九世纪的美国（U.S., in 1800's）：38；
《新港水星》（*Newport Mercury*）：33
《新闻周刊》（*Newsweek*）：148，338
H.K. 尼克松（H.K.Nixon）：246
《没人是傻瓜》（哈里森）（*Nobody's Fool*）（Harrison）：149
公关术语（Nomenclature, public relations）：90-95，121
北泰晤士石油委员会（North Thames Gas Board）：140
《笔记和剪报》（艾维·李）（*Notes and Clippings*）（Lee）：91，143
诺耶斯（Noyes）的《完美》（*Perfection*s）：39
护士和护理行业：对调查结果的分析（nurses and nursing: analysis of survey findings）：187-97；……的公共关系（public relations for）：198-201
公共关系目标（Objectives, public relations）：42，161，162
丹尼尔·奥康纳尔（O'Connell, Daniel）：41
奥德加德（Odegard, Peter H.）：146
欧·德威尔（O'Dwyer, William.）：262
贾可·奥芬巴赫（Jacques Offenbach）：59
公共事务办公室（Office of Public Affairs）：153

公共信息办公室（Office of Public Information）：153
战争信息办公室（Office of War Information）：115，293
石油业（Oil Industry）：87-88
《舆论和大众》（塔尔德著）（*Opinion and the Crowd*）（Tarde）：65
舆论调查公司（Opinion Research Corporation）：263
多数人的意见（Opinions：majority）：9，10；少数人（minority）：9-10
公共关系的组织（功能）（Organization of public relations）：136，167；健康（health）：181-86
公共关系的起源（origins of public relations）：11-16
奥瑞格俱乐部（Outrigger Club）：315
公开行动（Over act technique）：81，84-85，86，91，168
太平洋俱乐部（Pacific Club）：315
太平洋电话电报公司（Pacific Telephone and Telegraph Company）：203
亚瑟·佩吉（Page, Arthur）：105
帕内号（驱逐舰）（Panay）(destroyer)：266
1873年大恐慌（Panic of 1873）：54
《失乐园》（*Paradise Lost*）：20
巴黎博览会（Paris Exposition）：84
罗伯特·S. 帕克（Park, Robert S.）：95
帕克和李（公关公司）（Parker and Lee）(publicity firm)：69
吉尔伯特·帕克爵士（Parker, Sir Gilbert）：76
战争前景委员会大会（Parliamentary War Aims Committee）：76
沃侬·路易·帕灵顿（Parrington, Verno L.）：31，45
韦恩·W. 帕里什（Parrish, Wayne W.）：107-108
《越过边疆》（特纳）（*Passing of the Frontier*）(Turner)：275
西蒙·N. 巴顿（Patton, Simon N.）：64
珍珠港（Pearl Harbor）：99，144，309，312
宾夕法尼亚互助寿险公司（Penn Mutual Life Insurance Company）：242
《宾夕法尼亚记事报》（*Pennsylvania Chronicle*）：32
《宾夕法尼亚公报》（*Pennsylvania Gazette*）：33
《宾夕法尼亚杂志》（*Pennsylvania Magazine*）：32
宾州铁路公司（Pennsylvania Railroad）：61，70，105
宾夕法尼亚州立大学（the Pennsylvania State College）：317
宾夕法尼亚大学（University of Pennsylvania）：286，324
便士报（Penny Press）：37-48，47
公共关系期刊（Periodicals on public relations）：143-44，148-49

索　引

波斯公共关系（Persia, public relations in）：13

人性的教育（Personality, education of,）：12;

推销术（salesmanship and,）：215-22

公关项目执行人员配置（Personnel, set up, to carry out of public relations program）：173-74

作为公关领域之一的说服（Persuasion; as field of public relations）：2, 3; 方法的改变（change in method of）：13, 权利（right of）：158

《说服》（期刊）*Persuasion*（periodical）：144

《费城纪事报》（*Philadelphia Record*）：61

《慈善家报》（*Philanthropist*）：41

飞歌公司（Philco Corporation）：108

戴维·菲利普斯（Phillips, David Graham）：64

皮尔斯伯里·米尔斯公司（Pillsbury Mills, Inc.）：203

《飞行员》（内刊）（*Pilot, The*）（house organ）：213

公共关系计划（Planning, public relations）：136, 161, 165, 171-72, 173, 174

杰姆斯·E. 波拉德（Pollard, James E.）：66

公共关系政策（Policies, public relations）：4, 171-72

民意调查（Polls）：165; 预测美国的公共关系（preview of American public opinion）：253-59; 态度（attitude）, 260-68; 盖洛普（Gallup）：276, 277

普尔（DeWitt Clinton Poole）：144

民粹主义者（populists）：54, 55

波特兰水泥协会（Portland Cement Association）：70

《邮报》（*Post, The*）（English newspaper）：24

美国邮政部（Post Office Department）（U.S.）：239

公关实践（Practices, public relations）：4

公共关系实践者（Practitioners, in public relations）：137-38

弗兰克·普拉提（Frank Pratt）：240

偏见（Prejudice）：127, 129

普伦蒂斯—霍尔公司（Prentice-Hall, Inc.）：336

高等教育校长委员会（President's Commission on Higher Education）：289-90

"总统紧急就业委员会"（President's Emergency Committee for Employment）：106

《总统和报纸》（波拉德著）（*Presidents and the Press*）（Pollard）：66

便士报（penny press）：37-38, 47; 林肯的引语（Lincoln quoted on）：49

普林斯顿大学（Princeton University）：284, 324, 332

普林斯顿大学出版社（Princeton University Press）：109

亨利·J. 普林格（Pringle, Henry J.）：70, 107

《印刷油墨》（*Printers' Ink*）：89，90，148，203，246

《美国哲学协会会议纪要》（*Proceedings of the American Philosophical Society*）：143

宝洁公司（Procter and Gamble）：84，89，344

公关项目（Programs, public relations）：111，114，166；人事安排（setup of personnel）：173-74

（美国历史上的）禁酒时期（Prohibition）：40，166

"宣传"术语的引进（Propaganda: introduction of term）：20；政治的（political）：48；用户（users），49；战争（war）：72-76，78

《宣传》（伯内斯著）（*Propaganda*）（Bernays）：95，97，106，291

《宣传分析》（出版物）（*Propaganda Analysis*）（publication）：109

《宣传和推广活动》（拉斯韦尔，凯西和史密斯著）（*Propaganda and Promotional Activities*）（Lasswell, Casey, Smith）：142

《宣传和独立战争》（戴维森著）（*Propaganda and the American Revolutions*）（Davidson）：33

《宣传、传播和舆论》（拉斯韦尔，凯西和史密斯著）（*Propaganda, Communication, and Public Opinion*）（Lasswell, Casey, Smith）：142

《第一次世界大战中的宣传技巧》（拉斯韦尔）（*Propaganda Technique in World War I*）（Lasswell）：71

心理研究（Psychology research）：248

心理战（Psychological warfare）：114，291，293，301

《广告心理学原理与实践》（斯科特）（*Psychology of Advertising in Theory and Practice, The*）（Scott）：141

《乌合之众：大众心理研究》（勒庞著）（*The Crowd: The Psychology of Peoples*）（Le Bon）：65

公众的阵营（Public: kinds of），7；分类（classification of）：163-64

公共事务办公室（Public Affairs, Office of）：153

公众联络部（Public Liaison, Division of）：153

美国舆论预测（Public opinion: preview of American）：253-59；重要性（importance of）；在经济动员中（in economic mobilization）：291-300

《民意》（全国社会工作大会纪要）（*Public Opinion in Proceeding of the National Conference of Social Work*）：141

《公共舆论》（李普曼著）（*Public Opinion*）（Lippman）：141

《公众舆论》（出版物）（*Public Opinion*）（publication）：92

《舆论和民选政府》（洛厄尔）（*Public Opinion and Popular Government*）（Lowell）：141

《舆论和钢铁罢工》（*Public Opinion and the Steel Strike*）：141

舆论基金会（Public Opinion Foundation）：106

索 引

舆论季刊（Public Opinion Quarterly）：142，260
公关和宣传的不同（Public relations：difference between publicity and）：5；定义（definition）：7，8，109-10，112，120-22
《公共关系》（纪录片）（Public Relations）(documentary)：149
《公共关系》（期刊）（Public Relations）(periodical)：143
《公共关系名录和年鉴》（Public Relations Directory and Year Book）：137
《公共关系杂志》（Public Relations Journal）：139
理想的公关人（Public relations man，ideal）：126-36
《公共关系新闻》（Public Relations News）：144
美国公共关系协会（Public Relations Society of America）：138-39
公共设施机构（Public utilities）：87
信息发布与公共关系的不同（Publicity：difference between public relations and）：5；发展（development of）：58
《宣传》（怀尔德和布尔著）在1923年出版的（Publicity）(Wilder and Buell)：93，141
纽约宣传俱乐部（Publicity Club of New York）：139
《工程师的宣传方法》（Publicity Methods for Engineers）：141
《宣传方法读本》（Publicity Methods Reading List）：141
免费鼓吹（Puffery）：47，49，58，60，61
约瑟夫·普利策（Pulitzer, Joseph）：53
普尔曼公司（Pullman Company）：57
纯净食品和药品法案（Pure food and Drug Acts）：226
清教徒革命（Puritan Revolution）：20-21，27
广播业对待公共关系（Radio：treatment of public relations）：149；作为公关项目的一部分（as part of public relations program）：179
广播年鉴（Radio Annual）：162
广播业（radio industry）：85
铁路（Railroads）：51-53，56，61，64，69，87
雷蒙德（Raymond, H. T.）：47
《纽约时报的雷蒙德》（布朗）（Raymond of The Times）(Brown)：47
《读者文摘》（Reader's Digest）：205
《社会心理学读本》（纽库姆和哈特利）（Readings in Social Psychology）(Newcomb and Hartley)：250
公共关系精选阅读书目（Readings, selected list of, in public relations）：346-60
房地产证券交易所（Real Estate Securities Exchange）：86
招待会（Receptions）：179
红十字会（Red Cross）：71，154，162

里德学院（Reed College）：145

《舆论研究参考导读》（蔡斯著）(*A Reference Guide to the Study of Public Opinion*)（Childs）：109，141

宗教改革（Reformation）：17，19，20

C. C. 雷吉尔（Regier, C. C.）：64

公共关系研究（Research: public relations）：10，151，164-65，183-84，280-81；市场（market）：217，248；心理的（psychological）：248

商业领袖的责任（*Responsibilities of Business Leadership, The*）：123

沃尔特·鲁瑟（Reuther, Walter）：334，339-40

独立战争（Revolutionary War）：27-34

理莱药品公司（Rexall Drug Company）：203

《莱茵河周报》(*Rheinischer Merkur*)（newspaper）：24

黎赛留（Richelieu, Cardinal）：21

科拉·迪·里恩佐（Rienzi, Cola di）：18

小约翰. 瑞里（Riley, Jr. John W.）：219

公共关系兴起的原因（Rise of public relations, reasons for）：3

强盗大亨（Robber Barons）：50-61

《强盗大亨》（约瑟夫森）(*Robber Barons, The*)（Josephson）：见53页脚注

杰姆斯·哈维·罗宾逊（Robinson, James Harvey）：141

罗切斯特大学（Rochester, University of）：288

洛克菲勒中心（Rockefeller Center）：105

约翰·洛克菲勒（Rockefeller John D.）：58

《落基山新闻报》(*Rocky Mountain News*)：72

勒特利斯贝格尔（F. J. Roethlisberger）：321

古罗马的公共关系（Public Relations in Ancient Rome）：15-16

罗斯福·德拉诺·富兰克林（Franklin Delano Roosevelt）：5，50，99，115，258，298

西奥多·罗斯福（Theodore Roosevelt）：50，57，64，65，66-67，68，99

埃尔莫·罗伯（Roper, Elmo）：124，151，277，319，329，332，344

罗斯（Ross, T. J.）：105

文森特·C. 罗斯（Ross, Vincent C.）：336

扶轮社（Rotary Club）：164；檀香山（of Honolulu）：309

艾瓦特·G. R.（Routzahn, Evart G.）：141

玛丽·R.（Routzahn, Mary）：141

托马斯·布朗·拉德（Rudd, Thomas Brown）：285

顽固的个人主义（Rugged Individualism）：53

《朗姆酒销售者的镜子》(*Rum Seller's Mirror, The*)：40

索　引

拉塞尔·赛奇基金会（Russell Sage Foundation）：141
"信仰传播圣会"（The Sacred Congregation for the Propagation of the Faith）：20
营销与公关策略（Salesmanship, public relations approach to）：215-22
法国的沙龙（Salons, French）：21
尼古拉斯·塞姆泰格（Samstag, Nichlas）：240, 241
莎拉·劳伦斯学院（Sarah Lawrence College）：286
《星期六晚邮报》（*Saturday Evening Post*）：205
《周六文学评论》（*Saturday Review of Literature*）：97
公立学校的公共关系（Schools, public, public relations for）：269-82
《科学美国人》（*Scientific American*）：92
斯格特（Scott, Walter Dill）：141
西尔斯公、罗巴克公司（Sears, Roebuck, and Company）：344
建议在总统内阁设立公共关系秘书（Secretary of Public Relations, proposed for U.S. Cabinet）：291-92
细分策略（Segmental approach）：43
唐·塞茨（Seitz, Don）：88
自我教育（Self-education）：135
雅克塞利格曼公司（Seligmann, Jacques）：85
语义学（Semantics）：43, 247, 300
威廉·H. 苏厄德（Seward, William Henry）：43, 47
莎士比亚（Shakespeare, William）：20
财富共享运动（Share the Wealth Campaign）：100
谢尔顿织布机公司（Sheldon Looms）：85
莫里·希尔兹（Shields, Murray）：342
杰姆斯·T. 肖特韦尔（Shotwell, James T.）：109
《沉默的发言者》（*Silent Speaker, The*）(Stout)：149
西蒙与舒斯特公司（Simon and Schuster）：241, 242
理查德·西蒙（Simon, Richard）：241
厄普顿·辛克莱（Sinclair, Upton）：64, 65
保罗·斯克拉（Sklar, Paul）：108
艾尔弗雷德·P. 斯隆（Sloan, Alfred P.）：112
口号（Slogans）：33, 37, 38, 51, 57, 58, 65, 75, 77, 82, 166, 294, 339
奴隶制（Slavery）：36, 40-43
新英格兰小企业协会（Smaller business association of new England）：335-36
史密斯（Smith, Bruce Lannes）：142
休·史密斯（Smith, Hugh）：46

威廉·J. 史密斯（Smith, William J.）: 323

社会科学协会（Social Science Association）: 61

社会科学研究委员会（Social Science Research Council）: 143, 146

社会保障法（*Social Security Act*）: 100

社会主义（Socialism）: 25

社会党（Socialist party）: 54

电力发展协会（Society for Electricity Development）: 89

管理进步协会（Society for the Advancement of Management）: 324, 332

社会问题心理学研究会（Society for the Psychological Study of Social Issues）: 252, 324, 332

苏加诺（Soekarno, Achmed）: 154

专业图书馆联合会（Special Libraries Association）: 142

赫伯特·斯宾塞（Spencer, Herbert L.）: 107, 286

塞缪尔·斯宾塞（Spencer, Samuel.）: 69

《聚焦工会》（史密斯著）（*Spotlight on Labor Unions*）（Smith）: 323

《斯普林菲尔德共和党人》（*Springfield Republican*）: 64

公平交易法案（Square Deal）: 50, 65

反印花税会议（Stamp Act Congress）: 32

1765 反印花税法案（*Stamp Act of 1765*）: 30, 33

标准石油公司（Standard Oil Company）: 54, 55, 60, 65

印第安纳标准石油公司（Standard Oil Company of Indiana）: 87

新泽西标准石油公司（Standard Oil Company of New Jersey）: 105, 339, 341

公共关系资质标准（Standards, public relations）: 139

埃德温·斯坦顿（Stanton, Edwin M.）: 44

政府部门（State, Department of U. S.）: 152

林肯·斯蒂芬斯（Steffens, Lincoln）: 64, 65

斯蒂芬斯（Stephens, Everett W.）: 335, 336

罗伯特·斯图尔特上校（Stewart, Colonel Robert）: 87-88

股市大崩溃（Stock market crash）: 99

对股东的公关活动（Stockholders, public relations activities aimed at）: 176-77

梅尔维尔·E. 斯通（Stone, Melville E.）: 83

公关战略（Strategy, public relations）: 10, 42, 136, 165, 167, 171-72, 173, 175, 281, 291

罢工（Strikes）: 54, 55, 57, 68, 69, 116, 117, 168, 318

滥用（Subversion）: 161

威廉·格雷厄姆·萨姆纳（Sumner, William Graham）: 64

索 引

最高法院（Supreme Court, U.S.）：99
调查（Surveys）：165，170-71，184
索思摩学院（Swarthmore College）：286
赫伯特·贝尔德·斯沃普（Swope, Herbert Bayard）：91-92
符号（Symbolism）：13，15，23，166，243
雪城大学（Syracuse University）：145，285
公关战略（Tactics, public relations）：10，167，185，281，291
威廉·霍华德·塔夫脱（Taft, William Howard）：67
塔夫脱—哈特莱法案（*Taft-Hartley Act*）：151，211
《坦帕论坛报》（*Tampa Tribune*）：95
艾达·塔贝尔（Tarbell, Ida）：64，65
塔尔德（Jean Gabriel Tarde）：65
塔维斯托克研究所（Tavistock Institute）：144
哈罗德·泰勒博士（Taylor, Dr. Harold）：286
康涅狄格师范学院（Teachers College of Connecticut）：287
公关（宣传）技巧（Techniques, propaganda）：114
公关技巧（Techniques, public relations）：42，55，58，72，83，89，102，115，157；共产党的公关技巧（of Communist party）：25；公开行动（事件营销）（overt act）：81，84-85，86，90
技术（Techniques）：3，26，50，63，159，338，339
作为公关项目一部分的电视（Television as part of public relations program）：179
禁酒运动（Temperance movement）：39-40
公关术语（Terminology, for public relations）：90-95
《纺织新闻》（内刊）（*Textile News*）（house organ）：213
纺织工人工会（Textile Workers Union）：151
《剧院艺术》（*Theatre Arts*）：225
戏剧世界的公关（Theatrical world, public relations in）：223-38
公关主题（Themes, public relations）：42，165-66，167，185，281，291
布拉泽·B.汤姆斯（Thomas, Brother B.）：287
S.E.托马森（Thomason, S.E.）：95
J.沃尔特·汤姆森公司（Thompson, J. Walter, Company）：89
梅尔·索普（Thorpe, Merle）：105
《浪潮》（*Tide*）：146
萨缪尔·蒂尔登（Tilden, Samuel J.）：37
《时代》杂志（*Time Magazine*）：148，150，205
公关时机（Timing, public relations）：136，171-72，173，175

威廉·P. 托利（Tolley, Chancellor William P.）：285

市政广播会议（The Town Hall Meeting of the Air）：149

弗兰西斯·E. 汤森德博士（Townsend, Dr. Francis E.）：100，339

汤森德计划（Townsend Plan）：100

汤申法案（*Townshend Acts*）：32

行业协会（Trade associations）：102，103，104

行业联盟：见"工人联盟"（Trade unions：see labor unions）

公关人的教育培训（Training of public relations men）：185

洲际和西部航空公司（Transcontinental and Western Air, Inc.）：203

旅行者保险公司（Travelers Insurance Company）：204

《旅行者保护》（内刊）（Travelers Protection, The）（house organ）：204

财政部（Treasury Department, U.S.）：45

《艺术杰作的财富》（*Treasury of Art Masterpieces*）：242

《民主的胜利》（卡内基著）（*Triumphant Democracy*）（Carnegie）：56

哈里·S. 杜鲁门（Truman, Harry S.）：50，260，309

特纳（Turner, E.J.）：275

《双行道》（古德曼著）（*Two-Way Street*）（Goldman）：46，53，68，90

F. D. 安德伍德（Underwood, F.D.）：69

拉尔夫·G. 昂格尔（Unger, Ralph G.）：287

联合太平洋铁路公司（Union Pacific Railroad Company）：56

联合会：见"工人联合会"（Unions：see labor unions）

美国汽车工人联合会（United Automobile Workers of America）：151，339

美国啤酒基金会（United Brewers Foundation）：108

美国矿工联盟（United Mine Workers of America）：57，151

联合国（United Nations）：154，301

联合国教科文组织（United Nations Educational, Scientific and Cultural Organization）：316

美国劳军联合组织（United Services Organization）：280

全国制造商联盟（United States Chamber of Commerce）：105

美国教育专员（United States Commissioner of Education）：275

美国公共信息委员会：见"公共信息委员会"

美国政府机构手册1950-1951（United States Governmental Organization Manual, 1950-51）：152

美国连线公司（United States Lines）：89

美国镭公司（the United States Radium Corporation）：81

美国钢铁公司（United States Steel Corporation）：104，105，112

环球贸易杂志（*Universal Trade Press*）：95

索　引

大学—舆论开创者（Universities-Pathfinders in Public Opinion）：145

大学公共关系（Universities：public relations for）：283-290;同时见"芝加哥大学圆桌会议"
　　　词条（University of Chicago Round Table）：149

美利坚，永久解决方案（U.S.A., The Permanent Revolution）：123

美国钢铁新闻（*U. S. Steel News*）：105

西奥多·牛顿·维尔（Vail，Theodore Newton）：70-71

艾伦·瓦伦丁博士（Valentine, Dr. Alan）：288

马丁·范·布伦（Van Buren, Martin）：37，41，44

范德比尔特（Vanderbilt, Cornelius）：53

威廉·范德比尔特（Vanderbilt, William）：51-52

托斯丹·韦伯伦（Veblen, Thorstein）：57

创造关注（Visibility, creating）：182-185

莫里斯·维特列斯（Viteles, Morris）：321

美国之音（Voice of America）：91，154

沃尔斯特德法案（*Volstead Act*）：226

哈罗德·O. 伍瑞思（Voorhis, Harold O.）：285

《格纳法案》（*Wagner Act*）：257

兰德瓦尔多（Waldo Rhinelander）：84

S.H. 沃克（Walker, S.H.）：108

斯坦利·沃克（Walker, Stanley）：97

作战部（War Department, U.S.）：79-80

战争宣传（War propaganda）：72-76，78

R. 戈登·沃森（Wasson, R. Gordon.）：105

威廉·沃特森（Watson, William）：39

《财富伤害福祉》（劳埃德著）（Wealth Against Commonwealth）（Lloyd）：55

索罗·韦德（Weed, Thurlow）：47

纽金特·韦丁（Wedding, Nugent）：121

欢迎陌生人委员会（Welcome Strangers Committee）：82

威灵顿委员会（Wellington House）：76

威尔斯学院（Wells College）：286

赫伯特·D. 维尔特博士（Welte, Dr. Herbert D.）：287

西电公司（Western Electric Company）：321

查尔斯·S. 惠特曼（Whitman, Charles S.）：81

奥利弗·惠特曼（Whitman, Olive）：81

《谁知道——和知道什么》（Who knows - and What）：147

《美国名人录》（*Who's Who in America*）：147，228，233

威尔伯福斯（Wilberforce, William）：41

戴维·威尔科克斯（Wilcox, David）：69

R.H. 怀尔德（Wilder, R.H.）：93，141

R.G. 威廉（Williams, R.G.）：41

查尔斯·E. 威尔逊（Wilson, Charles E.）：343

威尔逊公司（Wilson, H.W., Company, The）：142

伍德罗·威尔逊（Wilson, Woodrow）：50，64，65，99，298

亚瑟·伍兹上校（Woods, Colonel Arthur）：106

《言说制胜》（默克和拉斯著）(*Words That Won The War*)（Mock and Larse）：71，75

世界年鉴（*World Almanac*）：162

国际法庭（World Court）：100

第一次世界大战（World War I）：72-76，115，116

第二次世界大战（World War II）：114，115-16

哈利·N. 怀特（Wright, Harry N.）：286

《扬基城》（沃纳著）(*Yankee City*)（Warner）：249

《电影年鉴》(*Yearbook of Motion Pictures*)：138

杨（Young Kimball）：146

约翰·皮特·曾格（Zenger, John Peter）

图书在版编目（CIP）数据

制造认同：伯内斯的公共关系学教材 /（美）爱德华·L. 伯内斯著；胡百精，赵铿冰，杨奕译. —北京：中国传媒大学出版社，2018.6
（公共传播文丛·译著 / 胡百精主编）
书名原文：Public Relations
ISBN 978-7-5657-2332-2

Ⅰ. ①制… Ⅱ. ①爱… ②胡… ③赵… ④杨… Ⅲ. ①公共关系学—教材 Ⅳ. ① C912.31

中国版本图书馆 CIP 数据核字（2018）第 092033 号

公共传播文丛·译著
主编　胡百精

制造认同：伯内斯的公共关系学教材
ZHIZAO RENTONG：BONEISI DE GONGGONG GUANXIXUE JIAOCAI

著　　　者	〔美〕爱德华·L. 伯内斯（Edward L. Bernays）
译　　　者	胡百精　赵铿冰　杨　奕
责 任 编 辑	姜颖昳
特 约 编 辑	魏　征
排　　　版	楠竹文化
封 面 设 计	拓美设计
责 任 印 制	阳金洲
出版发行	中国传媒大学出版社
社　　　址	北京市朝阳区定福庄东街 1 号　　邮编：100024
电　　　话	86-10-65450532 或 65450528　　传真：010-65779405
网　　　址	http://www.cucp.com.cn
经　　　销	全国新华书店
印　　　刷	北京玺诚印务有限公司
开　　　本	787mm×1092mm　1/16
印　　　张	20.25
字　　　数	423 千字
版　　　次	2018 年 6 月第 1 版　　2018 年 6 月第 1 次印刷
书　　　号	ISBN 978-7-5657-2332-2 / C·2332　　定价 79.00 元

版权所有　翻印必究　印装错误　负责调换